实务全书
- 系列 -

金融犯罪
司法实务全书

最高人民检察院经济犯罪检察厅　组织编写

杜学毅　主编　　贝金欣　郭莉　副主编

中国检察出版社

图书在版编目（CIP）数据

金融犯罪司法实务全书 / 杜学毅主编. -- 北京：中国检察出版社, 2025.2. -- ISBN 978-7-5102-3015-8

Ⅰ. D922.280.5

中国国家版本馆 CIP 数据核字第 20249Y3S71 号

金融犯罪司法实务全书

最高人民检察院经济犯罪检察厅　组织编写
杜学毅　主编　　贝金欣　郭莉　副主编

责任编辑：葛晓湄
技术编辑：王英英
封面设计：王秋萍

出版发行：	中国检察出版社
社　　址：	北京市石景山区香山南路 109 号（100144）
网　　址：	中国检察出版社（www.zgjccbs.com）
编辑电话：	（010）86423784
发行电话：	（010）86423726　86423727　86423728
	（010）86423730　86423732
经　　销：	新华书店
印　　刷：	北京联合互通彩色印刷有限公司
开　　本：	A5
印　　张：	17　插页 4
字　　数：	444 千字
版　　次：	2025 年 2 月第一版　2025 年 2 月第一次印刷
书　　号：	ISBN 978-7-5102-3015-8
定　　价：	60.00 元

检察版图书，版权所有，侵权必究
如遇图书印装质量问题本社负责调换

《金融犯罪司法实务全书》编写委员会

主　编：杜学毅

副主编：贝金欣　郭　莉

成　员：叶　萍　任留存

　　　　罗造祉　葛晓湄

编 写 说 明

当前，金融犯罪处于高发多发态势，依法惩治各类金融犯罪，是防范化解金融风险、维护金融安全的重要手段。金融犯罪大多是行政犯，专业性强，条文中涉及大量金融专业术语。对于刑法中金融专业术语的理解和适用，应当根据金融相关法律规定来认定，不能脱离金融相关法律规定，否则可能违反法秩序统一性原理。不一致的理解和适用造成法律之间的冲突，影响国民的预测可能性，进而违背罪刑法定原则。为便于实务工作者更加准确地理解和适用刑法中有关金融犯罪的规定，本书除对刑法有关司法解释、案例进行汇编外，还专门对刑法条文中所涉及金融术语的行政法律规定进行注释性说明，便于实务工作者在适用刑法时，更加快捷准确掌握相应的金融术语的法律定义和相关金融法律规定，从而更加准确地理解和适用刑法，这也是本书的特色所在。现就重点问题说明如下：

第一，本书汇编了刑法分则第三章第四节、第五节的全部罪名，同时还汇编了《刑法》第一百六十条欺诈发行证券罪、第一百六十一条违规披露、不披露重要信息罪、第一百六十九条之一背信损害上市公司利益罪和第二百二十五条非法经营罪（金融业务）四个金融犯罪罪名。

第二，在刑事法律规定方面，本书汇编了刑法及其立法沿革，立法解释、司法解释，立案追诉标准，司法解释性质规范性文件，最高法、最高检、公安部有关部门的答复、复函等。对于其中因法律、司法解释修改产生变化的观点或者编者有不同认识的观点，编者单独作了说明。

第三，在案例方面，本书汇编了最高法、最高检编发的金融犯罪指导性案例和参考案例。指导性案例尽量维持案例原貌。参考案例主要收录了部分典型案例和《刑事审判参考》编发的指导案例，摘录了与罪名适用有关的重要问题及其提炼的规则，供参考研究之用。一些案例虽然不再具备参考价值，但为检索方便仍然予以列出。对于参考价值不大、观点有所重复或冲突、与罪名适用不直接相关的案例，只列出了名称和主要解决的问题。

第四，在金融法律规定方面，本书以注释方式对于每一条文中涉及的重要金融术语相关金融法律规定进行摘要汇编。收录了法律、行政法规、部门规章以及个别可供参考的金融监管部门、金融机构的文件，作为理解刑法条文中金融术语的参考之用。由于金融法律规定尤其是部门规章数量多、条文数量多，本书仅摘录了部分重点的法律规定，并不全面，不同规定的详略不一，主要目的是帮助读者知悉有相应的规定，为读者进一步检索相关规定提供指引。

当前金融体制机制正在深化改革过程中，金融法律规定的修订工作在不断推进，在汇编过程中不少法律、规章都产生新的变化，建议及时对照检索更新后的法律规定。为方便使用，我们将定期梳理修订，及时推送相关内容。读者朋友们可扫码关注。

编 者
2025 年 1 月

目 录

破坏金融管理秩序罪

一、伪造货币罪（第一百七十条）……………………… 2

二、出售、购买、运输假币罪，金融工作人员
购买假币、以假币换取货币罪（第一百七十一条）…… 12

三、持有、使用假币罪（第一百七十二条）……………… 16

四、变造货币罪（第一百七十三条）……………………… 20

五、擅自设立金融机构罪，伪造、变造、转让金融机构
经营许可证、批准文件罪（第一百七十四条）………… 23

六、高利转贷罪（第一百七十五条）……………………… 27

七、骗取贷款、票据承兑、金融票证罪
（第一百七十五条之一）………………………………… 30

八、非法吸收公众存款罪（第一百七十六条）…………… 38

九、伪造、变造金融票证罪（第一百七十七条）………… 71

十、妨害信用卡管理罪，窃取、收买、
非法提供信用卡信息罪（第一百七十七条之一）……… 79

十一、伪造、变造国家有价证券罪，伪造、变造股票、
公司、企业债券罪（第一百七十八条）………………… 84

十二、擅自发行股票、公司、企业债券罪
　　（第一百七十九条）……………………………… 85

十三、内幕交易、泄露内幕信息罪，
　　利用未公开信息交易罪（第一百八十条）……… 89

十四、编造并传播证券、期货交易虚假信息罪，
　　诱骗投资者买卖证券、期货合约罪
　　（第一百八十一条）……………………………… 126

十五、操纵证券、期货市场罪（第一百八十二条）…… 130

十六、职务侵占罪，贪污罪（第一百八十三条）……… 145

十七、非国家工作人员受贿罪，受贿罪
　　（第一百八十四条）……………………………… 147

十八、挪用资金罪，挪用公款罪（第一百八十五条）… 148

十九、背信运用受托财产罪，违法运用资金罪
　　（第一百八十五条之一）………………………… 149

二十、违法发放贷款罪（第一百八十六条）…………… 154

二十一、吸收客户资金不入帐罪（第一百八十七条）… 159

二十二、违规出具金融票证罪（第一百八十八条）…… 163

二十三、对违法票据承兑、付款、保证罪
　　（第一百八十九条）……………………………… 168

二十四、逃汇罪（第一百九十条）……………………… 170

二十五、骗购外汇罪（《全国人民代表大会常务委员会
　　关于惩治骗购外汇、逃汇和非法买卖外汇犯罪
　　的决定》第一条、第五条）……………………… 176

二十六、洗钱罪（第一百九十一条）…………………… 181

目　录

金融诈骗罪

一、集资诈骗罪（第一百九十二条）……………………200

二、贷款诈骗罪（第一百九十三条）……………………213

三、票据诈骗罪，金融凭证诈骗罪（第一百九十四条）……221

四、信用证诈骗罪（第一百九十五条）…………………230

五、信用卡诈骗罪（第一百九十六条）…………………233

六、有价证券诈骗罪（第一百九十七条）………………246

七、保险诈骗罪（第一百九十八条）……………………247

其他金融犯罪

一、欺诈发行证券罪（第一百六十条）…………………256

二、违规披露、不披露重要信息罪（第一百六十一条）……262

三、背信损害上市公司利益罪（第一百六十九条之一）……269

四、非法经营罪（金融业务）（第二百二十五条
　　第三、四项）………………………………………272

金融名词相关法律规定

货　币……………………………………………………290
银　行……………………………………………………294
其他金融机构……………………………………………295
擅自设立金融机构………………………………………319

商业银行……322

证券交易所……329

期货交易所……331

证券公司……333

期货经纪公司……335

保险公司……338

金融许可证……342

贷　款……350

票据承兑……355

信用证……357

保　函……361

非法吸收公众存款、变相吸收公众存款……363

汇票、本票、支票……392

结算凭证……393

信用卡……395

国库券……397

国家发行的其他有价证券……397

股　票……398

公司、企业债券……400

擅自发行股票……405

擅自发行公司、企业债券……406

内幕信息……414

内幕信息的知情人员，非法获取证券、
　　期货交易内幕信息的人员 …………………………417

未公开信息交易 ……………………………………………420

编造并且传播影响证券、期货交易的虚假信息 …………420

操纵证券市场 ………………………………………………422

操纵期货市场 ………………………………………………422

违背受托义务，擅自运用客户资金或者
　　其他委托、信托的财产 ……………………………423

公众资金保管机构 …………………………………………448

保险资产管理公司 …………………………………………450

违法发放贷款的国家规定 …………………………………450

银行或者其他金融机构的工作人员的关系人 ……………472

银行和其他金融机构的工作人员非法吸收行为的规定 ……473

银行和其他金融机构的工作人员违规
　　出具金融票证的规定 ………………………………474

存　　单 ……………………………………………………475

资信证明 ……………………………………………………475

禁止承兑、付款、保证的票据的规定 ……………………476

票据付款 ……………………………………………………477

票据保证 ……………………………………………………479

逃　　汇 ……………………………………………………480

外　　汇 ……………………………………………………487

骗购外汇···487
洗　　钱···488
保　　险···491
保险标的···491
投保人、被保险人、受益人·····························492
保险事故···493
存托凭证···494
控股股东···495
实际控制人···495
依法负有信息披露义务的公司、企业·····················496
高级管理人员··513
证券业务···513
期货业务···520
保险业务···524
资金支付结算业务·····································525
其他扰乱金融市场秩序行为····························535

破坏金融管理秩序罪

一、伪造货币罪

第一百七十条

伪造货币[第290页]的,处三年以上十年以下有期徒刑,并处罚金;有下列情形之一的,处十年以上有期徒刑或者无期徒刑,并处罚金或者没收财产:

(一)伪造货币集团的首要分子;
(二)伪造货币数额特别巨大的;
(三)有其他特别严重情节的。

立法沿革 >>>

本条源自1979年《刑法》(以下简称79刑法)第一百二十二条[1]伪造国家货币罪,《全国人民代表大会常务委员会关于惩治破坏金融秩序犯罪的决定》(以下简称《关于惩治破坏金融秩序犯罪的决定》)第一条[2]将犯罪对象由"国家货币"改为"货币",包括人民币和外币,刑法将其吸收纳入。《刑法修正案(九)》第十一

---

[1] 伪造国家货币或者贩运伪造的国家货币的,处三年以上七年以下有期徒刑,可以并处罚金或者没收财产。

犯前款罪的首要分子或者情节特别严重的,处七年以上有期徒刑或者无期徒刑,可以并处没收财产。

[2] 伪造货币的,处三年以上十年以下有期徒刑,并处五万元以上五十万元以下罚金。有下列情形之一的,处十年以上有期徒刑、无期徒刑或者死刑,并处没收财产:

(一)伪造货币集团的首要分子;
(二)伪造货币数额特别巨大的;
(三)有其他特别严重情节的。

条改限额罚金制为无限额罚金制，并废除了死刑。《最高人民法院关于执行〈中华人民共和国刑法〉确定罪名的规定》(以下简称高法《罪名规定》)、《最高人民检察院关于适用刑法分则规定的犯罪的罪名的意见》(以下简称高检《罪名意见》)将其解释为伪造货币罪。

司法解释 >>>>

★《最高人民法院关于审理伪造货币等案件具体应用法律若干问题的解释》(法释〔2000〕26号　自2000年9月14日起施行)

第一条　伪造货币的总面额在二千元以上不满三万元或者币量在二百张(枚)以上不足三千张(枚)的，依照刑法第一百七十条的规定，处三年以上十年以下有期徒刑，并处五万元以上五十万元以下罚金。

伪造货币的总面额在三万元以上的，属于"伪造货币数额特别巨大"。

行为人制造货币版样或者与他人事前通谋，为他人伪造货币提供版样的，依照刑法第一百七十条的规定定罪处罚。

第七条　本解释所称"货币"是指可在国内市场流通或者兑换的人民币和境外货币。

货币面额应当以人民币计算，其他币种以案发时国家外汇管理机关公布的外汇牌价折算成人民币。

★《最高人民法院关于审理伪造货币等案件具体应用法律若干问题的解释(二)》(法释〔2010〕14号　自2010年11月3日起施行)

第一条第一款　仿照真货币的图案、形状、色彩等特征非法制造假币，冒充真币的行为，应当认定为刑法第一百七十条规定的"伪造货币"。

第二条　同时采用伪造和变造手段，制造真伪拼凑货币的行为，依照刑法第一百七十条的规定，以伪造货币罪定罪处罚。

第三条　以正在流通的境外货币为对象的假币犯罪，依照刑法第一百七十条至第一百七十三条的规定定罪处罚。

假境外货币犯罪的数额,按照案发当日中国外汇交易中心或者中国人民银行授权机构公布的人民币对该货币的中间价折合成人民币计算。中国外汇交易中心或者中国人民银行授权机构未公布汇率中间价的境外货币,按照案发当日境内银行人民币对该货币的中间价折算成人民币,或者该货币在境内银行、国际外汇市场对美元汇率,与人民币对美元汇率中间价进行套算。

第四条 以中国人民银行发行的普通纪念币和贵金属纪念币为对象的假币犯罪,依照刑法第一百七十条至第一百七十三条的规定定罪处罚。

假普通纪念币犯罪的数额,以面额计算;假贵金属纪念币犯罪的数额,以贵金属纪念币的初始发售价格计算。

第五条 以使用为目的,伪造停止流通的货币,或者使用伪造的停止流通的货币的,依照刑法第二百六十六条的规定,以诈骗罪定罪处罚。

第六条 此前发布的司法解释与本解释不一致的,以本解释为准。

立案追诉标准

★《最高人民检察院、公安部关于公安机关管辖的刑事案件立案追诉标准的规定(二)》(公通字〔2022〕12号 自2022年5月15日起施行)

第十四条 〔伪造货币案(刑法第一百七十条)〕伪造货币,涉嫌下列情形之一的,应予立案追诉:

(一)总面额在二千元以上或者币量在二百张(枚)以上的;

(二)总面额在一千元以上或者币量在一百张(枚)以上,二年内因伪造货币受过行政处罚,又伪造货币的;

(三)制造货币版样或者为他人伪造货币提供版样的;

(四)其他伪造货币应予追究刑事责任的情形。

司法解释性质规范性文件

★《全国法院审理金融犯罪案件工作座谈会纪要》（法〔2001〕8号 自2001年1月21日起施行）

（二）关于破坏金融管理秩序罪

2. 关于假币犯罪

假币犯罪的认定。假币犯罪是一种严重破坏金融管理秩序的犯罪。只要有证据证明行为人实施了出售、购买、运输、使用假币行为，且数额较大，就构成犯罪。伪造货币的，只要实施了伪造行为，不论是否完成全部印制工序，即构成伪造货币罪；对于尚未制造出成品，无法计算伪造、销售假币面额的，或者制造、销售用于伪造货币的版样的，不认定犯罪数额，依据犯罪情节决定刑罚。明知是伪造的货币而持有，数额较大，根据现有证据不能认定行为人是为了进行其他假币犯罪的，以持有假币罪定罪处罚；如果有证据证明其持有的假币已构成其他假币犯罪的，应当以其他假币犯罪定罪处罚。

假币犯罪罪名的确定。假币犯罪案件中犯罪分子实施数个相关行为的，在确定罪名时应把握以下原则：

（1）对同一宗假币实施了法律规定为选择性罪名的行为，应根据行为人所实施的数个行为，按相关罪名刑法规定的排列顺序并列确定罪名，数额不累计计算，不实行数罪并罚。

（2）对不同宗假币实施法律规定为选择性罪名的行为，并列确定罪名，数额按全部假币面额累计计算，不实行数罪并罚。

（3）对同一宗假币实施了刑法没有规定为选择性罪名的数个犯罪行为，择一重罪从重处罚。如伪造货币或者购买假币后使用的，以伪造货币罪或购买假币罪定罪，从重处罚。

（4）对不同宗假币实施了刑法没有规定为选择性罪名的数个犯罪行为，分别定罪，数罪并罚。

出售假币被查获部分的处理。在出售假币时被抓获的，除现场查获的假币应认定为出售假币的犯罪数额外,现场之外在行为人住所或者其他藏匿地查获的假币,亦应认定为出售假币的犯罪数额。但有证据证实后者是行为人有实施其他假币犯罪的除外。

制造或者出售伪造的台币行为的处理。对于伪造台币的,应当以伪造货币罪定罪处罚;出售伪造的台币的,应当以出售假币罪定罪处罚。

★《最高人民法院、最高人民检察院、公安部关于严厉打击假币犯罪活动的通知》(公通字〔2009〕45号 自2009年9月15日起施行)

二、……根据刑事诉讼法的有关规定,假币犯罪案件的地域管辖应当遵循以犯罪地管辖为主,犯罪嫌疑人居住地管辖为辅的原则。假币犯罪案件中的犯罪地,既包括犯罪预谋地、行为发生地,也包括运输假币的途经地。假币犯罪案件中的犯罪嫌疑人居住地,不仅包括犯罪嫌疑人经常居住地和户籍所在地,也包括其临时居住地。几个公安机关都有权管辖的假币犯罪案件,由最初立案地或者主要犯罪地公安机关管辖;对管辖有争议或者情况特殊的,由共同的上级公安机关指定管辖。如需人民检察院、人民法院指定管辖的,公安机关要及时提出相关建议。经审查需要指定的,人民检察院、人民法院要依法指定管辖。

法律适用答复、复函

★《公安部经济犯罪侦查局关于制造、销售用于伪造货币的版样的行为如何定性问题的批复》(公经〔2003〕660号 自2003年6月19日起施行)
广东省公安厅经侦总队:

你总队《关于对买卖假币胶片行为定性问题的请示》(广公(经)字〔2003〕439号)收悉。经研究并征询最高人民检察院、最高人民法院有关部门的意见,现批复如下:

根据《最高人民法院关于审理伪造货币等案件具体应用法律

若干问题的解释》(法释〔2000〕26号)以及《全国法院审理金融犯罪案件工作座谈会纪要》的有关规定,对制造、销售用于伪造货币的版样的行为以伪造货币罪定罪处罚。

★《公安部经济犯罪侦查局关于伪造缅甸货币行为定性问题的批复》(公经〔2004〕493号 自2004年3月31日起施行)
云南省公安厅经侦总队:

你总队《关于我省公安机关查获一起伪造假缅币案件适用法律有关问题的请示》(云公传发〔2004〕30号)收悉。经研究并商最高人民法院刑二庭、最高人民检察院侦查监督厅和国家外汇管理局综合司同意,现批复如下:

鉴于缅甸货币在中缅边境地区可以与人民币兑换,伪造缅甸货币的行为应以伪造货币罪定罪处罚。

★《公安部办公厅关于若干经济犯罪案件如何统计涉案总价值、挽回经济损失数额的批复》(公经〔2008〕214号 自2008年11月5日起施行)

三、走私假币案、伪造货币案、出售、购买、运输假币案、金融工作人员购买假币、以假币换取货币案、持有、使用假币案、变造货币案,按照已经查证属实的伪造、变造的货币的面值统计涉案总价值。

伪造、变造的外国货币以及香港、澳门、台湾地区货币的面值,按照立案时国家外汇管理机关公布的外汇牌价折算成人民币后统计。

指导性案例

★郭四记、徐维伦等人伪造货币案(最高人民检察院第四十四批指导性案例,检例第176号)

【关键词】

伪造货币 网络犯罪 共同犯罪 主犯 全链条惩治

【要旨】

行为人为直接实施伪造货币人员提供专门用于伪造货币的技术或者物资的，应当认定其具有伪造货币的共同犯罪故意。通过网络积极宣传、主动为直接实施伪造货币人员提供伪造货币的关键技术、物资，或者明知他人有伪造货币意图，仍积极提供专门从事伪造货币相关技术、物资等，应当认定其在共同伪造货币犯罪中起主要作用，系主犯，对其实际参与的伪造货币犯罪总额负责。对于通过网络联络、分工负责、共同实施伪造货币犯罪案件，检察机关应当注重对伪造货币犯罪全链条依法追诉。

【基本案情】（摘录）

2018年9月，徐维伦成为某品牌防伪纸网络代理商后，组建多个QQ群，发布销售防伪纸广告。徐维伦利用该防伪纸自行制造假币，在QQ群发布视频炫耀，至案发共伪造人民币2.906万元。郭四记等意图伪造货币的人员通过网络广告加入徐维伦建立的QQ群，购买防伪纸用于制造假币。郭四记认识徐维伦后，也成为该防伪纸销售代理商，徐维伦向其出售防伪纸、印章、假币电子模板等设备、材料，并传授制造假币技术。

2018年9月至11月，徐维伦通过网络与胡春云、于文星、胡甲武、胡康康、宋金星共同伪造货币：（1）徐维伦通过网络向意图伪造货币的胡春云出售防伪纸、印油、丝印台、假币电子模板等制造假币材料，胡春云纠集同村村民于文星、胡甲武共同制造假币。在胡春云等人制造假币遇到困难时，徐维伦通过QQ远程操控电脑提供制假技术支持。胡春云等人共伪造人民币1.8万元，并使用了部分假币。（2）徐维伦通过网络向胡康康出售防伪纸、丝印网版等制造假币的材料，并赠送假币电子模板，胡康康纠集其堂弟宋金星共同伪造人民币1.636万元，并使用了部分假币。其间，郭四记、徐维伦还通过网络分别或者共同与山西、贵州、河北、福建、山东等地相关人员伪造货币。张鑫、廖波等上述其他地区的人员均因伪造货币罪被当地法院判处刑罚。

【检察机关履职过程】（摘录）

（一）审查起诉

2019年2月12日，江西省庐山市公安局以郭四记、徐维伦、胡春云、于文星、胡甲武、胡康康、宋金星涉嫌伪造货币罪移送起诉。

江西省庐山市人民检察院审查发现，郭四记、徐维伦为全国多地伪造货币人员提供了大量制造假币所用防伪纸、丝印网版，并传授制假技术，但是直接实施伪造货币人员身份未查实，两名犯罪嫌疑人是否参与他人制造假币的事实以及具体犯罪数额不清。庐山市人民检察院将案件退回公安机关补充侦查，要求公安机关对全部直接实施伪造货币人员犯罪情况侦查取证。2019年8月19日，江西省庐山市人民检察院以伪造货币罪对郭四记、徐维伦等七名被告人提起公诉。

（二）指控和证明犯罪

2019年10月12日，江西省庐山市人民法院依法公开开庭审理。

庭审中，被告人郭四记对指控罪名无异议，但对犯罪事实和犯罪数额提出异议。郭四记的辩护人提出，郭四记只是出售制造假币设备材料和提供制造假币技术，未直接实施伪造货币活动，不应认定为伪造货币的共犯，不应对直接实施伪造货币人员的犯罪数额负责。郭四记的行为属于制造、销售用于伪造货币的版样，应根据犯罪情节量刑。被告人徐维伦及其辩护人对犯罪数额提出异议，认为不应将郭四记等人伪造货币的数额计入到徐维伦名下。

公诉人答辩指出，被告人计算机、手机、U盘等电子设备中的聊天记录、电子邮件、交易记录、制作假币相关应用程序等电子数据以及被告人供述证实，被告人郭四记、徐维伦在向直接实施伪造货币的人员销售可用于制造假币的防伪纸、打印机等通用设备材料以外，还销售专门用于制造假币的电子模板、印章、丝印网版，足以认定其与伪造货币人员具有制造假币的共同故意。而且,二被告人不仅销售制造假币所需的设备材料,还提供制造假币技术,被告人徐维伦在他人制造假币遇到问题时,甚至远程控制他人电脑直接操作,足以认定二被告人在各自参与的伪造货币共同犯罪中起主要作用,系主犯,应当对他人实际使用二被告人提供的设备材料、技术伪造货币的总额负责。被告人胡春云、胡康康主动联系徐维伦购买制造假币材料、学习制造假币技术并制造假币,均系主犯。被告人于文星、胡甲武、宋金星按照指令从事从属性工作,在共同犯罪中起次要、辅助作用,系从犯。

(三)处理结果

2019年11月14日,庐山市人民法院以伪造货币罪判处被告人郭四记有期徒刑14年,并处罚金10万元;判处被告人徐维伦有期徒刑12年,并处罚金5万元;判处胡春云等其他五名被告人2年至4年有期徒刑,并处罚金。宣判后,七名被告人均未上诉,判决已生效。

【指导意义】

(一)明知他人意图伪造货币,通过网络提供伪造货币技术或者设备、材料的人员,与直接实施伪造货币的人员构成伪造货币共同犯罪。为直接实施伪造货币人员提供专门用于伪造货币的技术或者设备、材料的,应当认定其具有伪造货币的共同犯罪故意。

(二)对于提供伪造货币的技术或者设备、材料但未直接实施伪造货币行为的人员,应当根据具体行为判断在共同伪造货币中的地位和作用。通过网络积极宣传、主动为直接实施伪造货币人员提供伪造货币的关键技术、设备、材料,或者明知他人有伪造货币意图,仍积极提供专门从事伪造货币的相关技术、设备、材料等,应当认定其在共同伪造货币犯罪中起主要作用,系主犯,对其实际参与的伪造货币犯罪总额负责。

(三)注重严格依法履职,对伪造货币犯罪全链条追诉。对于通过网络联络、分工负责、共同实施伪造货币犯罪案件,检察机关在审查逮捕、审查起诉时要注重审查伪造货币全链条行为人的犯罪事实是否全部查清，是否遗漏共同犯罪事实。办理利用网络共同伪造货币案件，要注重引导公安机关及时查封、扣押犯罪嫌疑人的计算机、手机、U 盘等电子设备，全面提取社交通讯工具中留存的通讯记录、交易信息、制造假币应用程序等相关电子数据，以此为基础查清共同犯罪事实。

参考案例

★ 杨吉茂伪造货币案（参见《刑事审判参考》1999 年第 3 集，第 23 号案例）

1994 年 11 月，被告人杨吉茂为获取高额利润，通过他人介绍结识了在巴中市新华印刷厂制版车间工作的被告人李阳、赵简，并两次前往巴中市，要求二人为其印制 1934 年版、面值为 500 元和 100 元的假美元。李、赵二人同意后，即用本车间的照相制版设备，制出了美元胶片。杨吉茂为此付给李、赵二人人民币各 5000 元。1995 年 2 月，为能印制出假美元，杨吉茂出资同李阳前往重庆市购回名片机一台，试制美元未获成功。同期，赵简来到成都，三人又前往成都市西门印刷一条街查看资料，并购回一台小型胶印机，由赵简调试机器，试印出了部分假美元。为此，杨吉茂又付给李阳人民币 3000 元，赵简人民币 5000 元。1995 年 6 月，为了印出效果更好的美元，杨吉茂出资人民币 8.4 万元，同李阳一起到四川省印刷物资公司购回一台北京牌 P1144DB 八开胶印机及立式制版照相机，并在成都市黄田坝天都酒楼租房，进行制版，印制了大量 1934 年、1966 年版假美元。为此，李阳从杨吉茂处又获得人民币 5000 元。1996 年 10 月案发后，公安机关从杨吉茂家中搜出假美元（成品）2270 万余元、假美元（半成品）426 万元及印刷设备等物。

1996 年 8 月中旬，被告人刘明亮以 4000 元人民币的价格从杨吉茂手中购得 1934 年版面值为 500 元假美元 100 张，共计金额 5 万元，后加价至人民币 5000 元卖给赵祥章（另案处理）。

(一)实务问题

1. 伪造美元的行为如何定性？
2. 伪造货币的数额、情节与处刑标准如何掌握？

(二)规则提炼

1. 伪造美元的行为，已构成伪造货币罪。伪造货币罪是指依照货币的图案、形状、色彩等，使用各种方法，非法制造假币冒充真币的行为。

2. "货币"既包括人民币，也包括外币，但不包括伪造货币所属国未发行过的货币。伪造已退出流通领域，但仍可通过银行兑换成流通面值货币的，仍构成伪造货币罪。在计算犯罪数额时，只要伪造出假货币，不管是成品还是半成品，均应视为犯罪行为，但可根据案件具体情况，作为量刑情节予以考虑。

二、出售、购买、运输假币罪，金融工作人员购买假币、以假币换取货币罪

第一百七十一条

【出售、购买、运输假币罪】出售、购买伪造的货币[第290页]或者明知是伪造的货币而运输，数额较大的，处三年以下有期徒刑或者拘役，并处二万元以上二十万元以下罚金；数额巨大的，处三年以上十年以下有期徒刑，并处五万元以上五十万元以下罚金；数额特别巨大的，处十年以上有期徒刑或者无期徒刑，并处五万元以上五十万元以下罚金或者没收财产。

【金融工作人员购买假币、以假币换取货币罪】银

行^[第294页]或者其他金融机构^[第295页]的工作人员购买伪造的货币或者利用职务上的便利,以伪造的货币换取货币的,处三年以上十年以下有期徒刑,并处二万元以上二十万元以下罚金;数额巨大或者有其他严重情节的,处十年以上有期徒刑或者无期徒刑,并处二万元以上二十万元以下罚金或者没收财产;情节较轻的,处三年以下有期徒刑或者拘役,并处或者单处一万元以上十万元以下罚金。

伪造货币并出售或者运输伪造的货币的,依照本法第一百七十条的规定定罪从重处罚。

立法沿革 >>>

本条第一款源自79刑法第一百二十二条①贩运伪造的国家货币罪,《关于惩治破坏金融秩序犯罪的决定》第二条第一款②将其修改为出售、购买、运输假币罪,增加了出售、购买两种行为,并将外币纳入犯罪对象。刑法对该决定进行了修改,将"数额巨大"的附加刑由"并处没收财产"改为"并处五万元以上五十万元以下罚金或者没收财产"。第二款79刑法没有规定,系由《关

---

① 伪造国家货币或者贩运伪造的国家货币的,处三年以上七年以下有期徒刑,可以并处罚金或者没收财产。

犯前款罪的首要分子或者情节特别严重的,处七年以上有期徒刑或者无期徒刑,可以并处没收财产。

② 出售、购买伪造的货币或者明知是伪造的货币而运输,数额较大的,处三年以下有期徒刑或者拘役,并处二万元以上二十万元以下罚金;数额巨大的,处三年以上十年以下有期徒刑,并处五万元以上五十万元以下罚金;数额特别巨大的,处十年以上有期徒刑或者无期徒刑,并处没收财产。

于惩治破坏金融秩序犯罪的决定》第二条第二款[①]修改而来。高法《罪名规定》、高检《罪名意见》将本条分别解释为出售、购买、运输假币罪，金融工作人员购买假币、以假币换取货币罪。

司法解释

★《最高人民法院关于审理伪造货币等案件具体应用法律若干问题的解释》（法释〔2000〕26号　自2000年9月14日起施行）

第二条　行为人购买假币后使用，构成犯罪的，依照刑法第一百七十一条的规定，以购买假币罪定罪，从重处罚。

行为人出售、运输假币构成犯罪，同时有使用假币行为的，依照刑法第一百七十一条、第一百七十二条的规定，实行数罪并罚。

第三条　出售、购买假币或者明知是假币而运输，总面额在四千元以上不满五万元的，属于"数额较大"；总面额在五万元以上不满二十万元的，属于"数额巨大"；总面额在二十万元以上的，属于"数额特别巨大"，依照刑法第一百七十一条第一款的规定定罪处罚。

第四条　银行或者其他金融机构的工作人员购买假币或者利用职务上的便利，以假币换取货币，总面额在四千元以上不满五万元或者币量在四百张（枚）以上不足五千张（枚）的，处三年以上十年以下有期徒刑，并处二万元以上二十万元以下罚金；总面额在五万元以上或者币量在五千张（枚）以上或者有其他严重情节的，处十年以上有期徒刑或者无期徒刑，并处二万元以上

---

①　银行或者其他金融机构的工作人员购买伪造的货币或者利用职务上的便利，以伪造的货币换取货币的，处三年以上十年以下有期徒刑，并处二万元以上二十万元以下罚金；数额巨大或者有其他严重情节的，处十年以上有期徒刑或者无期徒刑，并处没收财产；情节较轻的，处三年以下有期徒刑或者拘役，并处或者单处一万元以上十万元以下罚金。

二十万元以下罚金或者没收财产；总面额不满人民币四千元或者币量不足四百张（枚）或者具有其他情节较轻情形的，处三年以下有期徒刑或者拘役，并处或者单处一万元以上十万元以下罚金。

★《最高人民法院关于审理伪造货币等案件具体应用法律若干问题的解释（二）》（法释〔2010〕14号　自2010年11月3日起施行）

关于假币、假币数额、纪念币等解释详见刑法第一百七十条伪造货币罪部分（第3—4页）。

立案追诉标准

★《最高人民检察院、公安部关于公安机关管辖的刑事案件立案追诉标准的规定（二）》（公通字〔2022〕12号　自2022年5月15日起施行）

第十五条〔出售、购买、运输假币案（刑法第一百七十一条第一款）〕出售、购买伪造的货币或者明知是伪造的货币而运输，涉嫌下列情形之一的，应予立案追诉：

（一）总面额在四千元以上或者币量在四百张（枚）以上的；

（二）总面额在二千元以上或者币量在二百张（枚）以上，二年内因出售、购买、运输假币受过行政处罚，又出售、购买、运输假币的；

（三）其他出售、购买、运输假币应予追究刑事责任的情形。

在出售假币时被抓获的，除现场查获的假币应认定为出售假币的数额外，现场之外在行为人住所或者其他藏匿地查获的假币，也应认定为出售假币的数额。

第十六条〔金融工作人员购买假币、以假币换取货币案（刑法第一百七十一条第二款）〕银行或者其他金融机构的工作人员购买伪造的货币或者利用职务上的便利，以伪造的货币换取货币，总面额在二千元以上或者币量在二百张（枚）以上的，应予立案追诉。

司法解释性质规范性文件

★《全国法院审理金融犯罪案件工作座谈会纪要》(法〔2001〕8号 自2001年1月21日起施行)

关于犯罪分子实施数个相关行为罪名的确定详见刑法第一百七十条伪造货币罪部分(第5—6页)。

★《最高人民法院、最高人民检察院、公安部关于严厉打击假币犯罪活动的通知》(公通字〔2009〕45号 自2009年9月15日起施行)

关于假币犯罪管辖的规定详见刑法第一百七十条伪造货币罪部分(第6页)。

法律适用答复、复函

★《公安部办公厅关于若干经济犯罪案件如何统计涉案总价值、挽回经济损失数额的批复》(公经〔2008〕214号 自2008年11月5日起施行)

详见刑法第一百七十条伪造货币罪部分(第7页)。

三、持有、使用假币罪

第一百七十二条

明知是伪造的货币[第290页]而持有、使用,数额较大的,处三年以下有期徒刑或者拘役,并处或者单处一万元以上十万元以下罚金;数额巨大的,处三年以上十年以下有期徒刑,并处二万元以上二十万元以下罚金;数额特别巨大的，处十年以上有期徒刑，并处五万元以上五十万元以下罚金或者没收财产。

立法沿革 >>>

79刑法没有规定本罪，《最高人民法院关于办理伪造国家货币、贩运伪造的国家货币、走私伪造的货币犯罪案件具体应用法律的若干问题的解释》曾规定"收取伪造的货币后，故意在市场上使用，数量较大构成犯罪的，以诈骗罪论处"。《关于惩治破坏金融秩序犯罪的决定》第四条①增设了本罪。刑法将该决定中持有、使用伪造的货币"数额较大"的附加刑由"并处"改为"并处或单处"，其余全部予以沿袭。高法《罪名规定》、高检《罪名意见》将其解释为持有、使用假币罪。

司法解释 >>>

★《最高人民法院关于审理伪造货币等案件具体应用法律若干问题的解释》（法释〔2000〕26号 自2000年9月14日起施行）

第二条 行为人购买假币后使用，构成犯罪的，依照刑法第一百七十一条的规定，以购买假币罪定罪，从重处罚。

行为人出售、运输假币构成犯罪，同时有使用假币行为的，依照刑法第一百七十一条、第一百七十二条的规定，实行数罪并罚。

第五条 明知是假币而持有、使用，总面额在四千元以上不满五万元的，属于"数额较大"；总面额在五万元以上不满二十万

---

① 明知是伪造的货币而持有、使用，数额较大的，处三年以下有期徒刑或者拘役，并处一万元以上十万元以下罚金；数额巨大的，处三年以上十年以下有期徒刑，并处二万元以上二十万元以下罚金；数额特别巨大的，处十年以上有期徒刑，并处五万元以上五十万元以下罚金或者没收财产。

元的，属于"数额巨大"；总面额在二十万元以上的，属于"数额特别巨大"，依照刑法第一百七十二条的规定定罪处罚。

★《最高人民法院关于审理伪造货币等案件具体应用法律若干问题的解释（二）》（法释〔2010〕14号　自2010年11月3日起施行）

关于假币、假币数额、纪念币等解释详见刑法第一百七十条伪造货币罪部分（第3—4页）。

▍立案追诉标准 ▶▶▶

★《最高人民检察院、公安部关于公安机关管辖的刑事案件立案追诉标准的规定（二）》（公通字〔2022〕12号　自2022年5月15日起施行）

第十七条　〔持有、使用假币案（刑法第一百七十二条）〕明知是伪造的货币而持有、使用，涉嫌下列情形之一的，应予立案追诉：

（一）总面额在四千元以上或者币量在四百张（枚）以上的；

（二）总面额在二千元以上或者币量在二百张（枚）以上，二年内因持有、使用假币受过行政处罚，又持有、使用假币的；

（三）其他持有、使用假币应予追究刑事责任的情形。

▍司法解释性质规范性文件 ▶▶▶

★《全国法院审理金融犯罪案件工作座谈会纪要》（法〔2001〕8号　自2001年1月21日起施行）

关于犯罪分子实施数个相关行为罪名的确定详见刑法第一百七十条伪造货币罪部分（第5—6页）。

★《最高人民法院、最高人民检察院、公安部关于严厉打击假币犯罪活动的通知》（公通字〔2009〕45号　自2009年9月15日起施行）

关于假币犯罪管辖的规定详见刑法第一百七十条伪造货币罪部分（第6页）。

法律适用答复、复函

★《**公安部办公厅关于若干经济犯罪案件如何统计涉案总价值、挽回经济损失数额的批复**》（公经〔2008〕214号 自2008年11月5日起施行）

详见刑法第一百七十条伪造货币罪部分（第7页）。

参考案例

★**张顺发持有、使用假币案**（参见《刑事审判参考》2002年第4集，第188号案例）

2001年2月中旬的一天，被告人张顺发与乙、丙从贵州省遵义市乘火车到重庆的途中，被告人张顺发购得总面额1万余元的假人民币。同月14日到达重庆甲住处后，被告人张顺发向甲、乙、丙提出到合川用假人民币买商品来换取真人民币。甲等人均同意。同月21日上午，被告人张顺发与甲、乙、丙乘车到合川市沙鱼镇五村村民罗华珍商店，由甲用一张面额100元的假人民币购买红梅香烟一包，获取真人民币95元。嗣后，被告人张顺发一伙又到周坤商店，仍由甲用一张面额100元的假人民币购买挂面时，被店主周坤和村民林春识破。林春向当地公安派出所报案后，公安民警赶来将被告人张顺发一伙抓获，分别从被告人张顺发和乙、甲身上搜查出面额100元的假币91张、2张、1张，加之他们丢弃在地的面额100元的假币13张及在被害人罗华珍处提取的1张，总计108张。经中国人民银行合川市支行鉴定均为假币。

（一）实务问题

1. 购买假币后持有、使用的，是以购买假币罪定罪从重处罚，还是数罪并罚？

2. 购买假币后使用的，使用假币的数额如何认定？

3. 共同使用假币但未参与购买假币的，如何具体适用罪名？

（二）规则提炼

1. 购买假币后持有、使用的行为应以购买假币罪定罪，从重处罚。购买与使用构成了手段与目的的关系，这种为实施某种犯罪而其手段行为或者结果行为又触犯其他罪名的犯罪形态，在刑法理论上被称为牵连犯。对于牵连犯的处理方法，理论上主张采取从一重罪处断的原则，因而购买假币后持有、使用的行为应以购买假币罪定罪，从重处罚。

2. 购买假币后使用的假币数额应当包括已经使用和准备使用的数额。购买和持有、使用是一个连贯的行为，购买并已使用的假币如属于同一宗假币，就表明购买是为了使用。购买假币后使用的假币数额应当包括已经使用和准备使用但因各种原因未使用的假币数额。

3. 共同使用假币但未参与购买假币的，构成持有、使用假币罪。购买假币后持有、使用的，应以购买假币罪定罪从重处罚，并不意味着行为人不构成持有、使用假币罪，只是在具体处理上按一罪处理，并不妨碍共同使用人构成持有、使用假币罪，应以行为人共同持有、使用假币的事实作为认定依据，并确定相应的罪责。

四、变造货币罪

第一百七十三条

变造货币[第290页]，数额较大的，处三年以下有期徒刑或者拘役，并处或者单处一万元以上十万元以下罚金；数额巨大的，处三年以上十年以下有期徒刑，并处二万元以上二十万元以下罚金。

立法沿革

79刑法没有规定本罪,《最高人民法院关于办理伪造国家货币、贩运伪造的国家货币、走私伪造的货币犯罪案件具体应用法律的若干问题的解释》曾规定对变造国家货币的,以伪造国家货币罪论处。《关于惩治破坏金融秩序犯罪的决定》第五条①增设了本罪,刑法将该决定中变造货币"数额较大"的附加刑由"并处"改为"并处或单处",其余全部予以沿袭。高法《罪名规定》、高检《罪名意见》将其解释为变造货币罪。

司法解释

★《最高人民法院关于审理伪造货币等案件具体应用法律若干问题的解释》(法释〔2000〕26号 自2000年9月14日起施行)

第六条 变造货币的总面额在二千元以上不满三万元的,属于"数额较大";总面额在三万元以上的,属于"数额巨大",依照刑法第一百七十三条的规定定罪处罚。

第七条 本解释所称"货币"是指可在国内市场流通或者兑换的人民币和境外货币。

货币面额应当以人民币计算,其他币种以案发时国家外汇管理机关公布的外汇牌价折算成人民币。

★《最高人民法院关于审理伪造货币等案件具体应用法律若干问题的解释(二)》(法释〔2010〕14号 自2010年11月3日起施行)

第一条第二款 对真货币采用剪贴、挖补、揭层、涂改、移位、重印等方法加工处理,改变真币形态、价值的行为,应当认定为刑法第一百七十三条规定的"变造货币"。

关于假币、假币数额、纪念币等解释详见刑法第一百七十条

---

① 变造货币,数额较大的,处三年以下有期徒刑或者拘役,并处一万元以上十万元以下罚金;数额巨大的,处三年以上十年以下有期徒刑,并处二万元以上二十万元以下罚金。

伪造货币罪部分（第3—4页）。

立案追诉标准 ▶▶▶▶

★《最高人民检察院、公安部关于公安机关管辖的刑事案件立案追诉标准的规定（二）》（公通字〔2022〕12号　自2022年5月15日起施行）

第十八条　〔变造货币案（刑法第一百七十三条）〕变造货币，涉嫌下列情形之一的，应予立案追诉：

（一）总面额在二千元以上或者币量在二百张（枚）以上的；

（二）总面额在一千元以上或者币量在一百张（枚）以上，二年内因变造货币受过行政处罚，又变造货币的；

（三）其他变造货币应予追究刑事责任的情形。

司法解释性质规范性文件 ▶▶▶▶

★《全国法院审理金融犯罪案件工作座谈会纪要》（法〔2001〕8号　自2001年1月21日起施行）

关于犯罪分子实施数个相关行为罪名的确定详见刑法第一百七十条伪造货币罪部分（第5—6页）。

★《最高人民法院、最高人民检察院、公安部关于严厉打击假币犯罪活动的通知》（公通字〔2009〕45号　自2009年9月15日起施行）

关于假币犯罪管辖的规定详见刑法第一百七十条伪造货币罪部分（第6页）。

法律适用答复、复函 ▶▶▶▶

★《公安部经济犯罪侦查局关于马党权变造货币案中变造货币数额认定问题的批复》（公经〔2003〕1329号　自2003年11月12日起施行）

江西省公安厅经侦总队：

你总队《关于马党权变造货币一案有关司法解释的请示》（赣

公传发〔2003〕569号）收悉。经研究，现批复如下：

犯罪嫌疑人以货币为基本材料，采用挖补、撕揭、拼凑等方法，改变货币的外在形态，变造货币的数额应以实际变造出的货币的票面数额计算，包括被因挖补、撕揭而改变了外在形态的货币，但已灭失的货币除外。

★《公安部办公厅关于若干经济犯罪案件如何统计涉案总价值、挽回经济损失数额的批复》（公经〔2008〕214号 自2008年11月5日起施行）

详见刑法第一百七十条伪造货币罪部分（第7页）。

五、擅自设立金融机构罪，伪造、变造、转让金融机构经营许可证、批准文件罪

第一百七十四条

【**擅自设立金融机构**[第319页]**罪**】未经国家有关主管部门批准，擅自设立商业银行[第322页]、证券交易所[第329页]、期货交易所[第331页]、证券公司[第333页]、期货经纪公司[第335页]、保险公司[第338页]或者其他金融机构[第295页]的，处三年以下有期徒刑或者拘役，并处或者单处二万元以上二十万元以下罚金；情节严重的，处三年以上十年以下有期徒刑，并处五万元以上五十万元以下罚金。

【**伪造、变造、转让金融机构经营许可证、批准文件罪**】伪造、变造、转让商业银行、证券交易所、期货交易所、证券公司、期货经纪公司、保险公司或者其他金融机构的经营许可证[第342页]或者批准文件的，依照前款

的规定处罚。

单位犯前两款罪的,对单位判处罚金,并对其直接负责的主管人员和其他直接责任人员,依照第一款的规定处罚。

立法沿革

本条第一款系沿袭《关于惩治破坏金融秩序犯罪的决定》第六条第一款[①]内容,79刑法没有规定。高法《罪名规定》、高检《罪名意见》将其解释为擅自设立金融机构罪。《刑法修正案》第三条第一款对本罪进行了修正,将"中国人民银行"改为"有关国家机关",增加"证券交易所、期货交易所、证券公司、期货经纪公司、保险公司"作为犯罪对象。

本条第二款系沿袭《关于惩治破坏金融秩序犯罪的决定》第六条第二款[②]内容,79刑法没有规定。高法《罪名规定》、高检《罪名意见》将其解释为伪造、变造、转让金融机构经营许可证罪。《刑法修正案》第三条第二款对罪状作了修正,增加"证券交易所、期货交易所、证券公司、期货经纪公司、保险公司"和"批准文件"作为犯罪对象。《最高人民法院、最高人民检察院关于执行〈中华人民共和国刑法〉确定罪名的补充规定》(以下简称"两高"《罪名补充规定》)将其解释为伪造、变造、转让金融机构经营许可证、批准文件罪。

---

① 未经中国人民银行批准,擅自设立商业银行或者其他金融机构的,处三年以下有期徒刑或者拘役,并处或者单处二万元以上二十万元以下罚金;情节严重的,处三年以上十年以下有期徒刑,并处五万元以上五十万元以下罚金。

② 伪造、变造、转让商业银行或者其他金融机构经营许可证的,依照前款的规定处罚。

立案追诉标准

★《最高人民检察院、公安部关于公安机关管辖的刑事案件立案追诉标准的规定（二）》（公通字〔2022〕12号 自2022年5月15日起施行）

第十九条 〔擅自设立金融机构案（刑法第一百七十四条第一款）〕未经国家有关主管部门批准，擅自设立金融机构，涉嫌下列情形之一的，应予立案追诉：

（一）擅自设立商业银行、证券交易所、期货交易所、证券公司、期货公司、保险公司或者其他金融机构的；

（二）擅自设立金融机构筹备组织的。

第二十条 〔伪造、变造、转让金融机构经营许可证、批准文件案（刑法第一百七十四条第二款）〕伪造、变造、转让商业银行、证券交易所、期货交易所、证券公司、期货公司、保险公司或者其他金融机构的经营许可证或者批准文件的，应予立案追诉。

司法解释性质规范性文件

★《全国法院审理金融犯罪案件工作座谈会纪要》（法〔2001〕8号 自2001年1月21日起施行）

（二）关于破坏金融管理秩序罪

1.非金融机构非法从事金融活动案件的处理

1998年7月13日，国务院发布了《非法金融机构和非法金融业务活动取缔办法》（注：2021年5月1日起已废止）。1998年8月11日，国务院办公厅转发了中国人民银行整顿乱集资、乱批设金融机构和乱办金融业务实施方案，对整顿金融"三乱"工作的政策措施等问题做出了规定。各地根据整顿金融"三乱"工作实施方案的规定，对于未经中国人民银行批准，但是根据地方政府或有关部门文件设立并从事或变相从事金融业务的各类基金会、互助会、储金会等机构和组织，由各地人民政府和各有关部门限期进行清理整顿。超过实施方案规定期限继续从事非法金融业务活动的，依法予以取缔；情节严重、构成犯罪的，依法追究刑事责任。因此，上述非法从事金融活动的机构和组织只要在实施方案规定期限之前停止非法金融业务活动的，对有关单位和责任人员，不应以擅自设立金融机构罪处理；对其以前从事的非法金融活动，一般也不作犯罪处理；这些机构和组织的人员利用职务实施的个人犯罪，如贪污罪、职务侵占罪、挪用公款罪、挪用资金罪等，应当根据具体案情分别依法定罪处罚。

参考案例

★张军、张小琴非法经营案（参见《刑事审判参考》2013年第1集，第828号案例）

张军、张小琴未经工商部门登记注册，于2010年6月29日出资成立"顺发借寄公司"，主要从事贵重物品寄押、贷款收取利息业务。"顺发借寄公司"先后4次接受他人从租车行骗租的汽车作为抵押物，对外借款13万元，扣除月息15%，实际对外借款得款110500元。

（一）实务问题

擅自设立金融机构罪如何认定？

（二）规则提炼

部分商业银行、期货经纪公司为了拓展业务，未向主管机关申报，擅自扩建业务网点、增设分支机构，或者虽向主管机关申报，但主管机关尚未批准就擅自设立分支机构进行营业活动，虽然表面上符合"未经国家有关主管机关批准"的要件，但由于已经取得了经营金融业务的主体资格，故与那些没有主体资格的单位或者个人擅自设立金融机构的社会危害有本质不同，一般不以擅自设立金融机构罪论处。

构成擅自设立金融机构罪，本质上必须是对金融安全产生潜在严重危险的行为。具体而言，要求形式上行为人非法设立的机构应当具备合法金融机构的一些必要形式特征，包括机构名称、组织部门、公司章程、营业地点等；实质上行为人非法设立的机构应当具备开展相应金融业务的实质能力，包括资金实力、专业人员等。如果不具备开展相应金融业务的实际能力，没有可能面向社会开展有关金融业务，不可能有严重危害金融秩序和金融安全危险的，不构成本罪。

六、高利转贷罪

第一百七十五条

以转贷牟利为目的，套取金融机构[第295页]信贷资金高利转贷他人，违法所得数额较大的，处三年以下有期徒刑或者拘役，并处违法所得一倍以上五倍以下罚金；数额巨大的，处三年以上七年以下有期徒刑，并处违法所得一倍以上五倍以下罚金。

单位犯前款罪的，对单位判处罚金，并对其直接负责的主管人员和其他直接责任人员，处三年以下有期徒刑或者拘役。

立法沿革 >>>

本条系刑法增设，79刑法、单行刑法均未规定。高法《罪名规定》、高检《罪名意见》将其解释为高利转贷罪。

立案追诉标准

★《最高人民检察院、公安部关于公安机关管辖的刑事案件立案追诉标准的规定(二)》(公通字〔2022〕12号 自2022年5月15日起施行)

第二十一条 〔高利转贷案(刑法第一百七十五条)〕以转贷牟利为目的,套取金融机构信贷资金高利转贷他人,违法所得数额在五十万元以上的,应予立案追诉。

参考案例

★姚凯高利转贷案(参见《刑事审判参考》2008年第3集,第487号案例)

鞍山市第六粮库主任林占山(另案处理)得知鞍山市轧钢厂缺少生产资金急需融资,便找到被告人姚凯(与其系同学关系)商议,由姚凯出面办理营业执照,利用林占山与银行相关人员熟悉的便利条件,通过办理银行承兑汇票后借给鞍山市轧钢厂以从中获利。姚凯于1997年9月承包了鞍山市农垦工贸公司,以该公司名义向银行申请办理银行承兑汇票并转借给鞍山市轧钢厂。

1997年11月,被告人姚凯以鞍山市农垦工贸公司名义向鞍山市农业发展银行办理承兑汇票人民币500万元。在办理该笔承兑汇票时,鞍山市农垦工贸公司在鞍山市农业发展银行所设账户内没有存入保证金,也没有向鞍山市农业发展银行提供担保。林占山、姚凯将这500万元银行承兑汇票借给鞍山市轧钢厂用于资金周转,从中获利35万元。

1999年6月,被告人姚凯以鞍山市农垦工贸公司名义向鞍山市农业银行营业部办理承兑汇票人民币490万元。在办理该笔承兑汇票时,鞍山市农垦工贸公司在鞍山市农业银行营业部所设账户内存款100万元作为保证金,并由鞍山市轧钢厂作为保证人提供担保，鞍山市农垦工贸公司、鞍山市农业银行营业部、鞍山市轧钢厂三方共同签订了保证担保借款合同，林占山、姚凯将这490万元银行承兑汇票借给鞍山市轧钢厂用于资金周转，从中获利40万元。

上述两笔银行承兑汇票到期后，本金人民币计990万元均由鞍山市农垦工贸公司返还给银行。

（一）实务问题

1. 套取银行的承兑汇票是否属于套取银行信贷资金？
2. 如何认定高利转贷罪中的"高利"标准？

（二）规则提炼

1. 编造虚假交易关系并出具虚假购销合同取得银行承兑汇票的，属于《刑法》第一百七十五条规定的"套取金融机构信贷资金"的行为。高利转贷罪客观方面表现为套取金融机构信贷资金，高利转贷他人，违法所得数额较大的行为。其中，对于"套取金融机构信贷资金"，根据中国人民银行发布的《贷款通则》有关"借款人不得套取贷款用于借贷牟取非法收入"的规定，可以认为，凡是将金融机构贷款用于借贷牟取非法收入的行为，均属于套取金融机构信贷资金。虽然银行承兑汇票与银行贷款表现形式不同，借贷关系与票据关系在法律上也有不同之处，但银行承兑汇票是纳入信贷科目管理的，在银行内部的管理模式和性质上是相同的，银行承兑汇票贴现时使用的资金属于银行的信贷资金，票据贴现也是银行借出信贷资金的一种表现形式，因此，套取银行承兑汇票然后转让他人进行贴现的，实质上属于套取了银行的信贷资金。

2. 刑法和司法解释中均对"高利"未作规定，但鉴于该罪是以转贷牟利为目的，因此只要转贷的利率高于银行的利率就应当属于"高利"，不必要求转贷利率必须达到一定的倍数。

七、骗取贷款、票据承兑、金融票证罪

第一百七十五条之一

以欺骗手段取得银行或者其他金融机构贷款[第350页]、票据承兑[第355页]、信用证[第357页]、保函[第361页]等,给银行[第294页]或者其他金融机构[第295页]造成重大损失的,处三年以下有期徒刑或者拘役,并处或者单处罚金;给银行或者其他金融机构造成特别重大损失或者有其他特别严重情节的,处三年以上七年以下有期徒刑,并处罚金。

单位犯前款罪的,对单位判处罚金,并对其直接负责的主管人员和其他直接责任人员,依照前款的规定处罚。

立法沿革 >>>

本条系《刑法修正案(六)》第十条①增设,《最高人民法院、最高人民检察院关于执行〈中华人民共和国刑法〉确定罪名的补充规定(三)》(以下简称"两高"《罪名补充规定(三)》)将其解释为骗取贷款、票据承兑、金融票证罪。《刑法修正案(十一)》第十一条将第一款第一档法定刑中的"或者有其他严重情节"删除。

---

① 在刑法第一百七十五条后增加一条,作为第一百七十五条之一:"以欺骗手段取得银行或者其他金融机构贷款、票据承兑、信用证、保函等,给银行或者其他金融机构造成重大损失或者有其他严重情节的,处三年以下有期徒刑或者拘役,并处或者单处罚金;给银行或者其他金融机构造成特别重大损失或者有其他特别严重情节的,处三年以上七年以下有期徒刑,并处罚金。

"单位犯前款罪的,对单位判处罚金,并对其直接负责的主管人员和其他直接责任人员,依照前款的规定处罚。"

司法解释

★《最高人民法院关于新民间借贷司法解释适用范围问题的批复》①（法释〔2020〕27号　自2021年1月1日起施行）

广东省高级人民法院：

你院《关于新民间借贷司法解释有关法律适用问题的请示》（粤高法〔2020〕108号）收悉。经研究，批复如下：

一、关于适用范围问题。经征求金融监管部门意见，由地方金融监管部门监管的小额贷款公司、融资担保公司、区域性股权市场、典当行、融资租赁公司、商业保理公司、地方资产管理公司等七类地方金融组织，属于经金融监管部门批准设立的金融机构，其因从事相关金融业务引发的纠纷，不适用新民间借贷司法解释。

二、其他两问题已在修订后的司法解释中予以明确，请遵照执行。

三、本批复自2021年1月1日起施行。

立案追诉标准

★《最高人民检察院、公安部关于公安机关管辖的刑事案件立案追诉标准的规定（二）》（公通字〔2022〕12号　自2022年5月15日起施行）

第二十二条　〔骗取贷款、票据承兑、金融票证案（刑法第一百七十五条之一）〕以欺骗手段取得银行或者其他金融机构贷款、票据承兑、信用证、保函等，给银行或者其他金融机构造成直接经济损失数额在五十万元以上的，应予立案追诉。

---

① 本书认为，该批复适用于民商法裁判，不适用于本罪，从追诉必要性考量，本罪中的其他金融机构不包括地方金融组织。

司法解释性质规范性文件

★《最高人民法院、最高人民检察院、公安部、司法部关于办理黑恶势力犯罪案件若干问题的指导意见》（法发〔2018〕1号 自2018年1月16日起施行）

19. 在民间借贷活动中，如有擅自设立金融机构、非法吸收公众存款、骗取贷款、套取金融机构资金发放高利贷以及为强索债务而实施故意杀人、故意伤害、非法拘禁、故意毁坏财物等行为的，应当按照具体犯罪侦查、起诉、审判。依法符合数罪并罚条件的，应当并罚。

★《最高人民法院、最高人民检察院、公安部、司法部关于办理非法放贷刑事案件若干问题的意见》（法发〔2019〕24号 自2019年10月21日起施行）

六、为从事非法放贷活动，实施擅自设立金融机构、套取金融机构资金高利转贷、骗取贷款、非法吸收公众存款等行为，构成犯罪的，应当择一重罪处罚。

★《最高人民检察院关于充分发挥检察职能服务保障"六稳""六保"的意见》（高检发〔2020〕10号 自2020年7月22日起施行）

3.……二是依法慎重处理贷款类犯罪案件。在办理骗取贷款等犯罪案件时，充分考虑企业"融资难""融资贵"的实际情况，注意从借款人采取的欺骗手段是否属于明显虚构事实或者隐瞒真相，是否与银行工作人员合谋、受其指使，是否非法影响银行放贷决策、危及信贷资金安全，是否造成重大损失等方面，合理判断其行为危害性，不苛求企业等借款人。对于借款人因生产经营需要，在贷款过程中虽有违规行为，但未造成实际损失的，一般不作为犯罪处理。对于借款人采取欺骗手段获取贷款，虽给银行造成损失，但证据不足以认定借款人有非法占有目的的，不能以贷款诈骗罪定性处理。

法律适用答复、复函

★《公安部经济犯罪侦查局关于转发〈中国人民银行办公厅关于进出口押汇垫款认定事宜的复函〉的通知》(公经〔2002〕751号 自2002年6月24日起施行)

河南省公安厅经侦总队：

进、出口押汇属于贸易融资业务。进口押汇是银行根据客户要求在进口结算业务中给予客户资金融通的业务活动。出口押汇是银行凭出口商提供的出口单据向出口商融通资金的业务活动。押汇垫款是贸易项下融资的一种方式，其性质应属于贷款。

参考案例

★陈恒国骗取贷款案（参见《刑事审判参考》2014年第2集，第961号案例）

罗山县人民法院经公开审理查明：2006年10月至2010年11月，被告人陈恒国以他人名义在原河南省罗山县农村信用合作联社山店信用社经信贷员方治彬、陈勇、姚留勋、孟令鹏贷款115笔共计人民币（以下币种同）610.2万元，其中冒用他人名义贷款18笔共计84.5万元。2007年7月29日，陈恒国以他人名义，在原东城信用社，经信贷员孟令鲲贷款1笔50万元。2007年3月至2008年9月，陈恒国以他人名义，在原涩港信用社，经信贷员周克尤贷款5笔共计38万元。2008年6月30日，陈恒国冒用张永枝、高霞的名义担保，私刻二人印章，以虚假担保方式，从原莽张信用社贷款90万元。

（一）实务问题

如何认定骗取贷款案件中行为人是否具有非法占有目的？

（二）规则提炼

被告人多次冒用他人名义贷款、冒用他人名义担保贷款，从查明的证据来看，陈恒国骗取贷款后，确有开发周党步行街房产、山店林场、山店乡水电站、自来水经营管理权等投资项目；案发前，陈恒国与经办的信贷员签订了转贷协议，并将其资产证件交付了信贷员，可以证明陈恒国确有还款的意愿。其对取得的贷款并没有非法占有的意图，但其以欺骗手段取得银行或者其他金融机构贷款，给银行或者其他金融机构造成重大损失的行为应认定为骗取贷款罪。

★**江树昌骗取贷款案**（参见《刑事审判参考》2014年第2集，第960号案例）

2012年1月6日，被告人江树昌作为上海航旭投资集团有限公司（以下简称航旭公司）法定代表人，以公司名义向上海闵行九星小额贷款股份有限公司（以下简称九星小贷公司）申请贷款用于购买钢材，并提供了与上海屹荣实业有限公司（以下简称屹荣公司）虚假签订的钢材供销合同，虚报公司财务状况。同年1月13日，航旭公司取得九星小贷公司贷款人民币（以下币种同）600万元后，即用于归还航旭公司及其控股的其他公司的贷款和债务。同年2月至7月，航旭公司支付利息61.72万元，其余款息至今仍未归还，给九星小贷公司造成损失538.28万元。

（一）实务问题

骗取小额贷款公司贷款的行为是否构成骗取贷款罪？

（二）规则提炼

小额贷款公司系依法设立的经营小额贷款金融业务的其他非银行金融机构。本案中，根据金融业机构信息年度验证合格通知书、金融机构信息变更书、上海市金融服务办公室批复等证据，足以证实九星小贷公司系依法设立的从事贷款金融业务的其他金融机构，符合骗取贷款罪的对象特征。①

---

① 本书不赞成案例构成骗取贷款罪的观点，本罪"其他金融机构"不包括小额贷款公司。

★ **钢浓公司、武建钢骗取贷款、诈骗案**（参见《刑事审判参考》总第 111 集，第 1208 号案例）

被告单位钢浓公司于 2005 年 5 月 19 日在武汉市工商行政管理局蔡甸分局注册成立，注册资本人民币（以下币种同）500 万元，被告人武建钢任公司法定代表人。钢浓公司在武汉市蔡甸区李山街三家店村租赁 38.6 亩土地投资建厂，从事还原铁生产加工，产品销售给武汉钢铁集团金属资源有限责任公司（以下简称金资公司）。2007 年投产后，钢浓公司持续亏损，资金周转困难。2008 年 6 月，武建钢经他人介绍结识光大银行武汉分行青山支行副行长林汉宁，武建钢表示希望从该行获取贷款，林汉宁向其推荐了银行保理融资业务。为获得贷款，武建钢隐瞒钢浓公司持续亏损的事实，向光大银行武汉分行提供虚假的财务报告、应收款明细表。同年 9 月 16 日，钢浓公司与光大银行武汉分行签订《综合授信协议》，授信额度为 2000 万元，授信有效期 1 年，应收账款付款期限最长不得超过 90 天。同月 18 日，武建钢使用私刻的武汉钢铁股份有限公司（物资采购）合同专用章，假冒金资公司合同员周长工的签名，与光大银行武汉分行签订《关于武汉钢浓粉末冶金有限公司（卖方）有关应收账款转让问题的三方协议》。协议签订后，武建钢又伪造废钢买卖合同、产品合格证明、应收账款债权转让通知书等，于 2008 年 9 月 23 日、10 月 9 日两次从光大银行武汉分行骗取保理资金共计 2000 万元。

2009 年初，武汉钢铁（集团）股份有限公司内部管理机制调整，签订合同、结算账款由金资公司负责。同年 3 月 2 日，钢浓公司采取前述欺骗方法与光大银行武汉分行重新签订《综合授信协议》，授信额度仍为 2000 万元，授信有效使用期限至 2010 年 3 月 1 日。同年 5 月，因钢浓公司不能按约正常还款，林汉宁对钢浓公司的财务章、合同章、公章进行监管。

2009 年 11 月 9 日，武建钢与武汉盈科物资有限公司有关人员签订《钢浓公司股权转让协议》，并于同年 11 月 19 日在武汉市工商行政管理局蔡甸分局办理公司法人变更登记，武建钢不再持有钢浓公司股份，不再担任钢浓公司法定代表人。经鉴定，自2008年9月至2009年11月18日法定代表人变更止，钢浓公司累计收到光大银行青山支行授信保理贷款资金11094万元，偿还9094万元，尚欠2000万元。至2010年8月案发，钢浓公司尚欠保理融资本金1503.5万元。2009年11月28日，被告人武建钢隐瞒钢浓公司法定代表人已变更的事实，对原材料供应商程胜春谎称需要资金回购钢浓公司股权，向程胜春借款278.24万元，期限6个月。同年12月15日，武建钢以股权回购资金不足为由，再次向程春胜借款309万元，承诺2010年1月20日归还。逾期后，程春胜多次向武建钢催还借款，武建钢于2010年9月至10月间归还借款35万元，并承诺同年10月1日起每月归还借款3万元。逾期后，武建钢假借各种理由不履行偿还义务。至案发，仍有本金552.24万元不能归还。

（一）实务问题

使用虚假资料获取银行贷款的案件中，如何认定行为人是否具有非法占有的目的？

（二）规则提炼

使用虚假资料获取银行贷款行为并不能单独构成诈骗犯罪，除了被告人对其主观目的的供述外，还应结合被告人及被告单位申请贷款之前的经济状况、获取贷款之后的款项用途、款项到期后的还款意愿及还款效果等综合评价，不能仅凭行为人有使用虚假资料骗取贷款的客观行为和实际未能还款的客观结果，片面认定行为人的主观故意。具体来说，应当主要根据以下三方面情况来判断行为人的主观故意：

1. 贷款之前的经济状况。通常情况下，借款人贷款之前的经济状况并不能直接反映借款人是否存有非法占有目的，但其经济状况和借款缘由可以在一定程度上反映借款人的后期还款能力和借款用途的真实性。如果借款人有正常经营的业务，经济能力较强,虽然使用了虚假资料获取贷款,但借款用途真实,后因正常经营风险无力还款,认定借款人有非法占有目的要慎重;如果借款人并无真实经营业务,资不抵债甚至长期负债,可以推定其主观上可能具有非法占有之目的,同时结合其申请贷款时的具体行为和实际造成的后果进一步界定其主观故意。

2. 获取贷款后的款项用途。一般而言,非法占有具有很强的主观性,很难通过客观事实直接证明,但行为人获取贷款后的用款方式、有无擅自改变贷款用途的行为可以在一定程度上反映行为人的主观状态。对于严格遵照贷款协议约定的贷款用途,真实诚信地使用所借款项,确因正常经营风险无力偿还贷款的,即使在申请贷款时使用了虚假资料或有其他民事欺诈行为,亦应首先考虑为贷款纠纷,确实给银行等金融机构造成重大损失或者有其他严重情节的,可以结合案件事实以骗取贷款罪论处,不能简单采取客观归罪的方式直接以诈骗犯罪处理。对于擅自改变贷款用途,导致贷款资金脱离银行等金融机构所能预期的经营状况,后因正常经营风险无力偿还的,既要考虑实际用款项目的正常赢利可能,也要结合行为人贷款前的实际经济状况,申请贷款时有无欺诈行为等具体情节,结合证人证言、被告人供述等言词证据准确界定行为人是否具有非法占有之故意。对于获取贷款后,将资金用于偿还个人债务、赌博、挥霍,后又实际未能偿还贷款的,除有证据证明行为人确有可靠资金来源保证偿贷能力,后因不可抗力或者意外事件等难以预料的因素导致偿贷资金灭失的,一般可以推定其主观上具有非法占有目的。

3. 款项到期后的还款意愿和实际还款效果。按照主观见之于客观的原则,借款人在款项到期后的还款意愿和实际还款效果,一方面反映借款人的客观行为所造成的实际后果,另一方面也能直接反映行为人对所借款项是否具有非法占有的主观故意。在民商事法律关系中,按期还款是借款人应当履行的义务,逾期还款承担相应的违约责任。但违约责任的成立并不必然导致刑事责任的承担。一般而言，款项到期后，行为人虽一时不具备还款能力，但能够积极筹措资金，实际归还了全部或者大部分贷款的；或者虽无还款资金，但能够提供相应的无权属争议的担保物保证还款的，后又实际归还了全部或者大部分贷款的；或者有其他类似的积极还款行为以及保证还款措施的，均不宜认定行为人有非法占有的主观恶意。对于抽逃、转移资金，隐匿财产，或者隐匿、销毁账目，或者以假破产、假倒闭等方式逃避还贷的，以及获取贷款后逃跑的，实际造成数额较大的资金不能偿还的，可以认定行为人有非法占有的目的。

八、非法吸收公众存款罪

第一百七十六条

非法吸收公众存款或者变相吸收公众存款[第363页]，扰乱金融秩序的，处三年以下有期徒刑或者拘役，并处或者单处罚金；数额巨大或者有其他严重情节的，处三年以上十年以下有期徒刑，并处罚金；数额特别巨大或者有其他特别严重情节的，处十年以上有期徒刑，并处罚金。

单位犯前款罪的，对单位判处罚金，并对其直接负责的主管人员和其他直接责任人员，依照前款的规定处罚。

有前两款行为，在提起公诉前积极退赃退赔，减少损害结果发生的，可以从轻或者减轻处罚。

立法沿革

本罪 79 刑法没有规定，系《关于惩治破坏金融秩序犯罪的决定》第七条①增设，刑法将其纳入。高法《罪名规定》、高检《罪名意见》将其解释为非法吸收公众存款罪。《刑法修正案（十一）》第十二条将法定刑由两档改为三档，增设第三款内容。

司法解释

★《最高人民法院关于审理非法集资刑事案件具体应用法律若干问题的解释》（法释〔2022〕5 号 自 2022 年 3 月 1 日起施行）

第一条 违反国家金融管理法律规定，向社会公众（包括单位和个人）吸收资金的行为，同时具备下列四个条件的，除刑法另有规定的以外，应当认定为刑法第一百七十六条规定的"非法吸收公众存款或者变相吸收公众存款"：

（一）未经有关部门依法许可或者借用合法经营的形式吸收资金；

（二）通过网络、媒体、推介会、传单、手机信息等途径向社会公开宣传；

（三）承诺在一定期限内以货币、实物、股权等方式还本付息或者给付回报；

（四）向社会公众即社会不特定对象吸收资金。

未向社会公开宣传，在亲友或者单位内部针对特定对象吸收资金的，不属于非法吸收或者变相吸收公众存款。

---

① 非法吸收公众存款或者变相吸收公众存款，扰乱金融秩序的，处三年以下有期徒刑或者拘役，并处或者单处二万元以上二十万元以下罚金；数额巨大或者有其他严重情节的，处三年以上十年以下有期徒刑，并处五万元以上五十万元以下罚金。

单位犯前款罪的，对单位判处罚金，并对直接负责的主管人员和其他直接责任人员，依照前款的规定处罚。

第二条 实施下列行为之一，符合本解释第一条第一款规定的条件的，应当依照刑法第一百七十六条的规定，以非法吸收公众存款罪定罪处罚：

（一）不具有房产销售的真实内容或者不以房产销售为主要目的，以返本销售、售后包租、约定回购、销售房产份额等方式非法吸收资金的；

（二）以转让林权并代为管护等方式非法吸收资金的；

（三）以代种植（养殖）、租种植（养殖）、联合种植（养殖）等方式非法吸收资金的；

（四）不具有销售商品、提供服务的真实内容或者不以销售商品、提供服务为主要目的，以商品回购、寄存代售等方式非法吸收资金的；

（五）不具有发行股票、债券的真实内容，以虚假转让股权、发售虚构债券等方式非法吸收资金的；

（六）不具有募集基金的真实内容，以假借境外基金、发售虚构基金等方式非法吸收资金的；

（七）不具有销售保险的真实内容，以假冒保险公司、伪造保险单据等方式非法吸收资金的；

（八）以网络借贷、投资入股、虚拟币交易等方式非法吸收资金的；

（九）以委托理财、融资租赁等方式非法吸收资金的；

（十）以提供"养老服务"、投资"养老项目"、销售"老年产品"等方式非法吸收资金的；

（十一）利用民间"会""社"等组织非法吸收资金的；

（十二）其他非法吸收资金的行为。

第三条 非法吸收或者变相吸收公众存款，具有下列情形之一的，应当依法追究刑事责任：

（一）非法吸收或者变相吸收公众存款数额在100万元以上的；

（二）非法吸收或者变相吸收公众存款对象150人以上的；

（三）非法吸收或者变相吸收公众存款，给存款人造成直接经济损失数额在50万元以上的。

非法吸收或者变相吸收公众存款数额在50万元以上或者给存款人造成直接经济损失数额在25万元以上，同时具有下列情节之一的，应当依法追究刑事责任：

（一）曾因非法集资受过刑事追究的；

（二）二年内曾因非法集资受过行政处罚的；

（三）造成恶劣社会影响或者其他严重后果的。

第四条　非法吸收或者变相吸收公众存款，具有下列情形之一的，应当认定为刑法第一百七十六条规定的"数额巨大或者有其他严重情节"：

（一）非法吸收或者变相吸收公众存款数额在500万元以上的；

（二）非法吸收或者变相吸收公众存款对象500人以上的；

（三）非法吸收或者变相吸收公众存款，给存款人造成直接经济损失数额在250万元以上的。

非法吸收或者变相吸收公众存款数额在250万元以上或者给存款人造成直接经济损失数额在150万元以上，同时具有本解释第三条第二款第三项情节的，应当认定为"其他严重情节"。

第五条　非法吸收或者变相吸收公众存款，具有下列情形之一的，应当认定为刑法第一百七十六条规定的"数额特别巨大或者有其他特别严重情节"：

（一）非法吸收或者变相吸收公众存款数额在5000万元以上的；

（二）非法吸收或者变相吸收公众存款对象5000人以上的；

（三）非法吸收或者变相吸收公众存款，给存款人造成直接经济损失数额在2500万元以上的。

非法吸收或者变相吸收公众存款数额在2500万元以上或者给

存款人造成直接经济损失数额在 1500 万元以上，同时具有本解释第三条第二款第三项情节的，应当认定为"其他特别严重情节"。

第六条　非法吸收或者变相吸收公众存款的数额，以行为人所吸收的资金全额计算。在提起公诉前积极退赃退赔，减少损害结果发生的，可以从轻或者减轻处罚；在提起公诉后退赃退赔的，可以作为量刑情节酌情考虑。

非法吸收或者变相吸收公众存款，主要用于正常的生产经营活动，能够在提起公诉前清退所吸收资金，可以免予刑事处罚；情节显著轻微危害不大的，不作为犯罪处理。

对依法不需要追究刑事责任或者免予刑事处罚的，应当依法将案件移送有关行政机关。

第九条第一款　犯非法吸收公众存款罪，判处三年以下有期徒刑或者拘役，并处或者单处罚金的，处五万元以上一百万元以下罚金；判处三年以上十年以下有期徒刑的，并处十万元以上五百万元以下罚金；判处十年以上有期徒刑的，并处五十万元以上罚金。

第十三条　通过传销手段向社会公众非法吸收资金，构成非法吸收公众存款罪或者集资诈骗罪，同时又构成组织、领导传销活动罪的，依照处罚较重的规定定罪处罚。

第十四条　单位实施非法吸收公众存款、集资诈骗犯罪的，依照本解释规定的相应自然人犯罪的定罪量刑标准，对单位判处罚金，并对其直接负责的主管人员和其他直接责任人员定罪处罚。

立案追诉标准

★《最高人民检察院、公安部关于公安机关管辖的刑事案件立案追诉标准的规定（二）》（公通字〔2022〕12号　自2022年5月15日起施行）

第二十三条　〔非法吸收公众存款案（刑法第一百七十六条）〕非法吸收公众存款或者变相吸收公众存款，扰乱金融秩序，涉嫌下列情形之一的，应予立案追诉：

（一）非法吸收或者变相吸收公众存款数额在一百万元以上的；

（二）非法吸收或者变相吸收公众存款对象一百五十人以上的；

（三）非法吸收或者变相吸收公众存款，给集资参与人造成直接经济损失数额在五十万元以上的。

非法吸收或者变相吸收公众存款数额在五十万元以上或者给集资参与人造成直接经济损失数额在二十五万元以上，同时涉嫌下列情形之一的，应予立案追诉：

（一）因非法集资受过刑事追究的；

（二）二年内因非法集资受过行政处罚的；

（三）造成恶劣社会影响或者其他严重后果的。

司法解释性质规范性文件 >>>

★《最高人民法院关于非法集资刑事案件性质认定问题的通知》（法〔2011〕262号　自2011年8月18日起施行）

一、行政部门对于非法集资的性质认定，不是非法集资案件进入刑事程序的必经程序。行政部门未对非法集资作出性质认定的，不影响非法集资刑事案件的审判。

二、人民法院应当依照刑法和《最高人民法院关于审理非法集资刑事案件具体应用法律若干问题的解释》等有关规定认定案件事实的性质，并认定相关行为是否构成犯罪。

三、对于案情复杂、性质认定疑难的案件，人民法院可以在有关部门关于是否符合行业技术标准的行政认定意见的基础上，根据案件事实和法律规定作出性质认定。

四、非法集资刑事案件的审判工作涉及领域广、专业性强，人民法院在审理此类案件当中要注意加强与有关行政主（监）管部门以及公安机关、人民检察院的配合。审判工作中遇到重大问题难以解决的，请及时报告最高人民法院。

★《最高人民法院、最高人民检察院、公安部关于办理非法集资刑事案件适用法律若干问题的意见》（公通字〔2014〕16号　自2014年3月25日起施行）

一、关于行政认定的问题

行政部门对于非法集资的性质认定，不是非法集资刑事案件进入刑事诉讼程序的必经程序。行政部门未对非法集资作出性质认定的，不影响非法集资刑事案件的侦查、起诉和审判。

公安机关、人民检察院、人民法院应当依法认定案件事实的性质，对于案情复杂、性质认定疑难的案件，可参考有关部门的认定意见，根据案件事实和法律规定作出性质认定。

二、关于"向社会公开宣传"的认定问题

《最高人民法院关于审理非法集资刑事案件具体应用法律若干问题的解释》第一条第一款第二项中的"向社会公开宣传"，包括以各种途径向社会公众传播吸收资金的信息，以及明知吸收资金的信息向社会公众扩散而予以放任等情形。

三、关于"社会公众"的认定问题

下列情形不属于《最高人民法院关于审理非法集资刑事案件具体应用法律若干问题的解释》第一条第二款规定的"针对特定对象吸收资金"的行为，应当认定为向社会公众吸收资金：

（一）在向亲友或者单位内部人员吸收资金的过程中，明知亲友或者单位内部人员向不特定对象吸收资金而予以放任的；

（二）以吸收资金为目的，将社会人员吸收为单位内部人员，并向其吸收资金的。

四、关于共同犯罪的处理问题

为他人向社会公众非法吸收资金提供帮助，从中收取代理费、好处费、返点费、佣金、提成等费用，构成非法集资共同犯罪的，应当依法追究刑事责任。能够及时退缴上述费用的，可依法从轻处罚；其中情节轻微的，可以免除处罚；情节显著轻微、危害不大的，不作为犯罪处理。

五、关于涉案财物的追缴和处置问题

向社会公众非法吸收的资金属于违法所得。以吸收的资金向集资参与人支付的利息、分红等回报，以及向帮助吸收资金人员支付的代理费、好处费、返点费、佣金、提成等费用，应当依法追缴。集资参与人本金尚未归还的，所支付的回报可予折抵本金。

将非法吸收的资金及其转换财物用于清偿债务或者转让给他人，有下列情形之一的，应当依法追缴：

（一）他人明知是上述资金及财物而收取的；

（二）他人无偿取得上述资金及财物的；

（三）他人以明显低于市场的价格取得上述资金及财物的；

（四）他人取得上述资金及财物系源于非法债务或者违法犯罪活动的；

（五）其他依法应当追缴的情形。

查封、扣押、冻结的易贬值及保管、养护成本较高的涉案财物，可以在诉讼终结前依照有关规定变卖、拍卖。所得价款由查封、扣押、冻结机关予以保管，待诉讼终结后一并处置。

查封、扣押、冻结的涉案财物，一般应在诉讼终结后，返还集资参与人。涉案财物不足全部返还的，按照集资参与人的集资额比例返还。

六、关于证据的收集问题

办理非法集资刑事案件中，确因客观条件的限制无法逐一收集集资参与人的言词证据的，可结合已收集的集资参与人的言词证据和依法收集并查证属实的书面合同、银行账户交易记录、会计凭证及会计账簿、资金收付凭证、审计报告、互联网电子数据等证据，综合认定非法集资对象人数和吸收资金数额等犯罪事实。

七、关于涉及民事案件的处理问题

对于公安机关、人民检察院、人民法院正在侦查、起诉、审理的非法集资刑事案件，有关单位或者个人就同一事实向人民法院提起民事诉讼或者申请执行涉案财物的，人民法院应当不予受理，并将有关材料移送公安机关或者检察机关。

人民法院在审理民事案件或者执行过程中，发现有非法集资犯罪嫌疑的，应当裁定驳回起诉或者中止执行，并及时将有关材料移送公安机关或者检察机关。

公安机关、人民检察院、人民法院在侦查、起诉、审理非法集资刑事案件中，发现与人民法院正在审理的民事案件属同一事实，或者被申请执行的财物属于涉案财物的，应当及时通报相关人民法院。人民法院经审查认为确属涉嫌犯罪的，依照前款规定处理。

八、关于跨区域案件的处理问题

跨区域非法集资刑事案件，在查清犯罪事实的基础上，可以由不同地区的公安机关、人民检察院、人民法院分别处理。

对于分别处理的跨区域非法集资刑事案件，应当按照统一制定的方案处置涉案财物。

国家机关工作人员违反规定处置涉案财物，构成渎职等犯罪的，应当依法追究刑事责任。

★《最高人民检察院关于办理涉互联网金融犯罪案件有关问题座谈会纪要》（高检诉〔2017〕14号 自2017年6月2日起施行）

互联网金融是金融与互联网相互融合形成的新型金融业务模式。发展互联网金融，对加快实施创新驱动发展战略、推进供给侧结构性改革、促进经济转型升级具有积极作用。但是，在互联网金融快速发展过程中，部分机构、业态偏离了正确方向，有些甚至打着"金融创新"的幌子进行非法集资、金融诈骗等违法犯罪活动，严重扰乱了金融管理秩序，侵害了人民群众合法权益。2016年4月，国务院部署开展了互联网金融风险专项整治工作，集中整治违法违规行为，防范和化解互联网金融风险。各级检察机关积极参与专项整治工作，依法办理进入检察环节的涉互联网金融犯罪案件。针对办案中遇到的新情况、新问题，高检院公诉厅先后在昆明、上海、福州召开座谈会,对办理涉互联网金融犯罪案件中遇到的有关行为性质、法律适用、证据审查、追诉范围等问题进行了深入研究。纪要如下:

一、办理涉互联网金融犯罪案件的基本要求

促进和保障互联网金融规范健康发展,是检察机关服务经济社会发展的重要内容。各地检察机关公诉部门应当充分认识防范和化解互联网金融风险的重要性、紧迫性和复杂性,立足检察职能,积极参与互联网金融风险专项整治工作,有效预防、依法惩治涉互联网金融犯罪,切实维护人民群众合法权益,维护国家金融安全。

1. 准确认识互联网金融的本质。互联网金融的本质仍然是金融,其潜在的风险与传统金融没有区别,甚至还可能因互联网的作用而被放大。要依据现有的金融管理法律规定,依法准确判断各类金融活动、金融业态的法律性质,准确界定金融创新和金融违法犯罪的界限。在办理涉互联网金融犯罪案件时,判断是否符合"违反国家规定""未经有关国家主管部门批准"等要件时,应当以现行刑事法律和金融管理法律法规为依据。对各种类型互联网金融活动,要深入剖析行为实质并据此判断其性质,从而准确区分罪与非罪、此罪与彼罪、罪轻与罪重、打击与保护的界限,不能机械地被所谓"互联网金融创新"表象所迷惑。

2. 妥善把握刑事追诉的范围和边界。涉互联网金融犯罪案件涉案人员众多,要按照区别对待的原则分类处理,综合运用刑事追诉和非刑事手段处置和化解风险,打击少数、教育挽救大多数。要坚持主客观相统一的原则,根据犯罪嫌疑人在犯罪活动中的地位作用、涉案数额、危害结果、主观过错等主客观情节,综合判断责任轻重及刑事追诉的必要性,做到罪责适应、罚当其罪。对犯罪情节严重、主观恶性大、在犯罪中起主要作用的人员,特别是核心管理层人员和骨干人员,依法从严打击;对犯罪情节相对较轻、主观恶性较小、在犯罪中起次要作用的人员依法从宽处理。

3.注重案件统筹协调推进。涉互联网金融犯罪跨区域特征明显，各地检察机关公诉部门要按照"统一办案协调、统一案件指挥、统一资产处置、分别侦查诉讼、分别落实维稳"（下称"三统两分"）的要求分别处理好辖区内案件，加强横向、纵向联系，在上级检察机关特别是省级检察院的指导下统一协调推进办案工作，确保辖区内案件处理结果相对平衡统一。跨区县案件由地市级检察院统筹协调，跨地市案件由省级检察院统一协调，跨省案件由高检院公诉厅统一协调。各级检察机关公诉部门要加强与公安机关、地方金融办等相关单位以及检察机关内部侦监、控申等部门的联系，建立健全案件信息通报机制，及时掌握重大案件的立案、侦查、批捕、信访等情况，适时开展提前介入侦查等工作，并及时上报上级检察院。省级检察院公诉部门要发挥工作主动性，主动掌握社会影响大的案件情况，研究制定工作方案，统筹协调解决办案中遇到的问题，重大、疑难、复杂问题要及时向高检院报告。

4.坚持司法办案"三个效果"有机统一。涉互联网金融犯罪影响广泛，社会各界特别是投资人群体十分关注案件处理。各级检察机关公诉部门要从有利于全案依法妥善处置的角度出发，切实做好提前介入侦查引导取证、审查起诉、出庭公诉等各个阶段的工作，依法妥善处理重大敏感问题，不能机械司法、就案办案。同时，要把办案工作与保障投资人合法权益紧密结合起来，同步做好释法说理、风险防控、追赃挽损、维护稳定等工作，努力实现司法办案的法律效果、社会效果、政治效果有机统一。

二、准确界定涉互联网金融行为法律性质

5.互联网金融涉及 P2P 网络借贷、股权众筹、第三方支付、互联网保险以及通过互联网开展资产管理及跨界从事金融业务等多个金融领域，行为方式多样，所涉法律关系复杂。违法犯罪行为隐蔽性、迷惑性强，波及面广，社会影响大，要根据犯罪行为的实质特征和社会危害，准确界定行为的法律性质和刑法适用的罪名。

（一）非法吸收公众存款行为的认定

6. 涉互联网金融活动在未经有关部门依法批准的情况下，公开宣传并向不特定公众吸收资金，承诺在一定期限内还本付息的，应当依法追究刑事责任。其中，应重点审查互联网金融活动相关主体是否存在归集资金、沉淀资金，致使投资人资金存在被挪用、侵占等重大风险等情形。

7. 互联网金融的本质是金融，判断其是否属于"未经有关部门依法批准"，即行为是否具有非法性的主要法律依据是《商业银行法》《非法金融机构和非法金融业务活动取缔办法》（国务院令第247号）等现行有效的金融管理法律规定。

8. 对以下网络借贷领域的非法吸收公众资金的行为，应当以非法吸收公众存款罪分别追究相关行为主体的刑事责任：

（1）中介机构以提供信息中介服务为名，实际从事直接或间接归集资金、甚至自融或变相自融等行为，应当依法追究中介机构的刑事责任。特别要注意识别变相自融行为，如中介机构通过拆分融资项目期限、实行债权转让等方式为自己吸收资金的，应当认定为非法吸收公众存款。

（2）中介机构与借款人存在以下情形之一的，应当依法追究刑事责任：①中介机构与借款人合谋或者明知借款人存在违规情形，仍为其非法吸收公众存款提供服务的；中介机构与借款人合谋，采取向出借人提供信用担保、通过电子渠道以外的物理场所开展借贷业务等违规方式向社会公众吸收资金的；②双方合谋通过拆分融资项目期限、实行债权转让等方式为借款人吸收资金的。在对中介机构、借款人进行追诉时，应根据各自在非法集资中的地位、作用确定其刑事责任。中介机构虽然没有直接吸收资金，但是通过大肆组织借款人开展非法集资并从中收取费用数额巨大、情节严重的，可以认定为主犯。

（3）借款人故意隐瞒事实，违反规定，以自己名义或借用他人名义利用多个网络借贷平台发布借款信息，借款总额超过规定的最高限额，或将吸收资金用于明确禁止的投资股票、场外配资、期货合约等高风险行业，造成重大损失和社会影响的，应当依法追究借款人的刑事责任。对于借款人将借款主要用于正常的生产经营活动，能够及时清退所吸收资金，不作为犯罪处理。

9. 在非法吸收公众存款罪中，原则上认定主观故意并不要求以明知法律的禁止性规定为要件。特别是具备一定涉金融活动相关从业经历、专业背景或在犯罪活动中担任一定管理职务的犯罪嫌疑人，应当知晓相关金融法律管理规定，如果有证据证明其实际从事的行为应当批准而未经批准，行为在客观上具有非法性，原则上就可以认定其具有非法吸收公众存款的主观故意。在证明犯罪嫌疑人的主观故意时，可以收集运用犯罪嫌疑人的任职情况、职业经历、专业背景、培训经历、此前任职单位或者其本人因从事同类行为受到处罚情况等证据，证明犯罪嫌疑人提出的"不知道相关行为被法律所禁止，故不具有非法吸收公众存款的主观故意"等辩解不能成立。除此之外，还可以收集运用以下证据进一步印证犯罪嫌疑人知道或应当知道其所从事行为具有非法性，比如犯罪嫌疑人故意规避法律以逃避监管的相关证据：自己或要求下属与投资人签订虚假的亲友关系确认书，频繁更换宣传用语逃避监管，实际推介内容与宣传用语、实际经营状况不一致，刻意向投资人夸大公司兑付能力，在培训课程中传授或接受规避法律的方法，等等。

10. 对于无相关职业经历、专业背景，且从业时间短暂，在单位犯罪中层级较低，纯属执行单位领导指令的犯罪嫌疑人提出辩解的，如确实无其他证据证明其具有主观故意的，可以不作为犯罪处理。另外，实践中还存在犯罪嫌疑人提出因信赖行政主管部门出具的相关意见而陷入错误认识的辩解。如果上述辩解确有证据证明，不应作为犯罪处理，但应当对行政主管部门出具的相关意见及其出具过程进行查证，如存在以下情形之一，仍应认定犯罪嫌疑人具有非法吸收公众存款的主观故意：（1）行政主管部门出具意见所涉及的行为与犯罪嫌疑人实际从事的行为不一致的；（2）行政主管部门出具的意见未对是否存在非法吸收公众存款问题进行合法性审查，仅对其他合法性问题进行审查的；（3）犯罪嫌疑人在行政主管部门出具意见时故意隐瞒事实、弄虚作假的；（4）犯罪嫌疑人与出具意见的行政主管部门的工作人员存在利益输送行为的；（5）犯罪嫌疑人存在其他影响和干扰行政主管部门出具意见公正性的情形的。对于犯罪嫌疑人提出因信赖专家学者、律师等专业人士、主流新闻媒体宣传或有关行政主管部门工作人员的个人意见而陷入错误认识的辩解，不能作为犯罪嫌疑人判断自身行为合法性的根据和排除主观故意的理由。

11. 负责或从事吸收资金行为的犯罪嫌疑人非法吸收公众存款金额，根据其实际参与吸收的全部金额认定。但以下金额不应计入该犯罪嫌疑人的吸收金额：（1）犯罪嫌疑人自身及其近亲属所投资的资金金额；（2）记录在犯罪嫌疑人名下，但其未实际参与吸收且未从中收取任何形式好处的资金。吸收金额经过司法会计鉴定的，可以将前述不计入部分直接扣除。但是，前述两项所涉金额仍应计入相对应的上一级负责人及所在单位的吸收金额。

12. 投资人在每期投资结束后，利用投资账户中的资金（包括每期投资结束后归还的本金、利息）进行反复投资的金额应当累计计算，但对反复投资的数额应当作出说明。对负责或从事行政管理、财务会计、技术服务等辅助工作的犯罪嫌疑人，应当按照其参与的犯罪事实，结合其在犯罪中的地位和作用，依法确定刑事责任范围。

13. 确定犯罪嫌疑人的吸收金额时，应当重点审查、运用以下证据：（1）涉案主体自身的服务器或第三方服务器上存储的交易记录等电子数据；（2）会计账簿和会计凭证；（3）银行账户交易记录、POS机支付记录；（4）资金收付凭证、书面合同等书证。仅凭投资人报案数据不能认定吸收金额。

……

三、依法认定单位犯罪及其责任人员

20. 涉互联网金融犯罪案件多以单位形式组织实施，所涉单位数量众多、层级复杂，其中还包括大量分支机构和关联单位，集团化特征明显。有的涉互联网金融犯罪案件中分支机构遍布全国，既有具备法人资格的，又有不具备法人资格的；既有受总公司直接领导的，又有受总公司的下属单位领导的。公安机关在立案时做法不一，有的对单位立案，有的不对单位立案，有的被立案的单位不具有独立法人资格，有的仅对最上层的单位立案而不对分支机构立案。对此，检察机关公诉部门在审查起诉时，应当从能够全面揭示犯罪行为基本特征、全面覆盖犯罪活动、准确界定区分各层级人员的地位作用、有利于有力指控犯罪、有利于追缴违法所得等方面依法具体把握，确定是否以单位犯罪追究。

21. 涉互联网金融犯罪所涉罪名中，刑法规定应当追究单位刑事责任的，对同时具备以下情形且具有独立法人资格的单位，可以以单位犯罪追究:（1）犯罪活动经单位决策实施;（2）单位的员工主要按照单位的决策实施具体犯罪活动;（3）违法所得归单位所有，经单位决策使用，收益亦归单位所有。但是，单位设立后专门从事违法犯罪活动的，应当以自然人犯罪追究刑事责任。

22. 对参与涉互联网金融犯罪，但不具有独立法人资格的分支机构，是否追究其刑事责任，可以区分两种情形处理:（1）全部或部分违法所得归分支机构所有并支配，分支机构作为单位犯罪主体追究刑事责任;（2）违法所得完全归分支机构上级单位所有并支配的，不能对分支机构作为单位犯罪主体追究刑事责任，而是应当对分支机构的上级单位（符合单位犯罪主体资格）追究刑事责任。

23. 分支机构认定为单位犯罪主体的，该分支机构相关涉案人员应当作为该分支机构的"直接负责的主管人员"或者"其他直接责任人员"追究刑事责任。仅将分支机构的上级单位认定为单位犯罪主体的，该分支机构相关涉案人员可以作为该上级单位的

"其他直接责任人员"追究刑事责任。

24. 对符合追诉条件的分支机构（包括具有独立法人资格的和不具有独立法人资格）及其所属单位，公安机关均没有作为犯罪嫌疑单位移送审查起诉，仅将其所属单位的上级单位作为犯罪嫌疑单位移送审查起诉的，对相关分支机构涉案人员可以区分以下情形处理：（1）有证据证明被立案的上级单位（比如总公司）在业务、财务、人事等方面对下属单位及其分支机构进行实际控制，下属单位及其分支机构涉案人员可以作为被移送审查起诉的上级单位的"其他直接责任人员"追究刑事责任。在证明实际控制关系时，应当收集、运用公司决策、管理、考核等相关文件，OA系统等电子数据，资金往来记录等证据。对不同地区同一单位的分支机构涉案人员起诉时，证明实际控制关系的证据体系、证明标准应基本一致。（2）现有证据无法证明被立案的上级单位与下属单位及其分支机构之间存在实际控制关系的，对符合单位犯罪构成要件的下属单位或分支机构应当补充起诉，下属单位及其分支机构已不具备补充起诉条件的，可以将下属单位及其分支机构的涉案犯罪嫌疑人直接起诉。

四、综合运用定罪量刑情节

25. 在办理跨区域涉互联网金融犯罪案件时，在追诉标准、追诉范围以及量刑建议等方面应当注意统一平衡。对于同一单位在多个地区分别设立分支机构的，在同一省（自治区、直辖市）范围内应当保持基本一致。分支机构所涉犯罪嫌疑人与上级单位主要犯罪嫌疑人之间应当保持适度平衡，防止出现责任轻重"倒挂"的现象。

26. 单位犯罪中，直接负责的主管人员和其他直接责任人员在涉互联网金融犯罪案件中的地位、作用存在明显差别的，可以区分主犯和从犯。对起组织领导作用的总公司的直接负责的主管人员和发挥主要作用的其他直接责任人员，可以认定为全案的主犯，其他人员可以认定为从犯。

27. 最大限度减少投资人的实际损失是办理涉互联网金融犯罪案件特别是非法集资案件的重要工作。在决定是否起诉、提出量刑建议时，要重视对是否具有认罪认罚、主动退赃退赔等情节的考察。分支机构涉案人员积极配合调查、主动退还违法所得、真诚认罪悔罪的，应当依法提出从轻、减轻处罚的量刑建议。其中，对情节轻微、可以免予刑事处罚的，或者情节显著轻微、危害不大、不认为是犯罪的，应当依法作出不起诉决定。对被不起诉人需要给予行政处罚或者没收违法所得的，应当向行政主管部门提出检察意见。

五、证据的收集、审查与运用

28. 涉互联网金融犯罪案件证据种类复杂、数量庞大、且分散于各地，收集、审查、运用证据的难度大。各地检察机关公诉部门要紧紧围绕证据的真实性、合法性、关联性，引导公安机关依法全面收集固定证据，加强证据的审查、运用，确保案件事实经得起法律的检验。

29. 对于重大、疑难、复杂涉互联网金融犯罪案件，检察机关公诉部门要依法提前介入侦查，围绕指控犯罪的需要积极引导公安机关全面收集固定证据，必要时与公安机关共同会商，提出完善侦查思路、侦查提纲的意见建议。加强对侦查取证合法性的监督，对应当依法排除的非法证据坚决予以排除，对应当补正或作出合理解释的及时提出意见。

30. 电子数据在涉互联网金融犯罪案件的证据体系中地位重要，对于指控证实相关犯罪事实具有重要作用。随着互联网技术的不断发展，电子数据的形式、载体出现了许多新的变化，对电子数据的勘验、提取、审查等提出了更高要求，处理不当会对电子数据的真实性、合法性造成不可逆转的损害。检察机关公诉部门要严格执行《最高人民法院、最高人民检察院、公安部关于办理刑事案件收集提取和审查判断电子数据问题的若干规定》（法发〔2016〕22号），加强对电子数据收集、提取程序和技术标准的审查,确保电子数据的真实性、合法性。对云存储电子数据等新类型电子数据进行提取、审查时,要高度重视程序合法性、数据完整性等问题,必要时主动征求相关领域专家意见,在提取前会同公安机关、云存储服务提供商制定科学合法的提取方案,确保万无一失。

31.落实"三统两分"要求,健全证据交换共享机制,协调推进跨区域案件办理。对涉及主案犯罪嫌疑人的证据,一般由主案侦办地办案机构负责收集,其他地区提供协助。其他地区办案机构需要主案侦办地提供证据材料的,应当向主案侦办地办案机构提出证据需求,由主案侦办地办案机构收集并依法移送。无法移送证据原件的,应当在移送复制件的同时,按照相关规定作出说明。各地检察机关公诉部门之间要加强协作,加强与公安机关的协调,督促本地公安机关与其他地区公安机关做好证据交换共享相关工作。案件进入审查起诉阶段后,检察机关公诉部门可以根据案件需要,直接向其他地区检察机关调取证据,其他地区检察机关公诉部门应积极协助。此外,各地检察机关在办理案件过程中发现对其他地区案件办理有重要作用的证据,应当及时采取措施并通知相应检察机关,做好依法移送工作。

六、投资人合法权益的保护

32.涉互联网金融犯罪案件投资人诉求复杂多样,矛盾化解和维护稳定工作任务艰巨繁重。各地检察机关公诉部门在办案过程中要坚持刑事追诉和权益保障并重,根据《刑事诉讼法》等相关法律规定,依法保障互联网金融活动中投资人的合法权益。坚持把追赃挽损等工作贯穿到侦查、起诉、审判各个环节,配合公安、法院等部门最大限度减少投资人的实际损失。加强与本院控申部门、公安机关的联系沟通,及时掌握涉案动态信息,认真开展办案风险评估预警工作,周密制定处置预案,并落实责任到位,避免因部门之间衔接不畅、处置不当造成工作被动。发现重大风险隐患的,要及时向有关部门通报情况,必要时逐级上报高检院。

随着互联网金融的发展,涉互联网金融犯罪中的新情况、新问题还将不断出现。各地检察机关公诉部门要按照会议纪要的精神，结合各地办案工作实际，依法办理涉互联网金融犯罪案件；在办好案件的同时，要不断总结办案经验，加强对重大疑难复杂问题的研究，努力提高办理涉互联网金融犯罪案件的能力和水平，为促进互联网金融规范发展、保障经济社会大局稳定作出积极贡献。在办案过程中遇到疑难问题的，要及时层报高检院公诉厅。

★《最高人民法院、最高人民检察院、公安部关于办理非法集资刑事案件若干问题的意见》（高检会〔2019〕2号 自2019年1月30日起施行）

为依法惩治非法吸收公众存款、集资诈骗等非法集资犯罪活动，维护国家金融管理秩序，保护公民、法人和其他组织合法权益，根据刑法、刑事诉讼法等法律规定，结合司法实践，现就办理非法吸收公众存款、集资诈骗等非法集资刑事案件有关问题提出以下意见：

一、关于非法集资的"非法性"认定依据问题

人民法院、人民检察院、公安机关认定非法集资的"非法性"，应当以国家金融管理法律法规作为依据。对于国家金融管理法律法规仅作原则性规定的，可以根据法律规定的精神并参考中国人民银行、中国银行保险监督管理委员会、中国证券监督管理委员会等行政主管部门依照国家金融管理法律法规制定的部门规章或者国家有关金融管理的规定、办法、实施细则等规范性文件的规定予以认定。

二、关于单位犯罪的认定问题

单位实施非法集资犯罪活动，全部或者大部分违法所得归单位所有的，应当认定为单位犯罪。

个人为进行非法集资犯罪活动而设立的单位实施犯罪的，或者单位设立后，以实施非法集资犯罪活动为主要活动的，不以单位犯罪论处，对单位中组织、策划、实施非法集资犯罪活动的人员应当以自然人犯罪依法追究刑事责任。

判断单位是否以实施非法集资犯罪活动为主要活动,应当根据单位实施非法集资的次数、频度、持续时间、资金规模、资金流向、投入人力物力情况、单位进行正当经营的状况以及犯罪活动的影响、后果等因素综合考虑认定。

三、关于涉案下属单位的处理问题

办理非法集资刑事案件中,人民法院、人民检察院、公安机关应当全面查清涉案单位,包括上级单位(总公司、母公司)和下属单位(分公司、子公司)的主体资格、层级、关系、地位、作用、资金流向等,区分情况依法作出处理。

上级单位已被认定为单位犯罪,下属单位实施非法集资犯罪活动,且全部或者大部分违法所得归下属单位所有的,对该下属单位也应当认定为单位犯罪。上级单位和下属单位构成共同犯罪的,应当根据犯罪单位的地位、作用,确定犯罪单位的刑事责任。

上级单位已被认定为单位犯罪,下属单位实施非法集资犯罪活动,但全部或者大部分违法所得归上级单位所有的,对下属单位不单独认定为单位犯罪。下属单位中涉嫌犯罪的人员,可以作为上级单位的其他直接责任人员依法追究刑事责任。

上级单位未被认定为单位犯罪,下属单位被认定为单位犯罪的,对上级单位中组织、策划、实施非法集资犯罪的人员,一般可以与下属单位按照自然人与单位共同犯罪处理。

上级单位与下属单位均未被认定为单位犯罪的,一般以上级单位与下属单位中承担组织、领导、管理、协调职责的主管人员和发挥主要作用的人员作为主犯,以其他积极参加非法集资犯罪的人员作为从犯,按照自然人共同犯罪处理。

四、关于主观故意的认定问题

认定犯罪嫌疑人、被告人是否具有非法吸收公众存款的犯罪故意,应当依据犯罪嫌疑人、被告人的任职情况、职业经历、专业背景、培训经历、本人因同类行为受到行政处罚或者刑事追究情况以及吸收资金方式、宣传推广、合同资料、业务流程等证据,结合其供述,进行综合分析判断。

犯罪嫌疑人、被告人使用诈骗方法非法集资,符合《最高人民法院关于审理非法集资刑事案件具体应用法律若干问题的解释》第四条规定的,可以认定为集资诈骗罪中"以非法占有为目的"。

办案机关在办理非法集资刑事案件中,应当根据案件具体情况注意收集运用涉及犯罪嫌疑人、被告人的以下证据:是否使用虚假身份信息对外开展业务;是否虚假订立合同、协议;是否虚假宣传,明显超出经营范围或者夸大经营、投资、服务项目及赢利能力;是否吸收资金后隐匿、销毁合同、协议、账目;是否传授或者接受规避法律、逃避监管的方法,等等。

五、关于犯罪数额的认定问题

非法吸收或者变相吸收公众存款构成犯罪,具有下列情形之一的,向亲友或者单位内部人员吸收的资金应当与向不特定对象吸收的资金一并计入犯罪数额:

(一)在向亲友或者单位内部人员吸收资金的过程中,明知亲友或者单位内部人员向不特定对象吸收资金而予以放任的;

(二)以吸收资金为目的,将社会人员吸收为单位内部人员,并向其吸收资金的;

(三)向社会公开宣传,同时向不特定对象、亲友或者单位内部人员吸收资金的。

非法吸收或者变相吸收公众存款的数额,以行为人所吸收的资金全额计算。集资参与人收回本金或者获得回报后又重复投资的数额不予扣除,但可以作为量刑情节酌情考虑。

六、关于宽严相济刑事政策把握问题

办理非法集资刑事案件,应当贯彻宽严相济刑事政策,依法合理把握追究刑事责任的范围,综合运用刑事手段和行政手段处置和化解风险,做到惩处少数、教育挽救大多数。要根据行为人的客观行为、主观恶性、犯罪情节及其地位、作用、层级、职务等情况,综合判断行为人的责任轻重和刑事追究的必要性,按照区别对待原则分类处理涉案人员,做到罚当其罪、罪责刑相适应。

重点惩处非法集资犯罪活动的组织者、领导者和管理人员,包括单位犯罪中的上级单位(总公司、母公司)的核心层、管理层和骨干人员,下属单位(分公司、子公司)的管理层和骨干人员,以及其他发挥主要作用的人员。

对于涉案人员积极配合调查、主动退赃退赔、真诚认罪悔罪的,可以依法从轻处罚;其中情节轻微的,可以免除处罚;情节显著轻微、危害不大的,不作为犯罪处理。

七、关于管辖问题

跨区域非法集资刑事案件按照《国务院关于进一步做好防范和处置非法集资工作的意见》(国发〔2015〕59号)确定的工作原则办理。如果合并侦查、诉讼更为适宜的,可以合并办理。

办理跨区域非法集资刑事案件,如果多个公安机关都有权立案侦查的,一般由主要犯罪地公安机关作为案件主办地,对主要犯罪嫌疑人立案侦查和移送审查起诉;由其他犯罪地公安机关作为案分办地根据案件具体情况,对本地区犯罪嫌疑人立案侦查和移送审查起诉。

管辖不明或者有争议的,按照有利于查清犯罪事实、有利于诉讼的原则,由其共同的上级公安机关协调确定或者指定有关公安机关作为案件主办地立案侦查。需要提请批准逮捕、移送审查起诉、提起公诉的,由分别立案侦查的公安机关所在地的人民检察院、人民法院受理。

对于重大、疑难、复杂的跨区域非法集资刑事案件,公安机关应当在协调确定或者指定案件主办地立案侦查的同时,通报同级人民检察院、人民法院。人民检察院、人民法院参照前款规定,确定主要犯罪地作为案件主办地,其他犯罪地作为案件分办地,由所在地的人民检察院、人民法院负责起诉、审判。

本条规定的"主要犯罪地",包括非法集资活动的主要组织、策划、实施地,集资行为人的注册地、主要营业地、主要办事机构所在地,集资参与人的主要所在地等。

八、关于办案工作机制问题

案件主办地和其他涉案地办案机关应当密切沟通协调,协同推进侦查、起诉、审判、资产处置工作,配合有关部门最大限度追赃挽损。

案件主办地办案机关应当统一负责主要犯罪嫌疑人、被告人涉嫌非法集资全部犯罪事实的立案侦查、起诉、审判,防止遗漏犯罪事实;并应就全案处理政策、追诉主要犯罪嫌疑人、被告人的证据要求及诉讼时限、追赃挽损、资产处置等工作要求,向其他涉案地办案机关进行通报。其他涉案地办案机关应当对本地区犯罪嫌疑人、被告人涉嫌非法集资的犯罪事实及时立案侦查、起诉、审判,积极协助主办地处置涉案资产。

案件主办地和其他涉案地办案机关应当建立和完善证据交换共享机制。对涉及主要犯罪嫌疑人、被告人的证据,一般由案件主办地办案机关负责收集,其他涉案地提供协助。案件主办地办案机关应当及时通报接收涉及主要犯罪嫌疑人、被告人的证据材料的程序及要求。其他涉案地办案机关需要案件主办地提供证据材料的,应当向案件主办地办案机关提出证据需求,由案件主办地收集并依法移送。无法移送证据原件的,应当在移送复制件的同时,按照相关规定作出说明。

九、关于涉案财物追缴处置问题

办理跨区域非法集资刑事案件,案件主办地办案机关应当及时归集涉案财物,为统一资产处置做好基础性工作。其他涉案地办案机关应当及时查明涉案财物,明确其来源、去向、用途、流转情况,依法办理查封、扣押、冻结手续,并制作详细清单,对扣押款项应当设立明细账,在扣押后立即存入办案机关唯一合规账户,并将有关情况提供案件主办地办案机关。

人民法院、人民检察院、公安机关应当严格依照刑事诉讼法和相关司法解释的规定,依法移送、审查、处理查封、扣押、冻结的涉案财物。对审判时尚未追缴到案或者尚未足额退赔的违法所得，人民法院应当判决继续追缴或者责令退赔，并由人民法院负责执行，处置非法集资职能部门、人民检察院、公安机关等应当予以配合。

人民法院对涉案财物依法作出判决后，有关地方和部门应当在处置非法集资职能部门统筹协调下，切实履行协作义务，综合运用多种手段，做好涉案财物清运、财产变现、资金归集、资金清退等工作，确保最大限度减少实际损失。

根据有关规定，查封、扣押、冻结的涉案财物，一般应在诉讼终结后返还集资参与人。涉案财物不足全部返还的，按照集资参与人的集资额比例返还。退赔集资参与人的损失一般优先于其他民事债务以及罚金、没收财产的执行。

十、关于集资参与人权利保障问题

集资参与人，是指向非法集资活动投入资金的单位和个人，为非法集资活动提供帮助并获取经济利益的单位和个人除外。

人民法院、人民检察院、公安机关应当通过及时公布案件进展、涉案资产处置情况等方式，依法保障集资参与人的合法权利。集资参与人可以推选代表人向人民法院提出相关意见和建议；推选不出代表人的，人民法院可以指定代表人。人民法院可以视案件情况决定集资参与人代表人参加或者旁听庭审，对集资参与人提起附带民事诉讼等请求不予受理。

十一、关于行政执法与刑事司法衔接问题

处置非法集资职能部门或者有关行政主管部门，在调查非法集资行为或者行政执法过程中，认为案情重大、疑难、复杂的，可以商请公安机关就追诉标准、证据固定等问题提出咨询或者参考意见；发现非法集资行为涉嫌犯罪的，应当按照《行政执法机关移送涉嫌犯罪案件的规定》等规定，履行相关手续，在规定的期限内将案件移送公安机关。

人民法院、人民检察院、公安机关在办理非法集资刑事案件过程中，可商请处置非法集资职能部门或者有关行政主管部门指派专业人员配合开展工作，协助查阅、复制有关专业资料，就案件涉及的专业问题出具认定意见。涉及需要行政处理的事项，应当及时移交处置非法集资职能部门或者有关行政主管部门依法处理。

十二、关于国家工作人员相关法律责任问题

国家工作人员具有下列行为之一，构成犯罪的，应当依法追究刑事责任：

（一）明知单位和个人所申请机构或者业务涉嫌非法集资，仍为其办理行政许可或者注册手续的；

（二）明知所主管、监管的单位有涉嫌非法集资行为，未依法及时处理或者移送处置非法集资职能部门的；

（三）查处非法集资过程中滥用职权、玩忽职守、徇私舞弊的；

（四）徇私舞弊不向司法机关移交非法集资刑事案件的；

（五）其他通过职务行为或者利用职务影响，支持、帮助、纵容非法集资的。

法律适用答复、复函

★《最高人民法院刑事审判第二庭关于以投资林业为名向社会吸收资金行为定性的答复意见》（2004年9月4日发布）

在现有的刑事立法框架内，在刑事司法上将非法集资视同为变相吸存，以非法吸收公众存款罪定罪处罚，是必要的，也是可行的。国务院《非法金融机构和非法金融业务活动取缔办法》（注：已于2021年5月1日废止）以及中国人民银行《关于取缔非法金融机构和非法金融业务活动中有关问题的通知》中，对非法吸存、变相吸存、非法集资的规定，除了具体手法有所不同，三者并无实质性分别。刑法未对非法集资专门规定罪名，在以往的司法实践中，以非法占有为目的的非法吸存是以集资诈骗定罪处罚的。对于不具有非法占有目的的非法集资行为也有按非法吸收公众存款罪定罪处罚的先例。但是，对于此类以投资某些项目为名向社会公众非法吸收资金案件的违法性把握上应当慎重，除未经国家金融主管部门批准外，只有所涉及的项目及经营方式也违反了行政审批的有关规定，才作为犯罪论处。

对于此类行为，如主观上存在非法占有目的，客观上实施了诈骗行为，则应以集资诈骗罪定罪处罚。

指导性案例

★杨卫国等人非法吸收公众存款案（最高人民检察院第十七批指导性案例，检例第64号）

【关键词】

非法吸收公众存款　网络借贷　资金池

【要旨】

单位或个人假借开展网络借贷信息中介业务之名，未经依法批准，归集不特定公众的资金设立资金池，控制、支配资金池中的资金，并承诺还本付息的，构成非法吸收公众存款罪。

【基本案情】（摘录）

浙江望洲集团有限公司（以下简称望洲集团）于2013年2月28日成立，被告人杨卫国为法定代表人、董事长。自2013年9月起，望洲集团开始在线下进行非法吸收公众存款活动。2014年，杨卫国利用其实际控制的公司又先后成立上海望洲财富投资管理有限公司（以下简称望洲财富）、望洲普惠投资管理有限公司（以下简称望洲普惠），通过线下和线上两个渠道开展非法吸收公众存款活动。其中，望洲普惠主要负责发展信贷客户（借款人），望洲财富负责发展不特定社会公众成为理财客户（出借人），根据理财产品的不同期限约定7%—15%不等的年化利率募集资金。在线下渠道，望洲集团在全国多个省、市开设门店，采用发放宣传单、举办年会、发布广告等方式进行宣传，理财客户或者通过与杨卫国签订债权转让协议，或者通过匹配望洲集团虚构的信贷客户借款需求进行投资，将投资款转账至杨卫国个人名下42个银行账户，被望洲集团用于还本付息、生产经营等活动。在线上渠道，望洲集团及其关联公司以网络借贷信息中介活动的名义进行宣传，理财客户根据望洲集团的要求在第三方支付平台上开设虚拟账户并绑定银行账户。理财客户选定投资项目后将投资款从银行账户转入第三方支付平台的虚拟账户进行投资活动，望洲集团、杨卫国及望洲集团实际控制的担保公司为理财客户的债权提供担保。望洲集团对理财客户虚拟账户内的资金进行调配，划拨出借资金和还本付息资金到相应理财客户和信贷客户账户，并将剩余资金直接转至杨卫国在第三方支付平台上开设的托管账户，再转账至杨卫国开设的个人银行账户，与线下资金混同，由望洲集团支配使用。

因资金链断裂，望洲集团无法按期兑付本息。截止到2016年4月20日，望洲集团通过线上、线下两个渠道非法吸收公众存款共计64亿余元，未兑付资金共计26亿余元，涉及集资参与人13400余人。其中，通过线上渠道吸收公众存款11亿余元。

【指控与证明犯罪】（摘录）

举证阶段，公诉人出示证据，全面证明望洲集团线上、线下业务活动本质为非法吸收公众存款，并就线上业务相关证据重点举证。

第一，通过出示书证、审计报告、电子数据、证人证言、被告人供述和辩解等证据，证实望洲集团的线上业务归集客户资金设立资金池并进行控制、支配、使用，不是网络借贷信息中介业务。（1）第三方支付平台赋予望洲集团对所有理财客户虚拟账户内的资金进行冻结、划拨、查询的权限。线上理财客户在合同中也明确授权望洲集团对其虚拟账户内的资金进行冻结、划拨、查询，且虚拟账户销户需要望洲集团许可。（2）理财客户将资金转入第三方平台的虚拟账户后，望洲集团每日根据理财客户出借资金和信贷客户的借款需求，以多对多的方式进行人工匹配。当理财客户资金总额大于信贷客户借款需求时，剩余资金划入杨卫国在第三方支付平台开设的托管账户。望洲集团预留第二天需要支付的到期本息后,将剩余资金提现至杨卫国的银行账户,用于线下非法吸收公众存款活动或其他经营活动。(3)信贷客户的借款期限与理财客户的出借期限不匹配,存在期限错配等问题。(4)杨卫国及其控制的公司承诺为信贷客户提供担保,当信贷客户不能按时还本付息时,杨卫国保证在债权期限届满之日起3个工作日内代为偿还本金和利息。实际操作中,归还出借人的资金都来自于线上的托管账户或者杨卫国用于线下经营的银行账户。(5)望洲集团通过多种途径向不特定公众进行宣传,发展理财客户,并通过明示年化收益率、提供担保等方式承诺向理财客户还本付息。

第二,通过出示理财、信贷余额列表,扣押清单,银行卡照片,银行卡交易明细,审计报告,证人证言,被告人供述和辩解等证据,证实望洲集团资金池内的资金去向:(1)望洲集团吸收的资金除用于还本付息外,主要用于扩大望洲集团下属公司的经营业务。(2)望洲集团线上资金与线下资金混同使用,互相弥补资金不足,望洲集团从第三方支付平台提现到杨卫国银行账户资金为2.7亿余元,杨卫国个人银行账户转入第三方支付平台资金为2亿余元。(3)望洲集团将吸收的资金用于公司自身的投资项目,并有少部分用于个人支出,案发时线下、线上的理财客户均遭遇资金兑付困难。

法庭辩论阶段,公诉人发表公诉意见,论证杨卫国等被告人构成非法吸收公众存款罪,起诉书指控的犯罪事实清楚,证据确实、充分。其中,望洲集团在线上经营所谓网络借贷信息中介业务时,承诺为理财客户提供保底和增信服务,获取对理财客户虚拟账户内资金进行冻结、划拨、查询等权限,归集客户资金设立资金池,实际控制、支配、使用客户资金,用于还本付息和其他生产经营活动,超出了网络借贷信息中介的业务范围,属于变相非法吸收公众存款。杨卫国等被告人明知其吸收公众存款的行为未经依法批准而实施,具有犯罪的主观故意。

杨卫国认为望洲集团的线上业务不构成犯罪,不应计入犯罪数额。杨卫国的辩护人认为,国家允许P2P行业先行先试,望洲集团设立资金池、开展自融行为的时间在国家对P2P业务进行规范之前,没有违反刑事法律,属民事法律调整范畴,不应受到刑事处罚,犯罪数额应扣除通过线上模式流入的资金。

公诉人针对杨卫国及其辩护人的辩护意见进行答辩:望洲集团在线上开展网络借贷中介业务已从信息中介异化为信用中介,望洲集团对理财客户投资款的归集、控制、支配、使用以及还本付息的行为,本质与商业银行吸收存款业务相同,并非国家允许创新的网络借贷信息中介行为,不论国家是否出台有关网络借贷信息中介的规定,未经批准实施此类行为,都应当依法追究刑事责任。因此,线上吸收的资金应当计入犯罪数额。

法庭经审理认为,望洲集团以提供网络借贷信息中介服务为名,实际从事直接或间接归集资金、甚至自融或变相自融行为,本质是吸收公众存款。判断金融业务的非法性,应当以现行刑事法律和金融管理法律规定为依据,不存在被告人开展P2P业务时没有禁止性法律规定的问题。望洲集团的行为已经扰乱金融秩序,破坏国家金融管理制度,应受刑事处罚。

【指导意义】

1. 向不特定社会公众吸收存款是商业银行专属金融业务,任何单位和个人未经批准不得实施。根据《商业银行法》第十一条规定,未经国务院银行业监督管理机构批准,任何单位和个人不得从事吸收公众存款等商业银行业务,这是判断吸收公众存款行为合法与非法的基本法律依据。任何单位或个人,包括非银行金融机构,未经国务院银行业监督管理机构批准,面向社会吸收公众存款或者变相吸收公众存款均属非法。国务院《非法金融机构和非法金融业务活动取缔办法》(注:已于2021年5月1日废止)进一步明确规定,未经依法批准,非法吸收公众存款、变相吸收公众存款、以任何名义向社会不特定对象进行的非法集资都属于非法金融活动，必须予以取缔。为了解决传统金融机构覆盖不了、满足不好的社会资金需求，缓解个体经营者、小微企业经营当中的小额资金困难，国务院金融监管机构于 2016 年发布了《网络借贷信息中介机构业务活动管理暂行办法》等"一个办法、三个指引"，允许单位或个人在规定的借款余额范围内通过网络借贷信息中介机构进行小额借贷，并且对单一组织、单一个人在单一平台、多个平台的借款余额上限作了明确限定。检察机关在办案中要准确把握法律法规、金融管理规定确定的界限、标准和原则精神，准确区分融资借款活动的性质，对于违反规定达到追诉标准的，依法追究刑事责任。

2. 金融创新必须遵守金融管理法律规定，不得触犯刑法规定。金融是现代经济的核心和血脉，金融活动引发的风险具有较强的传导性、扩张性、潜在性和不确定性。为了发挥金融服务经济社会发展的作用，有效防控金融风险，国家制定了完善的法律法规，对商业银行、保险、证券等金融业务进行严格的规制和监管。金融也需要发展和创新，但金融创新必须有效地防控可能产生的风险，必须遵守金融管理法律法规，尤其是依法须经许可才能从事的金融业务，不允许未经许可而以创新的名义擅自开展。检察机关办理涉金融案件，要深入分析、清楚认识各类新金融现象，准确把握金融的本质，透过复杂多样的表现形式，准确区分是真的金融创新还是披着创新外衣的伪创新，是合法金融活动还是以金融创新为名实施金融违法犯罪活动，为防范化解金融风险提供及时、有力的司法保障。

3. 网络借贷中介机构非法控制、支配资金，构成非法吸收公众存款。网络借贷信息中介机构依法只能从事信息中介业务，为借款人与出借人实现直接借贷提供信息收集、信息公布、资信评估、信息交互、借贷撮合等服务。信息中介机构不得提供增信服务，不得直接或间接归集资金，包括设立资金池控制、支配资金或者为自己控制的公司融资。网络借贷信息中介机构利用互联网发布信息归集资金，不仅超出了信息中介业务范围，同时也触犯了《刑法》第一百七十六条的规定。检察机关在办案中要通过对网络借贷平台的股权结构、实际控制关系、资金来源、资金流向、中间环节和最终投向的分析，综合全流程信息，分析判断是规范的信息中介，还是假借信息中介名义从事信用中介活动，是否存在违法设立资金池、自融、变相自融等违法归集、控制、支配、使用资金的行为，准确认定行为性质。

★**张业强等人非法集资案**（最高人民检察院第四十四批指导性案例，检例第175号）

详见刑法第一百九十二条集资诈骗罪部分（第207—212页）。

参考案例

★**高远非法吸收公众存款案**（参见《刑事审判参考》2000年第3集，第56号案例）

1995年3月至1996年11月，被告人高远以高额利息为诱饵，利用"经济互助会"的形式，采取"会书"承诺的方法，通过"邀会"非法集资共计3404.285万元，扣除放出的会款，共非法占有他人"上会"款181.685万元。1993年6月至1996年12月，高远接受他人"邀会"，共"上会"600组，"上会"总金额5840.3803万元；1996年3月至1997年1月，高远以周转会款为名，以高息为诱饵，骗取王云等人现款53.8万元，后以会账充抵46.09万元。

（一）实务问题

以"经济互助会"为名，利用高额利息作诱饵，采取"会书"等手段"邀会""放会"的非法集资行为如何定性？

（二）规则提炼

非法吸收公众存款罪的客观方面表现为非法向社会公众公开吸收存款或者变相吸收公众存款的行为。"非法吸收公众存款"，是指完全仿照银行吸收存款的办法，以确定的存款期限、利率，面向社会公众吸收存款。"变相吸收公众存款"，是指行为人为回避以"存款"的形式吸收公众资金引起的麻烦，避免受到追究，在未经中国人民银行或者国务院批准的情况下，擅自开办所谓的"基金"或者"基金会"，如"职工互助基金会""个体劳动者基金会""老龄基金会"等，再以此名义"合法"地吸收公众资金以开展所谓活动。以"经济互助会"的形式非法集资的行为正是"变相吸收公众存款"的典型方式。

集资诈骗罪与非法吸收公众存款罪，以非法集资为外在的表现形式，但二者同时又存在着根本的区别：第一，前者的犯罪目的是非法占有所募集的资金；而后者的目的则是企图通过吸收公众存款的方式，进行赢利，在主观上并不具有非法占有公众存款的目的。这是两罪最本质的区别。第二，两者虽有非法集资的共同外在表现形式，但具体实施方法有根本不同。前者的行为人必须使用诈骗的方法；而后者则不以行为人使用了诈骗方法作为构成犯罪的要件之一，尤其是在吸收存款或募集资金的目的行为上并没有遮掩赢利的意图。第三，侵犯的客体不同。前者侵犯的是复杂客体，不仅侵犯了国家的金融秩序，而且侵犯了出资人的财产所有权；后者侵犯的是单一客体，即国家的金融管理秩序，当然在有些情况下，非法吸收公众存款的行为人由于经营不善造成亏损，无法兑现其在吸收公众存款时的承诺，甚至给投资人、存款人造成了重大经济损失，但是，这种损失与行为人目的就是侵犯公私财物的所有权是不同的。

★ **惠庆祥等非法吸收公众存款案**（参见《刑事审判参考》2008年第3集，第488号案例）

1998年3月，以惠庆祥等人为代表的康丽公司与渭南市民政局商定共同出资成立尤湖塔园公司，开发、销售塔位（用于殡葬）。1998年4月至2005年8月，尤湖塔园公司招聘大量销售人员，印制宣传材料，宣传塔位的投资价值，采取上述手段在西安地区共计面向4334人销售投资型塔位。此外，尤湖塔园公司因资金严重短缺，面向内部职工及社会群众高息借款。通过上述方式，尤湖塔园公司及惠庆祥共计非法吸收公众存款1.07亿余元。

（一）实务问题

1. 如何认定变相吸收公众存款？

2. 如何区分合法民间借贷与非法吸收公众存款？

（二）规则提炼

1. 未经中国人民银行批准，向社会不特定对象吸收资金，虽然不以吸收公众存款的名义，但承诺在一定期限内还本付息的，属于变相吸收公众存款，构成犯罪的应依法追究刑事责任。

2. "民间借贷"只能是针对少数个人或者特定对象之间的"借贷"行为，其与非法吸收公众存款罪的本质区别在于是否扰乱国家金融秩序。对未经有权机关批准和向社会不特定对象公开宣传，且借款利率高于法定利率，承诺保本付息的吸收资金行为，具有"四性"，超出了民间借贷的范畴，应认定为非法吸收公众存款罪。

★**毛肖东等非法吸收公众存款案**（参见《刑事审判参考》总第109集，第1188号案例）

安泰公司成立于2001年，案发前法定代表人为被告人毛肖东。2010年7月，安泰公司以1.6亿元（1.3亿元为银行贷款，其余为借款）拍得原江山啤酒厂地块项目开发权。为运作项目及归还借款，毛肖东等人向社会不特定对象借款，共计向148名社会不特定对象非法集资达27856.3万元，归还部分本金，尚有本金23725.4万元无法归还。涉案钱款部分用于项目及公司运营，部分用于归还前期借款本息。

（一）实务问题

在非法吸收公众存款罪中如何理解和适用"从轻处罚"？

（二）规则提炼

非法吸收或者变相吸收公众存款，主要用于生产经营活动，能够及时清退所吸收资金，可以免予刑事处罚；情节显著轻微的，不作为犯罪处理。对于未清退全部集资款项,但实际上已基本具备"主要用于生产经营所需"和"积极清退所吸收资金"两个关键条件的,可以适用依法从轻处罚。

九、伪造、变造金融票证罪

第一百七十七条

有下列情形之一,伪造、变造金融票证的,处五年以下有期徒刑或者拘役,并处或者单处二万元以上二十万元以下罚金;情节严重的,处五年以上十年以下有期徒刑,并处五万元以上五十万元以下罚金;情节特别严重的,处十年以上有期徒刑或者无期徒刑,并处五万元以上五十万元以下罚金或者没收财产:

(一)伪造、变造汇票、本票、支票[第392页]的;

(二)伪造、变造委托收款凭证、汇款凭证、银行存单等其他银行结算凭证[第393页]的;

(三)伪造、变造信用证[第357页]或者附随的单据、文件的;

(四)伪造信用卡[第395页]的。

单位犯前款罪的,对单位判处罚金,并对其直接负责的主管人员和其他直接责任人员,依照前款的规定处罚。

立法沿革

本条第一款系由 79 刑法第一百二十三条[①]伪造有价证券罪分解而来，但原罪名只包含伪造支票、汇票、银行存单等行为，《关于惩治破坏金融秩序犯罪的决定》第十一条[②]将伪造对象扩大至本票、委托收款凭证、汇款凭证、信用证或者附随的单据、文件、信用卡，并将变造这些金融票证的行为予以犯罪化。刑法将该决定中伪造、变造金融票证罪的附加刑由"并处"改为"并处或者单处"。高法《罪名规定》、高检《罪名意见》将其解释为伪造、变造金融票证罪。

立法解释

★《全国人民代表大会常务委员会关于〈中华人民共和国刑法〉有关信用卡规定的解释》（2004 年 12 月 29 日公布并施行）

全国人民代表大会常务委员会根据司法实践中遇到的情况，讨论了刑法规定的"信用卡"的含义问题，解释如下：

刑法规定的"信用卡"，是指由商业银行或者其他金融机构发

---

① 伪造支票、股票或者其他有价证券的，处七年以下有期徒刑，可以并处罚金。

② 有下列情形之一，伪造、变造金融票证的，处五年以下有期徒刑或者拘役，并处二万元以上二十万元以下罚金；情节严重的，处五年以上十年以下有期徒刑，并处五万元以上五十万元以下罚金；情节特别严重的，处十年以上有期徒刑或者无期徒刑，并处没收财产：

（一）伪造、变造汇票、本票、支票的；

（二）伪造、变造委托收款凭证、汇款凭证、银行存单等其他银行结算凭证的；

（三）伪造、变造信用证或者附随的单据、文件的；

（四）伪造信用卡的。

单位犯前款罪的，对单位判处罚金，并对直接负责的主管人员和其他责任人员，依照前款的规定处罚。

行的具有消费支付、信用贷款、转账结算、存取现金等全部功能或者部分功能的电子支付卡。

▎司法解释 ▶▶▶

★《最高人民法院、最高人民检察院关于办理妨害信用卡管理刑事案件具体应用法律若干问题的解释》（法释〔2018〕19号 自2018年12月1日起施行）

第一条 复制他人信用卡、将他人信用卡信息资料写入磁条介质、芯片或者以其他方法伪造信用卡一张以上的，应当认定为刑法第一百七十七条第一款第四项规定的"伪造信用卡"，以伪造金融票证罪定罪处罚。

伪造空白信用卡十张以上的，应当认定为刑法第一百七十七条第一款第四项规定的"伪造信用卡"，以伪造金融票证罪定罪处罚。

伪造信用卡，有下列情形之一的，应当认定为刑法第一百七十七条规定的"情节严重"：

（一）伪造信用卡五张以上不满二十五张的；

（二）伪造的信用卡内存款余额、透支额度单独或者合计数额在二十万元以上不满一百万元的；

（三）伪造空白信用卡五十张以上不满二百五十张的；

（四）其他情节严重的情形。

伪造信用卡，有下列情形之一的，应当认定为刑法第一百七十七条规定的"情节特别严重"：

（一）伪造信用卡二十五张以上的；

（二）伪造的信用卡内存款余额、透支额度单独或者合计数额在一百万元以上的；

（三）伪造空白信用卡二百五十张以上的；

（四）其他情节特别严重的情形。

本条所称"信用卡内存款余额、透支额度"，以信用卡被伪造后发卡行记录的最高存款余额、可透支额度计算。

第十三条 单位实施本解释规定的行为，适用本解释规定的相应自然人犯罪的定罪量刑标准。

立案追诉标准

★《最高人民检察院、公安部关于公安机关管辖的刑事案件立案追诉标准的规定（二）》（公通字〔2022〕12号 自2022年5月15日起施行）

第二十四条 〔伪造、变造金融票证案（刑法第一百七十七条）〕伪造、变造金融票证，涉嫌下列情形之一的，应予立案追诉：

（一）伪造、变造汇票、本票、支票，或者伪造、变造委托收款凭证、汇款凭证、银行存单等其他银行结算凭证，或者伪造、变造信用证或者附随的单据、文件，总面额在一万元以上或者数量在十张以上的；

（二）伪造信用卡一张以上，或者伪造空白信用卡十张以上的。

法律适用答复、复函

★《最高人民法院研究室关于对贩卖假金融票证行为如何适用法律问题的复函》（法研〔2002〕21号 自2002年2月起施行）

明知是伪造、变造的金融票证而贩卖，或者明知他人实施金融诈骗行为而为其提供伪造、变造的金融票证的，以伪造、变造金融票证罪或者金融诈骗犯罪的共犯论处。

★《公安部经济犯罪侦查局关于转中国人民银行办公厅银办函2003第469号复函的通知》（公经〔2003〕1094号 自2003年9月23日起施行）

一、在来函所述的案件中，甲行行长先在票据上加盖私刻印章，事后又补盖了真章。对此，我们认为，甲行行长加盖私刻印章的行为属于伪造票据签章的行为。《中华人民共和国票据法》第十四条规定,"票据上有伪造、变造的签章的,不影响票据上其他真实签章的效力",因此,即使票据上有伪造、变造的签章,只要票据的制作、签发和承兑真实有效,该票据仍属有效票据,而不是伪造票据。

二、甲行行长事后补盖真章的行为属于对以前票据行为的追认,属于有效的票据行为。

★《公安部经济犯罪侦查局关于银行现金缴款单是否属金融票证的批复》(公经〔2006〕2697号　自2006年11月24日起施行)

现金缴费单是客户到银行办理现金缴存业务的专用凭证,证明银行与客户之间发生了资金收付关系,应为银行结算凭证的一种,属于金融票证的范畴。

★《公安部经济犯罪侦查局关于伪造银行履约保函的行为是否构成伪造、变造金融票证罪的批复》(公经〔2006〕2769号　自2006年12月1日起施行)

银行履约保函是保函的一种,属于刑法第一百八十八条所列的金融票证的范畴。但只有在经济活动中具有给付货币和资金结算作用,并表明银行与客户之间已受理或已办结相关支付结算业务的凭据,才能认定为银行结算凭证。因此,刑法第一百七十七条"伪造、变造金融票证罪"规定的金融票证种类中并未包括银行履约保函。

★《公安部经济犯罪侦查局关于对伪造、变造金融凭证罪法律适用问题的批复》(公经〔2007〕1900号　自2007年8月22日起施行)

一、刑法意义上的伪造、变造金融票证行为,其核心是对金融票证的物理性状进行改变。本案中犯罪嫌疑人先将资金存入××信用分社取得存单,再假称存单丢失,通过办理存单挂失手续将存款提现的方法取得已挂失的存单,犯罪嫌疑人的行为不属于刑法规定的伪造、变造金融票证的范畴。

二、银行质押凭证止付通知书不属于刑法第一百七十七条中的金融票证。

★《公安部经济犯罪侦查局关于银行进账单、支票存根联、支付系统专用凭证、转账贷方传票是否属于银行结算凭证的批复》（公经金融〔2008〕116号　自2008年7月22日起施行）

银行进账单、支付系统专用凭证、转账贷方传票属于银行结算凭证，而支票存根联是出票人自行留存、用于核对账务的内部凭证，不属于银行结算凭证。

★《公安部经济犯罪侦查局关于银行现金缴款单和进账单是否属于银行结算凭证的批复》（公经金融〔2009〕96号　自2009年3月31日起施行）

银行现金缴款单、进账单均属于刑法第一百七十七条所指的银行结算凭证。

★《公安部经济犯罪侦查局关于"12.24"票据诈骗案件有关法律问题的批复》（公经金融〔2012〕182号　自2012年10月31日起施行）

一、涉案的Promissory Note（本票）及随附英文确认书系商业本票。根据我国《票据法》第七十三条第二款"本票是指银行本票"之规定，该商业本票不符合我国票据法对本票的概念，也不属于《刑法》第一百七十七条、第一百九十四条关于本票的范畴。

二、涉案的商业承兑汇票（不可撤销）保证函、不可撤销的还款担保函属于银行履约保函的一种。……银行履约保函是保函的一种，属于《刑法》第一百八十八条所列的金融票证的范畴。但只有在经济活动中具有给付货币和资金清算作用，并表明银行与客户之间已受理或已办结相关支付结算业务的凭证，才能认定为银行结算凭证。因此，《刑法》第一百七十七条"伪造、变造金融票证罪"规定的金融票证种类中并未包括银行履约保函。

★《公安部经济犯罪侦查局关于网上银行电子回单是否属于金融票证的批复》(公经金融〔2013〕69号　自2013年7月30日起施行)

根据《支付结算办法》(银发〔1997〕393号,以下简称《办法》)的规定,结算凭证是办理支付结算的工具,是办理支付结算和现金收付的重要依据,未按《办法》规定填写的结算凭证,银行有权不予受理。因而,结算凭证一般可理解为银行在办理支付结算活动中所使用的,据以执行客户支付指令、办理资金划转的凭证。根据《电子支付指引(第一号)》(中国人民银行公告〔2005〕第23号)第五条、第十九条和《办法》第一百七十四条的规定,电子支付指令与纸质支付凭证具有同等效力,而网上银行电子回单(包括纸质形式)可理解为银行对电子支付指令进行确认后,向客户提供的用以证明银行受理了相关业务的单证,并非办理支付结算业务和资金划转的依据,也不能证明有关的货币给付或资金清算已经完成。综上,网上银行电子回单(包括纸质形式)不属于结算凭证,也不属于金融票证。

参考案例

★王昌和变造金融票证案(参见《刑事审判参考》2000年第5集,第71号案例)

1998年10月18日,被告人王昌和在某县城市信用社存款130元,至11月25日已两次支取125元,存折上余额为5元。1999年6月29日,被告人王昌和在自己家中将存折上存款余额涂改为10805元。同年7月1日上午10时许,王昌和持涂改后的存折到本县城关一发廊按摩嫖娼,结账时无现金支付,便同发廊老板、卖淫女三人乘三轮车到城关信用社取款,信用社工作人员发现存折被涂改后立即报警,公安人员遂将王昌和抓获。

某县人民法院认为：被告人王昌和以牟取不正当利益为目的，以真实的金融凭证为基础，采取涂改存款余额的手段，改变金融凭证的内容，主观上表现为故意，客观上实施了涂改存单上存款余额的行为，其行为构成变造金融票证罪。检察机关指控被告人王昌和犯变造金融票证罪的事实清楚，证据确实、充分。依照《刑法》第一百七十七条的规定，于1999年10月25日判决如下：被告人王昌和犯变造金融票证罪，判处有期徒刑2年，并处罚金人民币2万元。宣判后，王昌和没有上诉，检察机关亦未抗诉，判决发生法律效力。

（一）实务问题

对伪造、变造金融票证罪与金融凭证诈骗罪之间的牵连犯如何适用法律定罪处罚？

（二）规则提炼

对牵连犯，刑法分则有特别规定的，应当适用特别规定定罪处罚；刑法分则没有规定的，按照择一重罪从重处罚的原则处理。私自涂改银行存折存款余额，触犯了《刑法》第一百七十七条的规定，构成变造金融票证罪；使用变造的存折到银行去骗取财物的行为又触犯了《刑法》第一百九十四条第二款的规定，构成金融凭证诈骗罪。然而，《刑法》第一百九十四条第二款已规定，使用伪造、变造的委托收款凭证、汇款凭证、银行存单等其他银行结算凭证的，以金融凭证诈骗罪定罪处罚。对此类行为只能以金融凭证诈骗罪定罪处罚，其诈骗不论既遂还是未遂，均不影响此罪的成立。因此，本案的定性是错误的。

十、妨害信用卡管理罪，窃取、收买、非法提供信用卡信息罪

第一百七十七条之一

【妨害信用卡管理罪】有下列情形之一，妨害信用卡[第395页]管理的，处三年以下有期徒刑或者拘役，并处或者单处一万元以上十万元以下罚金；数量巨大或者有其他严重情节的，处三年以上十年以下有期徒刑，并处二万元以上二十万元以下罚金：

（一）明知是伪造的信用卡而持有、运输的，或者明知是伪造的空白信用卡而持有、运输，数量较大的；

（二）非法持有他人信用卡，数量较大的；

（三）使用虚假的身份证明骗领信用卡的；

（四）出售、购买、为他人提供伪造的信用卡或者以虚假的身份证明骗领的信用卡的。

【窃取、收买、非法提供信用卡信息罪】窃取、收买或者非法提供他人信用卡信息资料的，依照前款规定处罚。

银行[第294页]或者其他金融机构[第295页]的工作人员利用职务上的便利，犯第二款罪的，从重处罚。

立法沿革 >>>

本条系《刑法修正案（五）》第一条增设，"两高"《罪名补充规定（三）》将前两款分别解释为妨害信用卡管理罪，窃取、收买、非法提供信用卡信息罪。

▎立法解释 ▶▶▶

★《全国人民代表大会常务委员会关于〈中华人民共和国刑法〉有关信用卡规定的解释》(2004年12月29日公布并施行)

关于刑法规定的"信用卡"的含义,详见刑法第一百七十七条伪造、变造金融票证罪部分(第72—73页)。

▎司法解释 ▶▶▶

★《最高人民法院、最高人民检察院关于办理妨害信用卡管理刑事案件具体应用法律若干问题的解释》(法释〔2018〕19号 自2018年12月1日起施行)

第二条 明知是伪造的空白信用卡而持有、运输十张以上不满一百张的,应当认定为刑法第一百七十七条之一第一款第一项规定的"数量较大";非法持有他人信用卡五张以上不满五十张的,应当认定为刑法第一百七十七条之一第一款第二项规定的"数量较大"。

有下列情形之一的,应当认定为刑法第一百七十七条之一第一款规定的"数量巨大":

(一)明知是伪造的信用卡而持有、运输十张以上的;

(二)明知是伪造的空白信用卡而持有、运输一百张以上的;

(三)非法持有他人信用卡五十张以上的;

(四)使用虚假的身份证明骗领信用卡十张以上的;

(五)出售、购买、为他人提供伪造的信用卡或者以虚假的身份证明骗领的信用卡十张以上的。

违背他人意愿,使用其居民身份证、军官证、士兵证、港澳居民往来内地通行证、台湾居民来往大陆通行证、护照等身份证明申领信用卡的,或者使用伪造、变造的身份证明申领信用卡的,应当认定为刑法第一百七十七条之一第一款第三项规定的"使用虚假的身份证明骗领信用卡"。

第三条 窃取、收买、非法提供他人信用卡信息资料，足以伪造可进行交易的信用卡，或者足以使他人以信用卡持卡人名义进行交易，涉及信用卡一张以上不满五张的，依照刑法第一百七十七条之一第二款的规定，以窃取、收买、非法提供信用卡信息罪定罪处罚；涉及信用卡五张以上的，应当认定为刑法第一百七十七条之一第一款规定的"数量巨大"。

第四条 为信用卡申请人制作、提供虚假的财产状况、收入、职务等资信证明材料，涉及伪造、变造、买卖国家机关公文、证件、印章，或者涉及伪造公司、企业、事业单位、人民团体印章，应当追究刑事责任的，依照刑法第二百八十条的规定，分别以伪造、变造、买卖国家机关公文、证件、印章罪和伪造公司、企业、事业单位、人民团体印章罪定罪处罚。

承担资产评估、验资、验证、会计、审计、法律服务等职责的中介组织或其人员，为信用卡申请人提供虚假的财产状况、收入、职务等资信证明材料，应当追究刑事责任的，依照刑法第二百二十九条的规定，分别以提供虚假证明文件罪和出具证明文件重大失实罪定罪处罚。

立案追诉标准

★《最高人民检察院、公安部关于公安机关管辖的刑事案件立案追诉标准的规定（二）》（公通字〔2022〕12号 自2022年5月15日起施行）

第二十五条 〔妨害信用卡管理案（刑法第一百七十七条之一第一款）〕妨害信用卡管理，涉嫌下列情形之一的，应予立案追诉：

（一）明知是伪造的信用卡而持有、运输的；

（二）明知是伪造的空白信用卡而持有、运输，数量累计在十张以上的；

（三）非法持有他人信用卡，数量累计在五张以上的；

（四）使用虚假的身份证明骗领信用卡的；

（五）出售、购买、为他人提供伪造的信用卡或者以虚假的身份证明骗领的信用卡的。

违背他人意愿，使用其居民身份证、军官证、士兵证、港澳居民往来内地通行证、台湾居民来往大陆通行证、护照等身份证明申领信用卡的，或者使用伪造、变造的身份证明申领信用卡的，应当认定为"使用虚假的身份证明骗领信用卡"。

第二十六条 〔窃取、收买、非法提供信用卡信息案（刑法第一百七十七条之一第二款）〕窃取、收买或者非法提供他人信用卡信息资料，足以伪造可进行交易的信用卡，或者足以使他人以信用卡持卡人名义进行交易，涉及信用卡一张以上的，应予立案追诉。

司法解释性质规范性文件

★《最高人民法院、最高人民检察院、公安部关于办理电信网络诈骗等刑事案件适用法律若干问题的意见》（法发〔2016〕32号自2016年12月19日起施行）

三、全面惩处关联犯罪

（四）非法持有他人信用卡，没有证据证明从事电信网络诈骗犯罪活动，符合刑法第一百七十七条之一第一款第（二）项规定的，以妨害信用卡管理罪追究刑事责任。

★《最高人民法院、最高人民检察院、公安部关于办理电信网络诈骗等刑事案件适用法律若干问题的意见（二）》（法发〔2021〕22号自2021年6月17日起施行）

四、无正当理由持有他人的单位结算卡的，属于刑法第一百七十七条之一第一款第（二）项规定的"非法持有他人信用卡"。

★《最高人民法院刑事审判第三庭、最高人民检察院第四检察厅、公安部刑事侦查局关于"断卡"行动中有关法律适用问题的会议纪要》（自2022年3月22日起施行）

七、关于收购、出售、出租信用卡的行为，可否以窃取、收买、非法提供信用卡信息罪追究刑事责任的问题。《刑法修正案（五）》设立了窃取、收买、非法提供信用卡信息罪，主要考虑是：利用信用卡信息资料复制磁条卡的问题在当时比较突出，严重危害持卡人的财产安全和国家金融安全，故设立本罪，相关司法解释降本罪入罪门槛规定为1张（套）信用卡。其中的"信用卡信息资料"，是指用于伪造信用卡的电子数据等基础信息，如有关发卡行代码、持卡人账户、密码等内容的加密电子数据。在"断卡"行动破获的此类案件中，行为人非法交易信用卡的主要目的在于直接使用信用卡，而非利用其中的信息资料伪造信用卡。故当前办理"断卡"行动中的此类案件，一般不宜窃取、收买、非法提供信用卡信息罪追究刑事责任。

八、关于收购、出售、出租信用卡"四件套"行为的处理。行为人收购、出售、出租信用卡"四件套"（一般包括信用卡、身份信息、U盾、网银），数量较大的，可能同时构成帮助信息网络犯罪活动罪、妨害信用卡管理罪等。"断卡"行动中破获的此类案件，行为人收购、出售、出租的信用卡"四件套"，主要流向电信网络诈骗犯罪团伙或人员手中，用于非法接收、转移诈骗资金，一般以帮助信息网络犯罪活动罪论处。对于涉案信用卡"四件套"数量巨大，同时符合妨害信用卡管理罪构成要件的，择一重罪论处。

法律适用答复、复函

★《公安部经济犯罪侦查局关于对以虚假的工作单位证明及收入证明骗领信用卡是否可以认定为妨害信用卡管理罪请示的批复》（公经金融〔2008〕107号　自2008年7月1日起施行）

以虚假的工作单位证明及收入证明骗领信用卡不能认定为妨害信用卡管理罪。

十一、伪造、变造国家有价证券罪，伪造、变造股票、公司、企业债券罪

第一百七十八条

【伪造、变造国家有价证券罪】伪造、变造国库券[第397页]或者国家发行的其他有价证券[第397页]，数额较大的，处三年以下有期徒刑或者拘役，并处或者单处二万元以上二十万元以下罚金；数额巨大的，处三年以上十年以下有期徒刑，并处五万元以上五十万元以下罚金；数额特别巨大的，处十年以上有期徒刑或者无期徒刑，并处五万元以上五十万元以下罚金或者没收财产。

【伪造、变造股票、公司、企业债券罪】伪造、变造股票[第398页]或者公司、企业债券[第400页]，数额较大的，处三年以下有期徒刑或者拘役，并处或者单处一万元以上十万元以下罚金；数额巨大的，处三年以上十年以下有期徒刑，并处二万元以上二十万元以下罚金。

单位犯前两款罪的，对单位判处罚金，并对其直接负责的主管人员和其他直接责任人员，依照前两款的规定处罚。

立法沿革 >>>

本条由79刑法第一百二十三条[①]伪造有价证券罪分解而来，刑法将"伪造、变造国库券或者国家发行的其他有价证券""伪

---

① 伪造支票、股票或者其他有价证券的，处七年以下有期徒刑，可以并处罚金。

造、变造股票或者公司、企业债券"行为分别独立成罪。高法《罪名规定》、高检《罪名意见》将前两款分别解释为伪造、变造国家有价证券罪和伪造、变造股票、公司、企业债券罪。

▌立案追诉标准 ▶▶▶

★《最高人民检察院、公安部关于公安机关管辖的刑事案件立案追诉标准的规定（二）》（公通字〔2022〕12号　自2022年5月15日起施行）

第二十七条〔伪造、变造国家有价证券案（刑法第一百七十八条第一款）〕伪造、变造国库券或者国家发行的其他有价证券，总面额在二千元以上的，应予立案追诉。

第二十八条〔伪造、变造股票、公司、企业债券案（刑法第一百七十八条第二款）〕伪造、变造股票或者公司、企业债券，总面额在三万元以上的，应予立案追诉。

十二、擅自发行股票、公司、企业债券罪

第一百七十九条

未经国家有关主管部门批准，擅自发行股票[第398页]或者公司、企业债券[第400页]，数额巨大、后果严重或者有其他严重情节的，处五年以下有期徒刑或者拘役，并处或者单处非法募集资金金额百分之一以上百分之五以下罚金。

单位犯前款罪的，对单位判处罚金，并对其直接负责的主管人员和其他直接责任人员，处五年以下有期徒刑或者拘役。

立法沿革

本条79刑法没有规定，系《全国人民代表大会常务委员会关于惩治违反公司法的犯罪的决定》第七条①增设。刑法对其作了修改，将原"公司法规定的有关主管部门"改为"国家有关主管部门"，增加了"企业证券"作为犯罪对象，将附加罚金刑由"可以并处"改为"并处或单处"，对单位犯罪的处罚由原"直接负责的主管人员"改为"其他直接责任人员"。高法《罪名规定》、高检《罪名意见》将其解释为擅自发行股票、公司、企业债券罪。

司法解释

★《最高人民法院关于审理非法集资刑事案件具体应用法律若干问题的解释》（法释〔2022〕5号　自2022年3月1日起施行）

第十条　未经国家有关主管部门批准，向社会不特定对象发行、以转让股权等方式变相发行股票或者公司、企业债券，或者向特定对象发行、变相发行股票或者公司、企业债券累计超过200人的，应当认定为刑法第一百七十九条规定的"擅自发行股票或者公司、企业债券"。构成犯罪的，以擅自发行股票、公司、企业债券罪定罪处罚。

立案追诉标准

★《最高人民检察院、公安部关于公安机关管辖的刑事案件立案追诉标准的规定（二）》（公通字〔2022〕12号　自2022年5月15日起施行）

第二十九条　〔擅自发行股票、公司、企业债券案（刑法第一

---

① 未经公司法规定的有关主管部门批准，擅自发行股票、公司债券，数额巨大、后果严重或者有其他严重情节的，处五年以下有期徒刑或者拘役，可以并处非法募集资金金额百分之五以下罚金。

单位犯前款罪的，对单位判处非法募集资金金额百分之五以下罚金，并对直接负责的主管人员依照前款的规定，处五年以下有期徒刑或者拘役。

百七十九条）〕未经国家有关主管部门批准或者注册，擅自发行股票或者公司、企业债券，涉嫌下列情形之一的，应予立案追诉：

（一）非法募集资金金额在一百万元以上的；

（二）造成投资者直接经济损失数额累计在五十万元以上的；

（三）募集的资金全部或者主要用于违法犯罪活动的；

（四）其他后果严重或者有其他严重情节的情形。

本条规定的"擅自发行股票或者公司、企业债券"，是指向社会不特定对象发行、以转让股权等方式变相发行股票或者公司、企业债券，或者向特定对象发行、变相发行股票或者公司、企业债券累计超过二百人的行为。

司法解释性质规范性文件 >>>

★《最高人民法院、最高人民检察院、公安部、中国证券监督管理委员会关于整治非法证券活动有关问题的通知》（证监发〔2008〕1号 自2008年1月2日起施行）

二、明确法律政策界限，依法打击非法证券活动

（一）关于公司及其股东向社会公众擅自转让股票行为的性质认定。《证券法》第十条第三款规定："非公开发行证券，不得采用广告、公开劝诱和变相公开方式。"国办发99号文规定："严禁任何公司股东自行或委托他人以公开方式向社会公众转让股票。向特定对象转让股票，未依法报经证监会核准的，转让后，公司股东累计不得超过200人。"公司、公司股东违反上述规定，擅自向社会公众转让股票，应当追究其擅自发行股票的责任。公司与其股东合谋，实施上述行为的，公司与其股东共同承担责任。

（二）关于擅自发行证券的责任追究。未经依法核准，擅自发行证券，涉嫌犯罪的，依照《刑法》第一百七十九条之规定，以擅自发行股票、公司、企业债券罪追究刑事责任。未经依法核准，以发行证券为幌子，实施非法证券活动，涉嫌犯罪的，依照《刑法》第一百七十六条、第一百九十二条等规定，以非法吸收公众

存款罪、集资诈骗罪等罪名追究刑事责任。未构成犯罪的，依照《证券法》和有关法律的规定给予行政处罚。

（三）关于非法经营证券业务的责任追究。任何单位和个人经营证券业务，必须经证监会批准。未经批准的，属于非法经营证券业务，应予以取缔；涉嫌犯罪的，依照《刑法》第二百二十五条之规定，以非法经营罪追究刑事责任。对于中介机构非法代理买卖非上市公司股票，涉嫌犯罪的，应当依照《刑法》第二百二十五条之规定，以非法经营罪追究刑事责任；所代理的非上市公司涉嫌擅自发行股票，构成犯罪的，应当依照《刑法》第一百七十九条之规定，以擅自发行股票罪追究刑事责任。非上市公司和中介机构共谋擅自发行股票，构成犯罪的，以擅自发行股票罪的共犯论处。未构成犯罪的，依照《证券法》和有关法律的规定给予行政处罚。

（四）关于非法证券活动性质的认定。非法证券活动是否涉嫌犯罪，由公安机关、司法机关认定。公安机关、司法机关认为需要有关行政主管机关进行性质认定的，行政主管机关应当出具认定意见。对因案情复杂、意见分歧，需要进行协调的，协调小组应当根据办案部门的要求，组织有关单位进行研究解决。

（五）关于修订后的《证券法》与修订前的《证券法》中针对擅自发行股票和非法经营证券业务规定的衔接。修订后的《证券法》与修订前的《证券法》针对擅自发行股票和非法经营证券业务的规定是一致的，是相互衔接的，因此在修订后的《证券法》实施之前发生的擅自发行股票和非法经营证券业务行为，也应予以追究。

（六）关于非法证券活动受害人的救济途径。根据1998年3月25日《国务院办公厅转发证监会关于清理整顿场外非法股票交易方案的通知》（国办发〔1998〕10号）的规定，最高人民法院于1998年12月4日发布了《关于中止审理、中止执行涉及场外非法股票交易经济纠纷案件的通知》（法〔1998〕145号），目的是为配合国家当时解决STAQ、NET交易系统发生的问题，而非针对目前非法证券活动所产生的纠纷。如果非法证券活动构成犯罪，被害人应当通过公安、司法机关刑事追赃程序追偿；如果非法证券活动仅是一般违法行为而没有构成犯罪，当事人符合民事诉讼法规定的起诉条件的，可以通过民事诉讼程序请求赔偿。

十三、内幕交易、泄露内幕信息罪，利用未公开信息交易罪

第一百八十条

【内幕交易、泄露内幕信息罪】证券、期货交易内幕信息[第414页]的知情人员或者非法获取证券、期货交易内幕信息的人员[第417页]，在涉及证券的发行，证券、期货交易或者其他对证券、期货交易价格有重大影响的信息尚未公开前，买入或者卖出该证券，或者从事与该内幕信息有关的期货交易，或者泄露该信息，或者明示、暗示他人从事上述交易活动，情节严重的，处五年以下有期徒刑或者拘役，并处或者单处违法所得一倍以上五倍以下罚金；情节特别严重的，处五年以上十年以下有期徒刑，并处违法所得一倍以上五倍以下罚金。

单位犯前款罪的，对单位判处罚金，并对其直接负责的主管人员和其他直接责任人员，处五年以下有期徒刑或者拘役。

内幕信息、知情人员的范围，依照法律、行政法规的规定确定。

【利用未公开信息交易罪】证券交易所、期货交易

> 所、证券公司、期货经纪公司、基金管理公司、商业银行、保险公司等金融机构[第295页]的从业人员以及有关监管部门或者行业协会的工作人员，利用因职务便利获取的内幕信息以外的其他未公开的信息[第420页]，违反规定，从事与该信息相关的证券、期货交易活动，或者明示、暗示他人从事相关交易活动，情节严重的，依照第一款的规定处罚。

立法沿革 >>>

本条系刑法增设①，79刑法、单行刑法均未规定。高法《罪名规定》、高检《罪名意见》将其解释为内幕交易、泄露内幕信息罪。《刑法修正案》第四条②对罪状作了修改，将期货交易行为予

---

① 证券交易内幕信息的知情人员或者非法获取证券交易内幕信息的人员，在涉及证券的发行、交易或者其他对证券的价格有重大影响的信息尚未公开前，买入或者卖出该证券，或者泄露该信息，情节严重的，处五年以下有期徒刑或者拘役，并处或者单处违法所得一倍以上五倍以下罚金；情节特别严重的，处五年以上十年以下有期徒刑，并处违法所得一倍以上五倍以下罚金。
单位犯前款罪的，对单位判处罚金，并对其直接负责的主管人员和其他直接责任人员，处五年以下有期徒刑或者拘役。
内幕信息的范围，依照法律、行政法规的规定确定。
知情人员的范围，依照法律、行政法规的规定确定。
② 将刑法第一百八十条修改为："证券、期货交易内幕信息的知情人员或者非法获取证券、期货交易内幕信息的人员，在涉及证券的发行，证券、期货交易或者其他对证券、期货交易价格有重大影响的信息尚未公开前，买入或者卖出该证券，或者从事与该内幕信息有关的期货交易，或者泄露该信息，情节严重的，处五年以下有期徒刑或者拘役，并处或者单处违法所得一倍以上五倍以下罚金；情节特别严重的，处五年以上十年以下有期徒刑，并处违法所得一倍以上五倍以下罚金。（转下页注）

以犯罪化。《刑法修正案（七）》第二条又对本条第一款作了修改，增设了"明示、暗示他人从事相关交易活动"的规定，并增设了第四款内容。《最高人民法院、最高人民检察院关于执行〈中华人民共和国刑法〉确定罪名的补充规定（四）》将第四款解释为利用未公开信息交易罪。

司法解释

★《最高人民法院、最高人民检察院关于办理内幕交易、泄露内幕信息刑事案件具体应用法律若干问题的解释》（法释〔2012〕6号自2012年6月1日起施行）

为维护证券、期货市场管理秩序，依法惩治证券、期货犯罪，根据刑法有关规定，现就办理内幕交易、泄露内幕信息刑事案件具体应用法律的若干问题解释如下：

第一条 下列人员应当认定为刑法第一百八十条第一款规定的"证券、期货交易内幕信息的知情人员"：

（一）证券法第七十四条规定的人员；

（二）期货交易管理条例第八十五条第十二项规定的人员。

第二条 具有下列行为的人员应当认定为刑法第一百八十条第一款规定的"非法获取证券、期货交易内幕信息的人员"：

（一）利用窃取、骗取、套取、窃听、利诱、刺探或者私下交易等手段获取内幕信息的；

（二）内幕信息知情人员的近亲属或者其他与内幕信息知情人员关系密切的人员，在内幕信息敏感期内，从事或者明示、暗示他人从事，或者泄露内幕信息导致他人从事与该内幕信息有关的证券、期货交易，相关交易行为明显异常，且无正当理由或者正

（接上页注）"单位犯前款罪的，对单位判处罚金，并对其直接负责的主管人员和其他直接责任人员，处五年以下有期徒刑或者拘役。

"内幕信息、知情人员的范围，依照法律、行政法规的规定确定。"

当信息来源的；

（三）在内幕信息敏感期内，与内幕信息知情人员联络、接触，从事或者明示、暗示他人从事，或者泄露内幕信息导致他人从事与该内幕信息有关的证券、期货交易，相关交易行为明显异常，且无正当理由或者正当信息来源的。

第三条　本解释第二条第二项、第三项规定的"相关交易行为明显异常"，要综合以下情形，从时间吻合程度、交易背离程度和利益关联程度等方面予以认定：

（一）开户、销户、激活资金账户或者指定交易（托管）、撤销指定交易（转托管）的时间与该内幕信息形成、变化、公开时间基本一致的；

（二）资金变化与该内幕信息形成、变化、公开时间基本一致的；

（三）买入或者卖出与内幕信息有关的证券、期货合约时间与内幕信息的形成、变化和公开时间基本一致的；

（四）买入或者卖出与内幕信息有关的证券、期货合约时间与获悉内幕信息的时间基本一致的；

（五）买入或者卖出证券、期货合约行为明显与平时交易习惯不同的；

（六）买入或者卖出证券、期货合约行为，或者集中持有证券、期货合约行为与该证券、期货公开信息反映的基本面明显背离的；

（七）账户交易资金进出与该内幕信息知情人员或者非法获取人员有关联或者利害关系的；

（八）其他交易行为明显异常情形。

第四条　具有下列情形之一的，不属于刑法第一百八十条第一款规定的从事与内幕信息有关的证券、期货交易：

（一）持有或者通过协议、其他安排与他人共同持有上市公司百分之五以上股份的自然人、法人或者其他组织收购该上市公司股份的；

（二）按照事先订立的书面合同、指令、计划从事相关证券、期货交易的；

（三）依据已被他人披露的信息而交易的；

（四）交易具有其他正当理由或者正当信息来源的。

第五条 本解释所称"内幕信息敏感期"是指内幕信息自形成至公开的期间。

证券法第六十七条第二款所列"重大事件"的发生时间，第七十五条规定的"计划""方案"以及期货交易管理条例第八十五条第十一项规定的"政策""决定"等的形成时间，应当认定为内幕信息的形成之时。

影响内幕信息形成的动议、筹划、决策或者执行人员，其动议、筹划、决策或者执行初始时间，应当认定为内幕信息的形成之时。

内幕信息的公开，是指内幕信息在国务院证券、期货监督管理机构指定的报刊、网站等媒体披露。

第六条 在内幕信息敏感期内从事或者明示、暗示他人从事或者泄露内幕信息导致他人从事与该内幕信息有关的证券、期货交易，具有下列情形之一的，应当认定为刑法第一百八十条第一款规定的"情节严重"：

（一）证券交易成交额在五十万元以上的；

（二）期货交易占用保证金数额在三十万元以上的；

（三）获利或者避免损失数额在十五万元以上的；

（四）三次以上的；

（五）具有其他严重情节的。

第七条 在内幕信息敏感期内从事或者明示、暗示他人从事或者泄露内幕信息导致他人从事与该内幕信息有关的证券、期货交易，具有下列情形之一的，应当认定为刑法第一百八十条第一款规定的"情节特别严重"：

（一）证券交易成交额在二百五十万元以上的；

（二）期货交易占用保证金数额在一百五十万元以上的；

（三）获利或者避免损失数额在七十五万元以上的；

（四）具有其他特别严重情节的。

第八条 二次以上实施内幕交易或者泄露内幕信息行为，未经行政处理或者刑事处理的，应当对相关交易数额依法累计计算。

第九条 同一案件中，成交额、占用保证金额、获利或者避免损失额分别构成情节严重、情节特别严重的，按照处罚较重的数额定罪处罚。

构成共同犯罪的，按照共同犯罪行为人的成交总额、占用保证金总额、获利或者避免损失总额定罪处罚，但判处各被告人罚金的总额应掌握在获利或者避免损失总额的一倍以上五倍以下。

第十条 刑法第一百八十条第一款规定的"违法所得"，是指通过内幕交易行为所获利益或者避免的损失。

内幕信息的泄露人员或者内幕交易的明示、暗示人员未实际从事内幕交易的，其罚金数额按照因泄露而获悉内幕信息人员或者被明示、暗示人员从事内幕交易的违法所得计算。

第十一条 单位实施刑法第一百八十条第一款规定的行为，具有本解释第六条规定情形之一的，按照刑法第一百八十条第二款的规定定罪处罚。

★《最高人民法院、最高人民检察院关于办理利用未公开信息交易刑事案件适用法律若干问题的解释》（法释〔2019〕10号 自2019年7月1日起施行）

第一条 刑法第一百八十条第四款规定的"内幕信息以外的其他未公开的信息"，包括下列信息：

（一）证券、期货的投资决策、交易执行信息；

（二）证券持仓数量及变化、资金数量及变化、交易动向信息；

（三）其他可能影响证券、期货交易活动的信息。

第二条　内幕信息以外的其他未公开的信息难以认定的,司法机关可以在有关行政主(监)管部门的认定意见的基础上,根据案件事实和法律规定作出认定。

第三条　刑法第一百八十条第四款规定的"违反规定",是指违反法律、行政法规、部门规章、全国性行业规范有关证券、期货未公开信息保护的规定,以及行为人所在的金融机构有关信息保密、禁止交易、禁止利益输送等规定。

第四条　刑法第一百八十条第四款规定的行为人"明示、暗示他人从事相关交易活动",应当综合以下方面进行认定:

(一)行为人具有获取未公开信息的职务便利;

(二)行为人获取未公开信息的初始时间与他人从事相关交易活动的初始时间具有关联性;

(三)行为人与他人之间具有亲友关系、利益关联、交易终端关联等关联关系;

(四)他人从事相关交易的证券、期货品种、交易时间与未公开信息所涉证券、期货品种、交易时间等方面基本一致;

(五)他人从事的相关交易活动明显不具有符合交易习惯、专业判断等正当理由;

(六)行为人对明示、暗示他人从事相关交易活动没有合理解释。

第五条　利用未公开信息交易,具有下列情形之一的,应当认定为刑法第一百八十条第四款规定的"情节严重":

(一)违法所得数额在一百万元以上的;

(二)二年内三次以上利用未公开信息交易的;

(三)明示、暗示三人以上从事相关交易活动的。

第六条　利用未公开信息交易,违法所得数额在五十万元以上,或者证券交易成交额在五百万元以上,或者期货交易占用保证金数额在一百万元以上,具有下列情形之一的,应当认定为刑法第一百八十条第四款规定的"情节严重":

（一）以出售或者变相出售未公开信息等方式，明示、暗示他人从事相关交易活动的；

（二）因证券、期货犯罪行为受过刑事追究的；

（三）二年内因证券、期货违法行为受过行政处罚的；

（四）造成恶劣社会影响或者其他严重后果的。

第七条 刑法第一百八十条第四款规定的"依照第一款的规定处罚"，包括该条第一款关于"情节特别严重"的规定。

利用未公开信息交易，违法所得数额在一千万元以上的，应当认定为"情节特别严重"。

违法所得数额在五百万元以上，或者证券交易成交额在五千万元以上，或者期货交易占用保证金数额在一千万元以上，具有本解释第六条规定的四种情形之一的，应当认定为"情节特别严重"。

第八条 二次以上利用未公开信息交易，依法应予行政处理或者刑事处理而未经处理的，相关交易数额或者违法所得数额累计计算。

第九条 本解释所称"违法所得"，是指行为人利用未公开信息从事与该信息相关的证券、期货交易活动所获利益或者避免的损失。

行为人明示、暗示他人利用未公开信息从事相关交易活动，被明示、暗示人员从事相关交易活动所获利益或者避免的损失，应当认定为"违法所得"。

第十条 行为人未实际从事与未公开信息相关的证券、期货交易活动的，其罚金数额按照被明示、暗示人员从事相关交易活动的违法所得计算。

第十一条 符合本解释第五条、第六条规定的标准，行为人如实供述犯罪事实，认罪悔罪，并积极配合调查，退缴违法所得的，可以从轻处罚；其中犯罪情节轻微的，可以依法不起诉或者免予刑事处罚。

符合刑事诉讼法规定的认罪认罚从宽适用范围和条件的，依照刑事诉讼法的规定处理。

第十二条　本解释自2019年7月1日起施行。

立案追诉标准

★《最高人民检察院、公安部关于公安机关管辖的刑事案件立案追诉标准的规定（二）》（公通字〔2022〕12号　自2022年5月15日起施行）

第三十条　〔内幕交易、泄露内幕信息案（刑法第一百八十条第一款）〕证券、期货交易内幕信息的知情人员、单位或者非法获取证券、期货交易内幕信息的人员、单位，在涉及证券的发行，证券、期货交易或者其他对证券、期货交易价格有重大影响的信息尚未公开前，买入或者卖出该证券，或者从事与该内幕信息有关的期货交易，或者泄露该信息，或者明示、暗示他人从事上述交易活动，涉嫌下列情形之一的，应予立案追诉：

（一）获利或者避免损失数额在五十万元以上的；

（二）证券交易成交额在二百万元以上的；

（三）期货交易占用保证金数额在一百万元以上的；

（四）二年内三次以上实施内幕交易、泄露内幕信息行为的；

（五）明示、暗示三人以上从事与内幕信息相关的证券、期货交易活动的；

（六）具有其他严重情节的。

内幕交易获利或者避免损失数额在二十五万元以上，或者证券交易成交额在一百万元以上，或者期货交易占用保证金数额在五十万元以上，同时涉嫌下列情形之一的，应予立案追诉：

（一）证券法规定的证券交易内幕信息的知情人实施或者与他人共同实施内幕交易行为的；

（二）以出售或者变相出售内幕信息等方式，明示、暗示他人从事与该内幕信息相关的交易活动的；

（三）因证券、期货犯罪行为受过刑事追究的；

（四）二年内因证券、期货违法行为受过行政处罚的；

（五）造成其他严重后果的。

第三十一条〔利用未公开信息交易案（刑法第一百八十条第四款）〕证券交易所、期货交易所、证券公司、期货公司、基金管理公司、商业银行、保险公司等金融机构的从业人员以及有关监管部门或者行业协会的工作人员，利用因职务便利获取的内幕信息以外的其他未公开的信息，违反规定，从事与该信息相关的证券、期货交易活动，或者明示、暗示他人从事相关交易活动，涉嫌下列情形之一的，应予立案追诉：

（一）获利或者避免损失数额在一百万元以上的；

（二）二年内三次以上利用未公开信息交易的；

（三）明示、暗示三人以上从事相关交易活动的；

（四）具有其他严重情节的。

利用未公开信息交易，获利或者避免损失数额在五十万元以上，或者证券交易成交额在五百万元以上，或者期货交易占用保证金数额在一百万元以上，同时涉嫌下列情形之一的，应予立案追诉：

（一）以出售或者变相出售未公开信息等方式，明示、暗示他人从事相关交易活动的；

（二）因证券、期货犯罪行为受过刑事追究的；

（三）二年内因证券、期货违法行为受过行政处罚的；

（四）造成其他严重后果的。

指导性案例

★ 马乐利用未公开信息交易案（最高人民法院指导案例61号）

【关键词】

刑事 利用未公开信息交易罪 援引法定刑 情节特别严重

【裁判要点】

刑法第一百八十条第四款规定的利用未公开信息交易罪援引法定刑的情形,应当是对第一款内幕交易、泄露内幕信息罪全部法定刑的引用,即利用未公开信息交易罪应有"情节严重""情节特别严重"两种情形和两个量刑档次。

【基本案情】

2011年3月9日至2013年5月30日期间,被告人马乐担任博时基金管理有限公司旗下的博时精选股票证券投资经理,全权负责投资基金投资股票市场,掌握了博时精选股票证券投资基金交易的标的股票、交易时间和交易数量等未公开信息。马乐在任职期间利用其掌控的上述未公开信息,从事与该信息相关的证券交易活动,操作自己控制的"金某""严某甲""严某乙"三个股票账户,通过临时购买的不记名神州行电话卡下单,先于(1—5个交易日)、同期或稍晚于(1—2个交易日)其管理的"博时精选"基金账户买卖相同股票76只,累计成交金额10.5亿余元,非法获利18833374.74元。2013年7月17日,马乐主动到深圳市公安局投案,且到案之后能如实供述其所犯罪行,属自首;马乐认罪态度良好,违法所得能从扣押、冻结的财产中全额返还,判处的罚金亦能全额缴纳。

【裁判结果】

广东省深圳市中级人民法院(2014)深中法刑二初字第27号刑事判决认为,被告人马乐的行为已构成利用未公开信息交易罪。但刑法中并未对利用未公开信息交易罪规定"情节特别严重"的情形,因此只能认定马乐的行为属于"情节严重"。马乐自首,依法可以从轻处罚;马乐认罪态度良好,违法所得能全额返还,罚金亦能全额缴纳,确有悔罪表现;另经深圳市福田区司法局社区矫正和安置帮教科调查评估,对马乐宣告缓刑对其所居住的社区没有重大不良影响,符合适用缓刑的条件。遂以利用未公开信息交易罪判处马乐有期徒刑3年,缓刑5年,并处罚金人民币1884

万元;违法所得人民币18833374.74元依法予以追缴,上缴国库。

宣判后,深圳市人民检察院提出抗诉认为,被告人马乐的行为应认定为犯罪情节特别严重,依照"情节特别严重"的量刑档次处罚。一审判决适用法律错误,量刑明显不当,应当依法改判。

广东省高级人民法院(2014)粤高法刑二终字第137号刑事裁定认为,《刑法》第一百八十条第四款规定,利用未公开信息交易,情节严重的,依照第一款的规定处罚,该条款并未对利用未公开信息交易罪规定有"情节特别严重"情形;而根据第一百八十条第一款的规定,情节严重的,处5年以下有期徒刑或者拘役,并处或者单处违法所得1倍以上5倍以下罚金,故马乐利用未公开信息交易,属于犯罪情节严重,应在该量刑幅度内判处刑罚。原审判决量刑适当,抗诉机关的抗诉理由不成立,不予采纳。遂裁定驳回抗诉,维持原判。

二审裁定生效后,广东省人民检察院提请最高人民检察院按照审判监督程序向最高人民法院提出抗诉。最高人民检察院抗诉提出,刑法第一百八十条第四款属于援引法定刑的情形,应当引用第一款处罚的全部规定;利用未公开信息交易罪与内幕交易、泄露内幕信息罪的违法与责任程度相当,法定刑亦应相当;马乐的行为应当认定为犯罪情节特别严重,对其适用缓刑明显不当。本案终审裁定以刑法第一百八十条第四款未对利用未公开信息交易罪规定有"情节特别严重"为由,降格评价马乐的犯罪行为,属于适用法律确有错误,导致量刑不当,应当依法纠正。

最高人民法院依法组成合议庭对该案直接进行再审,并公开开庭审理了本案。再审查明的事实与原审基本相同,原审认定被告人马乐非法获利数额为18833374.74元存在计算错误,实际为19120246.98元,依法应当予以更正。最高人民法院(2015)刑抗字第1号刑事判决认为,原审被告人马乐的行为已构成利用未公开信息交易罪。马乐利用未公开信息交易股票76只,累计成交额10.5亿余元,非法获利1912万余元,属于情节特别严重。鉴于马乐具有主动从境外回国投案自首法定从轻、减刑处罚情节；在未受控制的情况下，将股票兑成现金存在涉案三个账户中并主动向中国证券监督管理委员会说明情况，退还了全部违法所得，认罪悔罪态度好，赃款未挥霍，原判罚金刑得已全部履行等酌定从轻处罚情节，对马乐可予减轻处罚。第一审判决、第二审裁定认定事实清楚，证据确实、充分，定罪准确，但因对法律条文理解错误，导致量刑不当，应予纠正。依照刑法第一百八十条第四款、第一款、第六十七条第一款、第五十二条、第五十三条、第六十四条及《最高人民法院关于适用〈中华人民共和国刑事诉讼法〉的解释》第三百八十九条第三项的规定，判决如下：一、维持广东省高级人民法院（2014）粤高法刑二终字第137号刑事裁定和深圳市中级人民法院（2014）深中法刑二初字第27号刑事判决中对原审被告人马乐的定罪部分；二、撤销广东省高级人民法院（2014）粤高法刑二终字第137号刑事裁定和深圳市中级人民法院（2014）深中法刑二初字第27号刑事判决中对原审被告人马乐的量刑及追缴违法所得部分；三、原审被告人马乐犯利用未公开信息交易罪，判处有期徒刑3年，并处罚金人民币1913万元；四、违法所得人民币19120246.98元依法予以追缴，上缴国库。

【裁判理由】

法院生效裁判认为：本案事实清楚，定罪准确，争议的焦点在于如何正确理解刑法第一百八十条第四款对于第一款的援引以及如何把握利用未公开信息交易罪"情节特别严重"的认定标准。

一、对刑法第一百八十条第四款援引第一款量刑情节的理解和把握

刑法第一百八十条第一款对内幕交易、泄露内幕信息罪规定为："证券、期货交易内幕信息的知情人员或者非法获取证券、期货交易内幕信息的人员，在涉及证券的发行，证券、期货交易或者其他对证券、期货交易价格有重大影响的信息尚未公开前，买

入或者卖出该证券,或者从事与该内幕信息有关的期货交易,或者泄露该信息,或者明示、暗示他人从事上述交易活动,情节严重的,处五年以下有期徒刑或者拘役,并处或者单处违法所得一倍以上五倍以下罚金;情节特别严重的,处五年以上十年以下有期徒刑,并处违法所得一倍以上五倍以下罚金。"第四款对利用未公开信息交易罪规定为:"证券交易所、期货交易所、证券公司、期货经济公司、基金管理公司、商业银行、保险公司等金融机构的从业人员以及有关监管部门或者行业协会的工作人员,利用因职务便利获取的内幕信息以外的其他未公开的信息,违反规定,从事与该信息相关的证券、期货交易活动,或者明示、暗示他人从事相关交易活动,情节严重的,依照第一款的规定处罚。"

对于第四款中"情节严重的,依照第一款的规定处罚"应如何理解,在司法实践中存在不同的认识。一种观点认为,第四款中只规定了"情节严重"的情形,而未规定"情节特别严重"的情形,因此,这里的"情节严重的,依照第一款的规定处罚"只能是依照第一款中"情节严重"的量刑档次予以处罚;另一种观点认为,第四款中的"情节严重"只是入罪条款,即达到了情节严重以上的情形,依据第一款的规定处罚。至于具体处罚,应看符合第一款中的"情节严重"还是"情节特别严重"的情形,分别情况依法判处。情节严重的,"处五年以下有期徒刑",情节特别严重的,"处五年以上十年以下有期徒刑"。

最高人民法院认为,刑法第一百八十条第四款援引法定刑的情形,应当是对第一款全部法定刑的引用,即利用未公开信息交易罪应有"情节严重""情节特别严重"两种情形和两个量刑档次。这样理解的具体理由如下:

(一)符合刑法的立法目的。由于我国基金、证券、期货等领域中,利用未公开信息交易行为比较多发,行为人利用公众投入的巨额资金作后盾,以提前买入或者提前卖出的手段获得巨额非法利益,将风险与损失转嫁到其他投资者,不仅对其任职单位的财产利益造成损害，而且严重破坏了公开、公正、公平的证券市场原则，严重损害客户投资者或处于信息弱势的散户利益，严重损害金融行业信誉，影响投资者对金融机构的信任，进而对资产管理和基金、证券、期货市场的健康发展产生严重影响。为此，《中华人民共和国刑法修正案（七）》新增利用未公开信息交易罪，并将该罪与内幕交易、泄露内幕信息罪规定在同一法条中，说明两罪的违法与责任程度相当。利用未公开信息交易罪也应当适用"情节特别严重"。

（二）符合法条的文意。首先，刑法第一百八十条第四款中的"情节严重"是入罪条款。《最高人民检察院、公安部关于公安机关管辖的刑事案件立案追诉标准的规定（二）》对利用未公开信息交易罪规定了追诉的情节标准，说明该罪需达到"情节严重"才能被追诉。利用未公开信息交易罪属情节犯，立法要明确其情节犯属性，就必须借助"情节严重"的表述，以避免"情节不严重"的行为入罪。其次，该款中"情节严重"并不兼具量刑条款的性质。刑法条文中大量存在"情节严重"兼具定罪条款及量刑条款性质的情形，但无一例外均在其后列明了具体的法定刑。刑法第一百八十条第四款中"情节严重"之后，并未列明具体的法定刑，而是参照内幕交易、泄露内幕信息罪的法定刑。因此，本款中的"情节严重"仅具有定罪条款的性质，而不具有量刑条款的性质。

（三）符合援引法定刑立法技术的理解。援引法定刑是指对某一犯罪并不规定独立的法定刑，而是援引其他犯罪的法定刑作为该犯罪的法定刑。刑法第一百八十条第四款援引法定刑的目的是为了避免法条文字表述重复，并不属于法律规定不明确的情形。

综上，刑法第一百八十条第四款虽然没有明确表述"情节特别严重"，但是根据本条款设立的立法目的、法条文意及立法技术，应当包含"情节特别严重"的情形和量刑档次。

二、利用未公开信息交易罪"情节特别严重"的认定标准

目前虽然没有关于利用未公开信息交易罪"情节特别严重"

认定标准的专门规定，但鉴于刑法规定利用未公开信息交易罪是参照内幕交易、泄露内幕信息罪的规定处罚，《最高人民法院、最高人民检察院关于办理内幕交易、泄露内幕信息刑事案件具体应用法律若干问题的解释》将成交额 250 万元以上、获利 75 万元以上等情形认定为内幕交易、泄露内幕信息罪"情节特别严重"的标准，利用未公开信息交易罪也应当遵循相同的标准。马乐利用未公开信息进行交易活动，累计成交额达 10.5 亿余元，非法获利达 1912 万余元，已远远超过上述标准，且在案发时属全国查获的该类犯罪数额最大者，参照《最高人民法院、最高人民检察院关于办理内幕交易、泄露内幕信息刑事案件具体应用法律若干问题的解释》，马乐的犯罪情节应当属于"情节特别严重"。

★ 马乐利用未公开信息交易案（最高人民检察院第七批指导性案例，检例第 24 号）

【关键词】

适用法律错误　刑事抗诉　援引法定刑　情节特别严重

【基本案情】

马乐，男，1982 年 8 月生。

2011 年 3 月 9 日至 2013 年 5 月 30 日间，马乐担任博时基金管理有限公司旗下的博时精选股票证券投资基金经理，全权负责投资基金投资股票市场，掌握了博时精选股票证券投资基金交易的标的股票、交易时点和交易数量等未公开信息。马乐在任职期间利用其掌控的上述未公开信息，操作自己控制的"金某""严某甲""严某乙"三个股票账户，通过临时购买的不记名神州行电话卡下单，从事相关证券交易活动，先于、同期或稍晚于其管理的"博时精选"基金账户，买卖相同股票 76 只，累计成交金额人民币 10.5 亿余元，非法获利人民币 19120246.98 元。

【诉讼过程】（略）

【抗诉理由】

最高人民检察院审查认为，原审被告人马乐利用因职务便利获取的未公开信息，违反规定从事相关证券交易活动，累计成交额人民币 10.5 亿余元，非法获利人民币 1883 万余元，属于利用未公开信息交易罪"情节特别严重"的情形。本案终审裁定以刑法第一百八十条第四款并未对利用未公开信息交易罪有"情节特别严重"规定为由，对此情形不作认定，降格评价被告人的犯罪行为，属于适用法律确有错误，导致量刑不当。理由如下：

一、刑法第一百八十条第四款属于援引法定刑的情形，应当引用第一款处罚的全部规定。按照立法精神，刑法第一百八十条第四款中的"情节严重"是入罪标准，在处罚上应当依照本条第一款的全部罚则处罚，即区分情形依照第一款规定的"情节严重"和"情节特别严重"两个量刑档次处罚。首先，援引的重要作用就是减少法条重复表述，只需就该罪的基本构成要件作出表述，法定刑全部援引即可；如果法定刑不是全部援引，才需要对不同量刑档次作出明确表述，规定独立的罚则。刑法分则多个条文都存在此种情形，这是业已形成共识的立法技术问题。其次，刑法第一百八十条第四款"情节严重"的规定是入罪标准，作此规定是为了避免"情节不严重"也入罪，而非量刑档次的限缩。最后，从立法和司法解释先例来看，刑法第二百八十五条第三款也存在相同的文字表述，2011 年《最高人民法院、最高人民检察院关于办理危害计算机信息系统安全刑事案件应用法律若干问题的解释》第三条明确规定了刑法第二百八十五条第三款包含有"情节严重""情节特别严重"两个量刑档次。司法解释的这一规定，表明了最高司法机关对援引法定刑立法例的一贯理解。

二、利用未公开信息交易罪与内幕交易、泄露内幕信息罪的违法与责任程度相当，法定刑亦应相当。内幕交易、泄露内幕信息罪和利用未公开信息交易罪，都属于特定人员利用未公开的可能对证券、期货市场交易价格产生影响的信息从事交易活动的犯罪。两罪的主要差别在于信息范围不同，其通过信息的未公开性和价格影响性获利的本质相同，均严重破坏了金融管理秩序，损害了公众投资者利益。刑法将两罪放在第一百八十条中分款予以规定,亦是对两罪违法和责任程度相当的确认。因此,从社会危害性理解,两罪的法定刑也应相当。

三、马乐的行为应当认定为"情节特别严重",对其适用缓刑明显不当。《最高人民检察院、公安部关于公安机关管辖的刑事案件立案追诉标准的规定(二)》对内幕交易、泄露内幕信息罪和利用未公开信息交易罪"情节严重"规定了相同的追诉标准,《最高人民法院、最高人民检察院关于办理内幕交易、泄露内幕信息刑事案件具体应用法律若干问题的解释》将成交额250万元以上、获利75万元以上等情形认定为内幕交易、泄露内幕信息罪"情节特别严重"。如前所述,利用未公开信息交易罪"情节特别严重"的,也应当依照第一款的规定,遵循相同的标准。马乐利用未公开信息进行交易活动,累计成交额人民币10.5亿余元,从中非法获利人民币1883万余元,显然属于"情节特别严重",应当在"五年以上十年以下有期徒刑"的幅度内量刑。其虽有自首情节,但适用缓刑无法体现罪责刑相适应,无法实现惩罚和预防犯罪的目的,量刑明显不当。

四、本案所涉法律问题的正确理解和适用,对司法实践和维护我国金融市场的健康发展具有重要意义。自《刑法修正案(七)》增设利用未公开信息交易罪以来,司法机关对该罪是否存在"情节特别严重"、是否有两个量刑档次长期存在分歧,亟须统一认识。正确理解和适用本案所涉法律问题,对明确同类案件的处理、同类从业人员犯罪的处罚具有重要指导作用,对于加大打击"老鼠仓"等严重破坏金融管理秩序的行为,维护社会主义市场经济秩序,保障资本市场健康发展具有重要意义。

【案件结果】(摘录)

2015年12月11日,最高人民法院作出再审终审判决:维持原刑事判决中对被告人马乐的定罪部分;撤销原刑事判决中对原审被告人马乐的量刑及追缴违法所得部分;原审被告人马乐犯利用未公开信息交易罪,判处有期徒刑3年,并处罚金人民币1913万元;违法所得人民币19120246.98元依法予以追缴,上缴国库。

【要旨】

刑法第一百八十条第四款利用未公开信息交易罪为援引法定刑的情形,应当是对第一款法定刑的全部援引。其中,"情节严重"是入罪标准,在处罚上应当依照本条第一款内幕交易、泄露内幕信息罪的全部法定刑处罚,即区分不同情形分别依照第一款规定的"情节严重"和"情节特别严重"两个量刑档次处罚。

【指导意义】

我国刑法分则"罪状+法定刑"的立法模式决定了在性质相近、危害相当罪名的法条规范上,基本采用援引法定刑的立法技术。本案对刑法第一百八十条第四款援引法定刑理解的争议是刑法解释的理论问题。正确理解刑法条文,应当以文义解释为起点,综合运用体系解释、目的解释等多种解释方法,按照罪刑法定原则和罪责刑相适应原则的要求,从整个刑法体系中把握立法目的,平衡法益保护。

1.从法条文义理解,刑法第一百八十条第四款中的"情节严重"是入罪条款,为犯罪构成要件,表明该罪情节犯的属性,具有限定处罚范围的作用,以避免"情节不严重"的行为也入罪,而非量刑档次的限缩。本条款中"情节严重"之后并未列明具体的法定刑,不兼具量刑条款的性质,量刑条款为"依照第一款的规定处罚",应当理解为对第一款法定刑的全部援引而非部分援引,即同时存在"情节严重""情节特别严重"两种情形和两个量刑档次。

2.从刑法体系的协调性考量,一方面,刑法中存在与第一百八十条第四款表述类似的条款,印证了援引法定刑为全部援引。如刑法第二百八十五条第三款规定"情节严重的,依照前款的规定处罚",2011年《最高人民法院、最高人民检察院关于办理危害计算机信息系统安全刑事案件应用法律若干问题的解释》第三条明确了本款包含有"情节严重""情节特别严重"两个量刑档次。另一方面，从刑法其他条文的反面例证看，法定刑设置存在细微差别时即无法援引。如刑法第一百八十条第二款关于内幕交易、泄露内幕信息罪单位犯罪的规定，没有援引前款个人犯罪的法定刑，而是单独明确规定处5年以下有期徒刑或者拘役。这是因为第一款规定了情节严重、情节特别严重两个量刑档次，而第二款只有一个量刑档次，并且不对直接负责的主管人员和其他直接责任人员并处罚金。在这种情况下，为避免发生歧义，立法不会采用援引法定刑的方式，而是对相关法定刑作出明确表述。

3.从设置利用未公开信息交易罪的立法目的分析，刑法将本罪与内幕交易、泄露内幕信息罪一并放在第一百八十条中分款予以规定，就是由于两罪虽然信息范围不同，但是其通过信息的未公开性和价格影响性获利的本质相同，对公众投资者利益和金融管理秩序的实质危害性相当，行为人的主观恶性相当，应当适用相同的法定量刑幅度，具体量刑标准也应一致。如果只截取情节严重部分的法定刑进行援引，势必违反罪刑法定原则和罪刑相适应原则，无法实现惩罚和预防犯罪的目的。

★**王鹏等人利用未公开信息交易案**（最高人民检察院第十七批指导性案例，检例第65号）

【关键词】

利用未公开信息交易　间接证据　证明方法

【要旨】

具有获取未公开信息职务便利条件的金融机构从业人员及其近亲属从事相关证券交易行为明显异常，且与未公开信息相关交易高度趋同，即使其拒不供述未公开信息传递过程等犯罪事实，但其他证据之间相互印证，能够形成证明利用未公开信息犯罪的完整证明体系，足以排除其他可能的，可以依法认定犯罪事实。

【基本案情】

被告人王鹏，男，某基金管理有限公司原债券交易员。

被告人王慧强，男，无业，系王鹏父亲。

被告人宋玲祥，女，无业，系王鹏母亲。

2008年11月至2014年5月，被告人王鹏担任某基金公司交易管理部债券交易员。在工作期间，王鹏作为债券交易员的个人账号为6610。因工作需要，某基金公司为王鹏等债券交易员开通了恒生系统6609账号的站点权限。自2008年7月7日起，该6609账号开通了股票交易指令查询权限，王鹏有权查询证券买卖方向、投资类别、证券代码、交易价格、成交金额、下达人等股票交易相关未公开信息；自2009年7月6日起又陆续增加了包含委托流水、证券成交回报、证券资金流水、组合证券持仓、基金资产情况等未公开信息查询权限。2011年8月9日，因新系统启用，某基金公司交易管理部申请关闭了所有债券交易员登录6609账号的权限。

2009年3月2日至2011年8月8日期间，被告人王鹏多次登录6609账号获取某基金公司股票交易指令等未公开信息，王慧强、宋玲祥操作牛某、宋某祥、宋某珍的证券账户，同期或稍晚于某基金公司进行证券交易，与某基金公司交易指令高度趋同，证券交易金额共计8.78亿余元，非法获利共计1773万余元。其中，王慧强交易金额9661万余元，非法获利201万余元；宋玲祥交易金额7.8亿余元，非法获利1572万余元。

【指控与证明犯罪】

2015年6月5日，重庆市公安局以被告人王鹏、王慧强、宋玲祥涉嫌利用未公开信息交易罪移送重庆市人民检察院第一分院审查起诉。

审查起诉阶段，重庆市人民检察院第一分院审查了全案卷宗，讯问了被告人。被告人王鹏辩称，没有获取未公开信息的条件，也没有向其父母传递过未公开信息。被告人王慧强、宋玲祥辩称，王鹏没有向其传递过未公开信息，买卖股票均根据自己的判断进行。针对三人均不供认犯罪事实的情况，为进一步查清王鹏与王慧强、宋玲祥是否存在利用未公开信息交易行为,重庆市人民检察院第一分院将本案两次退回重庆市公安局补充侦查,并提出补充侦查意见:(1)继续讯问三被告人,以查明三人之间传递未公开信息的情况;(2)询问某基金公司有关工作人员,调取工作制度规定,核查工作区通讯设备保管情况,调取某基金债券交易工作区现场图,以查明王鹏是否具有传递信息的条件;(3)调查王慧强、宋玲祥的亲友关系,买卖股票的资金来源及获利去向,以查明王鹏是否为未公开信息的唯一来源,三人是否共同参与利用未公开信息交易;(4)询问某基金公司其他债券交易员,收集相关债券交易员登录工作账号与6609账号的查询记录,以查明王鹏登录6609账号是否具有异常性;(5)调取王慧强、宋玲祥在王鹏不具有获取未公开信息的职务便利期间买卖股票情况、与某基金股票交易指令趋同情况,以查明王慧强、宋玲祥在被指控犯罪时段的交易行为与其他时段的交易行为是否明显异常。经补充侦查,三被告人仍不供认犯罪事实,重庆市公安局补充收集了前述第2项至第5项证据,进一步补强证明王鹏具有获取和传递信息的条件,王慧强、宋玲祥交易习惯的显著异常性等事实。

2015年12月18日,重庆市人民检察院第一分院以利用未公开信息交易罪对王鹏、王慧强、宋玲祥提起公诉。重庆市第一中级人民法院公开开庭审理本案。

法庭调查阶段,公诉人宣读起诉书指控三名被告人构成利用未公开信息交易罪,并对三名被告人进行了讯问。三被告人均不供认犯罪事实。公诉人全面出示证据,并针对被告人不供认犯罪事实的情况进行重点举证。

第一,出示王鹏与某基金公司的《劳动合同》《保密管理办法》、6609账号使用权限、操作方法和操作日志、某基金公司交易室照片等证据,证实:王鹏在2009年1月15日至2011年8月9日能够通过6609账号登录恒生系统查询到某基金公司对股票和债券的整体持仓和交易情况、指令下达情况、实时头寸变化情况等,王鹏具有获取某基金公司未公开信息的条件。

第二，出示王鹏登录6610个人账号的日志、6609账号权限设置和登录日志、某基金公司工作人员证言等证据，证实：交易员的账号只能在本人电脑上登录，具有唯一性，可以锁定王鹏的电脑只有王鹏一人使用；王鹏通过登录6609账号查看了未公开信息，且登录次数明显多于6610个人账号，与其他债券交易员登录6609账号情况相比存在异常。

第三，出示某基金公司股票指令下达执行情况，牛某、宋某祥、宋某珍三个证券账户不同阶段的账户资金对账单、资金流水、委托流水及成交流水以及牛某、宋某祥、宋某珍的证言等证据，证实：（1）三个证券账户均替王慧强、宋玲祥开设并由他们使用。（2）三个账户证券交易与某基金公司交易指令高度趋同。在王鹏拥有登录6609账号权限之后，王慧强操作牛某证券账户进行股票交易，牛某证券账户在2009年3月6日至2011年8月2日间买入与某基金旗下股票基金产品趋同股票233只、占比93.95%，累计趋同买入成交金额9661.26万元、占比95.25%。宋玲祥操作宋某祥、宋某珍证券账户进行股票交易，宋某祥证券账户在2009年3月2日至2011年8月8日买入趋同股票343只、占比83.05%，累计趋同买入成交金额1.04亿余元、占比90.87%。宋某珍证券账户在2010年5月13日至2011年8月8日买入趋同股票183只、占比96.32%，累计趋同买入成交金额6.76亿元、占比97.03%。（3）交易异常频繁，明显背离三个账户在王鹏具有获取未公开信息条件前的交易习惯。从买入股数看，2009年之前每笔买入股数一般为数百股，2009年之后买入股数多为数千甚至上万股；从买卖间隔看，2009年之前买卖间隔时间多为几天甚至更久，但2009年之后买卖交易频繁，买卖间隔时间明显缩短，多为一至两天后卖出。（4）牛某、宋某祥、宋某珍三个账户停止股票交易时间与王鹏无权查看6609账号时间即2011年8月9日高度一致。

第四,出示王鹏、王慧强、宋玲祥和牛某、宋某祥、宋某珍的银行账户资料、交易明细、取款转账凭证等证据,证实:三个账户证券交易资金来源于王慧强、宋玲祥和王鹏,王鹏与宋玲祥、王慧强及其控制的账户之间存在大额资金往来记录。

法庭辩论阶段,公诉人发表公诉意见指出,虽然三名被告人均拒不供认犯罪事实,但在案其他证据能够相互印证,形成完整的证据链条,足以证明:王鹏具有获取某基金公司未公开信息的条件,王慧强、宋玲祥操作的证券账户在王鹏具有获取未公开信息条件期间的交易行为与某基金公司的股票交易指令高度趋同,且二人的交易行为与其在其他时间段的交易习惯存在重大差异,明显异常。对上述异常交易行为,二人均不能作出合理解释。王鹏作为基金公司的从业人员,在利用职务便利获取未公开信息后,由王慧强、宋玲祥操作他人账户从事与该信息相关的证券交易活动,情节特别严重,均应当以利用未公开信息交易罪追究刑事责任。

王鹏辩称,没有利用职务便利获取未公开信息,亦未提供信息让王慧强、宋玲祥交易股票,对王慧强、宋玲祥交易股票的事情并不知情;其辩护人认为,现有证据只能证明王鹏有条件获取未公开信息,而不能证明王鹏实际获取了该信息,同时也不能证明王鹏本人利用未公开信息从事交易活动,或王鹏让王慧强、宋玲祥从事相关交易活动。王慧强辩称,王鹏从未向其传递过未公开信息,王鹏到某基金公司后就不知道其还在进行证券交易;其辩护人认为,现有证据不能证实王鹏向王慧强传递了未公开信息,及王慧强利用了王鹏传递的未公开信息进行证券交易。宋玲祥辩称,没有利用王鹏的职务之便获取未公开信息,也未利用未公开信息进行证券交易;其辩护人认为,宋玲祥不是本罪的适格主体,本案指控证据不足。

针对被告人及其辩护人辩护意见,公诉人结合在案证据进行答辩,进一步论证本案证据确实、充分,足以排除其他可能。首先,王慧强、宋玲祥与王鹏为亲子关系,关系十分密切,从王慧强、宋玲祥的年龄、从业经历、交易习惯来看,王慧强、宋玲祥不具备专业股票投资人的背景和经验,且始终无法对交易异常行为作出合理解释。其次,王鹏在证监会到某基金公司对其调查时,畏罪出逃,且离开后再没有回到某基金公司工作,亦未办理请假或离职手续。其辩称系因担心证监会工作人员到他家中调查才离开,逃跑行为及理由明显不符合常理。最后,刑法规定利用未公开信息罪的主体为特殊主体,虽然王慧强、宋玲祥本人不具有特殊主体身份,但其与具有特殊主体身份的王鹏系共同犯罪,主体适格。

法庭经审理认为,本案现有证据已形成完整锁链,能够排除合理怀疑,足以认定王鹏、王慧强、宋玲祥构成利用未公开信息交易罪,被告人及其辩护人提出的本案证据不足的意见不予采纳。

2018年3月28日,重庆市第一中级人民法院作出一审判决,以利用未公开信息交易罪,分别判处被告人王鹏有期徒刑6年6个月,并处罚金人民币900万元;判处被告人宋玲祥有期徒刑4年,并处罚金人民币690万元;判处被告人王慧强有期徒刑3年6个月,并处罚金人民币210万元。对三被告人违法所得依法予以追缴,上缴国库。宣判后,三名被告人均未提出上诉,判决已生效。

【指导意义】

经济金融犯罪大多属于精心准备、组织实施的故意犯罪,犯罪嫌疑人、被告人熟悉法律规定和相关行业规则,犯罪隐蔽性强、专业程度高,证据容易被隐匿、毁灭,证明犯罪难度大。特别是在犯罪嫌疑人、被告人不供认犯罪事实、缺乏直接证据的情形下,要加强对间接证据的审查判断,拓宽证明思路和证明方法,通过对间接证据的组织运用,构建证明体系,准确认定案件事实。

1.明确指控的思路和方法,全面客观补充完善证据。检察机关办案人员应当准确把握犯罪的主要特征和证明的基本要求,明确指控思路和方法，构建清晰明确的证明体系。对于证明体系中证明环节有缺陷的以及关键节点需要补强证据的，要充分发挥检察机关主导作用，通过引导侦查取证、退回补充侦查，准确引导侦查取证方向，明确侦查取证的目的和要求，及时补充完善证据。必要时要与侦查人员直接沟通，说明案件的证明思路、证明方法以及需要补充完善的证据在证明体系中的证明价值、证明方向和证明作用。在涉嫌利用未公开信息交易的犯罪嫌疑人、被告人不供认犯罪事实，缺乏证明犯意联络、信息传递和利用的直接证据的情形下，应当根据指控思路，围绕犯罪嫌疑人、被告人获取信息的便利条件、时间吻合程度、交易异常程度、利益关联程度、行为人专业背景等关键要素，通过引导侦查取证、退回补充侦查或者自行侦查，全面收集相关证据。

2. 加强对间接证据的审查，根据证据反映的客观事实判断案件事实。在缺乏直接证据的情形下，通过对间接证据证明的客观事实的综合判断，运用经验法则和逻辑规则，依法认定案件事实，建立从间接证据证明客观事实，再从客观事实判断案件事实的完整证明体系。本案中，办案人员首先通过对三名被告人被指控犯罪时段和其他时段证券交易数据、未公开信息相关交易信息等证据，证明其交易与未公开信息的关联性、趋同度及与其平常交易习惯的差异性；通过身份关系、资金往来等证据，证明双方具备传递信息的动机和条件；通过专业背景、职业经历、接触人员等证据，证明交易行为不符合其个人能力经验；然后借助证券市场的基本规律和一般人的经验常识，对上述客观事实进行综合判断，认定了案件事实。

3. 合理排除证据矛盾，确保证明结论唯一。运用间接证据证明案件事实，构成证明体系的间接证据应当相互衔接、相互支撑、相互印证、证据链条完整、证明结论唯一。基于经验和逻辑作出的判断结论并不必然具有唯一性，还要通过审查证据，进一步分析是否存在与指控方向相反的信息，排除其他可能性。既要审查证明体系中单一证据所包含的信息之间以及不同证据之间是否存在矛盾，又要注重审查证明体系之外的其他证据中是否存在相反信息。在犯罪嫌疑人、被告人不供述、不认罪案件中，要高度重视犯罪嫌疑人、被告人的辩解和其他相反证据，综合判断上述证据中的相反信息是否会实质性阻断由各项客观事实到案件事实的判断过程、是否会削弱整个证据链条的证明效力。与证明体系存在实质矛盾并且不能排除其他可能性的，不能认定案件事实。但不能因为犯罪嫌疑人、被告人不供述或者提出辩解，就认为无法排除其他可能性。犯罪嫌疑人、被告人的辩解不具有合理性、正当性，可以认定证明结论唯一。

▎参考案例 〉〉〉

★ 王某、王某玉等人内幕交易、泄露内幕信息案（参见最高人民检察院、中国证券监督管理委员会 2020 年 11 月 6 日联合发布证券违法犯罪典型案例之四）

2014 年间，某基金公司总经理王某，向上市公司青某公司推荐华某公司的超声波制浆技术，并具体参与了青某公司收购该技术及非公开发行股票的全过程。2014 年 10 月 14 日，青某公司公告停牌筹划重大事项。2015 年 1 月 29 日，青某公司发布签订收购超声波制浆专利技术框架协议的公告。2015 年 2 月 12 日，青某公司复牌。在内幕信息敏感期内，被告人王某分别与其朋友尚某、妹妹王某玉、妹夫陈某、战友王某仪联络、接触。上述人员及王某仪的妻子王某红买入青某公司股票共计 1019 万余股，成交金额 2936 万余元，并分别于停牌前、发布收购公告及复牌后全部卖出，非法获利 1229 万余元。

（一）实务问题

对于"零口供"案件如何审查内幕交易犯罪证据？

（二）规则提炼

准确把握内幕交易犯罪的证据特点和证据运用规则，全面准确认定案件事实。犯罪嫌疑人、被告人不供认犯罪事实，依靠间接证据同样可以证明犯罪事实。在指控证明过程中，要根据内幕交易行为的特征，围绕内幕信息知情人员与内幕交易行为人之间的密切关系、联络行为，相关交易行为与内幕信息敏感期的时间吻合程度、交易背离程度、利益关联程度等证明要求，有针对性地引导侦查取证，全面收集交易数据、行程轨迹、通讯记录、资金往来、社会关系等相关证据，按照证据特点和证据运用规则，对各类证据进行综合分析判断，构建证明体系。犯罪嫌疑人、被告人不供述犯罪事实，其他在案证据能够形成证明链条，排除其他可能性，证明结论唯一的，可以认定犯罪事实，依法追究刑事责任。

★**姜某君、柳某利用未公开信息交易案**（参见最高人民法院、最高人民检察院、公安部、中国证券监督管理委员会2022年9月8日联合发布依法从严打击证券犯罪典型案例之三）

2009年4月至2013年2月，姜某君频繁与柳某交流股票投资信息。柳某明知姜某君经营股票投资业务，仍将利用职务便利获取的泰某蓝筹基金交易股票的未公开信息泄露给姜某君，或使用泰某蓝筹基金的资金买卖姜某君推荐的股票；姜某君利用上述未公开信息，使用所控制的证券账户进行趋同交易。姜某君控制他人证券账户及"云某一期"私募基金证券账户与泰某蓝筹基金账户趋同买入且趋同卖出股票76只，趋同买入金额7.99亿元，趋同卖出金额6.08亿元，获利4619万元。

（一）实务问题

私募基金从业人员伙同金融机构从业人员，利用金融机构的未公开信息实施趋同交易的行为，应当如何认定？

（二）规则提炼

私募基金从业人员可以成为利用未公开信息交易罪的共犯，私募基金账户趋同交易金额和获利金额应计入交易成交额和违法所得数额。利用未公开信息交易罪的犯罪主体是金融机构从业人员，公募基金管理公司属于金融机构，公募基金从业人员与私募基金从业人员共同利用公募基金从业人员职务便利获取的未公开信息，从事相关证券、期货交易活动的，构成利用未公开信息交易罪共同犯罪。利用未公开信息交易行为的社会危害性以及对证券市场秩序的侵害程度，应当以所有趋同交易的成交数额和违法所得数额来衡量，即不仅包括实际利益归属于被告人的相关账户趋同金额，也包括实际利益归属于特定投资人的私募基金账户趋同交易数额。

★ **王某、李某内幕交易案**（参见最高人民法院、最高人民检察院、公安部、中国证券监督管理委员会2022年9月8日联合发布依法从严打击证券犯罪典型案例之四）

2014年间，担任国某公司财务部主任的王某受总经理郭某指派，参与公司上市前期工作。2015年间，经国某公司与中某证券多次研究，拟通过与涪某公司等四家上市公司资产重组借壳上市。2015年12月30日，涪某公司公告停牌筹划重大事项。2016年2月25日，涪某公司发布《重大资产购买暨关联交易草案》，该公告所述事项系内幕信息。2016年3月10日，涪某公司股票复牌。在内幕信息敏感期内，王某前妻李某买入涪某公司股票，累计成交金额412万元，并分别于停牌前、发布公告复牌后卖出，累计亏损9万余元。

（一）实务问题

1. 如何区分内幕交易的共同犯罪与泄露内幕信息罪？
2. 被告人拒不认罪的，如何通过间接证据证明内幕交易罪？
3. 实施内部交易并亏损的，能否认定内幕交易罪？

（二）规则提炼

1. 以风险、收益是否共担为标准区分内幕交易的共同犯罪与泄露内幕信息罪。内幕信息知情人将内幕信息泄露给他人，并对内幕交易共担风险、共享收益的，属于内幕交易的共同犯罪；内幕信息知情人仅泄露内幕信息给他人，不承担风险、不参与分赃的，单独认定为泄露内幕信息罪。

2. 被告人不供述犯罪，间接证据形成完整证明体系的，可以认定被告人有罪和判处刑罚。内幕交易犯罪隐蔽性强，经常出现内幕信息知情人与内幕交易行为人订立攻守同盟、否认信息传递，企图以拒不供认来逃避惩罚的现象。对此，应通过收集行为人职务职责、参与涉内幕信息相关工作等证据，证明其系内幕信息知情人；通过收集内幕信息知情人与内幕交易行为人之间的联络信息，证明双方传递内幕信息的动机和条件；通过收集交易数据、资金往来、历史交易、大盘基本面等证据，证明相关交易行为是否存在明显异常等。对于间接证据均查证属实且相互印证，形成完整的证明体系，能够得出唯一结论的，应当依法定案。

3. 内幕交易成交额达到"情节严重"标准的，严重破坏了证券市场公平交易秩序，无论获利或者亏损，均应当依法追究刑事责任，且数次交易的交易数额应当依法累计计算。

★**李启红等人内幕交易、泄露内幕信息案**（参见《刑事审判参考》2011年第6集，第735号案例）

2006年年底，中山科技公司的控股股东中山集团股份有限公司筹备集团公司整体上市。其间，谭庆中、李启红参与整体上市相关计划，并获知了内幕信息。同年6月，该二人分别向林永安、林小雁泄露上述内幕信息。林小雁筹集资金677万元买入中山科技公司股票89.68万股，之后卖出，账面收益19832350.52元。

（一）实务问题

1. 如何确定内幕信息价格敏感期？

2. 内幕信息知情人员建议他人买卖与内幕信息有关的证券，但没有获利的行为，如何定性？

（二）规则提炼

1. 内幕信息敏感期，是指自内幕信息开始形成之时起至内幕信息公开时止，该期间的确定直接关系内幕交易的认定。对于影响内幕信息形成的决策者、筹划者、推动者或执行者，其决意、筹划、推动或者执行行为往往影响内幕信息的形成,足以影响证券期货交易价格,故上述人员决意、决策、动议或执行之时应认定为内幕信息形成之时。

2. 内幕信息知情人员建议他人买卖与内幕信息有关的证券,无论是否获利,或者建议人有否自己进行内幕交易,其建议行为均构成内幕交易罪。

★ **肖时庆受贿、内幕交易案**(参见《刑事审判参考》2012年第2集,第756号案例)

2004年,被告人肖时庆任证监会上市公司监管部副主任期间,得知中石化拟探索整体上市。2006年,肖时庆利用职务便利,获知中石化将启动二批下属上市公司的股改和重组工作的信息,于9月21日至30日,指使他人购入北京化二股票4306002股,交易成本35290545.12元。中石化后与国元证券就借壳重组达成协议,北京化二股票更名为国元证券。后其将涉案股票全部清仓,从中获利103901338.92元。

(一)实务问题

1. 因获取让壳重组信息而指使他人买入让壳公司股票,后借壳公司改变的,是否影响内幕信息的认定?

2. 如何认定行为人是基于专业知识的研判还是基于对内幕信息的确信而从事相关的证券、期货交易?

3. 中国证监会应司法机关的需要就内幕信息有关问题出具的认定意见,能否作为定案根据?

(二)规则提炼

1. 内幕信息必须是真实的,但对真实性的认定应当坚持二元标准。对于最终公开的内幕信息,只要与指定报刊、媒体首次公开的信息基本一致,应认定信息具有真实性;对于未在指定报刊、媒体公开的内幕信息,只要真实发生,应当认定信息具有真实性。因获取让壳重组信息而指使他人购买让壳公司股票,后借壳公司改变的,不影响内幕信息的认定。

2. 针对是基于专业知识的研判还是基于对内幕信息的确信而从事有关证券、期货交易的认定，要准确分析促使行为人作出交易决定的关键因素。对专业知识人士，若其非法获取了内幕信息，或者通过知悉的内幕信息加强了对预判的确信，无论是否运用专业知识进行预判，原则上均应追究内幕交易的刑事责任。

3. 中国证监会应司法机关需要就内幕信息有关问题所作的认定，经审查具有客观性、合法性的，可以作为定案根据。

★杜兰库、刘乃华内幕交易，刘乃华泄露内幕信息案（参见《刑事审判参考》2012年第2集，第757号案例）

杜兰库作为中电集团总会计师，分管集团内部的资本运作。2009年3月23日，杜兰库与张登洲从十四所所长罗群等人处得知十四所借壳上市的消息。杜兰库回北京后，即将该信息告知其妻刘乃华。次日，杜兰库通过其股票账户买入21000股高淳陶瓷股票，之后将上述股票全部抛出，账面收益7514.39元。此外，杜兰库操作亲属账户多次买入、卖出高淳陶瓷股票。其中，杜兰库单独买入股票共计223000股，非法获利2470351.38元；伙同刘乃华共同买入股票共计137100股，非法获利1739692.46元。

（一）实务问题

1. 在正式《合作框架意向书》形成之前，收购重组信息是否属于内幕信息？

2. 既利用了因职务行为获取的信息，也利用了专业知识判断出重组对象，对于该类人员能否认定为内幕信息的知情人员？

3. 如何认定内幕交易罪的共犯？

（二）规则提炼

1. 内幕信息是指证券交易活动中，涉及公司的经营、财务或者对该公司证券的市场价格有重大影响的尚未公开的信息，包括公司股权结构的重大变化等重大事件信息。收购、重组信息对股票价格具有重大影响，在公开披露前应当认定为内幕信息。

2. 对于具有专业知识的人员，不论其是否是利用专业知识掌握了内幕信息的内容,原则上只要其判断时依据了因其职务或工作获取的信息,就应当认定为内幕信息的知情人员。

3. 主观上具有利用内幕信息进行非法获利的明确故意,客观上分工协作,相互配合,应当认定内幕交易罪的共犯。针对夫妻关系等利益共同体,合谋购买股票当然包含内幕信息的知情人员将内幕信息泄露给共犯的行为,泄露行为被内幕交易行为所吸收,不单独评价为泄露内幕信息罪。

★赵丽梅等人内幕交易案(参见《刑事审判参考》2012年第2集,第758号案例)

2009年4月初,赵丽梅通过刘乃华(另案处理)获取高淳陶瓷公司重组的信息后,告知其丈夫刘宇斌。其中,二人合谋,使用先后买入高淳陶瓷股票共计365134股,抛售后非法获利5299682.51元;赵丽梅单独买入高淳陶瓷股票共计285000股,抛售后非法获利4112949.51元。

(一)实务问题

1. 内幕信息知情人员的近亲属或者与其关系密切的人被动获悉内幕信息能否认定为"非法获取证券交易内幕信息的人员"?

2. 如何认定交易行为明显异常?

(二)规则提炼

1. 对非法获取信息的手段不应作过多的限制,通过泄露内幕信息的人员获取内幕信息,同样属于非法获取内幕信息。因此,内幕信息知情人员的近亲属或者与其关系密切的人被动获悉内幕信息的应当认定为"非法获取证券交易内幕信息的人员"。

2. "交易行为明显异常"要综合时间吻合程度、交易背离程度和利益关联程度等方面综合把握认定。

★王文芳等人内幕交易、泄露内幕信息案(参见《刑事审判参考》2013年第6集,第918号案例)

2012年2月3日,王文芳将德赛电池公司因资产重组而停牌的信息告知徐双全。徐双全筹资并操作多人证券账户内买入德赛电池股票62万余股。2月18日，德赛电池发布《关于重大资产重组停牌公告》，于2月20日正式停牌。3月26日，德赛电池发布《关于终止筹划重大资产重组事项暨公司证券复牌公告》于同日复牌；同日，徐双全所购德赛电池股票以收盘价计算账面盈利150万余元。

（一）实务问题

对利好型内幕信息公开后继续持股未卖的，内幕交易的违法所得如何认定？

（二）规则提炼

在未获取股票预期价格信息的前提下，对利好型内幕信息公开后继续持股未卖，且公开当日股票价格未出现涨停的，应当以公开当日的账面所得认定获利数额。账面获利应当以收盘价作为依据进行计算。

★**李旭利利用未公开信息交易案**（参见《刑事审判参考》2014年第1集，第939号案例）

2009年4月7日，在蓝筹基金、交银施罗德成长股票证券投资基金进行工商银行和建设银行股票买卖的信息尚未披露前，李旭利指令五矿金田营业部总经理李智君，在李旭利等控制的证券账户内，先于或者同期于基金公司买入工商银行、建设银行股票，累计成交额52263797.34元，后将上述股票全部卖出，股票交易累计获利8992399.86元，同时分红1723342.50元。

（一）实务问题

1. 构成利用未公开信息交易罪是否以"先买先卖"同时具备为要件？

2. 相关公司买入涉案股票行为对股票价格的影响以及行为人的获利情况是否影响利用未公开信息交易犯罪的成立？

3. 如何理解利用未公开信息交易罪中的"违反规定"？

（二）规则提炼

1. 构成利用未公开信息交易罪不以"先买先卖"同时具备为

要件。只要行为人利用因职务便利获取的未公开信息,违反规定从事与该信息相关的证券、期货交易活动,达到"情节严重"的程度,就构成该罪。

2. 相关基金公司对涉案股票的买入行为是否影响涉案股票的价格及行为人是否实际获利,均非决定利用未公开信息交易犯罪是否构成的因素。

3. 刑法第一百八十条第四款的表述是"违反规定",而不是"违反国家规定"。"违反规定"不仅包括法律、行政法规,还包括部门规章、地方性法规及行业规范,但公司的内部章程不包括在内。

★ 罗高峰、陈玉兴、王向东泄露内幕信息、内幕交易案(参见《刑事审判参考》总第118集,改革开放四十周年典型案例之一)

2007年2月11日,陈玉兴听杭萧钢构公司事业部经理罗高峰谈起公司正与中基公司洽谈安哥拉项目,当即电话告知王向东,王向东按陈玉兴的指令买入2776996股"杭萧钢构"股票。同日,罗高峰将安哥拉项目的信息全部泄露给陈玉兴。陈玉兴指令王向东再次买入"杭萧钢构"股票2398600股,并将罗高峰委托其管理的某股票账户买入42800股"杭萧钢构"股票。2月14日,王向东以涨停价买入1787300股"杭萧钢构"股票。3月15日,陈玉兴指令王向东将股票共计6961896股全部卖出,获利人民币4037万元。同年4月10日,陈玉兴将罗高峰委托其管理的某账户上的42800股股票全部卖出,获利36万余元。

(一)实务问题

如何界定内幕信息?

(二)规则提炼

内幕信息应具备秘密性、关联性特征,秘密性是指该信息尚未公开,尚不为社会公众所知悉;关联性是指该信息对证券或期货交易价格有重大影响。公司订立重要合同,可能对公司的资产、负债、权益和经营成果产生重要影响,该信息在尚未公开前,属于内幕信息。

★**杨治山内幕交易案**（参见《刑事审判参考》2014年第5集，第1019号案例）

杨治山在证券监管机构调查期间主动向证券监管机构如实供述主要犯罪事实，在被侦查人员传唤到案后如实供述了上述犯罪事实。

（一）实务问题

如何理解内幕交易犯罪案件中的"自动投案"和"如实供述主要罪行"？

（二）规则提炼

只要行为人主动向基层组织或者证券监管部门如实反映自身涉案情况，并自愿等候有关部门处理的，均可以认定为自动投案。行为人向证券监管部门主动投案已实现自首制度中主动投案的立法价值。在内幕交易犯罪案件中，根据刑法第一百八十条的规定，行为人的如实供述内容，应当包括：行为人的主体身份；所购买的相关股票名称、数量；行为人获悉内幕信息等相关情况。

在内幕交易案件中，行为人通常作出其主要是基于专业判断而买卖相关股票的辩解，行为人对这种因果联系的辩解，在本质上属于一种性质辩解，而并非事实辩解。故即使行为人作出其购买股票主要是基于专业判断的辩解，只要其如实供述犯罪事实，也不影响对其如实供述罪行的认定。①

★**朱东海非法获取计算机信息系统数据、非法控制计算机信息系统、内幕交易案**（参见《刑事审判参考》总第133集，第1501号案例）

2009年间，被告人朱东海利用木马病毒从中信证券股份有限

---

① 本书不赞同该案例观点，辩称基于专业判断而买卖股票实质上否认了内幕交易的犯罪事实，不应认定为如实供述主要罪行。

公司非法获取了《中信网络1号备忘录——关于长宽收购协议条款》《苏宁环球公司非公开发行项目》《美的电器向无锡小天鹅股份有限公司出售资产并认购其股份》《关于广州发展实业控股集团股份有限公司非公开发行项目的立项申请报告》《开滦立项申请报告》《赛格三星重组项目》等多条内幕信息，在相关内幕信息敏感期内实施与对应敏感信息相关的股票交易。其中，朱东海自2009年3月23日至10月29日，买入股份成交金额共计312.090487万元，卖出股票成交金额共计314.059282万元（其他犯罪事实略）。

（一）实务问题

行为人非法侵入他人计算机信息系统并实施非法控制，在获取计算机信息系统数据后又实施内幕交易的，应定一罪还是数罪？

（二）规则提炼

为实现非法目的，非法侵入他人计算机信息系统，对多台计算机信息系统实施非法控制，后利用非法获取的内幕信息实施内幕交易，上述行为虽可以分别评价为手段行为与目的行为，但由于作为手段行为的非法侵入计算机信息系统、非法控制计算机信息系统行为不能完全评价内幕交易行为，故应数罪并罚。第一，非法侵入计算机信息系统并实施非法控制的行为与内幕交易的行为均具有严重的社会危害性，且属侵犯不同的刑法保护法益，因此构成不同的犯罪。第二，非法侵入计算机信息系统并实施非法控制以实现非法获取信息的行为与其此后所实施的内幕交易行为之间，不具有类型性特征，不宜按牵连犯处理原则处理。第三，以一罪处理并不能充分、全面地评价全部犯罪行为。实施数罪并罚，既为贯彻刑法的基本原则所必需，也由本案的实际案情所决定。

十四、编造并传播证券、期货交易虚假信息罪，诱骗投资者买卖证券、期货合约罪

第一百八十一条

【编造并传播证券、期货交易虚假信息罪】编造并且传播影响证券、期货交易的虚假信息[第420页]，扰乱证券、期货交易市场，造成严重后果的，处五年以下有期徒刑或者拘役，并处或者单处一万元以上十万元以下罚金。

【诱骗投资者买卖证券、期货合约罪】证券交易所[第329页]、期货交易所[第331页]、证券公司[第333页]、期货经纪公司[第335页]的从业人员，证券业协会、期货业协会或者证券期货监督管理部门的工作人员，故意提供虚假信息或者伪造、变造、销毁交易记录，诱骗投资者买卖证券、期货合约，造成严重后果的，处五年以下有期徒刑或者拘役，并处或者单处一万元以上十万元以下罚金；情节特别恶劣的，处五年以上十年以下有期徒刑，并处二万元以上二十万元以下罚金。

单位犯前两款罪的，对单位判处罚金，并对其直接负责的主管人员和其他直接责任人员，处五年以下有期徒刑或者拘役。

立法沿革 >>>

本条两款均系刑法增设[1]，79刑法、单行刑法均未规定。高

---

[1] 编造并且传播影响证券交易的虚假信息，扰乱证券交易市场，造成严重后果的，处五年以下有期徒刑或者拘役，并处或者单处一万元以上十万元以下罚金。（转下页注）

法《罪名规定》、高检《罪名意见》将第一款解释为编造并传播证券交易虚假信息罪，《刑法修正案》第五条第一款对罪状进行了修改，将编造并传播期货交易虚假信息的行为予以犯罪化。"两高"《罪名补充规定》将其解释为编造并传播证券、期货交易虚假信息罪。高法《罪名规定》、高检《罪名意见》将第二款解释为诱骗投资者买卖证券罪。《刑法修正案》第五条第二款对罪状作了补充，增加了有关期货犯罪的内容。据此，"两高"《罪名补充规定》将其解释为诱骗投资者买卖证券、期货合约罪。

立案追诉标准

★《最高人民检察院、公安部关于公安机关管辖的刑事案件立案追诉标准的规定（二）》（公通字〔2022〕12号　自2022年5月15日起施行）

第三十二条　〔编造并传播证券、期货交易虚假信息案（刑法第一百八十一条第一款）〕编造并且传播影响证券、期货交易的虚假信息，扰乱证券、期货交易市场，涉嫌下列情形之一的，应予立案追诉：

（一）获利或者避免损失数额在五万元以上的；

（二）造成投资者直接经济损失数额在五十万元以上的；

（三）虽未达到上述数额标准，但多次编造并且传播影响证券、期货交易的虚假信息的；

（接上页注）证券交易所、证券公司的从业人员，证券业协会或者证券管理部门的工作人员，故意提供虚假信息或者伪造、变造、销毁交易记录，诱骗投资者买卖证券，造成严重后果的，处五年以下有期徒刑或者拘役，并处或者单处一万元以上十万元以下罚金；情节特别恶劣的，处五年以上十年以下有期徒刑，并处二万元以上二十万元以下罚金。

单位犯前两款罪的，对单位判处罚金，并对其直接负责的主管人员和其他直接责任人员，处五年以下有期徒刑或者拘役。

（四）致使交易价格或者交易量异常波动的；

（五）造成其他严重后果的。

第三十三条 〔诱骗投资者买卖证券、期货合约案（刑法第一百八十一条第二款）〕证券交易所、期货交易所、证券公司、期货公司的从业人员，证券业协会、期货业协会或者证券期货监督管理部门的工作人员，故意提供虚假信息或者伪造、变造、销毁交易记录，诱骗投资者买卖证券、期货合约，涉嫌下列情形之一的，应予立案追诉：

（一）获利或者避免损失数额在五万元以上的；

（二）造成投资者直接经济损失数额在五十万元以上的；

（三）虽未达到上述数额标准，但多次诱骗投资者买卖证券、期货合约的；

（四）致使交易价格或者交易量异常波动的；

（五）造成其他严重后果的。

参考案例

★ 滕某雄、林某山编造并传播证券交易虚假信息案（参见最高人民检察院、中国证券监督管理委员会2020年11月6日联合发布证券违法犯罪典型案例之六）

2015年5月8日，深圳交易所中小板上市公司海某股份有限公司（以下简称海某公司）董事长滕某雄未经过股东大会授权，明知未经股东大会同意无法履行协议条款，仍代表海某公司签订了以自有资金2.25亿元认购某银行定增股的认购协议，同时授意时任董事会秘书林某山发布公告。次日，林某山在明知该协议不可能履行的情况下，仍按照滕某雄的指示发布该虚假消息。随后，在原定股东大会召开之日（5月26日）前三日，又发布"中止投资某银行"的公告。同月11日至22日，即认购公告发布后的首个交易日至放弃认购公告发布前的最后一个交易日，海某公司股价（收盘价）由 18.91 元上涨至 30.52 元，盘中最高价 32.05 元。按收盘价计算，上涨幅度 61.40%，同期深综指上涨幅度 20.68%，正偏离 40.71%。从成交量看，上述认购公告发布前 10 个交易日海某公司二级市场累计成交 4020 余万股，日均成交 402 万余股；认购公告发布后的首个交易日至放弃认购公告发布前的最后一个个交易日的 10 个交易日中，海某公司二级市场累计成交 8220 余万股，日均成交量 822 万余股；放弃公告发布后 10 个交易日海某公司二级市场累计成交 6221 万余股，日均成交 622 万余股。虚假信息的传播，导致海某公司股票价格异常波动，交易量异常放大，严重扰乱了证券市场秩序。

（一）实务问题

如何区分编造并传播证券交易虚假信息和利用虚假信息操纵证券市场行为的法律边界？

（二）规则提炼

编造并传播证券交易虚假信息和利用虚假信息操纵证券市场（又称"蛊惑交易操纵"）客观上均实施了编造、传播虚假信息的行为，且足以造成证券价格的异常波动，但构成操纵证券市场犯罪还要求行为人利用证券交易价格波动进行相关交易或谋取相关利益，且刑罚更重。利用虚假信息操纵证券市场是犯罪，编造并传播证券交易虚假信息同样应受刑罚处罚。对于不能证明行为人有操纵证券市场故意及从中谋取相关利益，但其编造并传播证券交易虚假信息行为扰乱证券市场秩序，造成严重后果的，可以编造并传播证券交易虚假信息罪追究刑事责任，做到不枉不纵。

十五、操纵证券、期货市场罪

第一百八十二条

有下列情形之一,操纵证券[第422页]、期货市场[第422页],影响证券、期货交易价格或者证券、期货交易量,情节严重的,处五年以下有期徒刑或者拘役,并处或者单处罚金;情节特别严重的,处五年以上十年以下有期徒刑,并处罚金:

(一)单独或者合谋,集中资金优势、持股或者持仓优势或者利用信息优势联合或者连续买卖的;

(二)与他人串通,以事先约定的时间、价格和方式相互进行证券、期货交易的;

(三)在自己实际控制的帐户之间进行证券交易,或者以自己为交易对象,自买自卖期货合约的;

(四)不以成交为目的,频繁或者大量申报买入、卖出证券、期货合约并撤销申报的;

(五)利用虚假或者不确定的重大信息,诱导投资者进行证券、期货交易的;

(六)对证券、证券发行人、期货交易标的公开作出评价、预测或者投资建议,同时进行反向证券交易或者相关期货交易的;

(七)以其他方法操纵证券、期货市场的。

单位犯前款罪的,对单位判处罚金,并对其直接负责的主管人员和其他直接责任人员,依照前款的规定处罚。

破坏金融管理秩序罪

> **立法沿革**

本条系刑法增设①，79 刑法、单行刑法均未规定。高法《罪名规定》、高检《罪名意见》将其解释为操纵证券交易价格罪。《刑法修正案（一）》第六条②对本条罪状作了补充，增加了有关期货犯罪的内容。据此，"两高"《罪名补充规定》将其解释为操纵证

---

① 有下列情形之一，操纵证券交易价格，获取不正当利益或者转嫁风险，情节严重的，处五年以下有期徒刑或者拘役，并处或者单处违法所得一倍以上五倍以下罚金：

（一）单独或者合谋，集中资金优势、持股优势或者利用信息优势联合或者连续买卖，操纵证券交易价格的；

（二）与他人串通，以事先约定的时间、价格和方式相互进行证券交易或者相互买卖并不持有的证券，影响证券交易价格或者证券交易量的；

（三）以自己为交易对象，进行不转移证券所有权的自买自卖，影响证券交易价格或者证券交易量的；

（四）以其他方法操纵证券交易价格的。

单位犯前款罪的，对单位判处罚金，并对其直接负责的主管人员和其他直接责任人员，处五年以下有期徒刑或者拘役。

② 将刑法第一百八十二条修改为："有下列情形之一，操纵证券、期货交易价格，获取不正当利益或者转嫁风险，情节严重的，处五年以下有期徒刑或者拘役，并处或者单处违法所得一倍以上五倍以下罚金：

（一）单独或者合谋，集中资金优势、持股或者持仓优势或者利用信息优势联合或者连续买卖，操纵证券、期货交易价格的；

（二）与他人串通，以事先约定的时间、价格和方式相互进行证券、期货交易，或者相互买卖并不持有的证券，影响证券、期货交易价格或者证券、期货交易量的；

（三）以自己为交易对象，进行不转移证券所有权的自买自卖，或者以自己为交易对象，自买自卖期货合约，影响证券、期货交易价格或者证券、期货交易量的；

（四）以其他方法操纵证券、期货交易价格的。

"单位犯前款罪的，对单位判处罚金，并对其直接负责的主管人员和其他直接责任人员，处五年以下有期徒刑或者拘役。"

券、期货交易价格罪。《刑法修正案（六）》第十一条①又对本条作了修改：(1)将第一款中的"交易价格"修改为"市场"，并删除了"获取不正当利益或者转嫁风险"的行为要件；(2)根据修订后的证券法，对罪状表述作了相应修改。"两高"《罪名补充规定（三）》将其解释为操纵证券、期货市场罪，取消操纵证券、期货交易价格罪罪名。《刑法修正案（十一）》第十三条对第一款罪状作了修改，增设第四至六项三类操纵证券、期货交易的情形。

立案追诉标准

★《最高人民检察院、公安部关于公安机关管辖的刑事案件立案追诉标准的规定（二）》（公通字〔2022〕12号　自2022年5月15日起施行）

第三十四条　〔操纵证券、期货市场案（刑法第一百八十二条）〕操纵证券、期货市场，影响证券、期货交易价格或者证券、期货交易量，涉嫌下列情形之一的，应予立案追诉：

（一）持有或者实际控制证券的流通股份数量达到该证券的实

---

① 将刑法第一百八十二条修改为："有下列情形之一，操纵证券、期货市场，情节严重的，处五年以下有期徒刑或者拘役，并处或者单处罚金；情节特别严重的，处五年以上十年以下有期徒刑，并处罚金：

（一）单独或者合谋，集中资金优势、持股或者持仓优势或者利用信息优势联合或者连续买卖，操纵证券、期货交易价格或者证券、期货交易量的；

（二）与他人串通，以事先约定的时间、价格和方式相互进行证券、期货交易，影响证券、期货交易价格或者证券、期货交易量的；

（三）在自己实际控制的帐户之间进行证券交易，或者以自己为交易对象，自买自卖期货合约，影响证券、期货交易价格或者证券、期货交易量的；

（四）以其他方法操纵证券、期货市场的。

"单位犯前款罪的，对单位判处罚金，并对其直接负责的主管人员和其他直接责任人员，依照前款的规定处罚。"

际流通股份总量百分之十以上,实施刑法第一百八十二条第一款第一项操纵证券市场行为,连续十个交易日的累计成交量达到同期该证券总成交量百分之二十以上的;

(二)实施刑法第一百八十二条第一款第二项、第三项操纵证券市场行为,连续十个交易日的累计成交量达到同期该证券总成交量百分之二十以上的;

(三)利用虚假或者不确定的重大信息,诱导投资者进行证券交易,行为人进行相关证券交易的成交额在一千万元以上的;

(四)对证券、证券发行人公开作出评价、预测或者投资建议,同时进行反向证券交易,证券交易成交额在一千万元以上的;

(五)通过策划、实施资产收购或者重组、投资新业务、股权转让、上市公司收购等虚假重大事项,误导投资者作出投资决策,并进行相关交易或者谋取相关利益,证券交易成交额在一千万元以上的;

(六)通过控制发行人、上市公司信息的生成或者控制信息披露的内容、时点、节奏,误导投资者作出投资决策,并进行相关交易或者谋取相关利益,证券交易成交额在一千万元以上的;

(七)实施刑法第一百八十二条第一款第一项操纵期货市场行为,实际控制的帐户合并持仓连续十个交易日的最高值超过期货交易所限仓标准的二倍,累计成交量达到同期该期货合约总成交量百分之二十以上,且期货交易占用保证金数额在五百万元以上的;

(八)通过囤积现货,影响特定期货品种市场行情,并进行相关期货交易,实际控制的帐户合并持仓连续十个交易日的最高值超过期货交易所限仓标准的二倍,累计成交量达到同期该期货合约总成交量百分之二十以上,且期货交易占用保证金数额在五百万元以上的;

(九)实施刑法第一百八十二条第一款第二项、第三项操纵期货市场行为,实际控制的帐户连续十个交易日的累计成交量达到同期该期货合约总成交量百分之二十以上,且期货交易占用保证金数额在五百万元以上的；

（十）利用虚假或者不确定的重大信息，诱导投资者进行期货交易，行为人进行相关期货交易，实际控制的帐户连续十个交易日的累计成交量达到同期该期货合约总成交量百分之二十以上，且期货交易占用保证金数额在五百万元以上的；

（十一）对期货交易标的公开作出评价、预测或者投资建议，同时进行相关期货交易，实际控制的帐户连续十个交易日的累计成交量达到同期该期货合约总成交量的百分之二十以上，且期货交易占用保证金数额在五百万元以上的；

（十二）不以成交为目的，频繁或者大量申报买入、卖出证券、期货合约并撤销申报，当日累计撤回申报量达到同期该证券、期货合约总申报量百分之五十以上，且证券撤回申报额在一千万元以上、撤回申报的期货合约占用保证金数额在五百万元以上的；

（十三）实施操纵证券、期货市场行为，获利或者避免损失数额在一百万元以上的。

操纵证券、期货市场，影响证券、期货交易价格或者证券、期货交易量，获利或者避免损失数额在五十万元以上，同时涉嫌下列情形之一的，应予立案追诉：

（一）发行人、上市公司及其董事、监事、高级管理人员、控股股东或者实际控制人实施操纵证券、期货市场行为的；

（二）收购人、重大资产重组的交易对方及其董事、监事、高级管理人员、控股股东或者实际控制人实施操纵证券、期货市场行为的；

（三）行为人明知操纵证券、期货市场行为被有关部门调查，仍继续实施的；

（四）因操纵证券、期货市场行为受过刑事追究的；

（五）二年内因操纵证券、期货市场行为受过行政处罚的；

（六）在市场出现重大异常波动等特定时段操纵证券、期货市场的；

（七）造成其他严重后果的。

对于在全国中小企业股份转让系统中实施操纵证券市场行为，社会危害性大，严重破坏公平公正的市场秩序的，比照本条的规定执行，但本条第一款第一项和第二项除外。

> 司法解释

★《最高人民法院、最高人民检察院关于办理操纵证券、期货市场刑事案件适用法律若干问题的解释》（法释〔2019〕9号　自2019年7月1日起施行）

第一条　行为人具有下列情形之一的，可以认定为刑法第一百八十二条第一款第四项规定的"以其他方法操纵证券、期货市场"：

（一）利用虚假或者不确定的重大信息，诱导投资者作出投资决策，影响证券、期货交易价格或者证券、期货交易量，并进行相关交易或者谋取相关利益的；

（二）通过对证券及其发行人、上市公司、期货交易标的公开作出评价、预测或者投资建议，误导投资者作出投资决策，影响证券、期货交易价格或者证券、期货交易量，并进行与其评价、预测、投资建议方向相反的证券交易或者相关期货交易的；

（三）通过策划、实施资产收购或者重组、投资新业务、股权转让、上市公司收购等虚假重大事项，误导投资者作出投资决策，影响证券交易价格或者证券交易量，并进行相关交易或者谋取相关利益的；

（四）通过控制发行人、上市公司信息的生成或者控制信息披露的内容、时点、节奏，误导投资者作出投资决策，影响证券交易价格或者证券交易量，并进行相关交易或者谋取相关利益的；

（五）不以成交为目的，频繁申报、撤单或者大额申报、撤单，误导投资者作出投资决策，影响证券、期货交易价格或者证券、期货交易量，并进行与申报相反的交易或者谋取相关利益的；

（六）通过囤积现货，影响特定期货品种市场行情，并进行相关期货交易的；

（七）以其他方法操纵证券、期货市场的。

第二条 操纵证券、期货市场，具有下列情形之一的，应当认定为刑法第一百八十二条第一款规定的"情节严重"：

（一）持有或者实际控制证券的流通股份数量达到该证券的实际流通股份总量百分之十以上，实施刑法第一百八十二条第一款第一项操纵证券市场行为，连续十个交易日的累计成交量达到同期该证券总成交量百分之二十以上的；

（二）实施刑法第一百八十二条第一款第二项、第三项操纵证券市场行为，连续十个交易日的累计成交量达到同期该证券总成交量百分之二十以上的；

（三）实施本解释第一条第一项至第四项操纵证券市场行为，证券交易成交额在一千万元以上的；

（四）实施刑法第一百八十二条第一款第一项及本解释第一条第六项操纵期货市场行为，实际控制的账户合并持仓连续十个交易日的最高值超过期货交易所限仓标准的二倍，累计成交量达到同期该期货合约总成交量百分之二十以上，且期货交易占用保证金数额在五百万元以上的；

（五）实施刑法第一百八十二条第一款第二项、第三项及本解释第一条第一项、第二项操纵期货市场行为，实际控制的账户连续十个交易日的累计成交量达到同期该期货合约总成交量百分之二十以上，且期货交易占用保证金数额在五百万元以上的；

（六）实施本解释第一条第五项操纵证券、期货市场行为，当日累计撤回申报量达到同期该证券、期货合约总申报量百分之五十以上，且证券撤回申报额在一千万元以上、撤回申报的期货合约占用保证金数额在五百万元以上的；

（七）实施操纵证券、期货市场行为，违法所得数额在一百万元以上的。

第三条 操纵证券、期货市场,违法所得数额在五十万元以上,具有下列情形之一的,应当认定为刑法第一百八十二条第一款规定的"情节严重":

(一)发行人、上市公司及其董事、监事、高级管理人员、控股股东或者实际控制人实施操纵证券、期货市场行为的;

(二)收购人、重大资产重组的交易对方及其董事、监事、高级管理人员、控股股东或者实际控制人实施操纵证券、期货市场行为的;

(三)行为人明知操纵证券、期货市场行为被有关部门调查,仍继续实施的;

(四)因操纵证券、期货市场行为受过刑事追究的;

(五)二年内因操纵证券、期货市场行为受过行政处罚的;

(六)在市场出现重大异常波动等特定时段操纵证券、期货市场的;

(七)造成恶劣社会影响或者其他严重后果的。

第四条 具有下列情形之一的,应当认定为刑法第一百八十二条第一款规定的"情节特别严重":

(一)持有或者实际控制证券的流通股份数量达到该证券的实际流通股份总量百分之十以上,实施刑法第一百八十二条第一款第一项操纵证券市场行为,连续十个交易日的累计成交量达到同期该证券总成交量百分之五十以上的;

(二)实施刑法第一百八十二条第一款第二项、第三项操纵证券市场行为,连续十个交易日的累计成交量达到同期该证券总成交量百分之五十以上的;

(三)实施本解释第一条第一项至第四项操纵证券市场行为,证券交易成交额在五千万元以上的;

(四)实施刑法第一百八十二条第一款第一项及本解释第一条第六项操纵期货市场行为,实际控制的账户合并持仓连续十个交易日的最高值超过期货交易所限仓标准的五倍,累计成交量达到同期该期货合约总成交量百分之五十以上，且期货交易占用保证金数额在二千五百万元以上的；

（五）实施刑法第一百八十二条第一款第二项、第三项及本解释第一条第一项、第二项操纵期货市场行为，实际控制的账户连续十个交易日的累计成交量达到同期该期货合约总成交量百分之五十以上，且期货交易占用保证金数额在二千五百万元以上的；

（六）实施操纵证券、期货市场行为，违法所得数额在一千万元以上的。

实施操纵证券、期货市场行为，违法所得数额在五百万元以上，并具有本解释第三条规定的七种情形之一的，应当认定为"情节特别严重"。

第五条 下列账户应当认定为刑法第一百八十二条中规定的"自己实际控制的账户"：

（一）行为人以自己名义开户并使用的实名账户；

（二）行为人向账户转入或者从账户转出资金，并承担实际损益的他人账户；

（三）行为人通过第一项、第二项以外的方式管理、支配或者使用的他人账户；

（四）行为人通过投资关系、协议等方式对账户内资产行使交易决策权的他人账户；

（五）其他有证据证明行为人具有交易决策权的账户。

有证据证明行为人对前款第一项至第三项账户内资产没有交易决策权的除外。

第六条 二次以上实施操纵证券、期货市场行为，依法应予行政处理或者刑事处理而未经处理的，相关交易数额或者违法所得数额累计计算。

第七条 符合本解释第二条、第三条规定的标准，行为人如实供述犯罪事实，认罪悔罪，并积极配合调查，退缴违法所得的，可以从轻处罚；其中犯罪情节轻微的，可以依法不起诉或者免予刑事处罚。

符合刑事诉讼法规定的认罪认罚从宽适用范围和条件的,依照刑事诉讼法的规定处理。

第八条　单位实施刑法第一百八十二条第一款行为的,依照本解释规定的定罪量刑标准,对其直接负责的主管人员和其他直接责任人员定罪处罚,并对单位判处罚金。

第九条　本解释所称"违法所得",是指通过操纵证券、期货市场所获利益或者避免的损失。

本解释所称"连续十个交易日",是指证券、期货市场开市交易的连续十个交易日,并非指行为人连续交易的十个交易日。

第十条　对于在全国中小企业股份转让系统中实施操纵证券市场行为,社会危害性大,严重破坏公平公正的市场秩序的,比照本解释的规定执行,但本解释第二条第一项、第二项和第四条第一项、第二项除外。

指导性案例

★朱炜明操纵证券市场案（最高人民检察院第十批指导性案例,检例第39号）

【关键词】

操纵证券市场　"抢帽子"交易　公开荐股

【基本案情】

被告人朱炜明,男,1982年7月出生,原系国开证券有限责任公司上海龙华西路证券营业部（以下简称国开证券营业部）证券经纪人,上海电视台第一财经频道《谈股论金》节目（以下简称《谈股论金》节目）特邀嘉宾。

2013年2月1日至2014年8月26日,被告人朱炜明在任国开证券营业部证券经纪人期间,先后多次在其担任特邀嘉宾的《谈股论金》电视节目播出前,使用实际控制的三个证券账户买入多只股票,于当日或次日在《谈股论金》节目播出中,以特邀嘉宾身份对其先期买入的股票进行公开评价、预测及推介，并于节目首播后一至二个交易日内抛售相关股票，人为地影响前述股票的交易量和交易价格，获取利益。经查，其买入股票交易金额共计人民币2094.22万余元，卖出股票交易金额共计人民币2169.70万余元，非法获利75.48万余元。

【要旨】

证券公司、证券咨询机构、专业中介机构及其工作人员违背从业禁止规定，买卖或者持有证券，并在对相关证券作出公开评价、预测或者投资建议后，通过预期的市场波动反向操作，谋取利益，情节严重的，以操纵证券市场罪追究其刑事责任。

【指控与证明犯罪】（摘录）

结合补充收集的证据，上海市人民检察院第一分院办案人员再次提讯朱炜明，并听取其辩护律师意见。朱炜明在展示的证据面前，承认其在节目中公开荐股，称其明知所推荐股票价格在节目播出后会有所上升，故在公开荐股前建议其父朱某买入涉案15只股票，并在节目播出后随即卖出，以谋取利益。但对于指控其实际控制涉案账户买卖股票的事实予以否认。

针对其辩解，办案人员将相关证据向朱炜明及其辩护人出示，并一一阐明证据与朱炜明行为之间的证明关系。（1）账户登录、交易IP地址大量位于朱炜明所在的办公地点，与朱炜明出行等电脑数据轨迹一致。例如，2014年7月17日、18日，涉案的朱某证券账户登录、交易IP地址在重庆，与朱炜明的出行记录一致。（2）涉案三个账户之间与朱炜明个人账户资金往来频繁，初始资金有部分来自于朱炜明账户，转出资金中有部分转入朱炜明银行账户后由其消费，证明涉案账户资金由朱炜明控制。经过上述证据展示，朱炜明对自己实施"抢帽子"交易操纵他人证券账户买卖股票牟利的事实供认不讳。

2017年5月18日，上海市人民检察院第一分院以被告人朱炜明犯操纵证券市场罪向上海市第一中级人民法院提起公诉。7月

20日,上海市第一中级人民法院公开开庭审理了本案。

法庭调查阶段,公诉人宣读起诉书指控被告人朱炜明违反从业禁止规定,以"抢帽子"交易的手段操纵证券市场牟取利益,其行为构成操纵证券市场罪。对以上指控的犯罪事实,公诉人出示了四组证据予以证明:

一是关于被告人朱炜明主体身份情况的证据。包括:(1)国开证券公司与朱炜明签订的劳动合同、委托代理合同等工作关系书证;(2)《谈股论金》节目编辑陈某等证人证言;(3)户籍资料、从业资格证书等书证;(4)被告人朱炜明的供述。证明:朱炜明于2013年2月至2014年8月担任国开证券营业部证券经纪人期间,先后多次受邀担任《谈股论金》节目特邀嘉宾。

二是关于涉案账户登录异常的证据。包括:(1)证人朱某等证人的证言;(2)朱炜明出入境及国内出行记录等书证;(3)司法会计鉴定意见书、搜查笔录等;(4)被告人朱炜明的供述。证明:2013年2月至2014年8月,"朱某""孙某""张某"三个涉案证券账户的实际控制人为朱炜明。

三是关于涉案账户交易异常的证据。包括:(1)证人陈某等证人的证言;(2)证监会行政处罚决定书及相关认定意见、调查报告等书证;(3)司法会计鉴定意见书;(4)节目视频拷贝光盘、QQ群聊天记录等视听资料、电子数据;(5)被告人朱炜明的供述。证明:朱炜明在节目中推荐的15只股票,均被其在节目播出前一至二个交易日或播出当天买入,并于节目播出后一至二个交易日内卖出。

四是关于涉案证券账户资金来源及获利的证据。包括:(1)证人朱某的证言;(2)证监会查询通知书等书证;(3)司法会计鉴定意见书等;(4)被告人朱炜明的供述。证明:朱炜明在公开推荐股票后,股票交易量、交易价格涨幅明显。"朱某""孙某""张某"三个证券账户交易初始资金大部分来自朱炜明,且与朱炜明个人账户资金往来频繁。上述账户在涉案期间累计交易金额人民币 4263.92 万余元，获利人民币 75.48 万余元。

【指导意义】

证券公司、证券咨询机构、专业中介机构及其工作人员，违反规定买卖或者持有相关证券后，对该证券或者其发行人、上市公司作出公开评价、预测或者提出投资建议，通过期待的市场波动牟取利益的，构成"抢帽子"交易操纵行为。发布投资咨询意见的机构或者证券从业人员往往具有一定的社会知名度，他们借助影响力较大的传播平台发布诱导性信息，容易对普通投资者交易决策产生影响。其在发布信息后，又利用证券价格波动实施与投资者反向交易的行为获利，破坏了证券市场管理秩序，违反了证券市场公开、公平、公正原则，具有较大的社会危害性，情节严重的，构成操纵证券市场罪。

证券犯罪具有专业性、隐蔽性、间接性等特征，检察机关办理该类案件时，应当根据证券犯罪案件特点，引导公安机关从证券交易记录、资金流向等问题切入，全面收集涉及犯罪的书证、电子数据、证人证言等证据，并结合案件特点开展证据审查。对书证，要重点审查涉及证券交易记录的凭据，有关交易数量、交易额、成交价格、资金走向等证据。对电子数据，要重点审查收集程序是否合法，是否采取必要的保全措施，是否经过篡改，是否感染病毒等。对证人证言，要重点审查证人与犯罪嫌疑人的关系，证言能否与客观证据相印证等。

办案中，犯罪嫌疑人或被告人及其辩护人经常会提出涉案账户实际控制人及操作人非其本人的辩解。对此，检察机关可以通过行为人资金往来记录、MAC 地址（硬件设备地址）、IP 地址与互联网访问轨迹的重合度与连贯性，身份关系和资金关系的紧密度，涉案股票买卖与公开荐股在时间及资金比例上的高度关联性，相关证人证言在细节上是否吻合等入手，构建严密证据体系，确定被告人与涉案账户的实际控制关系。

非法证券活动涉嫌犯罪的案件，来源往往是证券监管部门向公安机关移送。审查案件过程中,人民检察院可以与证券监管部门加强联系和沟通。证券监管部门在行政执法和查办案件中收集的物证、书证、视听资料、电子数据等证据材料,在刑事诉讼中可以作为证据使用。检察机关通过办理证券犯罪案件,可以建议证券监管部门针对案件反映出的问题,加强资本市场监管和相关制度建设。

参考案例

★ **鲜某背信损害上市公司利益、操纵证券市场案**(参见最高人民法院、最高人民检察院、公安部、中国证券监督管理委员会2022年9月8日联合发布依法从严打击证券犯罪典型案例之五)

被告人鲜某,系匹某匹公司董事长。匹某匹公司前身为多某公司。2015年4月9日,鲜某决定向原上海市工商行政管理局提出将多某公司更名为匹某匹公司的申请。2015年4月17日,获得市工商局核发的《企业名称变更预先核准通知书》。2015年5月11日,多某公司对外发布公告,称基于业务转型的需要,为使公司名称能够体现主营业务,拟将名称变更为匹某匹公司。2015年6月2日,多某公司正式更名为匹某匹公司。更名后,匹某匹公司并未开展P2P业务。鲜某刻意延迟向市场发布更名公告。同时,鲜某于2015年4月30日至5月11日,通过多个账户买入多某公司股票2520万股,买入金额2.86亿元。2015年5月11日,多某公司有关名称变更的公告发布后,股票连续涨停,涨幅达77.37%(背信损害上市公司利益事实略)。

(一)实务问题

如何理解《刑法》第一百八十二条第一款第七项规定的"以其他方法操纵证券、期货市场的"行为?

(二)规则提炼

上市公司实际控制人、高级管理人员利用其特殊地位,迎合市场热点,控制信息的生成或信息披露的内容、时点、节奏,进行误导性披露，是信息型操纵证券犯罪。其本质是通过控制公开披露的信息，误导投资者作出投资决策，影响证券交易价格或者证券交易量。该类信息型操纵属于《刑法》第一百八十二条第一款第七项规定的"以其他方法操纵证券、期货市场的"行为。

★**唐某博等人操纵证券市场案**（参见最高人民检察院、中国证券监督管理委员会2020年11月6日联合发布证券违法犯罪典型案例之三）

2012年5月至2013年1月间，唐某博伙同唐某子、唐某琦使用本人及其控制的数十个他人证券账户，不以成交为目的，采取频繁申报后撤单或者大额申报后撤单的方式，诱导其他证券投资者进行与虚假申报方向相同的交易，从而影响"华资实业""京投银泰""银基发展"三只股票的交易价格和交易量，随后进行与申报相反的交易获利，违法所得金额共计2581万余元。

（一）实务问题

如何准确把握虚假申报操纵犯罪和正常报撤单的界限？

（二）规则提炼

虚假申报操纵是当前短线操纵的常见手段，操纵者不以成交为目的，频繁申报后撤单或者大额申报后撤单，误导其他投资者作出投资决策，影响证券交易价格或者证券交易量，并进行与申报相反的交易或者谋取相关利益。司法办案当中要准确区分虚假申报操纵行为和合法的报撤单交易行为，着重审查判断行为人的申报目的、是否进行与申报相反的交易或者谋取相关利益，并结合实际控制账户相关交易数据，细致分析行为人申报、撤单和反向申报行为之间的关联性、撤单所占比例、反向交易数量、获利情况等，综合判断行为性质。

★**赵喆操纵证券交易价格案**（参见《刑事审判参考》2000年第2集，第48号案例）

1999年4月16日，被告人赵喆在三亚营业部通过操作电脑终端，对委托报盘数据内容进行了修改，将周某等五位股民买卖其他股票的数据,均修改成以当日涨停价位委托买入"兴业房产"198.95万股、"莲花味精"298.98万股。当日下午,"兴业房产"和"莲花味精"两只股票的价格大幅度上扬。赵喆乘机以涨停价抛售了7800股"兴业房产"股票。股民高春修及其代理人王琦华也将8.9万股"莲花味精"股票抛出。三亚营业部被迫平仓,遭受经济损失达295万余元。

(一)实务问题

非法侵入计算机信息系统抬高股票价格获利的行为构成操纵证券市场罪还是破坏计算机信息系统罪?

(二)规则提炼

非法侵入证券公司的计算机信息系统,修改系统存储数据,人为地操纵股票价格,扰乱股市交易秩序,造成他人巨大经济损失,属于情节严重,依法构成操纵证券市场罪。

十六、职务侵占罪,贪污罪

第一百八十三条

【职务侵占罪】保险公司的工作人员利用职务上的便利,故意编造未曾发生的保险事故进行虚假理赔,骗取保险金归自己所有的,依照本法第二百七十一条[①]的规定

---

① 公司、企业或者其他单位的人员,利用职务上的便利,将本单位财物非法占为己有,数额较大的,处五年以下有期徒刑或者拘役;数额巨大的,处五年以上有期徒刑,可以并处没收财产。

国有公司、企业或者其他国有单位中从事公务的人员和国有公司、企业或者其他国有单位委派到非国有公司、企业以及其他单位从事公务的人员有前款行为的,依照本法第三百八十二条、第三百八十三条的规定定罪处罚。

定罪处罚。

【贪污罪】国有保险公司工作人员和国有保险公司委派到非国有保险公司从事公务的人员有前款行为的,依照本法第三百八十二条[①]、第三百八十三条[②]的规定定罪处罚。

[①] 国家工作人员利用职务上的便利,侵吞、窃取、骗取或者以其他手段非法占有公共财物的,是贪污罪。

受国家机关、国有公司、企业、事业单位、人民团体委托管理、经营国有财产的人员,利用职务上的便利,侵吞、窃取、骗取或者以其他手段非法占有国有财物的,以贪污论。

与前两款所列人员勾结,伙同贪污的,以共犯论处。

[②] 对犯贪污罪的,根据情节轻重,分别依照下列规定处罚:

(一)贪污数额较大或者有其他较重情节的,处三年以下有期徒刑或者拘役,并处罚金。

(二)贪污数额巨大或者有其他严重情节的,处三年以上十年以下有期徒刑,并处罚金或者没收财产。

(三)贪污数额特别巨大或者有其他特别严重情节的,处十年以上有期徒刑或者无期徒刑,并处罚金或者没收财产;数额特别巨大,并使国家和人民利益遭受特别重大损失的,处无期徒刑或者死刑,并处没收财产。

对多次贪污未经处理的,按照累计贪污数额处罚。

犯第一款罪,在提起公诉前如实供述自己罪行、真诚悔罪、积极退赃,避免、减少损害结果的发生,有第一项规定情形的,可以从轻、减轻或者免除处罚;有第二项、第三项规定情形的,可以从轻处罚。

犯第一款罪,有第三项规定情形被判处死刑缓期执行的,人民法院根据犯罪情节等情况可以同时决定在其死刑缓期执行二年期满依法减为无期徒刑后,终身监禁,不得减刑、假释。

十七、非国家工作人员受贿罪，受贿罪

第一百八十四条

【非国家工作人员受贿罪】银行或者其他金融机构的工作人员在金融业务活动中索取他人财物或者非法收受他人财物，为他人谋取利益的，或者违反国家规定，收受各种名义的回扣、手续费，归个人所有的，依照本法第一百六十三条①的规定定罪处罚。

【受贿罪】国有金融机构工作人员和国有金融机构委派到非国有金融机构从事公务的人员有前款行为的，依

---

① 公司、企业或者其他单位的工作人员，利用职务上的便利，索取他人财物或者非法收受他人财物，为他人谋取利益，数额较大的，处三年以下有期徒刑或者拘役，并处罚金；数额巨大或者有其他严重情节的，处三年以上十年以下有期徒刑，并处罚金；数额特别巨大或者有其他特别严重情节的，处十年以上有期徒刑或者无期徒刑，并处罚金。

公司、企业或者其他单位的工作人员在经济往来中，利用职务上的便利，违反国家规定，收受各种名义的回扣、手续费，归个人所有的，依照前款的规定处罚。

国有公司、企业或者其他国有单位中从事公务的人员和国有公司、企业或者其他国有单位委派到非国有公司、企业以及其他单位从事公务的人员有前两款行为的，依照本法第三百八十五条、第三百八十六条的规定定罪处罚。

照本法第三百八十五条①、第三百八十六条②的规定定罪处罚。

十八、挪用资金罪，挪用公款罪

第一百八十五条

【挪用资金罪】商业银行、证券交易所、期货交易所、证券公司、期货经纪公司、保险公司或者其他金融机构的工作人员利用职务上的便利，挪用本单位或者客户资金的，依照本法第二百七十二条③的规定定罪处罚。

---

① 国家工作人员利用职务上的便利，索取他人财物的，或者非法收受他人财物，为他人谋取利益的，是受贿罪。

国家工作人员在经济往来中，违反国家规定，收受各种名义的回扣、手续费，归个人所有的，以受贿论处。

② 对犯受贿罪的，根据受贿所得数额及情节，依照本法第三百八十三条的规定处罚。索贿的从重处罚。

③ 公司、企业或者其他单位的工作人员，利用职务上的便利，挪用本单位资金归个人使用或者借贷给他人，数额较大、超过三个月未还的，或者虽未超过三个月，但数额较大、进行营利活动的，或者进行非法活动的，处三年以下有期徒刑或者拘役；挪用本单位资金数额巨大的，处三年以上七年以下有期徒刑；数额特别巨大的，处七年以上有期徒刑。

国有公司、企业或者其他国有单位中从事公务的人员和国有公司、企业或者其他国有单位委派到非国有公司、企业以及其他单位从事公务的人员有前款行为的，依照本法第三百八十四条的规定定罪处罚。

有第一款行为，在提起公诉前将挪用的资金退还的，可以从轻或者减轻处罚。其中，犯罪较轻的，可以减轻或者免除处罚。

【挪用公款罪】国有商业银行、证券交易所、期货交易所、证券公司、期货经纪公司、保险公司或者其他国有金融机构的工作人员和国有商业银行、证券交易所、期货交易所、证券公司、期货经纪公司、保险公司或者其他国有金融机构委派到前款规定中的非国有机构从事公务的人员有前款行为的，依照本法第三百八十四条①的规定定罪处罚。

十九、背信运用受托财产罪，违法运用资金罪

第一百八十五条之一

【背信运用受托财产罪】商业银行[第322页]、证券交易所[第329页]、期货交易所[第331页]、证券公司[第333页]、期货经纪公司[第335页]、保险公司[第338页]或者其他金融机构[第295页]，违背受托义务，擅自运用客户资金或者其他委托、信托的财产[第423页]，情节严重的，对单位判处罚金，并对其直接负责的主管人员和其他直接责任人员，

---

① 国家工作人员利用职务上的便利，挪用公款归个人使用，进行非法活动的，或者挪用公款数额较大、进行营利活动的，或者挪用公款数额较大、超过三个月未还的，是挪用公款罪，处五年以下有期徒刑或者拘役；情节严重的，处五年以上有期徒刑。挪用公款数额巨大不退还的，处十年以上有期徒刑或者无期徒刑。

挪用用于救灾、抢险、防汛、优抚、扶贫、移民、救济款物归个人使用的，从重处罚。

处三年以下有期徒刑或者拘役,并处三万元以上三十万元以下罚金;情节特别严重的,处三年以上十年以下有期徒刑,并处五万元以上五十万元以下罚金。

【违法运用资金罪】社会保障基金管理机构、住房公积金管理机构等公众资金管理机构[第448页],以及保险公司[第338页]、保险资产管理公司[第450页]、证券投资基金管理公司[第295页],违反国家规定运用资金的,对其直接负责的主管人员和其他直接责任人员,依照前款的规定处罚。

立法沿革 >>>

本条系《刑法修正案(六)》第十二条增设,"两高"《罪名补充规定(三)》将本条两款分别解释为背信运用受托财产罪、违法运用资金罪。

立案追诉标准 >>>

★《最高人民检察院、公安部关于公安机关管辖的刑事案件立案追诉标准的规定(二)》(公通字〔2022〕12号 自2022年5月15日起施行)

第三十五条 〔背信运用受托财产案(刑法第一百八十五条之一第一款)〕商业银行、证券交易所、期货交易所、证券公司、期货公司、保险公司或者其他金融机构,违背受托义务,擅自运用客户资金或者其他委托、信托的财产,涉嫌下列情形之一的,应予立案追诉:

(一)擅自运用客户资金或者其他委托、信托的财产数额在三十万元以上的;

(二)虽未达到上述数额标准,但多次擅自运用客户资金或者

其他委托、信托的财产,或者擅自运用多个客户资金或者其他委托、信托的财产的;

(三)其他情节严重的情形。

第三十六条 〔违法运用资金案(刑法第一百八十五条之一第二款)〕社会保障基金管理机构、住房公积金管理机构等公众资金管理机构,以及保险公司、保险资产管理公司、证券投资基金管理公司,违反国家规定运用资金,涉嫌下列情形之一的,应予立案追诉:

(一)违反国家规定运用资金数额在三十万元以上的;

(二)虽未达到上述数额标准,但多次违反国家规定运用资金的;

(三)其他情节严重的情形。

司法解释性质规范性文件 >>>

★《最高人民法院关于准确理解和适用刑法中"国家规定"的有关问题的通知》(法发〔2011〕155号 自2011年4月8日起施行)

全国地方各级人民法院、各级军事法院、各铁路运输中级法院和基层法院,新疆生产建设兵团各级法院:

日前,国务院法制办就国务院办公厅文件的有关规定是否可以认定为刑法中的"国家规定"予以统一、规范。为切实做好相关刑事案件审判工作,准确把握刑法有关条文规定的"违反国家规定"的认定标准,依法惩治犯罪,统一法律适用,现就有关问题通知如下:

一、根据刑法第九十六条的规定,刑法中的"国家规定"是指,全国人民代表大会及其常务委员会制定的法律和决定,国务院制定的行政法规、规定的行政措施、发布的决定和命令。其中,"国务院规定的行政措施"应当由国务院决定,通常以行政法规或者国务院制发文件的形式加以规定。以国务院办公厅名义制发的文件,符合以下条件的,亦应视为刑法中的"国家规定":(1)有明确的法律依据或者同相关行政法规不相抵触;(2)经国务院常务会议讨论通过或者经国务院批准;(3)在国务院公报上公开发布。

二、各级人民法院在刑事审判工作中，对有关案件所涉及的"违反国家规定"的认定，要依照相关法律、行政法规及司法解释的规定准确把握。对于规定不明确的，要按照本通知的要求审慎认定。对于违反地方性法规、部门规章的行为，不得认定为"违反国家规定"。对被告人的行为是否"违反国家规定"存在争议的，应当作为法律适用问题，逐级向最高人民法院请示。

▎参考案例▶▶▶

★ 兴证期货大连营业部背信运用受托财产案（参见《刑事审判参考》总第125集，第1388号案例）

被告单位兴证期货大连营业部系兴证期货有限公司的下属分支机构。被告人孟宪伟于2009年8月至2014年7月在兴证期货大连营业部担任总经理，负责大连营业部全面工作。被告人陈晶于2013年8月至2014年7月在证期货大连营业部担任客户经理，负责开发及维护客户。

2013年，被告人陈晶认识了被害人高明及其妻子孙玲，并介绍兴证期货大连营业部有保本理财产品，收益高于银行利息。高明要求保证资金安全，并且随取随用，陈晶经请示被告人孟宪伟后，向高明口头承诺投资期货在保本保息基础上达到7%的年收益率。

2013年10月22日，高明与兴证期货有限公司签订了《期货经纪合同》及相关附属文件，按照兴证期货大连营业部工作人员的指引开立了期货保证金账户，并于次日向账户内转款人民币1670万元，被告人陈晶向高明索要了期货账户的交易密码。

被告人孟宪伟、陈晶未能为高明找到第三方投资顾问，在未通知高明也未取得其同意的情况下，二被告人商议后决定自行使用高明的期货账户交易密码进行交易。2013年10月31日至2014年1月20日间，孟宪伟、陈晶擅自运用高明期货账户进行交易，造成高明期货保证金账户亏损人民币1043.1万元，共计产生交易手续费1533642.48元，其中为兴证期货有限公司赚取手续费825353.56元，上交给期货交易所708288.92元。案发后，孟宪伟、陈晶等返还高明人民币共计191万元。

（一）实务问题

1. 兴证期货有限公司工作人员结伙违背受托义务，擅自运用客户资金的行为如何定性？能否判定兴证期货公司构成背信运用受托财产罪？

2. 背信运用受托财产罪与相关罪名如何区分？

（二）规则提炼

1. 单位犯罪如何认定，应结合单位的行为与意志加以认定，包括具体行为人擅自运用受托财产行为是否服从单位意志，擅用行为是否将为单位获取利益，如获得利益是否最终由单位享有等。本案中，首先，二被告人的主观目的是完成公司业绩目标，客户进行期货交易所产生的手续费是公司生存的基础，实施擅自操作客户期货账户的行为是为了单位利益。其次，二被告人均是以兴证期货大连营业部的名义与高明进行接洽协商，系代表单位的职务行为。

2. 背信运用受托财产罪与挪用资金罪、挪用公款罪有时容易产生混淆。实践中可以从以下方面进行区分：首先是主体不同，如果挪用客户资金的行为是有关人员按领导指令，以单位名义、为单位利益实施的，则应视情形以背信运用受托财产罪论处；反之，如果该行为是金融机构中有关工作人员个人的行为，则应视情形以挪用资金罪或者挪用公款罪论处。其次，挪用资金、公款等行为指向的资金为公司或国家所有，而背信运用受托财产行为其指向的资金为客户所有，因此，以金融机构名义签订合同后，工作人员以单位名义背信运用受托财产，违法所得归单位所有的，金融机构亦应当承担相应的刑事责任。

二十、违法发放贷款罪

第一百八十六条

银行或者其他金融机构[第295页]的工作人员违反国家规定[第450页]发放贷款[第350页],数额巨大或者造成重大损失的,处五年以下有期徒刑或者拘役,并处一万元以上十万元以下罚金;数额特别巨大或者造成特别重大损失的,处五年以上有期徒刑,并处二万元以上二十万元以下罚金。

银行或者其他金融机构的工作人员违反国家规定,向关系人[第472页]发放贷款的,依照前款的规定从重处罚。

单位犯前两款罪的,对单位判处罚金,并对其直接负责的主管人员和其他直接责任人员,依照前两款的规定处罚。

关系人的范围,依照《中华人民共和国商业银行法》和有关金融法规确定。

立法沿革 >>>>

本条第一款系沿袭《关于惩治破坏金融秩序犯罪的决定》第九条第一款①内容,79刑法没有规定。第二款的内容79刑法亦未规定,实践中对该行为以玩忽职守罪处罚,《关于惩治破坏金融秩

---

① 银行或者其他金融机构的工作人员违反法律、行政法规规定,向关系人发放信用贷款或者发放担保贷款的条件优于其他借款人同类贷款的条件,造成较大损失的,处五年以下有期徒刑或者拘役,并处一万元以上十万元以下罚金;造成重大损失的,处五年以上有期徒刑,并处二万元以上二十万元以下罚金。

序犯罪的决定》第九条第二款①首次规定了本罪,刑法修订②时删除了"玩忽职守或者滥用职权"字样,并对"关系人的范围"作了明确界定。高法《罪名规定》、高检《罪名意见》将这两款分别解释为违法向关系人发放贷款罪、违法发放贷款罪。《刑法修正案(六)》第十三条对本条前两款内容作了修改:(1)简化该两款的罪状,将原犯罪构成要件中的"违反法律、行政法规规定"修改为"违反国家规定";(2)修改了定罪量刑标准,在罪状中增设"数额巨大""数额特别巨大"的标准;(3)将"违法向关系人发放贷款"的行为作为法定从重处罚情节加以规定。"两高"《罪名补充规定(三)》将本条统一解释为违法发放贷款罪,取消违法向关系人发放贷款罪罪名。

---

① 银行或者其他金融机构的工作人员违反法律、行政法规规定,玩忽职守或者滥用职权,向关系人以外的其他人发放贷款,造成重大损失的,处五年以下有期徒刑或者拘役,并处一万元以上十万元以下罚金;造成特别重大损失的,处五年以上有期徒刑,并处二万元以上二十万元以下罚金。

② 银行或者其他金融机构的工作人员违反法律、行政法规规定,向关系人发放信用贷款或者发放担保贷款的条件优于其他借款人同类贷款的条件,造成较大损失的,处五年以下有期徒刑或者拘役,并处一万元以上十万元以下罚金;造成重大损失的,处五年以上有期徒刑,并处二万元以上二十万元以下罚金。

银行或者其他金融机构的工作人员违反法律、行政法规规定,向关系人以外的其他人发放贷款,造成重大损失的,处五年以下有期徒刑或者拘役,并处一万元以上十万元以下罚金;造成特别重大损失的,处五年以上有期徒刑,并处二万元以上二十万元以下罚金。

单位犯前两款罪的,对单位判处罚金,并对其直接负责的主管人员和其他直接责任人员,依照前两款的规定处罚。

关系人的范围,依照《中华人民共和国商业银行法》和有关金融法规确定。

立案追诉标准

★《最高人民检察院、公安部关于公安机关管辖的刑事案件立案追诉标准的规定（二）》（公通字〔2022〕12号　自2022年5月15日起施行）

第三十七条　〔违法发放贷款案（刑法第一百八十六条）〕银行或者其他金融机构及其工作人员违反国家规定发放贷款，涉嫌下列情形之一的，应予立案追诉：

（一）违法发放贷款，数额在二百万元以上的；

（二）违法发放贷款，造成直接经济损失数额在五十万元以上的。

司法解释性质规范性文件

★《全国法院审理金融犯罪案件工作座谈会纪要》（法〔2001〕8号　自2001年1月21日起施行）

关于违法发放贷款罪。银行或者其他金融机构工作人员违反法律、行政法规规定，向关系人以外的其他人发放贷款，造成50—100万元以上损失的，可以认定为"造成重大损失"；造成300—500万元以上损失的，可以认定为"造成特别重大损失"。

★《最高人民法院关于准确理解和适用刑法中"国家规定"的有关问题的通知》（法发〔2011〕155号　自2011年4月8日起施行）

详见《刑法》第一百八十五条之一违法运用资金罪部分（第151—152页）。

编者注：本条中的"国家规定"包括商业银行法、银行业监督管理法、《金融违法行为处罚办法》，金融监管部门出台的部门规章、文件和银行等金融机构内部管理规范不是"国家规定"，但可以作为理解和适用前述"国家规定"中有关贷款发放条款规定的参考。

法律适用答复、复函

★《公安部经济犯罪侦查局关于以信用卡透支协议的形式进行借款可否视为贷款问题的批复》（公经〔2001〕1021号 自2001年9月7日起施行）

山东省公安厅经侦总队：

你总队《关于在办理刘安才等人非法吸收公众存款、违法发放贷款案过程中遇到的几个问题的请示》（鲁公经〔2001〕301号）收悉，根据中国人民银行条法司1998年6月8日就此类问题函复最高人民检察院刑事检察厅的意见，现答复如下：

根据中国人民银行《信用卡业务管理办法》的规定，信用卡只能在规定的限额内透支。信用卡超限额透支的金额，属于贷款性质。若该行为造成了重大损失，符合违法发放贷款罪的构成要件，则构成违法发放贷款罪。

参考案例

★刘顺新等人违法发放贷款案（参见《刑事审判参考》2013年第1集，第825号案例）

1986年7月，经中国人民银行批准，爱建信托成立，经营范围包括信托存款、贷款、信托投资等金融业务。1998年5月至2004年9月间，被告人马建平担任爱建信托总经理，主持公司的经营管理工作，直接负责爱建信托的贷款等业务。2000年10月，被告人刘顺新曾因动用爱建证券巨额资金至香港炒股被套牢而急需资金用于解套，遂召集被告人颜立燕、陈辉、马建平三人一起商量。经商定，由颜立燕以其公司名义向爱建信托申请贷款，刘顺新、陈辉所在的爱建证券为颜立燕出具形式上符合贷款要求的质押证明，马建平利用其担任爱建信托总经理的职务便利发放贷款，贷款资金用于炒股，三方共同牟利。2000年11月至2001年9月间，颜立燕以其实际控制的骏乐实业、达德投资有限公司名义向爱建信托申请质押贷款，质押物为颜立燕妻子张伟玲在爱建证券开设账户内所拥有的股票和资金。刘顺新、陈辉以爱建证券的名义,为上述账户出具了虚假足额抵押证明。马建平向爱建信托贷审会隐瞒了贷款实际用途以及质押物严重不足的情况,使贷款得以审核通过。其间,马建平还两次将贷款予以拆分,以规避其贷款审批权限不超过人民币(以下币种同)1亿元的规定,先后16次向骏乐实业、达德投资发放贷款共计9.6976亿元。2001年8月至9月间,马建平因担心直接发放给颜立燕公司的贷款金额过大,违规贷款行为容易被发现,遂与刘顺新、颜立燕商议,由陈辉等人操作,以爱建证券下属的方达公司作为平台,爱建信托与方达公司签订了虚假的《信托资金委托管理合同》,将爱建信托4.289亿元资金划至方达公司的账户,然后在无任何质押担保手续的情况下,再将上述资金划转给颜立燕实际控制的公司。经审计查明,在爱建信托发放的总计13.9866亿元资金中,划至境外炒股的资金为4.8亿余元;颜立燕及其亲属用于境内炒股、出借、归还借款、提现等用途的资金共计4.5亿余元;划入爱建证券控制账户的资金3.1亿余元;归还爱建信托贷款本金1亿余元。上述贷款中,除归还5.8亿余元外,尚有8.1亿余元贷款本金没有归还。

(一)实务问题

1. 如何把握挪用资金罪和违法发放贷款罪的界限?

2. 行为人在侦查机关立案后的退赔能否从损失认定中扣减?

(二)规则提炼

1. 四被告人的行为不构成挪用资金罪。认定被告人马建平以个人名义将爱建信托资金借贷给其他单位证据不足。无论马建平是以贷款形式还是以委托理财形式将爱建信托资金发放给颜立燕实际控制的公司,都是以爱建信托的单位名义,并非以其个人名义。认定四被告人共同挪用资金给个人使用的证据不足。一是本案直接取得贷款的主体系骏乐实业和达德投资,两主体均具有法人资格。虽然两公司均由颜立燕实际控制,但是在公司法中已明确,即便是一人公司,在合法地位的情况下,将上述两公司认定为"个人"行为于法无据。二是四被告人在贷款前的共谋表明，骏乐实业和达德投资只是取得贷款的平台，贷款的真实目的是用于香港炒股，为爱建证券在香港的股票解套，而非给个人使用。三是从贷款的实际流向看，骏乐实业和达德投资从爱建信托取得的 9.6976 亿元与 4.289 亿元两笔资金中，1.04 亿余元用于归还爱建信托涉案贷款本金，3.1 亿余元流向爱建证券，3.83 亿余元流向爱建房产、爱和置业等与骏乐实业、达德投资具有资金业务往来的公司。此近 8 亿元均为单位的生产经营活动所用。四是流向香港的 4.82 亿余元，表面上是以颜立燕在香港设立的公司名义用于炒股，但是从四被告人共谋贷款的目的以及爱建证券主动承担骏乐实业、达德投资人爱建信托的贷款等证据来看，不能排除此笔资金实为爱建证券所用。

2. 在认定是否造成重大损失时，行为人在侦查机关立案后的退赔不能从损失认定中扣减。犯罪所造成的"损失"，是指犯罪行为作用或者影响公私财物后所造成的财物的减少或者灭失的数量。对犯罪所造成的损失的认定，应当以侦查机关立案时为界点。侦查机关立案后，行为人的退赔行为对定罪不构成影响，对损失数额的认定也不构成影响。本案中，一审宣判前颜立燕退赔全部经济损失的行为，仅可以作为对颜立燕等四被告人酌情从轻处罚的量刑情节考虑。

二十一、吸收客户资金不入帐罪

第一百八十七条

银行[第294页]或者其他金融机构[第295页]的工作人员

> 吸收客户资金不入帐,数额巨大或者造成重大损失的,处五年以下有期徒刑或者拘役,并处二万元以上二十万元以下罚金;数额特别巨大或者造成特别重大损失的,处五年以上有期徒刑,并处五万元以上五十万元以下罚金。
>
> 单位犯前款罪的,对单位判处罚金,并对其直接负责的主管人员和其他直接责任人员,依照前款的规定处罚。

立法沿革

本条系刑法增设[①],79刑法、单行刑法均未规定。高法《罪名规定》、高检《罪名意见》将其解释为用帐外客户资金非法拆借、发放贷款罪。《刑法修正案(六)》第十四条对本条第一款作了修改:(1)删除犯罪主观构成要件中的"以牟利为目的"字样;(2)删除犯罪构成要件中的"将资金用于非法拆借、发放贷款";(3)定罪量刑标准由"造成重大损失""造成特别重大损失"改为"数额巨大或者造成重大损失""数额特别巨大或者造成重大损失"。"两高"《罪名补充规定(三)》将其解释为吸收客户资金不入帐罪,取消用帐外客户资金非法拆借、发放贷款罪罪名。

---

① 银行或者其他金融机构的工作人员以牟利为目的,采取吸收客户资金不入帐的方式,将资金用于非法拆借、发放贷款,造成重大损失的,处五年以下有期徒刑或者拘役,并处二万元以上二十万元以下罚金;造成特别重大损失的,处五年以上有期徒刑,并处五万元以上五十万元以下罚金。

单位犯前款罪的,对单位判处罚金,并对其直接负责的主管人员和其他直接责任人员,依照前款的规定处罚。

立案追诉标准

★《最高人民检察院、公安部关于公安机关管辖的刑事案件立案追诉标准的规定（二）》（公通字〔2022〕12号 自2022年5月15日起施行）

第三十八条 〔吸收客户资金不入帐案（刑法第一百八十七条）〕银行或者其他金融机构及其工作人员吸收客户资金不入帐，涉嫌下列情形之一的，应予立案追诉：

（一）吸收客户资金不入帐，数额在二百万元以上的；

（二）吸收客户资金不入帐，造成直接经济损失数额在五十万元以上的。

司法解释性质规范性文件

★《全国法院审理金融犯罪案件工作座谈会纪要》（法〔2001〕8号 自2001年1月21日起施行）

（二）关于破坏金融管理秩序罪

3.用账外客户资金非法拆借、发放贷款行为的认定和处罚

银行或者其他金融机构及其工作人员以牟利为目的，采取吸收客户资金不入账的方式，将客户资金用于非法拆借、发放贷款，造成重大损失的，构成用账外客户资金非法拆借、发放贷款罪。以牟利为目的，是指金融机构及其工作人员为本单位或者个人牟利，不具有这种目的的，不构成该罪。这里的"牟利"，一般是指谋取用账外客户资金非法拆借、发放贷款所产生的非法收益，如利息、差价等。对于用款人为取得贷款而支付的回扣、手续费等，应根据具体情况分别处理：银行或者其他金融机构用账外客户资金非法拆借、发放贷款，收取的回扣、手续费等，应认定为"牟利"；银行或者其他金融机构的工作人员利用职务上的便利，用账外客户资金非法拆借、发放贷款，收取回扣、手续费等，数额较小的，以"牟利"论处；银行或者其他金融机构的工作人员将用

款人支付给单位的回扣、手续费秘密占为己有,数额较大的,以贪污罪定罪处罚;银行或者其他金融机构的工作人员利用职务便利,用账外客户资金非法拆借、发放贷款,索取用款人的财物,或者非法收受其他财物,或者收取回扣、手续费等,数额较大的,以受贿罪定罪处罚。吸收客户资金不入账,是指不记入金融机构的法定存款账目,以逃避国家金融监管,至于是否记入法定账目以外设立的账目,不影响该罪成立。

审理银行或者其他金融机构及其工作人员用账外客户资金非法拆借、发放贷款案件,要注意将用账外客户资金非法拆借、发放贷款的行为与挪用公款罪和挪用资金罪区别开来。对于利用职务上的便利,挪用已经记入金融机构法定存款账户的客户资金归个人使用的,或者吸收客户资金不入账,却给客户开具银行存单,客户也认为将款已存入银行,该款却被行为人以个人名义借贷给他人的,均应认定为挪用公款罪或者挪用资金罪。

编者注:2006年《刑法修正案(六)》对本条作了修改,删去了"以牟利为目的"和"将资金用于非法拆借、发放贷款"的规定,故本罪主观上不再要求牟利目的,客观用途上不再限定用于非法拆借、发放贷款。

4.破坏金融管理秩序相关犯罪数额和情节的认定

最高人民法院先后颁行了《关于审理伪造货币等案件具体应用法律若干问题的解释》《关于审理走私刑事案件具体应用法律若干问题的解释》,对伪造货币,走私、出售、购买、运输假币等犯罪的定罪处刑标准以及相关适用法律问题作出了明确规定。为正确执行刑法,在其他有关的司法解释出台之前,对假币犯罪以外的破坏金融管理秩序犯罪的数额和情节,可参照以下标准掌握:

……

关于用账外客户资金非法拆借、发放贷款罪。对于银行或者其他金融机构工作人员以牟利为目的,采取吸收客户资金不入账的方式,将资金用于非法拆借、发放贷款,造成50—100万元以上损失的,可以认定为"造成重大损失";造成300—500万元以上损失的,可以认定为"造成特别重大损失"。

对于单位实施违法发放贷款和用账外客户资金非法拆借、发放贷款造成损失构成犯罪的数额标准,可按个人实施上述犯罪的数额标准二至四倍掌握。

由于各地经济发展不平衡,各省、自治区、直辖市高级人民法院可参照上述数额标准或幅度,根据本地的具体情况,确定在本地区掌握的具体标准。

二十二、违规出具金融票证罪

> **第一百八十八条**
>
> 银行[第294页]或者其他金融机构[第295页]的工作人员违反规定[第474页],为他人出具信用证[第357页]或者其他保函[第361页]、票据[第392页]、存单[第475页]、资信证明[第475页],情节严重的,处五年以下有期徒刑或者拘役;情节特别严重的,处五年以上有期徒刑。
>
> 单位犯前款罪的,对单位判处罚金,并对其直接负责的主管人员和其他直接责任人员,依照前款的规定处罚。

立法沿革

本条系《关于惩治破坏金融秩序犯罪的决定》第十五条①增设的内容，79刑法没有规定，刑法②将其吸收纳入，并增设"存单"作为本罪的犯罪对象。高法《罪名规定》、高检《罪名意见》将其解释为非法出具金融票证罪。《刑法修正案（六）》第十五条将本条第一款中定罪量刑标准分别由"造成较大损失""造成重大损失"修改为"情节严重""情节特别严重"。"两高"《罪名补充规定（三）》将其解释为违规出具金融票证罪，取消非法出具金融票证罪罪名。

立案追诉标准

★《最高人民检察院、公安部关于公安机关管辖的刑事案件立案追诉标准的规定（二）》（公通字〔2022〕12号 自2022年5月15日起施行）

第三十九条 〔违规出具金融票证案（刑法第一百八十八条）〕银行或者其他金融机构及其工作人员违反规定，为他人出具信用证或者其他保函、票据、存单、资信证明，涉嫌下列情形之一的，应予立案追诉：

（一）违反规定为他人出具信用证或者其他保函、票据、存

---

① 银行或者其他金融机构的工作人员违反规定为他人出具信用证或者其他保函、票据、资信证明，造成较大损失的，处五年以下有期徒刑或者拘役；造成重大损失的，处五年以上有期徒刑。

单位犯前款罪的，对单位判处罚金，并对直接负责的主管人员和其他直接负责人员，依照前款的规定处罚。

② 银行或者其他金融机构的工作人员违反规定，为他人出具信用证或者其他保函、票据、存单、资信证明，造成较大损失的，处五年以下有期徒刑或者拘役；造成重大损失的，处五年以上有期徒刑。

单位犯前款罪的，对单位判处罚金，并对其直接负责的主管人员和其他直接责任人员，依照前款的规定处罚。

单、资信证明，数额在二百万元以上的；

（二）违反规定为他人出具信用证或者其他保函、票据、存单、资信证明，造成直接经济损失数额在五十万元以上的；

（三）多次违规出具信用证或者其他保函、票据、存单、资信证明的；

（四）接受贿赂违规出具信用证或者其他保函、票据、存单、资信证明的；

（五）其他情节严重的情形。

法律适用答复、复函

★《最高人民法院刑事审判第一庭关于银行内部机构的工作人员以本部门与他人合办的公司为受益人开具信用证是否属于"为他人出具信用证"问题的复函》（自 2000 年 6 月 27 日起施行）

刑法第 188 条非法出具金融票证罪规定的"为他人出具信用证"中的"他人"，是指银行或者其他金融机构以外的个人或者单位。银行内部机构的工作人员以本部门与他人合办的公司为受益人，违反规定开具信用证，属于为他人非法出具信用证。

★《公安部关于对涉嫌非法出具金融票证犯罪案件涉及的部分法律问题的批复》（公经〔2003〕88 号　自 2003 年 1 月 27 日起施行）

一、关于损失的认定问题

对于借款人有下列情形之一，其借款不能归还的，应认定为损失：

（一）法院宣布借款人破产，已清算完毕的；

（二）借款人被依法撤销、关闭、解散，并终止法人资格的；

（三）借款人虽未被依法终止法人资格，但生产经营活动已停止，借款人已名存实亡的；

（四）借款人的经营活动虽未停止，但公司、企业已亏损严重，资不抵债的；

（五）其他应认定为损失的情形。

关于损失的认定时间,应分为定罪损失和量刑损失两种情形来考虑:定罪损失是立案损失、成罪损失,应以公安机关立案时为标准;量刑损失是法院审理案件时的实际损失,以确定最终量刑幅度。

二、关于用资人行为的定性问题

在金融机构及其工作人员非法出具金融票证等破坏金融管理秩序犯罪活动中,用资人的行为能否被认定为金融诈骗犯罪,首先应当考察其主观上是否有非法占有的故意。对此,可参照最高人民法院2001年1月21日印发的《全国法院审理金融犯罪案件工作座谈会纪要》(法〔2001〕8号)中的有关内容,即对于行为人通过诈骗的方法非法获取资金,造成数额较大资金不能归还,并具有下列情形之一的,可以认定为具有非法占有的目的:

(一)明知没有归还能力而大量骗取资金的;

(二)非法获取资金后逃跑的;

(三)肆意挥霍骗取资金的;

(四)使用骗取的资金进行违法犯罪活动的;

(五)抽逃、转移资金、隐匿财产,以逃避返还资金的;

(六)隐匿、销毁账目,或者拒不说明资金去向,或者搞假破产、假倒闭,以逃避返还资金的;

(七)其他非法占有资金、拒不返还的行为。

★《公安部经济犯罪侦查局关于伪造银行履约保函的行为是否构成伪造、变造金融票证罪的批复》(公经〔2006〕2769号 自2006年12月1日起施行)

详见刑法第一百七十七条伪造、变造金融票证罪部分(第75页)。

★《公安部经济犯罪侦查局关于民间借贷合同加盖金融机构公章能否视为保函有关问题的批复》(公经金融〔2009〕295号 自2009年11月4日起施行)

银行保函是指银行应委托人的申请而向受益人开立的有担保性质的书面承诺文件,一旦委托人未按其与受益人签订的合同的约定偿还债务或履行约定义务时，由银行按照与委托人签订的《保函委托书》履行担保责任。而本案中，犯罪嫌疑人杨××违反规定，利用其担任中国建设银行郑州市××支行行长便利，私自在河南××纸业股份有限公司向辛××个人借款1360万元的民间借贷合同上加盖本行印章，由于单纯公章印章本身不具备保函的形式要件，不能视为保函。

★《公安部经济犯罪侦查局关于"12·24"票据诈骗案件有关法律问题的批复》（公经金融〔2012〕182号 自2012年10月31日起施行）

二、涉案的商业承兑汇票（不可撤销）保证函、不可撤销的还款担保函属于银行履约保函的一种。……银行履约保函是保函的一种，属于《刑法》第一百八十八条所列的金融票证的范畴。但只有在经济活动中具有给付货币和资金结算作用，并表明银行与客户之间已受理或已办结相关支付结算业务的凭据，才能认定为银行结算凭证。因此，《刑法》第一百七十七条"伪造、变造金融票证罪"规定的金融票证种类中并未包括银行履约保函。

▶ 参考案例 ▶▶▶

★卜新光申请刑事违法追缴赔偿案（参见最高人民法院指导案例44号）

卜新光自1995年1月起承包经营安徽省信托投资公司深圳证券业务部（以下简称安信证券部）期间，未经安徽省信托投资公司（以下简称安信公司）授权，安排其聘用人员私自刻制、使用属于安信公司专有的公司印章，并用此假印章伪造安信公司法人授权委托书、法定代表人证明书及给深圳证券交易所的担保文书，获得了安信证券部的营业资格。在承包经营安信证券部期间，卜新光违反金融管理法规，两次向他人开具虚假的资信证明，造成1032万元的重大经济损失；在承包经营过程中，卜新光作为安信证券部总经理，利用职务之便，直接或间接将安信证券部资金

9173.2286万元挪用,用于其个人所有的深圳新晖实业发展有限责任公司投资及各项费用。2001年合肥市中级人民法院一审判决卜新光犯伪造公司印章罪、非法出具金融票证罪、挪用资金罪,数罪并罚决定执行有期徒刑15年。安徽省高级人民法院二审裁定维持。

(一)实务问题

如何认定本案中向他人开具虚假资信证明和将单位资金用于个人所有的其他企业经营开支的行为?

(二)规则提炼

信托投资公司证券业务部开具的资信证明属于金融票证,信托投资公司经营人员违反金融管理法规,向他人开具虚假的资信证明,造成重大经济损失的,构成违规出具金融票证罪。

利用职务之便,直接或间接将本单位用于行为人个人所有的其他公司投资及各项费用,与本单位经营业务没有关联,且造成的经济损失由本单位承担法律责任,应视为挪用本单位资金归个人使用,其行为构成挪用资金罪。

二十三、对违法票据承兑、付款、保证罪

第一百八十九条

银行[第294页]或者其他金融机构[第295页]的工作人员在票据业务中,对违反票据法规定[第476页]的票据予以承兑[第355页]、付款[第478页]或者保证[第479页],造成重大损失的,处五年以下有期徒刑或者拘役;造成特别重大损失的,处五年以上有期徒刑。

单位犯前款罪的，对单位判处罚金，并对其直接负责的主管人员和其他直接责任人员，依照前款的规定处罚。

立法沿革

本条系刑法吸收《票据法》第一百零五条①内容增设，79刑法、单行刑法均未规定。高法《罪名规定》、高检《罪名意见》将其解释为对违法票据承兑、付款、保证罪。

立案追诉标准

★《最高人民检察院、公安部关于公安机关管辖的刑事案件立案追诉标准的规定（二）》（公通字〔2022〕12号 自2022年5月15日起施行）

第四十条 〔对违法票据承兑、付款、保证案（刑法第一百八十九条）〕银行或者其他金融机构及其工作人员在票据业务中，对违反票据法规定的票据予以承兑、付款或者保证，造成直接经济损失数额在五十万元以上的，应予立案追诉。

---

① 金融机构工作人员在票据业务中玩忽职守，对违反本法规定的票据予以承兑、付款或者保证的，给予处分；造成重大损失，构成犯罪的，依法追究刑事责任。

由于金融机构工作人员因前款行为给当事人造成损失的，由该金融机构和直接责任人员依法承担赔偿责任。

二十四、逃汇[第480页]罪

第一百九十条

公司、企业或者其他单位,违反国家规定,擅自将外汇[第487页]存放境外,或者将境内的外汇非法转移到境外,数额较大的,对单位判处逃汇数额百分之五以上百分之三十以下罚金,并对其直接负责的主管人员和其他直接责任人员,处五年以下有期徒刑或者拘役;数额巨大或者有其他严重情节的,对单位判处逃汇数额百分之五以上百分之三十以下罚金,并对其直接负责的主管人员和其他直接责任人员,处五年以上有期徒刑。

立法沿革 >>>

79刑法没有规定本罪,1988年1月21日通过的《全国人民代表大会常务委员会关于惩治走私罪的补充规定》第九条第一款[①]

---

① 全民所有制、集体所有制企业事业单位、机关、团体违反外汇管理法规,在境外取得的外汇,应该调回境内而不调回,或者不存入国家指定的银行,或者把境内的外汇非法转移到境外,或者把国家拨给的外汇非法出售牟利的,由外汇管理机关依照外汇管理法规强制收兑外汇、没收违法所得,可以并处罚款,并对其直接负责的主管人员和其他直接责任人员,由其所在单位或者上级主管机关酌情给予行政处分;情节严重的,除依照外汇管理法规强制收兑外汇、没收违法所得外,判处罚金,并对其直接负责的主管人员和其他直接责任人员,处5年以下有期徒刑或者拘役。

将其从走私罪中分离出来独立成罪,罪名为逃汇套汇罪。刑法①将该补充规定中的套汇行为予以非犯罪化,仅将逃汇行为入罪,具体作了如下修改:将原"全民所有制、集体所有制企业事业单位、机关、团体"改为"国有公司、企业或其他国有单位",将"违反外汇管理规定"改为"违反国家规定",将原规定的四种行为方式概括为"擅自将外汇存放境外,或者将境内的外汇非法转移到境外",将处罚对象明确为"单位"。《全国人民代表大会常务委员会关于惩治骗购外汇、逃汇和非法买卖外汇犯罪的决定》第三条将犯罪主体改为"公司、企业或者其他单位",罪状由情节犯改为数额犯,罚金刑由无限额制改为百分比制,明确了罚金数额,设置两个量刑档次,并提高了法定刑。高法《罪名规定》、高检《罪名意见》将其解释为逃汇罪。

司法解释 >>>>

★《最高人民法院关于审理骗购外汇、非法买卖外汇刑事案件具体应用法律若干问题的解释》(法释〔1998〕20号 自1998年9月1日起施行)

为依法惩处骗购外汇、非法买卖外汇的犯罪行为,根据刑法的有关规定,现对审理骗购外汇、非法买卖外汇案件具体应用法律的若干问题解释如下:

第一条 以进行走私、逃汇、洗钱、骗税等犯罪活动为目的,使用虚假、无效的凭证、商业单据或者采取其他手段向外汇指定银行骗购外汇的,应当分别按照刑法分则第三章第二节、第一百九十条、第一百九十一条和第二百零四条等规定定罪处罚。

---

① 国有公司、企业或者其他国有单位,违反国家规定,擅自将外汇存放境外,或者将境内的外汇非法转移到境外,情节严重的,对单位判处罚金,并对其直接负责的主管人员和其他直接责任人员,处五年以下有期徒刑或者拘役。

非国有公司、企业或者其他单位,与国有公司、企业或者其他国有单位勾结逃汇的,以逃汇罪的共犯处罚。

第六条 实施本解释规定的行为,同时触犯二个以上罪名的,择一重罪从重处罚。

★《最高人民法院、最高人民检察院关于办理非法从事资金支付结算业务、非法买卖外汇刑事案件适用法律若干问题的解释》(法释〔2019〕1号 自2019年2月1日起施行)

第十一条 涉及外汇的犯罪数额,按照案发当日中国外汇交易中心或者中国人民银行授权机构公布的人民币对该货币的中间价折合成人民币计算。中国外汇交易中心或者中国人民银行授权机构未公布汇率中间价的境外货币,按照案发当日境内银行人民币对该货币的中间价折算成人民币,或者该货币在境内银行、国际外汇市场对美元汇率,与人民币对美元汇率中间价进行套算。

立案追诉标准

★《最高人民检察院、公安部关于公安机关管辖的刑事案件立案追诉标准的规定(二)》(公通字〔2022〕12号 自2022年5月15日起施行)

第四十一条 〔逃汇案(刑法第一百九十条)〕公司、企业或者其他单位,违反国家规定,擅自将外汇存放境外,或者将境内的外汇非法转移到境外,单笔在二百万美元以上或者累计数额在五百万美元以上的,应予立案追诉。

司法解释性质规范性文件

★《最高人民法院、最高人民检察院、公安部关于印发〈办理骗汇、逃汇犯罪案件联席会议纪要〉的通知》(公通字〔1999〕39号 自1999年6月7日起施行)

中央部署开展打击骗汇犯罪专项斗争以来,在国务院和中央政法委的统一领导和组织协调下,各级公安机关和人民检察院迅速行动起来，在全国范围内对骗汇犯罪开展了全面打击行动。1998年8月28日最高人民法院《关于审理骗购外汇、非法买卖外汇刑事案件具体应用法律若干问题的解释》发布，对司法机关运用法律武器准确、及时打击犯罪发挥了重要作用。但是，一些地方在办理此类案件过程中，在案件管辖、适用法律及政策把握等方面遇到一些问题，需要予以明确。为了进一步贯彻中央从重从快严厉打击骗汇犯罪的指示精神，准确适用法律，保障专项斗争深入开展，争取尽快起诉、宣判一批骗汇犯罪案件，打击和震慑骗汇犯罪活动，1999年3月16日，中央政法委、最高人民法院、最高人民检察院、公安部、中国人民银行、国家外汇管理局、解放军军事法院、军事检察院、总政保卫部等有关部门在北京昌平召开联席会议，共同研究解决打击骗汇犯罪斗争中出现的各种问题。会议纪要如下：

一、各级公安机关、人民检察院、人民法院和军队保卫、检、法部门在办理骗汇案件过程中，要从维护国家外汇管理秩序和国家经济安全的高度认识打击骗汇、逃汇犯罪专项斗争的重大意义，坚决贯彻党中央、国务院部署，积极参加专项斗争，各司其职，互相配合，加强协调，加快办案进度。

二、全国人大常委会《关于惩治骗购外汇、逃汇和非法买卖外汇犯罪的决定》（以下简称《决定》）公布施行后发生的犯罪行为，应当依照《决定》办理；对于《决定》公布施行前发生的公布后尚未处理或者正在处理的行为，依照修订后的刑法第十二条第一款规定的原则办理。

最高人民法院1998年8月28日发布的《关于审理骗购外汇、非法买卖外汇刑事案件具体应用法律若干问题的解释》（以下简称《解释》），是对具体应用修订后的刑法有关问题的司法解释，适用于依照修订后的刑法判处的案件。各执法部门对于《解释》应当准确理解，严格执行。

《解释》第四条规定："公司、企业或者其他单位，违反有关外贸代理业务的规定,采用非法手段、或者明知是伪造、变造的凭证、商业单据,为他人向外汇指定银行骗购外汇,数额在五百万美元以上或者违法所得五十万元人民币以上的,按照刑法第二百二十五条第(三)项的规定定罪处罚;居间介绍骗购外汇一百万美元以上或者违法所得十万元人民币以上的,按照刑法第二百二十五条第(三)项的规定定罪处罚。"上述所称"采用非法手段",是指有国家批准的进出口经营权的外贸代理企业在经营代理进口业务时,不按国家经济主管部门有关规定履行职责,放任被代理方自带客户、自带货源、自带汇票、自行报关,在不见进口产品、不见供货货主、不见外商的情况下代理进口业务,或者采取法律、行政法规和部门规章禁止的其他手段代理进口业务。

认定《解释》第四条所称的"明知",要结合案件的具体情节予以综合考虑,不能仅仅因为行为人不供述就不予认定。报关行为先于签订外贸代理协议的,或者委托方提供的购汇凭证明显与真实凭证、商业单据不符的,应当认定为明知。

《解释》第四条所称"居间介绍骗购外汇",是指收取他人人民币、以虚假购汇凭证委托外贸公司、企业骗购外汇,获取非法收益的行为。

三、公安机关侦查骗汇、逃汇犯罪案件中涉及人民检察院管辖的贪污贿赂、渎职犯罪案件的,应当将贪污贿赂、渎职犯罪案件材料移送有管辖权的人民检察院审查。对管辖交叉的案件,可以分别立案,共同工作。如果涉嫌主罪属于公安机关管辖,由公安机关为主侦查,人民检察院予以配合;如果涉嫌主罪属于人民检察院管辖,由人民检察院为主侦查,公安机关予以配合。双方意见有较大分歧的,要协商解决,并及时向当地党委、政法委和上级主管机关请示。

四、公安机关侦查骗汇、逃汇犯罪案件,要及时全面收集和固定犯罪证据,抓紧缉捕犯罪分子。人民检察院和人民法院对正在办理的骗汇、逃汇犯罪案件,只要基本犯罪事实清楚,基本证据确实充分,应当及时依法起诉、审判。主犯在逃或者骗购外汇所需人民币资金的来源无法彻底查清,但证明在案的其他犯罪嫌疑人实施犯罪的基本证据确实充分的,为在法定时限内结案,可以对在案的其他犯罪嫌疑人先行处理。对于已收集到外汇指定银行汇出凭证和境外收汇银行收款凭证等证据,能够证明所骗购外汇确已汇至港澳台地区或国外的,应视为骗购外汇既遂。

五、坚持"惩办与宽大相结合"的政策。对骗购外汇共同犯罪的主犯,或者参与伪造、变造购汇凭证的骗汇人员,以及与骗购外汇的犯罪分子相勾结的国家工作人员,要从严惩处。对具有自首、立功或者其他法定从轻、减轻情节的,依法从轻、减轻处理。

六、各地在办理骗汇、逃汇犯罪案件中遇到的有关问题以及侦查、起诉、审判的信息要及时向各自上级主管机关报告。上级机关要加强对案件的督办、检查和指导协调工作。

参考案例

★上海大乾同实业有限公司等逃汇案(参见中国检察出版社2018年版《金融犯罪指导性案例实务指引》典型案例之二)

2012年8月至2013年4月,被告人王某在经营上海大乾同实业有限公司期间,为赚取人民币定期存款利息(人民币定期存款利率大约在2.8%—3.3%)与外汇贷款资金成本(外汇贷款利率大约在1%—3%)之间的利差,虚构转口贸易背景,以虚假的销售合同、货物装箱单、货物提单等材料向银行申请外汇贷款;同时被告人王某向他人借款、借用银票等,以用于向银行支付保证金、提供银票质押(保证金或银票金额等额于贷款金额)等,为外汇贷款提供担保,其中保证金存入银行保证金账户,利息按定期存款利率计算。

(一)实务问题

利用境内外经贸管理制度的差异,借助离岸公司、离岸账户虚构贸易背景套取外汇融资资金的行为如何定性?

（二）规则提炼

为赚取人民币定期存款利息收入与外汇贷款资金成本之间的差价，注册成立多家离岸公司，虚构转口贸易背景，并以支付保证金、银票质押、房产抵押及信用担保等方式，向多家商业银行提供虚假材料，反复套取外汇融资资金，进行跨境资金转移，构成逃汇罪。

二十五、骗购外汇罪

《全国人民代表大会常务委员会关于惩治骗购外汇、逃汇和非法买卖外汇犯罪的决定》第一条、第五条

一、有下列情形之一，骗购外汇[第488页]，数额较大的，处五年以下有期徒刑或者拘役，并处骗购外汇数额百分之五以上百分之三十以下罚金；数额巨大或者有其他严重情节的，处五年以上十年以下有期徒刑，并处骗购外汇数额百分之五以上百分之三十以下罚金；数额特别巨大或者有其他特别严重情节的，处十年以上有期徒刑或者无期徒刑，并处骗购外汇数额百分之五以上百分之三十以下罚金或者没收财产：

（一）使用伪造、变造的海关签发的报关单、进口证明、外汇管理部门核准件等凭证和单据的；

（二）重复使用海关签发的报关单、进口证明、外汇管理部门核准件等凭证和单据的；

（三）以其他方式骗购外汇的。

伪造、变造海关签发的报关单、进口证明、外汇管理部门核准件等凭证和单据，并用于骗购外汇的，依照前款的规定从重处罚。

明知用于骗购外汇而提供人民币资金的，以共犯论处。

单位犯前三款罪的，对单位依照第一款的规定判处罚金，并对其直接负责的主管人员和其他直接责任人员，处五年以下有期徒刑或者拘役；数额巨大或者有其他严重情节的，处五年以上十年以下有期徒刑；数额特别巨大或者有其他特别严重情节的，处十年以上有期徒刑或者无期徒刑。

五、海关、外汇管理部门以及金融机构、从事对外贸易经营活动的公司、企业或者其他单位的工作人员与骗购外汇或者逃汇的行为人通谋，为其提供购买外汇的有关凭证或者其他便利的，或者明知是伪造、变造的凭证和单据而售汇、付汇的，以共犯论，依照本决定从重处罚。

司法解释

★《最高人民法院关于审理骗购外汇、非法买卖外汇刑事案件具体应用法律若干问题的解释》（法释〔1998〕20号　自1998年9月1日起施行）

第一条　以进行走私、逃汇、洗钱、骗税等犯罪活动为目的，使用虚假、无效的凭证、商业单据或者采取其他手段向外汇指定银行骗购外汇的，应当分别按照刑法分则第三章第二节、第一百九十条、第一百九十一条和第二百零四条等规定定罪处罚。

非国有公司、企业或者其他单位，与国有公司、企业或者其他国有单位勾结逃汇的,以逃汇罪的共犯处罚。

第四条 公司、企业或者其他单位,违反有关外贸代理业务的规定,采用非法手段,或者明知是伪造、变造的凭证、商业单据,为他人向外汇指定银行骗购外汇,数额在500万美元以上或者违法所得50万元人民币以上的,按照刑法第二百二十五条第(三)项的规定定罪处罚。

居间介绍骗购外汇100万美元以上或者违法所得10万元人民币以上的,按照刑法第二百二十五条第(三)项的规定定罪处罚。

第五条 海关、银行、外汇管理机关工作人员与骗购外汇的行为人通谋,为其提供购买外汇的有关凭证,或者明知是伪造、变造的凭证和商业单据而出售外汇,构成犯罪的,按照刑法的有关规定从重处罚。

第六条 实施本解释规定的行为,同时触犯两个以上罪名的,择一重罪从重处罚。

第七条 根据刑法第六十四条规定,骗购外汇、非法买卖外汇的,其违法所得予以追缴,用于骗购外汇、非法买卖外汇的资金予以没收,上缴国库。

第八条 骗购、非法买卖不同币种的外汇的,以案发时国家外汇管理机关制定的统一折算率折合后依照本解释处罚。

★《最高人民法院、最高人民检察院关于办理非法从事资金支付结算业务、非法买卖外汇刑事案件适用法律若干问题的解释》(法释〔2019〕1号 自2019年2月1日起施行)

详见刑法第一百九十条逃汇罪部分(第172页)。

立案追诉标准

★《最高人民检察院、公安部关于公安机关管辖的刑事案件立案追诉标准的规定(二)》(公通字〔2022〕12号 自2022年5月15日起施行)

第四十二条 〔骗购外汇案(《全国人民代表大会常务委员会

关于惩治骗购外汇、逃汇和非法买卖外汇犯罪的决定》第一条)〕骗购外汇数额在五十万美元以上的，应予立案追诉。

■ 司法解释性质规范性文件 >>>

★《最高人民法院、最高人民检察院、公安部关于印发〈办理骗汇、逃汇犯罪案件联席会议纪要〉的通知》(公通字〔1999〕39号 自1999年6月7日起施行)

详见刑法第一百九十条逃汇罪部分（第172—175页）。

■ 参考案例 >>>

★ **王旭骗购外汇案**（新疆维吾尔自治区乌鲁木齐市中级人民法院（2019）新01刑初265号）

被告人王旭系乌鲁木齐利达兴通贸易有限公司、乌鲁木齐鸿运瑞昌商贸有限公司、乌鲁木齐中楚益华商贸有限公司、乌鲁木齐旭日升商贸有限公司（均为境内空壳公司）的实际控制人。2012年9月至2013年7月，被告人王旭虚构转口贸易背景、购买虚假海运提单、按照提单记载事项制作虚假转口贸易单证，以转口贸易需支付货款为由，向交通银行新疆区分行申请办理付汇业务，银行将外汇转入被告人王旭实际控制的香港离岸公司南风国际集团有限公司，被告人王旭通过其实际控制的空壳公司，在无真实贸易背景前提下，累计向交通银行新疆分行骗购外汇35笔，共计8370.6155万美元。

（一）实务问题

涉案货运提单是否真实是否影响主观恶性的认定？

（二）规则提炼

在没有实际货物交易的情况下，为骗购国家外汇，虚构转口贸易，无论涉案货运提单是否真实，其所进行的货物交易是虚构的，所以王旭是否明知货运提单真假不影响其主观恶性的认定，在无真实货物交易的情况下，利用其成立的多家空壳公司，进行虚假转口贸易，骗购国家外汇，其行为已构成骗购外汇罪。

★**姚志强骗购外汇案**（参见中国检察出版社2018年版《金融犯罪指导性案例实务指引》典型案例之六）

2013年3月至8月间，被告人姚志强在北京市朝阳区等地多家银行内多次骗购外汇，有多名外国人、中国人多次向被告人姚志强本人账户汇入大额人民币，姚志强将大额人民币拆分成等额5万美元的人民币数额（约31万元人民币），存入其掌握的多个个人银行账户中（按照我国现有规定，每个公民每年可换汇额度为5万美元），再将该笔钱兑换成5万美元，后在银行柜台将兑换成的数笔5万美元汇往境外账户。经过核实，其采用上述手段先后共计汇出超过500万美元，违法所得约人民币3.5万元，其中部分行为系被告人姚志强指示其朋友温长萍（另案处理）所为。

（一）实务问题

规避我国外汇管理规定，利用掌控的他人银行账户，借用他人名义购买外汇并汇往境外的行为如何定性？

（二）规则提炼

外汇是一个国家国际储备的重要组成部分，也是国际贸易支付、国际债务清偿的主要手段。一个国家外汇的增减直接影响着该国的经济实力，加强外汇管理对促进国际收支平衡和国民经济健康发展具有重要意义，因此包括我国在内的很多国家都对外汇实行一定的管制。骗购外汇行为的实质是违反了售汇制度。所谓售汇，是指外汇指定银行根据有关单位或个人提供的有效凭证和有效商业单据等证明文件将外汇售出，并按一定汇率收取人民币的行为。单位或个人向外汇指定银行购买外汇的，必须持法律规定的有效凭证、有效单据或其他证明文件。以虚假的、无效的凭证、单据或者其他证明文件向外汇指定银行骗购外汇的行为显然违反了我国外汇管理制度中有关售汇制度的规定。本案中，行为人为谋取私利，虚构购汇理由，规避我国外汇管理中关于每人每年5万美元购汇额度的规定，采用"蚂蚁搬家"的方式，将大额人民币拆分为等额的人民币（约31万元）后转入由其控制的多个他人银行账户，然后利用每个账户分别购买5万美元的外汇后汇往境外。这种行为严重扰乱了我国外汇管理秩序，已构成骗购外汇罪。

二十六、洗钱[第488页]罪

第一百九十一条

为掩饰、隐瞒毒品犯罪、黑社会性质的组织犯罪、恐怖活动犯罪、走私犯罪、贪污贿赂犯罪、破坏金融管理秩序犯罪、金融诈骗犯罪的所得及其产生的收益的来源和性质，有下列行为之一的，没收实施以上犯罪的所得及其产生的收益，处五年以下有期徒刑或者拘役，并处或者单处罚金；情节严重的，处五年以上十年以下有期徒刑，并处罚金：

（一）提供资金帐户的；

（二）将财产转换为现金、金融票据、有价证券的；

（三）通过转帐或者其他支付结算方式转移资金的；

（四）跨境转移资产的；

（五）以其他方法掩饰、隐瞒犯罪所得及其收益的来源和性质的。

单位犯前款罪的，对单位判处罚金，并对其直接负责的主管人员和其他直接责任人员，依照前款的规定处罚。

立法沿革

79刑法没有规定本罪,系由《全国人民代表大会常务委员会关于禁毒的决定》第四条①规定的掩饰、隐瞒毒赃性质、来源罪修改而来,刑法②主要作了如下修改:(1)明确规定了洗钱犯罪的罪状,从而确立了洗钱罪的罪名;(2)犯罪对象由"贩毒收益"扩大至"毒品犯罪、黑社会性质的组织犯罪、走私犯罪的违法所得及其产生的收益";(3)增设了单位犯罪主体。高法《罪名规定》、高检《罪名意见》将其解释为洗钱罪。《刑法修正案(三)》第七

---

① 包庇走私、贩卖、运输、制造毒品的犯罪分子的,为犯罪分子窝藏、转移、隐瞒毒品或者犯罪所得的财物的,掩饰、隐瞒出售毒品获得财物的非法性质和来源的,处七年以下有期徒刑、拘役或者管制,可以并处罚金。

犯前款罪事先通谋的,以走私、贩卖、运输、制造毒品罪的共犯论处。

② 明知是毒品犯罪、黑社会性质的组织犯罪、走私犯罪的违法所得及其产生的收益,为掩饰、隐瞒其来源和性质,有下列行为之一的,没收实施以上犯罪的违法所得及其产生的收益,处五年以下有期徒刑或者拘役,并处或者单处洗钱数额百分之五以上百分之二十以下罚金;情节严重的,处五年以上十年以下有期徒刑,并处洗钱数额百分之五以上百分之二十以下罚金:

(一)提供资金账户的;

(二)协助将财产转换为现金或者金融票据的;

(三)通过转账或者其他结算方式协助资金转移的;

(四)协助将资金汇往境外的;

(五)以其他方法掩饰、隐瞒犯罪的违法所得及其收益的性质和来源的。

单位犯前款罪的,对单位判处罚金,并对其直接负责的主管人员和其他直接责任人员,处五年以下有期徒刑或者拘役。

条①增设"恐怖活动犯罪的违法所得及其产生的收益"作为本罪的犯罪对象,《刑法修正案(六)》第十六条②又将"贪污贿赂犯罪、破坏金融管理秩序犯罪、金融诈骗犯罪的所得及其产生的收益"作为本罪的犯罪对象。《刑法修正案(十一)》第十四条删除第一款中"明知"字样,修改罚金刑处罚原则及第四项洗钱的方式;

---

① 将刑法第一百九十一条修改为:"明知是毒品犯罪、黑社会性质的组织犯罪、恐怖活动犯罪、走私犯罪的违法所得及其产生的收益,为掩饰、隐瞒其来源和性质,有下列行为之一的,没收实施以上犯罪的违法所得及其产生的收益,处五年以下有期徒刑或者拘役,并处或者单处洗钱数额百分之五以上百分之二十以下罚金;情节严重的,处五年以上十年以下有期徒刑,并处洗钱数额百分之五以上百分之二十以下罚金:

(一)提供资金帐户的;
(二)协助将财产转换为现金或者金融票据的;
(三)通过转帐或者其他结算方式协助资金转移的;
(四)协助将资金汇往境外的;
(五)以其他方法掩饰、隐瞒犯罪的违法所得及其收益的来源和性质的。

"单位犯前款罪的,对单位判处罚金,并对其直接负责的主管人员和其他直接责任人员,处五年以下有期徒刑或者拘役;情节严重的,处五年以上十年以下有期徒刑。"

② 将刑法第一百九十一条第一款修改为:"明知是毒品犯罪、黑社会性质的组织犯罪、恐怖活动犯罪、走私犯罪、贪污贿赂犯罪、破坏金融管理秩序犯罪、金融诈骗犯罪的所得及其产生的收益,为掩饰、隐瞒其来源和性质,有下列行为之一的,没收实施以上犯罪的所得及其产生的收益,处五年以下有期徒刑或者拘役,并处或者单处洗钱数额百分之五以上百分之二十以下罚金;情节严重的,处五年以上十年以下有期徒刑,并处洗钱数额百分之五以上百分之二十以下罚金:

(一)提供资金帐户的;
(二)协助将财产转换为现金、金融票据、有价证券的;
(三)通过转帐或者其他结算方式协助资金转移的;
(四)协助将资金汇往境外的;
(五)以其他方法掩饰、隐瞒犯罪所得及其收益的来源和性质的。"

第二款单位犯罪改独立的法定刑为"依照前款的规定处罚"。

司法解释

★《最高人民法院关于审理洗钱等刑事案件具体应用法律若干问题的解释》（法释〔2009〕15号 自2009年11月11日起施行）

为依法惩治洗钱、掩饰、隐瞒犯罪所得、犯罪所得收益，资助恐怖活动等犯罪活动，根据刑法有关规定，现就审理此类刑事案件具体应用法律的若干问题解释如下：

第一条 刑法第一百九十一条、第三百一十二条规定的"明知"，应当结合被告人的认知能力，接触他人犯罪所得及其收益的情况，犯罪所得及其收益的种类、数额，犯罪所得及其收益的转换、转移方式以及被告人的供述等主、客观因素进行认定。

具有下列情形之一的，可以认定被告人明知系犯罪所得及其收益，但有证据证明确实不知道的除外：

（一）知道他人从事犯罪活动，协助转换或者转移财物的；

（二）没有正当理由，通过非法途径协助转换或者转移财物的；

（三）没有正当理由，以明显低于市场的价格收购财物的；

（四）没有正当理由，协助转换或者转移财物，收取明显高于市场的"手续费"的；

（五）没有正当理由，协助他人将巨额现金散存于多个银行账户或者在不同银行账户之间频繁划转的；

（六）协助近亲属或其他关系密切的人转换或转移与其职业或者财产状况明显不符的财物；

（七）其他可以认定行为人明知的情形。

被告人将刑法第一百九十一条规定的某一上游犯罪的犯罪所得及其收益误认为刑法第一百九十一条规定的上游犯罪范围内的其他犯罪所得及其收益的，不影响刑法第一百九十一条规定的"明知"的认定。

第二条 具有下列情形之一的,可以认定为刑法第一百九十一条第一款第(五)项规定的"以其他方法掩饰、隐瞒犯罪所得及其收益的来源和性质":

(一)通过典当、租赁、买卖、投资等方式,协助转移、转换犯罪所得及其收益的;

(二)通过与商场、饭店、娱乐场所等现金密集型场所的经营收入相混合的方式,协助转移、转换犯罪所得及其收益的;

(三)通过虚构交易、虚设债权债务、虚假担保、虚报收入等方式,协助将犯罪所得及其收益转换为"合法"财物的;

(四)通过买卖彩票、奖券等方式,协助转换犯罪所得及其收益的;

(五)通过赌博方式,协助将犯罪所得及其收益转换为赌博收益的;

(六)协助将犯罪所得及其收益携带、运输或者邮寄出入境的;

(七)通过前述规定以外的方式协助转移、转换犯罪所得及其收益的。

第三条 明知是犯罪所得及其产生的收益而予以掩饰、隐瞒,构成刑法第三百一十二条规定的犯罪,同时又构成刑法第一百九十一条或者第三百四十九条规定的犯罪的,依照处罚较重的规定定罪处罚。

第四条 刑法第一百九十一条、第三百一十二条、第三百四十九条规定的犯罪,应当以上游犯罪事实成立为认定前提。上游犯罪尚未依法裁判,但查证属实的,不影响刑法第一百九十一条、第三百一十二条、第三百四十九条规定的犯罪的审判。

上游犯罪事实可以确认,因行为人死亡等原因依法不予追究刑事责任的,不影响刑法第一百九十一条、第三百一十二条、第三百四十九条规定的犯罪的认定。

上游犯罪事实可以确认,依法以其他罪名定罪处罚的,不影响刑法第一百九十一条、第三百一十二条、第三百四十九条规定的犯罪的认定。

本条所称"上游犯罪",是指产生刑法第一百九十一条、第三百一十二条、第三百四十九条规定的犯罪所得及其收益的各种犯罪行为。

立案追诉标准

★《最高人民检察院、公安部关于公安机关管辖的刑事案件立案追诉标准的规定(二)》(公通字〔2022〕12号 自2022年5月15日起施行)

第四十三条 〔洗钱案(刑法第一百九十一条)〕为掩饰、隐瞒毒品犯罪、黑社会性质的组织犯罪、恐怖活动犯罪、走私犯罪、贪污贿赂犯罪、破坏金融管理秩序犯罪、金融诈骗犯罪的所得及其产生的收益的来源和性质,涉嫌下列情形之一的,应予立案追诉:

(一)提供资金帐户的;
(二)将财产转换为现金、金融票据、有价证券的;
(三)通过转帐或者其他支付结算方式转移资金的;
(四)跨境转移资产的;
(五)以其他方法掩饰、隐瞒犯罪所得及其收益的来源和性质的。[①]

司法解释性质规范性文件

★《最高人民法院、最高人民检察院、海关总署打击非设关地成品油走私专题研讨会会议纪要》(署缉发〔2019〕210号 自2019年10月24日起施行)

一、关于定罪处罚

走私成品油,构成犯罪的,依照刑法第一百五十三条的规定,

[①] 该立案追诉标准没有规定数额等标准,实践中要结合《刑法》第十三条的规定判断立案追诉必要性,对于情节显著轻微危害不大的洗钱行为,不以洗钱罪定罪处罚。

以走私普通货物罪定罪处罚。

对不构成走私共犯的收购人,直接向走私人购买走私的成品油,数额较大的,依照刑法第一百五十五条第(一)项的规定,以走私罪论处;向非直接走私人购买走私的成品油的,根据其主观故意,分别依照刑法第一百九十一条规定的洗钱罪或者第三百一十二条规定的掩饰、隐瞒犯罪所得、犯罪所得收益罪定罪处罚。

★《最高人民检察院关于充分发挥检察职能服务保障"六稳""六保"的意见》(高检发〔2020〕10号 自2020年7月22日起施行)

加大惩治洗钱犯罪的力度。切实转变"重上游犯罪,轻洗钱犯罪"的做法,办理上游犯罪案件时要同步审查是否涉嫌洗钱犯罪,上游犯罪共犯以及掩饰、隐瞒犯罪所得、非法经营地下钱庄等行为同时构成洗钱罪的,择一重罪依法从严追诉。

★《最高人民法院、最高人民检察院、公安部关于办理洗钱刑事案件若干问题的意见》(法发〔2020〕41号 自2020年11月6日起施行)

二、依法准确认定洗钱犯罪

4.刑法第一百九十一条规定的洗钱罪与刑法第三百一十二条规定的掩饰、隐瞒犯罪所得、犯罪所得收益罪是刑法特别规定与一般规定的关系。掩饰、隐瞒犯罪所得、犯罪所得收益罪包含传统的窝藏犯罪和普通的洗钱犯罪,洗钱罪是针对毒品犯罪、黑社会性质的组织犯罪、恐怖活动犯罪、走私犯罪、贪污贿赂犯罪、破坏金融管理秩序犯罪、金融诈骗犯罪等严重犯罪而为其洗钱的行为所作的特别规定。同时符合刑法第一百九十一条和第三百一十二条规定的,优先适用第一百九十一条特别规定。

5.刑法第一百九十一条规定的"黑社会性质的组织犯罪所得及其产生的收益",是指黑社会性质组织及其成员实施的各种犯罪所得及其产生的收益,包括黑社会性质组织的形成、发展过程中,该组织及组织成员通过违法犯罪活动或其他不正当手段聚敛的全部财物、财产性权益及其孳息、收益。

6. 主观上认识到是刑法第一百九十一条规定的上游犯罪的所得及其产生的收益,并实施该条第一款规定的洗钱行为的,可以认定其具有掩饰、隐瞒犯罪所得及其收益的来源和性质的目的,但有证据证明不是为掩饰、隐瞒犯罪所得及其收益的来源和性质的除外。

7. 刑法第一百九十一条规定的洗钱罪,应当以上游犯罪事实成立为认定前提。上游犯罪是否既遂,不影响洗钱罪的认定。上游犯罪尚未依法裁判,但查证属实的,不影响洗钱罪的认定。

上游犯罪事实经查证属实,因行为人死亡、未达到刑事责任年龄等原因依法不予追究刑事责任的,不影响洗钱罪的认定。

8. 主观上认识到是刑法第一百九十一条规定的上游犯罪的所得及其产生的收益,包括知道或者应当知道。其中:"知道"是指根据犯罪嫌疑人、被告人的供述、证人证言等证据,可以直接证明犯罪嫌疑人、被告人知悉、了解其所掩饰、隐瞒的是刑法第一百九十一条规定的上游犯罪的所得及其产生的收益;"应当知道"是指结合查证的主、客观证据,可以证明犯罪嫌疑人、被告人知悉、了解其所掩饰、隐瞒的是刑法第一百九十一条规定的上游犯罪的所得及其产生的收益。

认定主观认知,应当结合犯罪嫌疑人、被告人的身份背景、职业经历、认知能力及其所接触、接收的信息,与上游犯罪嫌疑人、被告人的亲属关系、上下级关系、交往情况、了解程度、信任程度,接触、接收他人犯罪所得及其收益的情况,犯罪所得及其收益的种类、数额,犯罪所得及其收益的转换、转移方式,交易行为、资金账户的异常情况,以及犯罪嫌疑人、被告人的供述及证人证言等主、客观因素,进行综合分析判断。对于犯罪嫌疑人、被告人的供述和辩解,要结合全案证据进行审查判断。

9. 主观上认识到是刑法第一百九十一条规定的上游犯罪的所得及其产生的收益,是指对上游犯罪客观事实的认识,而非对行为性质的认识。将某一上游犯罪的所得及其产生的收益认为是该条规定的其他上游犯罪的所得及其产生的收益的，不影响主观认知的认定。

10.实施刑法第一百九十一条规定的洗钱行为，构成洗钱罪的同时，又构成刑法第三百四十九条规定的窝藏、转移、隐瞒毒赃罪，刑法第一百二十条之一规定的帮助恐怖活动罪，或者刑法第二百二十五条规定的非法经营罪的，依照处罚较重的规定定罪处罚。法律和司法解释另有规定的除外。

具有刑法第一百九十一条规定的上游犯罪的犯罪事实，又具有为其他不是同一事实的上游犯罪洗钱的犯罪事实的，分别以上游犯罪、洗钱罪定罪处罚，依法实行数罪并罚。

三、依法从严惩处洗钱犯罪

11.行为人主观上认识到是刑法第一百九十一条规定的七类上游犯罪的所得及其产生的收益，并实施该条第一款规定的洗钱行为，从而掩饰、隐瞒犯罪所得及其收益的来源和性质，构成犯罪的，应依法以洗钱罪定罪处罚。

12.洗钱数额在10万元以上的，或者洗钱数额在5万元以上，且具有下列情形之一的，可以认定为"情节严重"：

（1）多次实施洗钱行为的；

（2）曾因洗钱行为受过刑事追究的；

（3）拒不交代涉案资金去向或者拒不配合追缴工作，致使赃款无法追缴的；

（4）造成重大损失或者其他严重后果的。

二次以上实施洗钱犯罪行为，依法应予刑事处理而未经处理的，洗钱数额累计计算。①

13.地下钱庄实施洗钱犯罪的，或者金融机构及其从业人员实

---

① 因适用该标准容易造成部分案件中上游犯罪与洗钱犯罪刑罚倒挂问题，导致罪责刑不适应，实务中可根据具体情况判断。

施洗钱犯罪的，可以依法从重处罚。

14. 单位实施洗钱犯罪行为的，与自然人犯罪的定罪量刑标准相同，对单位判处罚金，并依法对其直接负责的主管人员和其他直接责任人员定罪处罚。

15. 依法用足用好财产刑，从经济上最大限度制裁洗钱犯罪分子。对洗钱犯罪判处罚金，应当根据被告人的犯罪情节，在法律规定的数额幅度内决定罚金数额，充分体现从重处罚的政策精神。对于自然人洗钱犯罪"情节严重"的，一般可并处洗钱数额10%以上20%以下罚金。对单位犯罪，一般可判处洗钱数额10%以上罚金。

16. 对于行为人如实供述犯罪事实，认罪悔罪，并如实交代涉案资金去向，积极配合调查和追缴工作，符合刑事诉讼法规定的认罪认罚从宽适用范围和条件的，可以依法从宽处理。

17. 要从严掌握洗钱犯罪的缓刑适用。适用缓刑，应当综合考虑犯罪情节、悔罪表现、再犯罪的危险以及宣告缓刑对所居住社区的影响，依法作出决定。对于地下钱庄犯罪分子，以洗钱为业，多次实施洗钱行为，或者拒不交代涉案资金去向的，一般不适用缓刑。

四、强化洗钱刑事案件证据的收集、审查和运用

21. 人民法院要强化对洗钱刑事案件证据的审查、判断，综合运用证据，就行为人主观上是否认识到是洗钱罪的七类上游犯罪的所得及其产生的收益，是否通过实施洗钱行为掩饰、隐瞒犯罪所得及其收益的来源和性质等犯罪事实进行审查、认定，确保案件事实清楚，证据确实、充分。同时要注重从上游犯罪的事实证据中挖掘洗钱犯罪线索，发现洗钱犯罪线索或者新的洗钱犯罪事实的，应当及时将有关材料移送公安机关，或者建议人民检察院补充、追加或者变更起诉。

23. 人民法院、人民检察院、公安机关办理洗钱刑事案件，应当依法查询查封、扣押、冻结全部涉案财产。对于依法查封、扣押、冻结的涉案财产，应当全面收集、审查证明其来源、性质、

用途、权属及价值大小等有关证据。

对于涉及洗钱犯罪及其上游犯罪的违法所得及其产生的收益，应当依法追缴、没收。依法应当追缴、没收的财产无法找到、价值灭失或者与其他合法财产混合且不可分割的，可以追缴、没收洗钱犯罪行为人的其他等值财产。人民法院可以依法判决责令行为人以其他等值财产在违法所得范围内退赔。

对于依法查封、扣押、冻结的涉案财产，有证据证明确属被害人合法财产，或者确与行为人及其犯罪活动无关的，应予返还。

参考案例

★马某益受贿、洗钱案（2022年11月3日最高人民检察院发布5件检察机关惩治洗钱犯罪典型案例之一）

2002年至2019年，马某益之兄马某军（已判决）在担任某地国有石化公司物资采购部副经理、主任等职务期间，利用职务便利，在多家公司与该石化公司签订合同中提供帮助，收受贿赂。其中：2001年，马某军利用职务便利，为徐某控制的公司与马某军任职公司签订供货合同提供帮助，2002年下半年，马某军收受徐某给予的人民币100万元，并用于购买理财产品。2015年8月，马某军利用职务便利，为赵某控制的公司与其任职公司签订采购合同和资金结算方面提供帮助，收受赵某给予的现金8万美元（折合人民币49.66万元）。

2004年上半年，马某军使用收受徐某贿赂的人民币100万元投资的理财产品到期后，马某益使用本人的银行账户接收马某军给予的上述本金及收益共计109万元，后马某益将此款用于经营活动。

2015年8月，马某军收受赵某贿赂的8万美元现金后，马某益直接接收了马某军交予的8万美元现金，后分16次将上述现金存入本人银行账户并用于投资理财产品。

（一）实务问题

1. 如何区分洗钱罪与上游犯罪的共犯？

2. 洗钱罪与掩饰、隐瞒犯罪所得、犯罪所得收益罪之间是什么关系？

（二）规则提炼

1. 根据事实、证据和刑法规定的犯罪构成，准确区分洗钱罪与上游犯罪的共犯。洗钱罪是在上游犯罪完成、取得或控制犯罪所得及其收益后实施的新的犯罪活动，与上游犯罪分别具有独立的构成。在上游犯罪实行过程中提供资金账户、协助转账汇款等帮助上游犯罪实现的行为，是上游犯罪的组成部分，应当认定为上游犯罪的共犯，不能认定洗钱罪。上游犯罪完成后掩饰、隐瞒犯罪所得及其收益的来源和性质的行为，才成立洗钱罪。办案当中要根据行为人实施掩饰、隐瞒等行为所发生时间节点及其与上游犯罪关系，准确区分上游犯罪与洗钱罪，不能将为上游犯罪提供账户、转账等上游犯罪共犯行为以洗钱罪追诉。

2. 刑法第一百九十一条规定的洗钱罪与刑法第三百一十二条规定的掩饰、隐瞒犯罪所得、犯罪所得收益罪是刑法特别规定与一般规定的关系，掩饰、隐瞒犯罪所得及其产生的收益，构成刑法第一百九十一条规定的洗钱罪，同时又构成刑法第三百一十二条规定的掩饰、隐瞒犯罪所得、犯罪所得收益罪的，依照刑法第一百九十一条洗钱罪的规定追究刑事责任。

★**李某华洗钱案**（2022 年 11 月 3 日最高人民检察院发布 5 件检察机关惩治洗钱犯罪典型案例之一）

李某华，女，黑社会性质组织的组织、领导者李某妻子。2018 年 9 月至 2019 年 4 月间，李某将在林场、采石场违法犯罪所得及其收益存入其控制经营的鑫某牧业公司、兴某牧业公司对公银行账户中。根据群众举报，江西省宁都县公安局于 2018 年 8 月 17 日、2019 年 3 月 26 日两次传唤李某，并于 2019 年 3 月对李某所涉多起犯罪立案侦查。2019 年 5 月 24 日，宁都县公安局以涉嫌寻衅滋事罪对李某执行刑事拘留，并于当日通知其妻子李某华。被采取强制措施前，李某将对公银行卡和 U 盾交予李某华保管。

在李某被刑事拘留后,李某华为掩饰上述保管的黑社会性质组织犯罪所得及其收益的来源和性质,于 2019 年 5 月 25 日要求他人提供银行账户供其使用,并分别于 5 月 27 日、28 日从鑫某牧业公司对公账户分多笔转出 340 万元至他人银行账户。6 月 21 日、24 日,李某华又从兴某牧业公司对公账户分多笔转出 400 万元至他人银行账户。上述 740 万元转至他人账户后,李某华将其中的 141 万余元用于支付李某所办工厂工人工资、水电费、税费、贷款等,剩余 598 万余元由他人取现后交至其手中,李某华予以隐匿。

(一)实务问题

1. 明知是黑社会性质组织犯罪所得的主观认识如何证明?

2. 洗钱后多次流转并最终用于合法用途的案件中洗钱数额如何认定?

(二)规则提炼

1. 主观上认识到是黑社会性质组织犯罪所得及其产生的收益,是构成为他人的黑社会性质组织犯罪所得及其产生的收益洗钱的要件之一,认识内容是对黑社会性质组织犯罪事实的认识,而不是对法律性质的认识。对黑社会性质组织犯罪事实的认识,包括对上游犯罪人员从事的体现黑社会性质组织犯罪组织特征、经济特征、行为特征、危害性特征相关具体事实的认识。公安司法机关公开征集涉黑犯罪线索、发布涉黑犯罪公告、对相关黑社会性质组织成员采取强制措施后,仍帮助黑社会性质组织成员转移涉案资金的,可以认定其知道或者应当知道是黑社会性质组织犯罪所得及其产生的收益。

2. 为掩饰、隐瞒刑法第一百九十一条规定的七类上游犯罪所得及其产生的收益的来源和性质,将上游犯罪所得及其收益在不同账户中划转,或者转换为股票、金融票据,或者转移到境外的,即属刑法规定的洗钱犯罪,转移、转换的资金数额即为洗钱犯罪数额。要注意区分洗钱行为与洗钱后使用犯罪所得及其收益行为的不同性质,犯罪所得及其收益经转移、转换后的资金使用行为不影响洗钱罪的成立，转移、转换后的资金用途不影响洗钱数额的认定。

★ **冯某才等人贩卖毒品、洗钱案**（2022年11月3日最高人民检察院发布5件检察机关惩治洗钱犯罪典型案例之一）

冯某才，男，2006年因运输毒品罪被判处有期徒刑12年。2021年3月至4月，经缠某超介绍，冯某才两次将海洛因放置在指定地点出售给他人。4月7日晚，冯某才再次实施毒品交易时被新疆维吾尔自治区伊宁县公安局民警当场抓获。冯某才三次贩卖海洛因共计15.36克，收取缠某超毒赃共计12350元。冯某才每次收取缠某超等人的毒赃后，通过微信转账将大部分或者全部毒赃转给其姐姐冯某，三次转账金额合计8850元。其中：（1）2021年3月21日22时59分，冯某才收到缠某超支付的毒赃4000元，于次日12时05分转至冯某微信2500元；（2）2021年4月7日21时15分，冯某才收到缠某超支付的毒赃7600元，于当日22时55分转至冯某微信5600元；（3）2021年4月7日23时27分，冯某才收到吸毒人员昔某支付的毒赃750元，于当日23时28分全部转至冯某微信。

2021年10月13日，新疆维吾尔自治区伊宁县人民法院以贩卖毒品罪判处冯某才有期徒刑9年，并处罚金5000元；以洗钱罪判处冯某才有期徒刑6个月，并处罚金1000元；数罪并罚，决定执行有期徒刑9年，并处罚金6000元。冯某才未上诉，判决已生效。

（一）实务问题

1. 自洗钱与上游犯罪如何区分？
2. 自洗钱与上游犯罪是否数罪并罚？

（二）规则提炼

1. 完整把握刑法规定的犯罪构成条件，准确认定洗钱罪。要坚持主观因素与客观因素相统一的刑事责任评价原则，"为掩饰、隐瞒上游犯罪所得及其产生的收益的来源和性质"和"有下列行为之一"都是构成洗钱罪的必要条件,主观上具有掩饰、隐瞒犯罪所得及其产生的收益来源和性质的故意,客观上实施了掩饰、隐瞒犯罪所得及其产生的收益的来源和性质的行为,同时符合主、客观两方面条件的,应当承担刑事责任,并与上游犯罪数罪并罚。认定上游犯罪和自洗钱犯罪,都应当符合各自独立的犯罪构成,上游犯罪行为人完成上游犯罪并取得或控制犯罪所得后,进一步实施的掩饰、隐瞒犯罪所得及其产生的收益的来源和性质的行为,属于自洗钱行为。上游犯罪实施过程中的接收、接受资金行为,属于上游犯罪的完成行为,是上游犯罪既遂的必要条件,不宜重复认定为洗钱行为,帮助接收、接受犯罪所得的人员可以成立上游犯罪的共犯。对于连续、持续进行的上游犯罪和洗钱犯罪,应当逐一分别评价,准确认定。

2. 对上游犯罪人员的自洗钱行为以洗钱罪追究刑事责任,是《刑法修正案(十一)》根据反洗钱形势任务作出的重大调整,在严格把握自洗钱与上游犯罪界限的基础上,对依法认定为自洗钱的,应当与上游犯罪实行数罪并罚。

★**姜某掩饰、隐瞒犯罪所得案**(参见《刑事审判参考》总第104集,第1103号案例)

2012年2月,被告人姜某明知是其丈夫黄某乙(已判刑)受贿所得的现金人民币40万元、银行卡等物品,而将其藏匿在青岛市城阳区某社区别墅家中。同年3月8日,黄某乙案发后,姜某将上述人民币40万元、银行卡51张及黄某乙收受孙某贿赂的港币10万元等物品从家中取走,后交给黄某甲(另案处理)。经查,其中30张银行卡系黄某乙收受他人贿赂的赃款,共计人民币32.2万元。

(一)实务问题

明知是他人受贿犯罪所得的现金而提供场所藏匿,应认定为掩饰、隐瞒犯罪所得罪还是洗钱罪?

(二)规则提炼

明知是他人受贿犯罪所得的现金而藏匿,后又交给他人转移,是实施了物理意义上的窝藏、转移行为,行为的实质在于掩饰、隐瞒犯罪所得的实物本身,而非掩饰、隐瞒犯罪所得的性质和来源,不涉及资金形式的转换或转移,构成掩饰、隐瞒犯罪所得罪这一普通赃物犯罪。

★**刘军、杨丽敏洗钱案**(参见《刑事审判参考》总第132集,第1477号案例)

2017年下半年以来,毒品犯罪涉案人员刘权(另案处理)伙同他人多次走私毒品海洛因入境贩卖,牟取、积累了巨额违法所得。2019年6月25日,刘权被指控犯走私、贩卖毒品罪。刘权的胞兄刘军、前妻杨丽敏在明知刘权所有的资金、财物系通过毒品犯罪获取的情况下,为掩饰、隐瞒毒品犯罪违法所得及其收益的性质和来源,通过提供资金账户、转账协助资金转移、虚设债权债务、虚假投资等各种方式,实施了协助将毒品犯罪所得及其收益转换为"合法"财产的洗钱行为。刘军洗钱金额共计560.75万元,杨丽霞洗钱金额共计766.5479万元。

(一)实务问题

1. 如何区分洗钱罪与上游犯罪共犯?
2. 出售犯罪所得购买的房产但未过户是否认定为洗钱?
3. 如何认定洗钱数额?

(二)规则提炼

1. 区分洗钱罪与上游犯罪共犯的关键在于洗钱行为人事前与上游犯罪行为人是否存在上游犯罪的主观犯意通谋。如洗钱行为人事前与上游犯罪的犯罪分子就上游犯罪有通谋,事后又实施了洗钱或掩饰、隐瞒毒赃及其收益,或窝藏、转移、隐瞒毒赃等犯罪行为的,则应构成上游毒品犯罪的共同犯罪,而不再单独构成掩饰、隐瞒犯罪所得、犯罪所得收益罪,或是窝藏、转移、隐瞒毒赃罪等下游犯罪。

2. 通过买卖别墅的方式转换毒品犯罪所得及其收益,属于洗钱罪所规定的"以其他方法掩饰、隐瞒犯罪所得及其收益的来源和性质"的情形。虽然该涉案别墅未能成功完成过户交易,但二被告人洗钱行为已经完成,不能以财产形式上是否完成法律上的权属转换作为认定洗钱行为的标准。行为人洗钱是否成功并不影响该罪的认定。

3. 洗钱行为持续时间长、方式复杂多样,应区分进账与出账,对于同一笔进账,无论其后续是否多次转换,都只将进账的部分计算一次洗钱金额。根据洗钱行为的次数累计计算洗钱金额,将会重复计算实际的洗钱金额,导致洗钱金额认定虚高,甚至造成无限制扩大洗钱金额的可能,不能客观反映行为人洗钱的真实数额,进而影响对上游犯罪的司法认定和责任追究。且上游毒品犯罪违法所得历经数次洗钱行为后,可能形成的涉案财产存在形式虽有不同,但财产的来源与性质并未发生实质性变化。

编者注:其他案例参考最高人民检察院、中国人民银行2021年3月19日联合发布惩治洗钱犯罪典型案例6件,最高人民检察院2022年11月3日发布惩治洗钱犯罪典型案例5件。

金融诈骗罪

一、集资诈骗罪

第一百九十二条

以非法占有为目的，使用诈骗方法非法集资[第363页]，数额较大的，处三年以上七年以下有期徒刑，并处罚金；数额巨大或者有其他严重情节的，处七年以上有期徒刑或者无期徒刑，并处罚金或者没收财产。

单位犯前款罪的，对单位判处罚金，并对其直接负责的主管人员和其他直接责任人员，依照前款的规定处罚。

立法沿革 >>>

本罪79刑法没有规定，系沿袭《关于惩治破坏金融秩序犯罪的决定》第八条①。刑法②对原三档法定刑均作了修改。高法《罪名

---

① 以非法占有为目的，使用诈骗方法非法集资的，处三年以下有期徒刑或者拘役，并处二万元以上二十万元以下罚金；数额巨大或者有其他严重情节的，处三年以上十年以下有期徒刑，并处五万元以上五十万元以下罚金；数额特别巨大或者有其他特别严重情节的，处十年以上有期徒刑、无期徒刑或者死刑，并处没收财产。

单位犯前款罪的，对单位判处罚金，并对直接负责的主管人员和其他直接责任人员，依照前款的规定处罚。

② 以非法占有为目的，使用诈骗方法非法集资，数额较大的，处五年以下有期徒刑或者拘役，并处二万元以上二十万元以下罚金；数额巨大或者有其他严重情节的，处五年以上十年以下有期徒刑，并处五万元以上五十万元以下罚金；数额特别巨大或者有其他特别严重情节的，处十年以上有期徒刑或者无期徒刑，并处五万元以上五十万元以下罚金或者没收财产。

规定》、高检《罪名意见》将其解释为集资诈骗罪。《刑法修正案（十一）》第十五条对原三档法定刑作了修改，并增设第二款单位犯罪。

司法解释 >>>

★《最高人民法院关于审理非法集资刑事案件具体应用法律若干问题的解释》（法释〔2022〕5号 自2022年3月1日起施行）

第七条 以非法占有为目的，使用诈骗方法实施本解释第二条规定所列行为的，应当依照刑法第一百九十二条的规定，以集资诈骗罪定罪处罚。

使用诈骗方法非法集资，具有下列情形之一的，可以认定为"以非法占有为目的"：

（一）集资后不用于生产经营活动或者用于生产经营活动与筹集资金规模明显不成比例，致使集资款不能返还的；

（二）肆意挥霍集资款，致使集资款不能返还的；

（三）携带集资款逃匿的；

（四）将集资款用于违法犯罪活动的；

（五）抽逃、转移资金、隐匿财产，逃避返还资金的；

（六）隐匿、销毁账目，或者搞假破产、假倒闭，逃避返还资金的；

（七）拒不交代资金去向，逃避返还资金的；

（八）其他可以认定非法占有目的的情形。

集资诈骗罪中的非法占有目的，应当区分情形进行具体认定。行为人部分非法集资行为具有非法占有目的的，对该部分非法集资行为所涉集资款以集资诈骗罪定罪处罚；非法集资共同犯罪中部分行为人具有非法占有目的，其他行为人没有非法占有集资款的共同故意和行为的，对具有非法占有目的的行为人以集资诈骗罪定罪处罚。

第八条 集资诈骗数额在10万元以上的，应当认定为"数额较大"；数额在 100 万元以上的，应当认定为"数额巨大"。

集资诈骗数额在 50 万元以上，同时具有本解释第三条第二款第三项情节的，应当认定为刑法第一百九十二条规定的"其他严重情节"。

集资诈骗的数额以行为人实际骗取的数额计算，在案发前已归还的数额应予扣除。行为人为实施集资诈骗活动而支付的广告费、中介费、手续费、回扣，或者用于行贿、赠与等费用，不予扣除。行为人为实施集资诈骗活动而支付的利息，除本金未归还可予折抵本金以外，应当计入诈骗数额。

第九条第二款 犯集资诈骗罪，判处三年以上七年以下有期徒刑的，并处十万元以上五百万元以下罚金；判处七年以上有期徒刑或者无期徒刑的，并处五十万元以上罚金或者没收财产。

第十四条 单位实施非法吸收公众存款、集资诈骗犯罪的，依照本解释规定的相应自然人犯罪的定罪量刑标准，对单位判处罚金，并对其直接负责的主管人员和其他直接责任人员定罪处罚。

立案追诉标准

★《最高人民检察院、公安部关于公安机关管辖的刑事案件立案追诉标准的规定（二）》（公通字〔2022〕12 号 自 2022 年 5 月 15 日起施行）

第四十四条 〔集资诈骗案（刑法第一百九十二条）〕以非法占有为目的，使用诈骗方法非法集资，数额在十万元以上的，应予立案追诉。

司法解释性质规范性文件

★《最高人民法院关于非法集资刑事案件性质认定问题的通知》（法〔2011〕262 号 自 2011 年 8 月 18 日起施行）

详见刑法第一百七十六条非法吸收公众存款罪部分（第 43—44 页）。

★《最高人民法院、最高人民检察院、公安部关于办理非法集资刑事案件适用法律若干问题的意见》（公通字〔2014〕16号 自2014年3月25日起施行）

详见刑法第一百七十六条非法吸收公众存款罪部分（第44—46页）。

★《最高人民检察院关于办理涉互联网金融犯罪案件有关问题座谈会纪要》（高检诉〔2017〕14号 自2017年6月1日起施行）

二、准确界定涉互联网金融行为法律性质

（二）集资诈骗行为的认定

14.以非法占有为目的，使用诈骗方法非法集资，是集资诈骗罪的本质特征。是否具有非法占有目的，是区分非法吸收公众存款罪和集资诈骗罪的关键要件，对此要重点围绕融资项目真实性、资金去向、归还能力等事实进行综合判断。犯罪嫌疑人存在以下情形之一的，原则上可以认定具有非法占有目的：(1)大部分资金未用于生产经营活动，或名义上投入生产经营但又通过各种方式抽逃转移资金的；(2)资金使用成本过高，生产经营活动的盈利能力不具有支付全部本息的现实可能性的；(3)对资金使用的决策极度不负责任或肆意挥霍造成资金缺口较大的；(4)归还本息主要通过借新还旧来实现的；(5)其他依照有关司法解释可以认定为非法占有目的的情形。

15.对于共同犯罪或单位犯罪案件中，不同层级的犯罪嫌疑人之间存在犯罪目的发生转化或者犯罪目的明显不同的，应当根据犯罪嫌疑人的犯罪目的分别认定。

（1）注意区分犯罪目的发生转变的时间节点。犯罪嫌疑人在初始阶段仅具有非法吸收公众存款的故意，不具有非法占有目的，但在发生经营失败、资金链断裂等问题后，明知没有归还能力仍然继续吸收公众存款的，这一时间节点之后的行为应当认定为集资诈骗罪，此前的行为应当认定为非法吸收公众存款罪。

（2）注意区分犯罪嫌疑人的犯罪目的的差异。在共同犯罪或单位犯罪中，犯罪嫌疑人由于层级、职责分工、获取收益方式、对全部犯罪事实的知情程度等不同，其犯罪目的也存在不同。在非法集资犯罪中，有的犯罪嫌疑人具有非法占有的目的，有的则不具有非法占有目的，对此，应当分别认定为集资诈骗罪和非法吸收公众存款罪。

16. 证明主观上是否具有非法占有目的，可以重点收集、运用以下客观证据：（1）与实施集资诈骗整体行为模式相关的证据：投资合同、宣传资料、培训内容等；（2）与资金使用相关的证据：资金往来记录、会计账簿和会计凭证、资金使用成本（包括利息和佣金等）、资金决策使用过程、资金主要用途、财产转移情况等；（3）与归还能力相关的证据：吸收资金所投资项目内容、投资实际经营情况、盈利能力、归还本息资金的主要来源、负债情况、是否存在虚构业绩等虚假宣传行为等；（4）其他涉及欺诈等方面的证据：虚构融资项目进行宣传、隐瞒资金实际用途、隐匿销毁账簿；等等。司法会计鉴定机构对相关数据进行鉴定时，办案部门可以根据查证犯罪事实的需要提出重点鉴定的项目，保证司法会计鉴定意见与待证的构成要件事实之间的关联性。

17. 集资诈骗的数额，应当以犯罪嫌疑人实际骗取的金额计算。犯罪嫌疑人为吸收公众资金制造还本付息的假象，在诈骗的同时对部分投资人还本付息的，集资诈骗的金额以案发时实际未兑付的金额计算。案发后，犯罪嫌疑人主动退还集资款项的，不能从集资诈骗的金额中扣除，但可以作为量刑情节考虑。

★《最高人民法院、最高人民检察院、公安部关于办理非法集资刑事案件若干问题的意见》（高检会〔2019〕2号 自2019年1月30日起施行）

详见刑法第一百七十六条非法吸收公众存款罪部分（第56—62页）。

> **指导性案例**

★**周辉集资诈骗案**（最高人民检察院第十批指导性案例，检例第40号）

【关键词】

集资诈骗　非法占有目的　网络借贷信息中介机构

【基本案情】

2011年2月，被告人周辉注册成立中宝投资公司，担任法定代表人。公司上线运营"中宝投资"网络平台，借款人（发标人）在网络平台注册、缴纳会费后，可发布各种招标信息，吸引投资人投资。投资人在网络平台注册成为会员后可参与投标，通过银行汇款、支付宝、财付通等方式将投资款汇至周辉公布在网站上的8个其个人账户或第三方支付平台账户。借款人可直接从周辉处取得所融资金。项目完成后，借款人返还资金，周辉将收益给予投标人。

运行前期，周辉通过网络平台为13个借款人提供总金额约170万余元的融资服务，因部分借款人未能还清借款造成公司亏损。此后，周辉除用本人真实身份信息在公司网络平台注册2个会员外，自2011年5月至2013年12月陆续虚构34个借款人，并利用上述虚假身份自行发布大量虚假抵押标、宝石标等，以支付投资人约20%的年化收益率及额外奖励等为诱饵，向社会不特定公众募集资金。所募资金未进入公司账户，全部由周辉个人掌控和支配。除部分用于归还投资人到期的本金及收益外，其余主要用于购买房产、高档车辆、首饰等。这些资产绝大部分登记在周辉名下或供周辉个人使用。2011年5月至案发，周辉通过中宝投资网络平台累计向全国1586名不特定对象非法集资共计10.3亿余元，除支付本金及收益回报6.91亿余元外，尚有3.56亿余元无法归还。案发后，公安机关从周辉控制的银行账户内扣押现金1.80亿余元。

【要旨】

网络借贷信息中介机构或其控制人,利用网络借贷平台发布虚假信息,非法建立资金池募集资金,所得资金大部分未用于生产经营活动,主要用于借新还旧和个人挥霍,无法归还所募资金数额巨大,应认定为具有非法占有目的,以集资诈骗罪追究刑事责任。

【指控与证明犯罪】(略)

【指导意义】

是否具有非法占有目的,是正确区分非法吸收公众存款罪和集资诈骗罪的关键。对非法占有目的的认定,应当围绕融资项目真实性、资金去向、归还能力等事实、证据进行综合判断。行为人将所吸收资金大部分未用于生产经营活动,或名义上投入生产经营,但又通过各种方式抽逃转移资金,或供其个人肆意挥霍,归还本息主要通过借新还旧来实现,造成数额巨大的募集资金无法归还的,可以认定具有非法占有的目的。

集资诈骗罪是近年来检察机关重点打击的金融犯罪之一。对该类犯罪,检察机关应着重从以下几个方面开展工作:一是强化证据审查。非法集资类案件由于参与人数多、涉及面广,受主客观因素影响,取证工作易出现瑕疵和问题。检察机关对重大复杂案件要及时介入侦查、引导取证。在审查案件中要强化对证据的审查,需要退回补充侦查或者自行补充侦查的,要及时退查或补查,建立起完整、牢固的证据锁链,夯实认定案件事实的证据基础。二是在法庭审理中要突出指控和证明犯罪的重点。要紧紧围绕集资诈骗罪构成要件,特别是行为人主观上具有非法占有目的、客观上以欺骗手段非法集资的事实梳理组合证据,运用完整的证据体系对认定犯罪的关键事实予以清晰证明。三是要将办理案件与追赃挽损相结合。检察机关办理相关案件,要积极配合公安机关、人民法院依法开展追赃挽损、资产处置等工作,最大限度减少人民群众的实际损失。四是要结合办案开展以案释法,增强社会公众的法治观念和风险防范意识，有效预防相关犯罪的发生。

★张业强等人非法集资案（参见最高人民检察院第四十四批指导性案例，检例第175号）

【关键词】

私募基金　非法集资　非法占有目的　证据审查

【要旨】

违反私募基金管理有关规定，以发行销售私募基金形式公开宣传，向社会公众吸收资金，并承诺还本付息的，属于变相非法集资。向私募基金投资者隐瞒未将募集资金用于约定项目的事实，虚构投资项目经营情况，应当认定为使用诈骗方法。非法集资人虽然将部分集资款投入生产经营活动，但投资随意，明知经营活动盈利能力不具有支付本息的现实可能性，仍然向社会公众大规模吸收资金，还本付息主要通过募新还旧实现，致使集资款不能返还的，应当认定其具有非法占有目的。在共同犯罪或者单位犯罪中，应当根据非法集资人是否具有非法占有目的，认定其构成集资诈骗罪还是非法吸收公众存款罪。检察机关应当围绕私募基金宣传推介方式、收益分配规则、投资人信息、资金实际去向等重点判断非法集资人是否具有非法占有目的，针对性开展指控证明工作。

【基本案情】

2012年7月至2018年间，被告人张业强、白中杰相继成立国盈系公司，其实际控制的国盈投资基金管理（北京）有限公司、中兴联合投资有限公司、国盈资产管理有限公司在中国证券投资基金业协会（以下简称中基协）先后取得私募股权、创业投资基金管理人、私募证券投资基金管理人资格（以下均简称私募基金管理人）。

2014年10月至2018年8月间，张业强、白中杰将其投资并实际控制的公司的经营项目作为发行私募基金的投资标的，并在南京等多地设立分公司，采取电话联络、微信推广、发放宣传册、召开推介会等方式公开虚假宣传，夸大项目公司经营规模和投资价值，骗取投资人信任，允许不适格投资者以"拼单""代持"等方式购买私募基金，与投资人订立私募基金份额回购合同，承诺给予年化收益率7.5%至14%不等的回报。鹿梅自2016年8月起负责国盈系公司"资金池"及其投资项目公司之间的资金调度、划拨以及私募基金本金、收益的兑付。张业强、白中杰控制国盈系公司通过上述方式先后发行销售133只私募基金，非法公开募集资金人民币76.81亿余元。张业强、白中杰指定部分公司账户作为国盈系公司"资金池"账户，将绝大部分募集资金从项目公司划转至"资金池"账户进行统一控制、支配。上述集资款中，以募新还旧方式兑付已发行私募基金本金及收益49.76亿余元，用于股权、股票投资3.2亿余元，用于"溢价收购"项目公司股权2.3亿余元，用于支付员工薪酬佣金、国盈系公司运营费用、归还国盈系公司及项目公司欠款等17.03亿余元，用于挥霍及支付张业强个人欠款等4.52亿余元。张业强所投资的项目公司绝大部分长期处于亏损状态，国盈系公司主要依靠募新还旧维持运转。案发时，集资参与人本金损失共计28.53亿余元。

【检察机关履职过程】（摘录）

2020年8月11日至12日，南京市中级人民法院公开开庭审理本案。庭审阶段，公诉人结合在案证据指控和证明张业强等人的行为构成集资诈骗罪。

首先，公诉人出示证明张业强、白中杰控制国盈系公司利用私募基金非法吸收公众存款的有关证据，包括：一是出示国盈系公司微信公众号发布信息，组织投资人参加文旅活动方案，私募基金投资人、销售人员、活动组织人员关于招揽投资人、推介项目等方面的证言等，证实张业强等人进行了公开宣传。二是出示回购合同，资金交易记录，审计报告，被告人供述及私募基金投资人、销售人员证言等，证实张业强等人变相承诺还本付息。三是出示有关投资人实际信息相关书证、资金交易记录、被告人供述和私募基金投资人、销售人员证言等，证实张业强等人以"拼单""代持"等方式将不适格人员包装成合格投资者,向社会公众销售私募基金产品。公诉人指出,张业强等人实际控制的国盈系公司虽然具有私募基金管理人资格,发行销售的119只私募基金经过备案,但是其通过电话联络、微信推广、发放宣传册、召开推介会等方式招揽投资人,公开推介宣传、销售经过备案或者未经备案的私募基金,虚化合格投资者确认程序,允许不合格投资者通过"拼单""代持"等购买私募基金,并利用实际控制的关联公司与投资人签订回购协议变相承诺还本付息,既违反了《中华人民共和国证券投资基金法》等私募基金管理有关规定,也违反了《中华人民共和国商业银行法》关于任何单位和个人未经国务院金融管理部门批准不得从事吸收公众存款的规定。上述行为符合非法吸收公众存款活动所具有的"非法性""公开性""利诱性""社会性"特征。

随后,公诉人出示募集资金实际去向和项目公司经营状况等相关证据,证明张业强等人在非法集资过程中使用诈骗方法,并具有非法占有目的。一是出示国盈系公司及其项目公司账册,关于项目经营状况、募集资金去向等被告人供述、证人证言、审计报告等,证实募集资金转入项目公司后,绝大部分资金在鹿梅等人的操作下回流至国盈系公司"资金池"账户。二是出示被告人、项目公司负责人、财务人员等关于项目公司投资决策过程、经营管理状况等言词证据,项目公司涉诉资料等,证实张业强等人在对外投资时不进行尽职调查,随意进行"溢价收购",收购后经营管理不负责任,任由公司持续亏损。三是出示项目公司财务账册资料、"利益分配款"(即利息)有关审计报告等,证实张业强等人投资的绝大多数项目持续亏损,自2015年1月起国盈系公司已依靠募新还旧维持运转。四是出示张业强等人供述、有关资金交易记录、审计报告等证据,证实张业强将巨额募集资金用于购买豪车、别墅、归还个人欠款等。公诉人指出,张业强等人实际发行销售的133只私募基金中,有131只未按照合同约定的投资方向使用募集资金,并向投资人隐瞒了私募基金投资的项目公司系由张业强实际控制且连年亏损等事实,属于使用诈骗方法非法集资。张业强等人募集的资金大部分未用于生产经营活动,少部分募集资金虽用于投资项目经营过程中,但张业强等人投资决策和经营管理随意,项目公司持续亏损、没有实际盈利能力,长期以来张业强等人主要通过募新还旧支付承诺的本息,最终造成巨额资金无法返还,足以认定被告人具有非法占有目的。综上,被告人张业强、白中杰、鹿梅构成集资诈骗罪。

庭审中,张业强、白中杰、鹿梅及辩护人对指控的主要犯罪事实及罪名没有异议。

2021年8月11日,南京市中级人民法院以犯集资诈骗罪判处被告人张业强无期徒刑,剥夺政治权利终身,并处没收个人全部财产;判处被告人白中杰有期徒刑15年,没收财产1500万元;判处被告人鹿梅有期徒刑12年,没收财产1000万元。张业强、白中杰、鹿梅提出上诉,同年12月29日,江苏省高级人民法院裁定驳回上诉,维持原判。

【指导意义】

(一)打着发行销售私募基金的幌子,进行公开宣传,向社会公众吸收资金,并承诺还本付息的,属于变相非法集资。私募基金是我国多层次资本市场的有机组成部分,在资本市场中发挥着重要作用。与公募基金不同,私募基金只需经过备案、无须审批,但不能以私募为名公开募集资金。检察机关办理以私募基金为名非法集资的案件,应当结合《中华人民共和国证券投资基金法》《私募投资基金监督管理暂行办法》等有关私募基金宣传推介途径、收益分配、募集对象等方面的具体规定,对涉案私募基金是否符合非法集资特征作出判断。违反私募基金有关管理规定,通过公众媒体或者讲座、报告会、分析会等方式向不特定对象宣传,属于向社会公开宣传;通过签订回购协议等方式向投资者承诺投资本金不受损失或者承诺最低收益,属于变相承诺还本付息;通过"拼单""代持"等方式向合格投资者之外的单位和个人募集资金或者投资者累计超过规定人数，属于向社会公众吸收资金。在发行销售私募基金过程中同时具有上述情形的，本质上是假借私募之名变相非法集资，应当依法追究刑事责任。

（二）以发行销售私募基金名义，使用诈骗的方法非法集资，对集资款具有非法占有目的，应当认定集资诈骗罪。非法集资人是否使用诈骗方法、是否具有非法占有目的，应当根据涉案私募基金信息披露情况、募集资金实际用途、非法集资人归还能力等要素综合判断。向私募基金投资者隐瞒募集资金未用于约定项目的事实，虚构投资项目经营情况，应当认定为使用诈骗方法。非法集资人虽然将部分集资款投入生产经营活动，但投资决策随意，明知经营活动盈利能力不具有支付本息的现实可能性，仍然向社会公众大规模吸收资金，兑付本息主要通过募新还旧实现，致使集资款不能返还的，应当认定其具有非法占有目的。在共同犯罪或者单位犯罪中，由于行为人层级、职责分工、获利方式、对全部犯罪事实的知情程度不同，其犯罪目的也存在不同，应当根据非法集资人是否具有非法占有目的分别认定构成集资诈骗罪还是非法吸收公众存款罪。

（三）围绕私募基金宣传推介方式、收益分配规则、投资人信息、资金实际去向等重点，有针对性开展引导取证、指控证明工作。检察机关指控证明犯罪时，不能局限于备案材料、正式合同等表面合乎规定的材料，必须穿透表象查清涉案私募基金实际运作全过程，提出引导取证意见，构建指控证明体系。（1）注重收集私募基金宣传推介方式、合格投资者确认过程、投资资金实际来源、实际投资人信息、实际利益分配方案等与募集过程相关的客观证据，查清资金募集过程及其具体违法违规情形。（2）注重收集募集资金投资项目、募集资金流向等与项目投资决策过程、经营管理状况、实际盈亏情况等相关客观性证据，在全面收集财务资料等证据的基础上，要求审计机构尽可能对资金流向进行全面审计,以查清募集资金全部流转过程和最终实际用途。(3)注重对犯罪嫌疑人、被告人的针对性讯问和有关人员的针对性询问,结合客观证据共同证明募集资金方式、资金去向、项目公司经营情况等关键性事实。

◆ 参考案例 >>>

★ **安徽钰诚控股集团、钰诚国际控股集团有限公司和丁宁、丁甸等集资诈骗、非法吸收公众存款、走私贵重金属、非法持有枪支、偷越国境案**(参见《刑事审判参考》总第118集,改革开放四十周年典型案例之一)

被告单位安徽钰诚控股集团、钰诚国际控股集团有限公司于2014年6月至2015年12月间,在不具有银行业金融机构资质的前提下,利用"e租宝"平台、芝麻金融平台发布虚假融资租赁债权项目及个人债权项目,包装成"e租年享""年安丰裕"等若干理财产品进行销售,以承诺还本付息等为诱饵,通过电视台、网络、散发传单等途径向社会公开宣传,向115万余人非法吸收资金762亿余元。其中,大部分集资款被用于返还集资本息、收购线下销售公司等平台运营支出,或被挥霍以及用于其他违法犯罪活动,造成集资款损失380亿余元。此外,钰诚国际控股集团有限公司、丁宁等人还走私贵重金属、非法持有枪支、偷越国境。

(一)实务问题

1. 对于以 A2P 模式为幌子进行集资行为的非法性如何认定?
2. 非法占有目的如何认定?
3. 多层级的被告人如何认定责任?

(二)规则提炼

1. A2P 模式是 P2P 网络借贷模式的衍生发展,是指将融资租赁项目与网络借贷结合,通过互联网金融平台把融资租赁业务中形成的债权转让给普通投资者。根据相关规定,A2P 网络借贷平台禁止自融、禁止形成资金池、禁止提供增信服务、禁止期限错配、禁止线下推广,单位或自然人利用网络借贷的幌子通过上述禁止行为进行集资,其行为具有非法性。

2.要坚持主客观相一致的原则,认定非法占有目的。客观方面,利用虚假债权项目进行集资,以低风险、高回报的反投资规律进行集资的行为反映出诈骗特征。主观方面,被告单位在集资后用于生产经营活动的资金与募集资金规模明显不成比例、肆意挥霍集资款、将集资款用于违法犯罪活动,造成集资款不能返还的客观结果,应当认定为具有非法占有目的。

3.被告单位的行为符合集资诈骗罪的构成要件,对于在单位犯罪行为中起到主导性、决定性作用,能真正代表单位意志的核心人员,应当与单位犯罪罪名保持一致;对于在不同侧面起到了帮助作用的其他主管人员和直接责任人员,主要以帮助实施犯罪的程度为标准进行区分,这些行为人在明知平台运营模式的基础上,均认识到项目有虚假、资金无序使用,即使并无将涉案资产非法占为己有的目的,也可以认定为集资诈骗的帮助犯。

二、贷款诈骗罪

第一百九十三条

有下列情形之一,以非法占有为目的,诈骗银行[第294页]或者其他金融机构[第295页]的贷款[第350页],数额较大的,处五年以下有期徒刑或者拘役,并处二万元以上二十万元以下罚金;数额巨大或者有其他严重情节的,处五年以上十年以下有期徒刑,并处五万元以上五十万元以下罚金;数额特别巨大或者有其他特别严重情节的,处十年以上有期徒刑或者无期徒刑，并处五万元以上五十万元以下罚金或者没收财产：

（一）编造引进资金、项目等虚假理由的；

（二）使用虚假的经济合同的；

（三）使用虚假的证明文件的；

（四）使用虚假的产权证明作担保或者超出抵押物价值重复担保的；

（五）以其他方法诈骗贷款的。

立法沿革 >>>

本罪 79 刑法未规定，系沿袭《关于惩治破坏金融秩序犯罪的决定》第十条[①]，刑法在原第三档法定刑中增加"并处五万元以上五十万元以下罚金"字样，高法《罪名规定》、高检《罪名意见》将其解释为贷款诈骗罪。

---

① 有下列情形之一，以非法占有为目的，诈骗银行或者其他金融机构的贷款，数额较大的，处五年以下有期徒刑或者拘役，并处二万元以上二十万元以下罚金；数额巨大或者有其他严重情节的，处五年以上十年以下有期徒刑，并处五万元以上五十万元以下罚金；数额特别巨大或者有其他特别严重情节的，处十年以上有期徒刑或者无期徒刑，并处没收财产：

（一）编造引进资金、项目等虚假理由的；

（二）使用虚假的经济合同的；

（三）使用虚假的证明文件的；

（四）使用虚假的产权证明作担保的；

（五）以其他方法诈骗贷款的。

金融诈骗罪

■ 立案追诉标准

★《最高人民检察院、公安部关于公安机关管辖的刑事案件立案追诉标准的规定（二）》（公通字〔2022〕12号 自2022年5月15日起施行）

第四十五条 〔贷款诈骗案（刑法第一百九十三条）〕以非法占有为目的，诈骗银行或者其他金融机构的贷款，数额在五万元以上的，应予立案追诉。

■ 司法解释性质规范性文件

★《全国法院审理金融犯罪案件工作座谈会纪要》（法〔2001〕8号 自2001年1月21日起施行）

（三）关于金融诈骗罪

1.金融诈骗罪中非法占有目的的认定

金融诈骗犯罪都是以非法占有为目的的犯罪。在司法实践中，认定是否具有非法占有为目的，应当坚持主客观相一致的原则，既要避免单纯根据损失结果客观归罪，也不能仅凭被告人自己的供述，而应当根据案件具体情况具体分析。根据司法实践，对于行为人通过诈骗的方法非法获取资金，造成数额较大资金不能归还，并具有下列情形之一的，可以认定为具有非法占有的目的：

（1）明知没有归还能力而大量骗取资金的；

（2）非法获取资金后逃跑的；

（3）肆意挥霍骗取资金的；

（4）使用骗取的资金进行违法犯罪活动的；

（5）抽逃、转移资金、隐匿财产，以逃避返还资金的；

（6）隐匿、销毁账目，或者搞假破产、假倒闭，以逃避返还资金的；

（7）其他非法占有资金、拒不返还的行为。但是，在处理具体案件的时候，对于有证据证明行为人不具有非法占有目的的，不能单纯以财产不能归还就按金融诈骗罪处罚。

2. 贷款诈骗罪的认定和处理。贷款诈骗犯罪是目前案发较多的金融诈骗犯罪之一。审理贷款诈骗犯罪案件，应当注意以下两个问题：

一是单位不能构成贷款诈骗罪。根据刑法第三十条和第一百九十三条的规定，单位不构成贷款诈骗罪。对于单位实施的贷款诈骗行为，不能以贷款诈骗罪定罪处罚，也不能以贷款诈骗罪追究直接负责的主管人员和其他直接责任人员的刑事责任。但是，在司法实践中，对于单位十分明显地以非法占有为目的，利用签订、履行借款合同诈骗银行或其他金融机构贷款，符合刑法第二百二十四条规定的合同诈骗罪构成要件的，应当以合同诈骗罪定罪处罚。①

二是要严格区分贷款诈骗与贷款纠纷的界限。对于合法取得贷款后，没有按规定的用途使用贷款，到期没有归还贷款的，不能以贷款诈骗罪定罪处罚；对于确有证据证明行为人不具有非法占有的目的，因不具备贷款的条件而采取了欺骗手段获取贷款，案发时有能力履行还贷义务，或者案发时不能归还贷款是因为意志以外的原因，如因经营不善、被骗、市场风险等，不应以贷款诈骗罪定罪处罚。

……

4. 金融诈骗犯罪定罪量刑的数额标准和犯罪数额的计算。金融诈骗的数额不仅是定罪的重要标准，也是量刑的主要依据。在

---

① 根据《全国人民代表大会常务委员会关于〈中华人民共和国刑法〉第三十条的解释》（自 2014 年 4 月 24 日起施行）的规定，"公司、企业、事业单位、机关、团体等单位实施刑法规定的危害社会的行为，刑法分则和其他法律未规定追究单位的刑事责任的，对组织、策划、实施该危害社会行为的人依法追究刑事责任"。单位实施刑法第一百九十三条规定的贷款诈骗行为的，应当对组织、策划、实施该行为的人员以贷款诈骗罪追究刑事责任，该规定不再适用。

没有新的司法解释之前，可参照1996年《最高人民法院关于审理诈骗案件具体应用法律的若干问题的解释》①的规定执行。在具体认定金融诈骗犯罪的数额时，应当以行为人实际骗取的数额计算。对于行为人为实施金融诈骗活动而支付的中介费、手续费、回扣等，或者用于行贿、赠与等费用，均应计入金融诈骗的犯罪数额。但应当将案发前已归还的数额扣除。

★《最高人民检察院关于充分发挥检察职能服务保障"六稳""六保"的意见》（高检发〔2020〕10号　自2020年7月22日起施行）

二是依法慎重处理贷款类犯罪案件。在办理骗取贷款等犯罪案件时，充分考虑企业"融资难""融资贵"的实际情况，注意从借款人采取的欺骗手段是否属于明显虚构事实或者隐瞒真相，是否与银行工作人员合谋、受其指使，是否非法影响银行放贷决策、危及信贷资金安全，是否造成重大损失等方面，合理判断其行为危害性，不苛求企业等借款人。对于借款人因生产经营需要，在贷款过程中虽有违规行为，但未造成实际损失的，一般不作为犯罪处理。对于借款人采取欺骗手段获取贷款，虽给银行造成损失，但证据不足以认定借款人有非法占有目的的，不能以贷款诈骗罪定性处理。

法律适用答复、复函 ▶▶▶

★《公安部经济犯罪侦查局关于转发〈中国人民银行办公厅关于进出口押汇垫款认定事宜的复函〉的通知》（公经〔2002〕751号　自2002年6月24日起施行）

进、出口押汇属于贸易融资业务。押汇垫款是贸易项下融资的一种方式，其性质应属于贷款。详见刑法第一百七十五条之一骗取贷款、票价承兑、金融票证罪部分（第33页）。

---

① 该解释已失效。

参考案例

★**郭建升被控贷款诈骗案**（参见《刑事审判参考》2001年第3集，第88号案例）

1995年10月，郭建升与张志宏、鲜威三人共同出资人民币300万元成立北京市升宏餐饮有限责任公司（以下简称升宏公司），郭建升为该公司法定代表人、董事长，该公司为其他混合所有制性质的有限责任公司。1996年7月20日，升宏公司经董事会研究决定，通过无业人员郭永瑞介绍向原招商银行北京分行中关村营业部提出贷款人民币300万元申请，用于购进生产多用途火锅原材料。升宏公司贷款人民币300万元后，先后支付银行贷款利息及罚息7次，共计人民币50余万元，至1998年1月停止付息。1997年6月1日贷款期满，中关村营业部分别给升宏公司发出贷款到期催收函，升宏公司复函表示同意履行还款及全额担保还款义务。因升宏公司在贷款逾期前后经营不善，资金周转发生困难，中关村营业部曾多次与被告人郭建升联系还款，郭建升表示因经营资金困难暂无还款能力，待经营好转收回资金后再还款。至案发时升宏公司未能偿还该贷款。

（一）实务问题

贷款诈骗罪中的"以非法占有为目的"应如何把握？

（二）规则提炼

关于如何认定行为人主观上具有"非法占有目的"，最高人民法院2001年1月21日印发的《全国法院审理金融犯罪案件工作座谈会纪要》（以下简称《纪要》）指出："应当坚持主客观相一致的原则，既要避免单纯根据损失结果客观归罪，也不能仅凭被告人自己的供述，而应当根据案件具体情况具体分析。对于行为人通过诈骗的方法非法获取资金，造成数额较大资金不能归还，并具有下列情形之一的，可以认定为具有非法占有的目的：（1）明知没有归还能力而大量骗取资金的；（2）非法获取资金后逃跑的；

（3）肆意挥霍骗取资金的；（4）使用骗取的资金进行违法犯罪活动的；（5）抽逃、转移资金、隐匿财产，以逃避返还资金的；（6）隐匿、销毁账目，或者假破产，假倒闭，以逃避返还资金的；（7）其他非法转移资金、拒不返还的行为。"对于合法取得贷款后，没有按规定的用途使用贷款，到期没有归还贷款的，不能以贷款诈骗罪定罪处罚；对于确有证据证明行为人不具有非法占有目的。因不具备贷款的条件而采取了欺骗手段获取贷款，案发时有能力履行还贷义务，或者案发时不能归还贷款是因为意志以外的原因，如因经营不善、被骗、市场风险等，不应以贷款诈骗罪定罪处罚。

★秦文虚报注册资本、合同诈骗案（参见《刑事审判参考》2005年第4集，第352号案例）

1996年7月至1998年11月，秦文先后以艺术品公司、中晟公司的名义，四次骗取东航江苏公司担保，向金融机构贷款2540万元。贷款到期后，秦文仅归还835万元，东航江苏公司代为偿还1460万元，尚有245万元未能归还。分述如下：

1996年7月，秦文以艺术品公司的名义向南京市浦口城市信用社贷款人民币400万元，用于归还欠款、支付利息等。后秦文用借款归还人民币205万元，余款人民币195万元由东航江苏公司代为偿还。

1996年12月，秦文以艺术品公司的名义向华夏银行南京分行城中支行贷款人民币1000万元，贷款被用于归还其他借款、贷款及购房等。后秦文用其他借贷款归还人民币630万元，余款人民币370万元由东航江苏公司代为偿还。1997年6月，秦文以艺术品公司的名义向中国建设银行南京市雨花支行贷款人民币990万元，贷款被用于归还华夏银行贷款人民币600万元及提现等。后由东航江苏公司代为偿还人民币895万元，尚欠人民币95万元。

1998年11月，秦文以中晟公司名义，由东航江苏公司担保，向中国工商银行南京分行下关支行贷款人民币150万元，被其占有。

1998年11月25日，秦文又与东航江苏公司就双方借、贷款人民币2355万元签订清款协议，并以虚假文物作抵押。经鉴定，文物实际价格仅为人民币57300元（其他犯罪事实略）。

（一）实务问题

通过向银行贷款的方式骗取担保人财产的行为，是构成贷款诈骗罪还是合同诈骗罪？

（二）规则提炼

通过向银行贷款的方式骗取担保人财产的行为，表面上看是骗取银行贷款，实际上侵害的是担保人的财产权益，犯罪对象并非银行贷款而是担保合同一方当事人的财产，对此种行为应以合同诈骗罪论处。银行等金融机构为了确保所贷出的款项安全可靠，一般均要求借款人在申请贷款时提供必要的担保。担保人作为借款合同中的第三人，在借贷人不能偿还贷款本息时负责偿还贷款本息（一般担保）或承担与借款人共同偿还贷款的连带责任（连带担保）。行为人虚构事实骗取银行与担保人的信任，非法占有钱款后，银行可依据担保合同从担保人处获取担保，而担保人则是银行债务的实际承担者，受侵害的往往是担保人。即使担保人因某种客观原因如破产等情况导致无法偿还担保，银行的债权无法实现从而权益受到实际侵害，但只要担保人与银行之间所订立的担保合同具有法律效力，银行与担保人之间就成立债权、债务关系，法律关系的最终落脚点和行为侵害对象就应认定是担保人而非银行。当然，如果行为人提供虚假担保或者重复担保，骗取银行或者其他金融机构贷款的，则符合贷款诈骗罪的构成要件，理应以贷款诈骗罪论处。

三、票据诈骗罪，金融凭证诈骗罪

第一百九十四条

【票据诈骗罪】有下列情形之一，进行金融票据诈骗活动，数额较大的，处五年以下有期徒刑或者拘役，并处二万元以上二十万元以下罚金；数额巨大或者有其他严重情节的，处五年以上十年以下有期徒刑，并处五万元以上五十万元以下罚金；数额特别巨大或者有其他特别严重情节的，处十年以上有期徒刑或者无期徒刑，并处五万元以上五十万元以下罚金或者没收财产：

（一）明知是伪造、变造的汇票、本票、支票[第392页]而使用的；

（二）明知是作废的汇票、本票、支票而使用的；

（三）冒用他人的汇票、本票、支票的；

（四）签发空头支票或者与其预留印鉴不符的支票，骗取财物的；

（五）汇票、本票的出票人签发无资金保证的汇票、本票或者在出票时作虚假记载，骗取财物的。

【金融凭证诈骗罪】使用伪造、变造的委托收款凭证、汇款凭证、银行存单等其他银行结算凭证[第393页]的，依照前款的规定处罚。

【单位犯金融诈骗罪的处罚规定】第二百条 单位犯本节第一百九十四条、第一百九十五条规定之罪的，对单位判处罚金，并对其直接负责的主管人员和其他直接责任人员，处五年以下有期徒刑或者拘役，可以并处罚金；数额巨大或者有其他严重情节的，处五年以上十年以下有期徒刑，并处罚金；数额特别巨大或者有其他特别严重情节的，处十年以上有期徒刑或者无期徒刑，并处罚金。

立法沿革 >>>

第一百九十四条两款79刑法没有规定，均系沿袭《关于惩治破坏金融秩序犯罪的决定》第十二条①内容，刑法在第一款第三档法定刑中增加了"并处五万元以上五十万元以下罚金"的规定。高法《罪名规定》、高检《罪名意见》将两款分别解释为票据诈骗罪、金融凭证诈骗罪。

---

① 有下列情形之一，进行金融票据诈骗活动，数额较大的，处五年以下有期徒刑或者拘役，并处二万元以上二十万元以下罚金；数额巨大或者有其他严重情节的，处五年以上十年以下有期徒刑，并处五万元以上五十万元以下罚金；数额特别巨大或者有其他特别严重情节的，处十年以上有期徒刑、无期徒刑或者死刑，并处没收财产：

（一）明知是伪造、变造的汇票、本票、支票而使用的；

（二）明知是作废的汇票、本票、支票而使用的；

（三）冒用他人的汇票、本票、支票的；

（四）签发空头支票或者与其预留印鉴不符的支票，骗取财物的；

（五）汇票、本票的出票人签发无资金保证的汇票、本票或者在出票时作虚假记载，骗取财物的。

使用伪造、变造的委托收款凭证、汇款凭证、银行存单等其他银行结算凭证的，依照前款的规定处罚。

单位犯前两款罪的，对单位判处罚金，并对直接负责的主管人员和其他直接责任人员，依照第一款的规定处罚。

金融诈骗罪

▌司法解释 ▶▶▶

★《最高人民法院关于审理票据纠纷案件若干问题的规定》(法释〔2020〕18号 自2021年1月1日起施行)

第六十六条 依照票据法第十四条、第一百零二条、第一百零三条的规定,伪造、变造票据者除应当依法承担刑事、行政责任外,给他人造成损失的,还应当承担民事赔偿责任。被伪造签章者不承担票据责任。

▌立案追诉标准 ▶▶▶

★《最高人民检察院、公安部关于公安机关管辖的刑事案件立案追诉标准的规定(二)》(公通字〔2022〕12号 自2022年5月15日起施行)

第四十六条 〔票据诈骗案(刑法第一百九十四条第一款)〕进行金融票据诈骗活动,数额在五万元以上的,应予立案追诉。

第四十七条 〔金融凭证诈骗案(刑法第一百九十四条第二款)〕使用伪造、变造的委托收款凭证、汇款凭证、银行存单等其他银行结算凭证进行诈骗活动,数额在五万元以上的,应予立案追诉。

▌司法解释性质规范性文件 ▶▶▶

★《全国法院审理金融犯罪案件工作座谈会纪要》(法〔2001〕8号 自2001年1月21日起施行)

关于金融诈骗罪非法占有目的的认定,以及金融诈骗犯罪定罪量刑的数额标准和犯罪数额的计算问题,详见刑法第一百九十三条贷款诈骗罪部分(第215—217页)。

▌参考案例 ▶▶▶

★颜强票据诈骗案(参见《刑事审判参考》2013年第3集,第861号案例)

颜强原是许昌市城市信用社营业部主管信贷的副主任。2005

年 9 月 23 日，在颜强和代建民（时为许昌市城市信用社职员，另案处理）的安排下，许昌恒丰纺织有限公司经理王保松为许昌市东城区金光塑印厂及其法定代表人金平安申请的人民币（以下币种同）50 万元贷款提供担保，双方分别与许昌市城市信用社签订了保证合同和借款合同。同日，颜强以需要补办贷款手续为名从金平安处骗取金光塑印厂的公章和金平安的个人印鉴后，伙同代建民以现金支票形式从金光塑印厂账户内将已到账的 47 万元贷款支取，后伪造借条、保证书等掩饰赃款去向。

（一）实务问题

城市信用社工作人员采取欺骗手段取得客户印鉴后，以现金支票的形式将客户账户内的资金取出非法占有的行为如何定性？

（二）规则提炼

行为人利用与自己职责、职权无直接关系或者说不是以职责为基础的便利条件，如仅因为在某单位工作而熟悉作案环境、凭借工作人员的身份较易接近作案目标或者因为工作关系熟悉本单位其他人员的职务行为操作规程等便利条件作案的，不属于利用职务便利，因此上述行为不构成贪污罪。虽然颜强使用的是真实的空白现金支票，但使用的金光塑印厂和金平安的印鉴是采取欺骗手段取得，且金平安的个人签名也系伪造，颜强、代建民二人以金平安的名义完成了签名、印章的出票行为，构成伪造票据。之后，二人持该伪造的支票到银行兑现，是票据使用的形式之一，构成明知是伪造的支票而使用。二人利用银行对支票仅作形式审查的交易惯例，让柜台会计和出纳陷入该支票内容为财产所有权人金平安的真实意思表示的错误认识。上述行为构成票据诈骗罪。

★**王世清票据诈骗、刘耀挪用资金案**（参见《刑事审判参考》2006 年第 2 集，第 387 号案例）

2003 年 11 月 27 日，常州华源蕾迪斯有限公司（以下简称蕾迪斯公司）申请兴业银行南京城北支行开具了收款人为蕾迪斯公司上海分公司的 3 张银行承兑汇票，金额各为人民币（下同）1000

万元,到期日为2004年5月27日。经被告人刘耀[原系徐州市商业银行淮西支行(以下简称商行淮西支行)业务部主任]联系、操作,蕾迪斯公司与王世清所在的津浦公司通过虚构煤炭购销业务的方法,将该汇票背书转让给津浦公司,津浦公司于2003年12月3日在商行淮西支行申请贴现2928万余元并转付蕾迪斯公司。

2003年12月,汉唐公司向王世清催要津浦公司的1200万元到期欠款。王世清遂与刘耀商议将原在商行淮西支行贴现过的承兑汇票借给津浦公司用于质押贷款,偿还公司到期债务,资金周转后再将承兑汇票赎回归还商行淮西支行,刘耀表示同意。同年12月19日,刘耀以某银行淮东支行被盗,已贴现过的银行承兑汇票放在徐州市工商银行保管更安全为由,骗得共同保管人员李广新的信任。当日下午,在向工商银行转移票据过程中,刘耀利用只有用自己的身份证号码才能打开保险箱的便利,从李广新手中取得存放保险箱的门钥匙单独进去,假装将贴现过的3张银行承兑汇票放入保险箱中,而实际藏于身上带出后将其中2张交给王世清。王世清即安排津浦公司会计到农业银行淮西支行办理质押贷款1900万元,用于归还汉唐公司等单位欠款及银行到期贷款等。

(一)实务问题

勾结银行工作人员使用已贴现的真实票据质押贷款的行为如何处理?

(二)规则提炼

以非法占有为目的,使用已经贴现的真实票据质押贷款的行为,属于刑法第一百九十四条第一款第(三)项规定的"冒用他人的汇票"进行诈骗活动,应当以票据诈骗罪定罪处罚。刘耀轻信王世清在短期内归还汇票的谎言,同意将已经在本单位贴现的承兑汇票借给王世清使用,并要求王世清在一周内归还汇票,主观上不具有诈骗的共同故意,因此,刘耀与王世清不构成诈骗犯罪的共犯。刘耀作为商行淮西支行的工作人员,利用实际具有保管汇票的职务便利,将本单位的银行承兑汇票借给他人使用,一、二审对其行为以挪用资金罪定罪处罚正确。

★ **张北海等人贷款诈骗、金融凭证诈骗案**（参见《刑事审判参考》2007年第1集，第424号案例）

2004年10月，被告人张北海与被告人陈超商定，以帮朋友拉存款为名，引诱陕西人达公司将资金存入工商银行（以下简称工行）西影路分理处账户，后张北海指使华博公司办公室主任晏娜到工行互助路支行开立一般账户并办理工行网上客户服务中心开户手续，并在工行西影路分理处开立一般账户，而后让陈超私刻一枚"工商银行西影路分理处"公章。张北海操纵制作了虚假的《中国工商银行网上银行企业客户账户查询、转账授权书》、客户证书档案信息资料、需增加的分支机构档案信息资料，将上述资料交给刘娜，刘娜与工行电子结算中心市场部任经理的但卫国共同完善以上资料后，违规为张北海办理了"网上银行下挂账户手续"，将人达公司设立在工行西影路分理处的账户下挂到华博公司设立在工行互助路支行账户名下，使张北海可对人达公司账户任意进行转账支配。当人达公司资金500万元到账后，张北海便指使晏娜同陈超、刘娜在银行人员的帮助下解锁，并将人达公司账户500万元中的280余万元转入华博公司工行互助路支行账户。胡英华与晏娜在张北海的授意下，于2004年10月25日将其中235万元转入工行西影路支行华博公司账户，48万元转入天海公司账户。后胡英华与陈超将48万元全部提现，胡英华留了2万元的张北海原借款，将46万元给陈超。破案后从陈超处追回赃款28万元，从张北海处追回赃款217.59万余元，共计245.59万余元现已发还受骗单位（其他犯罪事实略）。

（一）实务问题

1.使用的网上银行企业客户账户查询、转账授权书是否为金融凭证？ 2.行为人伪造企业网上银行转账授权书骗取资金的行为是否构成金融凭证诈骗罪？

(二)规则提炼

网上银行企业客户账户查询、转账书符合金融凭证中的委托收款凭证的特征,属于金融凭证。行为人伪造企业网上银行转账授权书骗取资金的行为构成金融凭证诈骗罪。

2000年8月的《中国人民银行办公厅关于单位定期存款开户证实书性质认定的批复》认为,支付结算是指单位、个人在社会经济活动中使用票据、信用卡和汇兑、托收承付、委托收款等结算方式进行货币给付及其资金清算的行为,中国人民银行为上述结算活动统一制定的书面凭证为结算凭证。2003年12月9日,《中国人民银行办公厅关于其他银行结算凭证有关问题的复函》再次明确,根据《支付结算办法》的有关规定,办理票据、信用卡和汇兑、托收承付、委托收款等转账结算业务所使用的凭证,均属银行结算凭证。此外,银行办理现金缴存或支取业务使用的有关凭证也属银行结算凭证,如现金解款单是客户到银行办理现金缴存业务的专用凭证,也是银行和客户凭以记账的依据,它证明银行与客户之间发生了资金收付关系,代表相互间债权、债务关系的建立,属于银行结算凭证。而单位定期存款开户证实书、对账单、银行询证函等,只具有证明或事后检查作用,不具有货币给付和资金清算作用,不属于结算凭证。因此,只要是在金融活动中具有货币给付和资金清算作用,并表明银行与客户之间已受理或已办结相关支付结算业务的凭据,均应认定为银行结算凭证。

对网上银行的相关业务凭证是否属于金融凭证,可以根据其是否具有金融凭证的本质功能予以确定。对此,一些商业银行专门制定的相应章程可作为重要依据帮助认定。如《中国银行电子银行服务章程(暂行)》第二条规定:"中国银行电子银行服务功能包括:各类账户之间的转账、银券服务、代收代付、金融信息查询、各类个人账户资料的查询、个人支票保付、存折临时挂失、交易密码修改、个人实盘外汇买卖、定期存款小额质押贷款、提醒服务等银行服务。"《中国建设银行网上银行章程》第二条规定:

"本章程所称的网上银行是中国建设银行建立的借助于因特网技术提供信息服务和金融交易服务的网络自动服务系统。"《中国农业银行网上银行业务管理办法（暂行）》第二条规定："农业银行网上银行以因特网为传输媒介，向客户提供信息、金融及衍生服务。客户通过网上银行可以办理查询、转账、支付等各种业务。"《中国工商银行电子银行章程》第二条规定："中国工商银行通过网上银行、电话银行、手机银行等类型电子银行为客户提供业务咨询、资金管理、金融理财、收费缴费、电子商务、代理销售等服务。"第十三条规定："客户有义务采取风险防范措施，安全使用电子银行。"第十四条规定："由于客户未尽到防范风险的义务或其他非中国工商银行原因而导致的客户损失，中国工商银行不承担责任。"由上可见，网上银行的金融业务，虽然操作形式与传统银行柜台表现有异，但无论是功能运行还是产生的结果，都与传统的银行金融业务具有同等功效。就本案而言，所涉及的《中国工商银行网上银行企业客户账户查询、转账授权书》是用于网上电子银行进行收付、结算的唯一的、排他的重要依据，是用于特定主体（金融机构、存款人）之间以特定的格式记载双方的特定权利、义务的书面文件，同时也是双方记账的重要凭证，符合上述金融凭证中的委托收款凭证的特征，属于新兴电子银行业务中出现的一种非传统型的银行会计凭证，具有金融凭证所具有的转账、支付等功能，因而应属于金融票证的范畴。

★**李路军金融凭证诈骗案**（参见《刑事审判参考》2007年第1集，第425号案例）

2005年11月初，被告人李路军被调离青州市益都农村信用合作社玲珑分社到益都农村信用合作社工作后，因怕挪用单位资金的事实被发现，遂产生了携款潜逃的想法。2005年11月13日上午，李路军窜至益都农村信用合作社玲珑分社，趁其他工作人员不备之机，窃取了储户"郭生忠""张立祥"的个人存款信息资料，并换了两本"一本通"存折，把两个储户的存款转移到了新办的两个存折上,并加盖了玲珑分社的公章。后李路军携带伪造的户名为"郭生忠""张立祥"的"一本通"存折,先后窜至青州市城区信用社营业厅、城里分社、车站分社等,共计提取人民币849000元(其他犯罪事实略)。

(一)实务问题

金融机构工作人员,窃取储户的个人信息并擅自为储户换折,将储户存款转移至新折后提取现金非法占为己有的行为,应当认定为盗窃罪还是金融凭证诈骗罪?

(二)规则提炼

刑法第一百九十四条规定,金融凭证诈骗罪是指,使用伪造、变造的委托收款凭证、汇款凭证、银行存单等其他银行结算凭证进行金融票据诈骗活动的行为。金融机构工作人员窃取储户的个人信息并擅自为储户换折,将储户存款转移至新折后提取现金非法占为己有的,其非法占有的并非储户的资金,而是该金融机构的资金。且行为人客观上实施了利用储户个人信息,伪造储户存折提取资金,为个人非法占有的行为。该行为符合金融凭证诈骗罪的构成要件,而不应当认定为盗窃罪。

★ 张平票据诈骗案(参见《刑事审判参考》2010年第6集,第653号案例)

2008年6月12日下午,被告人张平至无锡市锡山区安镇镇胶南村陆更巷44号林卫亚家,采用翻围墙撬门锁等手段,窃得现金人民币(以下币种均为人民币)5000元,及银行承兑汇票2张。其中一张票号为02257643,出票人为湘潭市奇胜摩托车销售有限公司,付款行是湘潭市商业银行,出票金额为5万元,收款人为株洲市锦宏摩托车经营部,出票日期为2008年3月18日,汇票到期日为2008年9月18日;另一张票号为02214212,出票人为安徽省华皖酒业有限公司,付款行是徽商银行六安分行清算中心,出票金额为5万元,收款人为江阴市汇南彩印有限公司,出票日期为2008年1月9日,汇票到期日为2008年7月9日。后被告人张平以票号为 02257643 的银行承兑汇票向杨伟兑换现金 4 万元，以票号为 02214212 的银行承兑汇票向王惠刚偿付结欠的货款 3 万余元并兑换现金 1.7 万元。

（一）实务问题

盗窃银行承兑汇票并使用，骗取数额较大财物的行为是构成盗窃罪还是票据诈骗罪？

（二）规则提炼

盗窃行为未使失票人的财产权利直接受损，使用行为仅侵犯了受票人的财产权利及金融管理秩序。明知自己不是所窃汇票的权利人，却仍向受票人明确表示票据为其所有并以权利人的身份取得转让对价，完全符合冒用他人汇票的情形，构成票据诈骗罪。该行为不宜参照适用刑法第一百九十六条第三款的规定，即盗窃信用卡并使用以盗窃罪定罪处罚的规定。

四、信用证诈骗罪

第一百九十五条

有下列情形之一，进行信用证诈骗活动的，处五年以下有期徒刑或者拘役，并处二万元以上二十万元以下罚金；数额巨大或者有其他严重情节的，处五年以上十年以下有期徒刑，并处五万元以上五十万元以下罚金；数额特别巨大或者有其他特别严重情节的，处十年以上有期徒刑或者无期徒刑，并处五万元以上五十万元以下罚金或者没收财产：

（一）使用伪造、变造的信用证或者附随的单据、文件的^[第357页]；

（二）使用作废的信用证的；

（三）骗取信用证的；

（四）以其他方法进行信用证诈骗活动的。

【单位犯金融诈骗罪的处罚规定】第二百条 单位犯本节第一百九十四条、第一百九十五条规定之罪的，对单位判处罚金，并对其直接负责的主管人员和其他直接责任人员，处五年以下有期徒刑或者拘役，可以并处罚金；数额巨大或者有其他严重情节的，处五年以上十年以下有期徒刑，并处罚金；数额特别巨大或者有其他特别严重情节的，处十年以上有期徒刑或者无期徒刑，并处罚金。

立法沿革

本条系沿袭《关于惩治破坏金融秩序犯罪的决定》第十三条[①]内容，79刑法未规定。刑法在原第三档法定刑中增加了"并处

---

① 有下列情形之一，进行信用证诈骗活动的，处五年以下有期徒刑或者拘役，并处二万元以上二十万元以下罚金；数额巨大或者有其他严重情节的，处五年以上十年以下有期徒刑，并处五万元以上五十万元以下罚金；数额特别巨大或者有其他特别严重情节的，处十年以上有期徒刑、无期徒刑或者死刑，并处没收财产：

（一）使用伪造、变造的信用证或者附随的单据、文件的；

（二）使用作废的信用证的；

（三）骗取信用证的；

（四）以其他方法进行信用证诈骗活动的。

单位犯前款罪的，对单位判处罚金，并对直接负责的主管人员和其他直接责任人员，依照前款的规定处罚。

五万元以上五十万元以下罚金"的规定。高法《罪名规定》、高检《罪名意见》将其解释为信用证诈骗罪。

▎立案追诉标准 ▶▶▶▶

★《最高人民检察院、公安部关于公安机关管辖的刑事案件立案追诉标准的规定（二）》（公通字〔2022〕12 号　自 2022 年 5 月 15 日起施行）

第四十八条　〔信用证诈骗案（刑法第一百九十五条）〕进行信用证诈骗活动，涉嫌下列情形之一的，应予立案追诉：

（一）使用伪造、变造的信用证或者附随的单据、文件的；

（二）使用作废的信用证的；

（三）骗取信用证的；

（四）以其他方法进行信用证诈骗活动的。

▎司法解释性质规范性文件 ▶▶▶▶

★《全国法院审理金融犯罪案件工作座谈会纪要》（法〔2001〕8 号　自 2001 年 1 月 21 日起施行）

关于金融诈骗罪非法占有目的的认定，以及金融诈骗犯罪定罪量刑的数额标准和犯罪数额的计算问题，详见刑法第一百九十三条贷款诈骗罪部分（第 215—217 页）。

▎法律适用答复、复函 ▶▶▶▶

★《最高人民法院关于审理单位犯罪案件对其直接负责的主管人员和其他直接责任人员是否区分主犯、从犯问题的批复》（法释〔2000〕31 号　自 2000 年 10 月 10 日起施行）

你院鄂高法〔1999〕374 号《关于单位犯信用证诈骗罪案件中对其"直接负责的主管人员"和"其他直接责任人员"是否划分主从犯问题的请示》收悉。经研究，答复如下：

在审理单位故意犯罪案件时，对其直接负责的主管人员和其他直接责任人员，可不区分主犯、从犯，按照其在单位犯罪中所起的作用判处刑罚。

★《最高人民法院研究室关于对贩卖假金融票证行为如何适用法律问题的复函》（法研〔2002〕21号 2002年2月批复）

明知是伪造、变造的金融票证而贩卖，或者明知他人实施金融诈骗行为而为其提供伪造、变造的金融票证的，以伪造、变造金融票证罪或者金融诈骗犯罪的共犯论处。

五、信用卡诈骗罪

第一百九十六条

有下列情形之一，进行信用卡[第395页]诈骗活动，数额较大的，处五年以下有期徒刑或者拘役，并处二万元以上二十万元以下罚金；数额巨大或者有其他严重情节的，处五年以上十年以下有期徒刑，并处五万元以上五十万元以下罚金；数额特别巨大或者有其他特别严重情节的，处十年以上有期徒刑或者无期徒刑，并处五万元以上五十万元以下罚金或者没收财产：

（一）使用伪造的信用卡，或者使用以虚假的身份证明骗领的信用卡的；

（二）使用作废的信用卡的；

（三）冒用他人信用卡的；

（四）恶意透支的。

前款所称恶意透支，是指持卡人以非法占有为目的，超过规定限额或者规定期限透支，并且经发卡银行催收后仍不归还的行为。

【盗窃罪】盗窃信用卡并使用的，依照本法第二百六十四条的规定定罪处罚。

立法沿革 >>>

本条系沿袭《关于惩治破坏金融秩序犯罪的决定》第十四条[①]内容，79刑法没有规定，刑法[②]在原第三档法定刑中增加了"并

[①] 有下列情形之一，进行信用卡诈骗活动，数额较大的，处五年以下有期徒刑或者拘役，并处二万元以上二十万元以下罚金；数额巨大或者有其他严重情节的，处五年以上十年以下有期徒刑，并处五万元以上五十万元以下罚金；数额特别巨大或者有其他特别严重情节的，处十年以上有期徒刑或者无期徒刑，并处没收财产：

（一）使用伪造的信用卡的；
（二）使用作废的信用卡的；
（三）冒用他人信用卡的；
（四）恶意透支的。

盗窃信用卡并使用的，依照刑法关于盗窃罪的规定处罚。

[②] 有下列情形之一，进行信用卡诈骗活动，数额较大的，处五年以下有期徒刑或者拘役，并处二万元以上二十万元以下罚金；数额巨大或者有其他严重情节的，处五年以上十年以下有期徒刑，并处五万元以上五十万元以下罚金；数额特别巨大或者有其他特别严重情节的，处十年以上有期徒刑或者无期徒刑，并处五万元以上五十万元以下罚金或者没收财产：

（一）使用伪造的信用卡的；
（二）使用作废的信用卡的；
（三）冒用他人信用卡的；
（四）恶意透支的。

前款所称恶意透支，是指持卡人以非法占有为目的，超过规定限额或者规定期限透支，并且经发卡银行催收后仍不归还的行为。

盗窃信用卡并使用的，依照本法第二百六十四条的规定定罪处罚。

处五万元以上五十万元以下罚金"的规定,并对"恶意透支"作了解释。《刑法修正案(五)》第二条在本条第一款第一项增加了"使用以虚假的身份证明骗领的信用卡"的行为方式。高法《罪名规定》、高检《罪名意见》将其解释为信用卡诈骗罪。

立法解释

★《全国人民代表大会常务委员会关于〈中华人民共和国刑法〉有关信用卡规定的解释》(自 2004 年 12 月 29 日起施行)

刑法规定的"信用卡",是指由商业银行或者其他金融机构发行的具有消费支付、信用贷款、转账结算、存取现金等全部功能或者部分功能的电子支付卡。

司法解释

★《最高人民检察院关于拾得他人信用卡并在自动柜员机(ATM 机)上使用的行为如何定性问题的批复》(高检发释字〔2008〕1 号 自 2008 年 5 月 7 日起施行)

拾得他人信用卡并在自动柜员机(ATM 机)上使用的行为,属于刑法第一百九十六条第一款第(三)项规定的"冒用他人信用卡"的情形,构成犯罪的,以信用卡诈骗罪追究刑事责任。

★《最高人民法院、最高人民检察院关于办理妨害信用卡管理刑事案件具体应用法律若干问题的解释》(法释〔2018〕19 号 自 2018 年 12 月 1 日起施行)

第五条 使用伪造的信用卡、以虚假的身份证明骗领的信用卡、作废的信用卡或者冒用他人信用卡,进行信用卡诈骗活动,数额在五千元以上不满五万元的,应当认定为刑法第一百九十六条规定的"数额较大";数额在五万元以上不满五十万元的,应当认定为刑法第一百九十六条规定的"数额巨大";数额在五十万元以上的,应当认定为刑法第一百九十六条规定的"数额特别巨大"。

刑法第一百九十六条第一款第三项所称"冒用他人信用卡"，包括以下情形：

（一）拾得他人信用卡并使用的；

（二）骗取他人信用卡并使用的；

（三）窃取、收买、骗取或者以其他非法方式获取他人信用卡信息资料，并通过互联网、通讯终端等使用的；

（四）其他冒用他人信用卡的情形。

第六条 持卡人以非法占有为目的，超过规定限额或者规定期限透支，经发卡银行两次有效催收后超过三个月仍不归还的，应当认定为刑法第一百九十六条规定的"恶意透支"。

对于是否以非法占有为目的，应当综合持卡人信用记录、还款能力和意愿、申领和透支信用卡的状况、透支资金的用途、透支后的表现、未按规定还款的原因等情节作出判断。不得单纯依据持卡人未按规定还款的事实认定非法占有目的。

具有以下情形之一的，应当认定为刑法第一百九十六条第二款规定的"以非法占有为目的"，但有证据证明持卡人确实不具有非法占有目的的除外：

（一）明知没有还款能力而大量透支，无法归还的；

（二）使用虚假资信证明申领信用卡后透支，无法归还的；

（三）透支后通过逃匿、改变联系方式等手段，逃避银行催收的；

（四）抽逃、转移资金，隐匿财产，逃避还款的；

（五）使用透支的资金进行犯罪活动的；

（六）其他非法占有资金，拒不归还的情形。

第七条 催收同时符合下列条件的，应当认定为本解释第六条规定的"有效催收"：

（一）在透支超过规定限额或者规定期限后进行；

（二）催收应当采用能够确认持卡人收悉的方式，但持卡人故意逃避催收的除外；

（三）两次催收至少间隔三十日；

（四）符合催收的有关规定或者约定。

对于是否属于有效催收，应当根据发卡银行提供的电话录音、信息送达记录、信函送达回执、电子邮件送达记录、持卡人或者其家属签字以及其他催收原始证据材料作出判断。

发卡银行提供的相关证据材料，应当有银行工作人员签名和银行公章。

第八条 恶意透支，数额在五万元以上不满五十万元的，应当认定为刑法第一百九十六条规定的"数额较大"；数额在五十万元以上不满五百万元的，应当认定为刑法第一百九十六条规定的"数额巨大"；数额在五百万元以上的，应当认定为刑法第一百九十六条规定的"数额特别巨大"。

第九条 恶意透支的数额，是指公安机关刑事立案时尚未归还的实际透支的本金数额，不包括利息、复利、滞纳金、手续费等发卡银行收取的费用。归还或者支付的数额，应当认定为归还实际透支的本金。

检察机关在审查起诉、提起公诉时，应当根据发卡银行提供的交易明细、分类账单（透支账单、还款账单）等证据材料，结合犯罪嫌疑人、被告人及其辩护人所提辩解、辩护意见及相关证据材料，审查认定恶意透支的数额；恶意透支的数额难以确定的，应当依据司法会计、审计报告，结合其他证据材料审查认定。人民法院在审判过程中，应当在对上述证据材料查证属实的基础上，对恶意透支的数额作出认定。

发卡银行提供的相关证据材料，应当有银行工作人员签名和银行公章。

第十条 恶意透支数额较大，在提起公诉前全部归还或者具有其他情节轻微情形的，可以不起诉；在一审判决前全部归还或者具有其他情节轻微情形的，可以免予刑事处罚。但是，曾因信用卡诈骗受过两次以上处罚的除外。

第十一条 发卡银行违规以信用卡透支形式变相发放贷款，持卡人未按规定归还的，不适用刑法第一百九十六条"恶意透支"的规定。构成其他犯罪的，以其他犯罪论处。

第十二条 违反国家规定，使用销售点终端机具（POS 机）等方法，以虚构交易、虚开价格、现金退货等方式向信用卡持卡人直接支付现金，情节严重的，应当依据刑法第二百二十五条的规定，以非法经营罪定罪处罚。

实施前款行为，数额在一百万元以上的，或者造成金融机构资金二十万元以上逾期未还的，或者造成金融机构经济损失十万元以上的，应当认定为刑法第二百二十五条规定的"情节严重"；数额在五百万元以上的，或者造成金融机构资金一百万元以上逾期未还的，或者造成金融机构经济损失五十万元以上的，应当认定为刑法第二百二十五条规定的"情节特别严重"。

持卡人以非法占有为目的，采用上述方式恶意透支，应当追究刑事责任的，依照刑法第一百九十六条的规定，以信用卡诈骗罪定罪处罚。

▰ 立案追诉标准 ▶▶▶

★《**最高人民检察院、公安部关于公安机关管辖的刑事案件立案追诉标准的规定（二）**》（公通字〔2022〕12 号　自 2022 年 5 月 15 日起施行）

第四十九条〔信用卡诈骗案（刑法第一百九十六条）〕进行信用卡诈骗活动，涉嫌下列情形之一的，应予立案追诉：

（一）使用伪造的信用卡、以虚假的身份证明骗领的信用卡、作废的信用卡或者冒用他人信用卡，进行诈骗活动，数额在五千元以上的；

（二）恶意透支，数额在五万元以上的。

本条规定的"恶意透支"，是指持卡人以非法占有为目的，超过规定限额或者规定期限透支，经发卡银行两次有效催收后超过三个月仍不归还的。

恶意透支的数额，是指公安机关刑事立案时尚未归还的实际透支的本金数额，不包括利息、复利、滞纳金、手续费等发卡银行收取的费用。归还或者支付的数额，应当认定为归还实际透支的本金。

恶意透支，数额在五万元以上不满五十万元的，在提起公诉前全部归还或者具有其他情节轻微情形的，可以不起诉。但是，因信用卡诈骗受过二次以上处罚的除外。

司法解释性质规范性文件

★《最高人民法院研究室关于〈关于办理妨害信用卡管理刑事案件具体应用法律若干问题的解释〉溯及力问题的复函》（法研〔2010〕70号 自2010年4月16日起施行）

对1997年刑法施行后、《关于办理妨害信用卡管理刑事案件具体应用法律若干问题的解释》施行前发生的利用信用卡非法套现行为，如未超过法定追诉时效，社会危害重大的，可以依法追究。

★《最高人民法院、最高人民检察院、公安部关于信用卡诈骗犯罪管辖有关问题的通知》（公通字〔2011〕29号 自2011年8月8日起施行）

近年来，信用卡诈骗流窜作案逐年增多，受害人在甲地申领的信用卡，被犯罪嫌疑人在乙地盗取了信用卡信息，并在丙地被提现或消费。犯罪嫌疑人企图通过空间的转换逃避刑事打击。为及时有效打击此类犯罪，现就有关案件管辖问题通知如下：

对以窃取、收买等手段非法获取他人信用卡信息资料后在异地使用的信用卡诈骗犯罪案件，持卡人信用卡申领地的公安机关、人民检察院、人民法院可以依法立案侦查、起诉、审判。

法律适用答复、复函

★《**公安部法制司关于利用信用卡恶意透支案件如何定性问题的答复**》(自1994年7月11日起施行)

一、恶意透支数额较大,持卡人表示愿意偿还并且在约定的期限内全部偿还的,不构成诈骗,由发卡银行按有关规定予以罚息处理。

二、恶意透支数额较大,经多次催偿,拒不偿还或逃避隐藏的,以诈骗定性,是否构成犯罪,视具体情节定。

三、恶意透支数额较大,虽表示愿意偿还,但无正当理由在约定期限内拒还或无偿还能力的,以诈骗定性,是否构成犯罪,视具体情节定。

四、对利用信用卡进行恶意透支的行为,应如何定性处罚,法律、法规尚无明确规定。处理该问题应以持卡人是否具有恶意占有的故意、是否具有社会危害性、透支的款项是否全部清偿等几方面综合考虑。

★《**最高人民法院研究室关于信用卡犯罪法律适用若干问题的复函**》(法研〔2010〕105号 自2010年7月5日起施行)

一、对于一人持有多张信用卡进行恶意透支,每张信用卡透支数额均未达到1万元的立案追诉标准的,原则上可以累计数额进行追诉。但考虑到一人办多张信用卡的情况复杂,如累计透支数额不大的,应分别不同情况慎重处理。

二、发卡银行的"催收"应有电话录音、持卡人或其家属签字等证据证明。"两次催收"一般应分别采用电话、信函、上门等两种以上催收形式。

三、若持卡人在透支大额款项后,仅向发卡行偿还远低于最低还款额的欠款,具有非法占有目的的,可以认定为"恶意透支";行为人确实不具有非法占有目的的,不能认定为"恶意透支"。

四、非法套现犯罪的证据规格,仍应遵循刑事诉讼法规定的证据确实、充分的证明标准。原则上应向各持卡人询问并制作笔录。如因持卡人数量众多、下落不明等客观原因导致无法取证，且其他证据已能确实、充分地证明使用信用卡非法套现的犯罪事实及套现数额的，则可以不向所有持卡人询问并制作笔录。

参考案例

★**张国涛信用卡诈骗案**（参见《刑事审判参考》2008年第1集，第472号案例）

2005年1月18日13时许，被告人张国涛在北京市朝阳区望京西园221号博泰大厦一层农业银行大厅内发现被害人林和洙遗忘在ATM机内的农行储蓄卡一张，后更改该卡密码，于同年1月19日、1月20日通过其他银行ATM机取款人民币共计6900元并占为己有。

（一）实务问题

1. 不具有透支功能的借记卡是否属于信用卡诈骗罪中的"信用卡"？

2. 拾得他人遗忘在ATM机内的借记卡后通过更改密码取现的行为如何定性？

（二）规则提炼

1. 针对银行或者其他金融机构发行的电子支付卡，只要其具备消费支付、信用贷款、转账结算、存取现金等全部功能或者部分功能的，都属于刑法意义上的信用卡。我国刑法中的信用卡，既包括国际通行意义上具有透支功能的信用卡，也包括不具有透支功能的银行借记卡。

2. 拾得他人信用卡并在ATM机使用的行为，系冒用他人信用卡的行为，构成信用卡诈骗罪。

★**陈自渝信用卡诈骗案**（参见《刑事审判参考》2013年第2集，第841号案例）

2006年4月20日至2010年7月14日，被告人陈自渝申领中信银行信用卡、招商银行信用卡各一张,后持卡消费及取现共计人民币188553元,至案发尚欠透支本金人民币18571元。被告人陈自渝经银行催收后,仍未归还。

(一)实务问题

恶意透支型信用卡诈骗案中透支本金产生的利息、复利、费用等是否计入犯罪数额?

(二)规则提炼

在恶意透支型信用卡诈骗罪中,行为人犯罪时所指向的对象只是透支的本金部分,至于后来透支本金所产生的各种费用并不是其犯罪时意图占有的部分。透支本金所产生的复利,包括正常利息和罚息以及其他费用,不能认定为银行的直接损失。对于透支本金所产生的复利、带纳金等间接损失,不能通过附带民事诉讼解决,确有正当理由,应当通过民事救济途径解决。

★**王立军等人信用卡诈骗案**(参见《刑事审判参考》2013年第4集,第874号案例)

2012年12月至2013年1月间,被告人王立军在无锡市某太阳能有限公司前台窃得被害人任广信浦发银行信用卡邮件,后冒用被害人任广信名义,通过拨打银行服务电话,提供信件中银行卡卡号、初始密码及身份资料等信息激活信用卡,并伙同被告人顾伟举持卡取现、消费共计人民币11900元。

(一)实务问题

窃取他人开卡邮件并激活信用卡使用的行为如何定性?

(二)规则提炼

窃取他人信用卡邮件后私自激活他人信用卡并使用的,属于冒用他人信用卡的行为,数额较大的,构成信用卡诈骗罪。未被激活的信用卡不属于"盗窃信用卡并使用"调整的范围。

★**房毅信用卡诈骗案**(参见《刑事审判参考》2013年第6集,第919号案例)

2007年11月至2009年2月,被告人房毅先后向深圳发展银行、交通银行、上海银行、中国银行、光大银行五家银行申请办信用卡用于持卡消费及取现。至2011年5月,房毅透支本金共计人民币53967.02元、美元299.57元。房毅因恶意透支平安银行信用卡于2011年7月被上海市普陀区人民法院判处拘役6个月,缓刑6个月,并处罚金人民币2万元,缓刑考验期自2011年7月16日起至2012年1月15日止。在该判决前,光大银行、中国银行针对所涉透支本金人民币9714.49元、美元299.57元的欠款两次催收,房毅超过3个月仍未归还欠款。在缓刑考验期间,上海银行、深圳发展银行、中国银行针对所涉透支本金共计人民币27305.66元的欠款两次催收,房毅超过3个月仍未归还欠款。在缓刑考验期满后,交通银行针对所涉透支本金人民币16946.87元的欠款两次催收,房毅超过3个月仍未归还欠款。2012年3月21日,房毅自动投案,并如实供述罪行。

(一)实务问题

透支行为发生在缓刑考验期之前,但银行催收的截止期发生在缓刑考验期内的,应当认定为漏罪还是新罪?

(二)规则提炼

恶意透支行为发生在缓刑考验期前,但银行催收的截止期发生在缓刑考验期内的,其所犯罪行系新罪,应当撤销缓刑,予以并罚。

★ **梁保权、梁博艺信用卡诈骗案**(参见《刑事审判参考》总第105集,第1120号案例)

2013年4月至2015年3月20日,被告人梁保权、梁博艺合谋,由被告人梁博艺以其本人名义向中国光大银行申领"光大乐惠金"信用卡一张,后共同使用该卡透支消费并将透支款主要用于共同投资经营的广州市番禺区伯鸿电子厂和广州市群辉电子有限公司。2014年8月21日该卡出现透支逾期。同年10月31日,二名被告人向该卡最后一次还款人民币4万元,后经中国光大银行多次催收仍未归还。截至2015年3月20日,按照银行信用卡合约规则的计算方法（逾期还款优先视为归还利息、滞纳金等发卡行所收取的费用），涉案信用卡仍有透支款本金合计人民币167411.60元及利息9542.38元未归还。

（一）实务问题

1. 持卡人使用信用卡透支用于生产经营，但因经营不善等客观原因导致信用卡逾期无法偿还的，能否认定其"以非法占有为目的"？

2. 持卡人逾期未还款被停卡后至"经催收超过3个月未归还"的期限届满之前清偿部分款项，该部分还款在刑事案件中是否全部视为偿还本金并从犯罪数额中予以扣除？

（二）规则提炼

1. 恶意透支型信用卡诈骗犯罪中非法占有目的的认定应当坚持主客观统一原则，综合考察行为人的申领行为、透支行为、还款行为等因素。行为人将透支款项主要用于合法经营，到期不能归还主要是由于经营不善、市场风险等原因造成的，不宜认定"以非法占有为目的"。

2. 恶意透支的数额不包括复利、滞纳金、手续费等发卡银行收取的费用。恶意透支被停卡后至催收后未满3个月期间所偿还款项，应视为偿还本金且应从犯罪数额中予以扣除。

★ 王艳峰信用卡诈骗转化抢劫案（参见《刑事审判参考》总第113集，第1246号案例）

2015年12月11日晚，李某在朝阳区平房乡一自助银行内使用银行卡从ATM机取款，离开时将卡遗留在ATM机内。李某离开后，被告人王艳峰操作该ATM机时发现机内有他人遗留的银行卡，遂连续取款6次，共计取款1.2万元。李某收到取款短信提示后意识到银行卡遗留在ATM机内，立即返回自助银行，要求仍在操作ATM机的王艳峰交还钱款。王艳峰纠集在附近的工友郭少飞（另案处理）一起殴打李某，致李某受轻微伤。王艳峰与郭少飞一起逃离现场，后王艳峰将赃款挥霍。

(一)实务问题

犯信用卡诈骗罪后,为抗拒抓捕而当场使用暴力的,可否转化为抢劫罪?

(二)规则提炼

侵犯财产的特殊盗窃、诈骗、抢夺罪与普通盗窃、诈骗、抢夺罪存在法条竞合关系,可以作为转化型抢劫的前提犯罪,并不违反罪刑法定原则。信用卡诈骗罪与诈骗罪具有法条竞合关系,可以充当转化型抢劫的前提犯罪,因此其实施的全部行为可以认定为抢劫罪。拾到被害人信用卡并使用,而后在被害人要求交还钱款时纠集他人共同殴打被害人,属于实施诈骗行为后为抗拒抓捕当场使用暴力,构成抢劫罪。

★ **潘安信用卡诈骗案**(参见《刑事审判参考》总第125集,第1389号案例)

2014年2月28日9时许,被告人潘安在常州市天宁区乾盛兰庭××号中国建设银行ATM机上,拾得被害人陈燕遗忘在机器内且尚未退出取款操作界面的信用卡一张,后分2次从该卡内取款人民币共计5500元。

(一)实务问题

行为人利用他人遗忘在ATM机内已输好密码的信用卡取款行为应如何定性?

(二)规则提炼

在持卡人输入密码后,ATM机在等待持卡人进一步发出指令,在此期间,拾卡人未经持卡人授权、未经委托冒用持卡人身份发出取款指令,欺骗ATM机交付钱款。ATM机误以为是持卡人发出的指令,把财物"自愿"交付给拾卡人,ATM机代表相关银行的意志,"同意"交付财物,符合诈骗犯罪的客观行为表现。冒名登录他人信用卡的行为使代表银行意志的ATM机陷入错误认识,实质就是冒用他人信用卡,同时侵害他人财产所有权和国家对信用卡的管理秩序,应当认定为信用卡诈骗罪。

六、有价证券诈骗罪

第一百九十七条

使用伪造、变造的国库券[第397页]或者国家发行的其他有价证券[第397页],进行诈骗活动,数额较大的,处五年以下有期徒刑或者拘役,并处二万元以上二十万元以下罚金;数额巨大或者有其他严重情节的,处五年以上十年以下有期徒刑,并处五万元以上五十万元以下罚金;数额特别巨大或者有其他特别严重情节的,处十年以上有期徒刑或者无期徒刑,并处五万元以上五十万元以下罚金或者没收财产。

立法沿革 >>>

本条系刑法增设,79刑法、单行刑法均未规定。高法《罪名规定》、高检《罪名意见》将其解释为有价证券诈骗罪。

立案追诉标准 >>>

★《最高人民检察院、公安部关于公安机关管辖的刑事案件立案追诉标准的规定(二)》(公通字〔2022〕12号 自2022年5月15日起施行)

第五十条 〔有价证券诈骗案(刑法第一百九十七条)〕使用伪造、变造的国库券或者国家发行的其他有价证券进行诈骗活动,数额在五万元以上的,应予立案追诉。

司法解释性质规范性文件

★《全国法院审理金融犯罪案件工作座谈会纪要》（法〔2001〕8号 自2001年1月21日起施行）

关于金融诈骗罪非法占有目的的认定，以及金融诈骗犯罪定罪量刑的数额标准和犯罪数额的计算问题，详见刑法第一百九十三条贷款诈骗罪部分（第215—217页）。

七、保险诈骗罪

第一百九十八条

有下列情形之一，进行保险[第491页]诈骗活动，数额较大的，处五年以下有期徒刑或者拘役，并处一万元以上十万元以下罚金；数额巨大或者有其他严重情节的，处五年以上十年以下有期徒刑，并处二万元以上二十万元以下罚金；数额特别巨大或者有其他特别严重情节的，处十年以上有期徒刑，并处二万元以上二十万元以下罚金或者没收财产：

（一）投保人故意虚构保险标的[第492页]，骗取保险金的；

（二）投保人、被保险人或者受益人[第492页]对发生的保险事故[第494页]编造虚假的原因或者夸大损失的程度，骗取保险金的；

（三）投保人、被保险人或者受益人编造未曾发生的保险事故，骗取保险金的；

（四）投保人、被保险人故意造成财产损失的保险事

故,骗取保险金的;

(五)投保人、受益人故意造成被保险人死亡、伤残或者疾病,骗取保险金的。

有前款第四项、第五项所列行为,同时构成其他犯罪的,依照数罪并罚的规定处罚。

单位犯第一款罪的,对单位判处罚金,并对其直接负责的主管人员和其他直接责任人员,处五年以下有期徒刑或者拘役;数额巨大或者有其他严重情节的,处五年以上十年以下有期徒刑;数额特别巨大或者有其他特别严重情节的,处十年以上有期徒刑。

保险事故的鉴定人、证明人、财产评估人故意提供虚假的证明文件,为他人诈骗提供条件的,以保险诈骗的共犯论处。

立法沿革 >>>

本条79刑法没有规定,系沿袭《关于惩治破坏金融秩序犯罪的决定》第十六条[1],刑法在原第三档法定刑中增加了"并处二万

---

[1] 有下列情形之一,进行保险诈骗活动,数额较大的,处五年以下有期徒刑或者拘役,并处一万元以上十万元以下罚金;数额巨大或者有其他严重情节的,处五年以上十年以下有期徒刑,并处二万元以上二十万元以下罚金;数额特别巨大或者有其他特别严重情节的,处十年以上有期徒刑,并处没收财产:

(一)投保人故意虚构保险标的,骗取保险金的;

(二)投保人、被保险人或者受益人对发生的保险事故编造虚假的原因或者夸大损失的程度,骗取保险金的;

(三)投保人、被保险人或者受益人编造未曾发生的保险事故,骗取保险金的;(转下页注)

元以上二十万元以下罚金"的规定。高法《罪名规定》、高检《罪名意见》将其解释为保险诈骗罪。

立案追诉标准

★《最高人民检察院、公安部关于公安机关管辖的刑事案件立案追诉标准的规定（二）》（公通字〔2022〕12号 自2022年5月15日起施行）

第五十一条〔保险诈骗案（刑法第一百九十八条）〕进行保险诈骗活动，数额在五万元以上的，应予立案追诉。

司法解释性质规范性文件

★《全国法院审理金融犯罪案件工作座谈会纪要》（法〔2001〕8号 自2001年1月21日起施行）

关于金融诈骗罪非法占有目的的认定，以及金融诈骗犯罪定罪量刑的数额标准和犯罪数额的计算问题，详见刑法第一百九十三条贷款诈骗罪部分（第215—217页）。

★《最高人民法院、最高人民检察院、公安部关于依法办理"碰瓷"违法犯罪案件的指导意见》（公通字〔2020〕12号 自2020年9月22日起施行）

一、实施"碰瓷"，虚构事实、隐瞒真相，骗取赔偿，符合刑

（接上页注）（四）投保人、被保险人故意造成财产损失的保险事故，骗取保险金的；

（五）投保人、受益人故意造成被保险人死亡、伤残或者疾病，骗取保险金的。

有前款第（四）项、第（五）项所列行为，同时构成其他犯罪的，依照刑法数罪并罚的规定处罚。

保险事故的鉴定人、证明人、财产评估人故意提供虚假的证明文件，为他人诈骗提供条件的，以保险诈骗的共犯论处。

单位犯第一款罪的，对单位判处罚金，并对直接负责的主管人员和其他直接责任人员，依照第一款的规定处罚。

法第二百六十六条规定的,以诈骗罪定罪处罚;骗取保险金,符合刑法第一百九十八条规定的,以保险诈骗罪定罪处罚。

法律适用答复、复函

★《最高人民检察院法律政策研究室关于保险诈骗未遂能否按犯罪处理问题的答复》(〔1998〕高检研发第20号 自1998年11月27日起施行)

行为人已经着手实施保险诈骗行为,但由于其意志以外的原因未能获得保险赔偿的,是诈骗未遂,情节严重的,应依法追究刑事责任。

★《公安部经济犯罪侦查局关于对一起保险诈骗案件有关问题的批复》(公经金融〔2009〕248号 自2009年9月14日起施行)

1998年11月27日最高人民检察院《关于保险诈骗未遂能否按犯罪处理问题的答复》中指出:"行为人已经着手实施保险诈骗行为,但由于其意志以外的原因未能获得保险赔偿的,是诈骗未遂,情节严重的,应依法追究刑事责任。"但目前对"情节严重"尚无具体司法解释。本案中,张某隐瞒其妻子已患癌症的事实,向中国人寿保险开封分公司和中国太平人寿保险开封分公司共投保43万元,并在其妻死亡后申请理赔,其行为已涉嫌保险诈骗罪,根据最高人民检察院、公安部《关于经济犯罪案件追诉标准的规定》第48条规定,应予追诉。

参考案例

★ 王志峰、王志生故意杀人、保险诈骗案(参见《刑事审判参考》2002年第5集,第198号案例)

被告人王志峰在打工时与被害人朱启成相识,并起意先抢了朱启成的钱后再买人寿保险来骗取保险金。1999年1月25日凌晨4时许,被告人王志峰乘朱启成睡熟时,用斧子向朱启成头部猛击数下,致其死亡,并搜走朱启成随身携带的人民币5300余元,后用部分款项在太平洋保险公司为自己购买人寿保险7份,保险金额总计14万余元。

被告人王志峰欲借尸诈死,实施保险诈骗,遂与王志生合谋,于1999年3月20日14时许,在被告人王志生开设在齐齐哈尔市的隆威音像店内将刘世伟灌醉后,二名被告人共同将刘世伟摁倒在床上,用衣物捂压刘世伟的口鼻致其死亡。次日晨,被告人王志峰用事先准备好的汽油浇在尸体上和室内,点燃后逃往外地,并由被告人王志生向公安机关报案谎称死者系其兄王志峰,欲骗取公安机关证明后再向太平洋保险公司索赔。后因公安机关及时侦破此案,被告人王志生尚未来得及向太平洋保险公司申请赔付。

(一)实务问题

1. 为骗取保险金而故意杀害他人并冒充被保险人的是否构成保险诈骗罪?

2. 如何确定保险诈骗罪的"着手"?

(二)规则提炼

1. 投保人故意杀害他人并冒充被保险人的,由于受害人不具有被保险人的特殊身份,投保人据此向保险公司索赔的系编造未曾发生的保险事故骗取保险金,非投保人、受益人故意造成被保险人死亡,骗取保险金的情形,不构成保险诈骗罪。

2. 编造未曾发生的保险事故实施保险诈骗的行为,应以行为人开始向保险人申请给付保险金时为着手。行为人开始向保险公司虚构保险事故,申请赔付保险金时,才开始对保险诈骗罪所保护法益造成实际的威胁。仅制造已发生保险事故的假象,但尚未来得及据此向保险公司申请赔付,实质上仍是保险诈骗的准备行为。

★ **曾劲青、黄剑新保险诈骗、故意伤害案**(参见《刑事审判参考》2004年第3集,第296号案例)

2003年4月间,被告人曾劲青因无力偿还炒股时向被告人黄剑新所借的10万元债务,遂产生保险诈骗的念头。2003年4月18日至22日,被告人曾劲青以本人为被保险人和受益人先后在中国太平洋人寿保险股份有限公司、中国人寿保险公司、中国平安人寿保险股份有限公司（以下简称平安保险）投保人身意外伤害保险，保额共计41.8万元。

为骗取上述保险金及其单位平安保险为在职普通员工承保的30万元人身意外伤害团体保险金，被告人曾劲青与黄剑新共谋，于2003年6月17日晚9时许，被告人黄剑新在南平市环城路闽江局仓库后山小路，用事先准备的砍刀将曾劲青双下肢膝盖以下脚踝以上的部位砍断，后被告人曾劲青向公安机关、平安保险报案，谎称系被三名陌生男子抢劫时砍去双脚。2003年8月11日，被告人曾劲青的妻子廖秋英经曾劲青同意向平安保险提出30万元团体人身险理赔申请，后因公安机关侦破此案而未能得逞。经法医鉴定与伤残评定，被告人曾劲青的伤情属重伤，伤残评定为三级。

（一）实务问题

1. 保险诈骗罪共犯是否需为特殊主体？

2. 已着手实施索赔，但未实际骗得数额巨大的保险金，是否构成保险诈骗罪？

3. 被保险人（同时为投保人）与他人共谋造成自身伤残，骗取保险金的，是否二罪并罚？

（二）规则提炼

1. 保险诈骗罪的犯罪主体是特殊主体仅就单独犯罪而言，无上述特殊身份的人可以成为具有特殊身份主体的共犯。明知被保险人意欲进行保险诈骗而为其提供条件或帮助的，不论是否参与帮助其进行索赔等事项，均可成立保险诈骗罪的共犯。刑法第一百九十八条第四款的规定是一项提示性规定，并非对保险诈骗罪共犯身份的限制。

2. 已经着手实施保险诈骗，但因意志以外的原因未得逞的，系保险诈骗未遂。保险诈骗未遂情节严重的，如以骗取数额巨大的保险费为目的，也应当定罪并依法处罚。

3. 除法律特别规定的情形外，任何人自伤、自残或自杀并非法律明文禁止的行为。根据法无明文规定不为罪原则，被保险人与他人共谋造成自身伤残，骗取保险金的，仅以保险诈骗一罪论处，不实行数罪并罚。

★ **徐开雷保险诈骗案**（参见《刑事审判参考》2008年第2集，第479号案例）

2002年6月，被告人徐开雷购买"凤凰"牌重型自卸货车一辆，并挂靠在原无锡市郊区北郊汽车运输队（后更名为无锡市滨湖区北郊汽车运输队，以下简称北郊运输队），并以北郊运输队的名义向中华联合财产保险股份有限公司办理了盗抢险保险业务，车辆上牌、年检、保险等相关费用均由被告人徐开雷个人支出。

2005年5月4日，被告人徐开雷将上述货车出售给他人，次日向公安机关及保险公司谎报车辆失窃并申请理赔，骗得盗抢险保险金63130.97元。

（一）实务问题

机动车挂靠经营情形下，保险诈骗罪的犯罪主体如何认定？

（二）规则提炼

挂靠经营的机动车辆作为保险标的具有特殊性，其所有权名义上的拥有者与实际拥有者并不同一。挂靠车辆的实际所有者作为实际投保人和被保险人，对于保险标的具有直接的保险利益，可以成为保险诈骗罪的主体。行为人利用挂靠单位从保险公司骗得盗抢险保险金的行为，属于隐名被保险人（实际投保人）利用显名被保险人（名义投保人）名义实施的保险诈骗行为，构成保险诈骗罪的间接正犯。

其他金融犯罪

一、欺诈发行证券罪

第一百六十条

在招股说明书、认股书、公司、企业债券募集办法等发行文件中隐瞒重要事实或者编造重大虚假内容,发行股票[第398页]或者公司、企业债券[第400页]、存托凭证[第494页]或者国务院依法认定的其他证券,数额巨大、后果严重或者有其他严重情节的,处五年以下有期徒刑或者拘役,并处或者单处罚金;数额特别巨大、后果特别严重或者有其他特别严重情节的,处五年以上有期徒刑,并处罚金。

控股股东[第495页]、实际控制人[第496页]组织、指使实施前款行为的,处五年以下有期徒刑或者拘役,并处或者单处非法募集资金金额百分之二十以上一倍以下罚金;数额特别巨大、后果特别严重或者有其他特别严重情节的,处五年以上有期徒刑,并处非法募集资金金额百分之二十以上一倍以下罚金。

单位犯前两款罪的,对单位判处非法募集资金金额百分之二十以上一倍以下罚金,并对其直接负责的主管人员和其他直接责任人员,依照第一款的规定处罚。

立法沿革 >>>

本条由《全国人民代表大会常务委员会关于惩治违反公司法

的犯罪的决定》第三条①修改而来,79 刑法没有规定。刑法②在罪状中增加了企业债券的内容,对罚金刑的下限作了规定,并将得并制改为必并制。高法《罪名规定》、高检《罪名意见》将其解释为欺诈发行股票、债券罪。《刑法修正案(十一)》第八条在第一款增加"存托凭证""国务院依法认定的其他证券"作为犯罪对象,增设"数额特别巨大"一档的法定刑;增设第二款内容;修改了单位犯罪的处罚原则。《最高人民法院、最高人民检察院关于执行〈中华人民共和国刑法〉确定罪名的补充规定(七)》将其解释为欺诈发行证券罪,取消欺诈发行股票、债券罪罪名。

立案追诉标准

★《最高人民检察院、公安部关于公安机关管辖的刑事案件立案追诉标准的规定(二)》(公通字〔2022〕12 号 自 2022 年 5 月 15 日起施行)

第五条 〔欺诈发行证券案(刑法第一百六十条)〕在招股说明书、认股书、公司、企业债券募集办法等发行文件中隐瞒重要事实或者编造重大虚假内容,发行股票或者公司、企业债券、存

---

① 制作虚假的招股说明书、认股书、公司债券募集办法发行股票或者公司债券,数额巨大、后果严重或者有其他严重情节的,处五年以下有期徒刑或者拘役,可以并处非法募集资金金额百分之五以下罚金。

单位犯前款罪的,对单位判处非法募集资金金额百分之五以下罚金,并对直接负责的主管人员和其他直接责任人员,依照前款的规定,处五年以下有期徒刑或者拘役。

② 在招股说明书、认股书、公司、企业债券募集办法中隐瞒重要事实或者编造重大虚假内容,发行股票或者公司、企业债券,数额巨大、后果严重或者有其他严重情节的,处五年以下有期徒刑或者拘役,并处或者单处非法募集资金金额百分之一以上百分之五以下罚金。

单位犯前款罪的,对单位判处罚金,并对其直接负责的主管人员和其他直接责任人员,处五年以下有期徒刑或者拘役。

托凭证或者国务院依法认定的其他证券，涉嫌下列情形之一的，应予立案追诉：

（一）非法募集资金金额在一千万元以上的；

（二）虚增或者虚减资产达到当期资产总额百分之三十以上的；

（三）虚增或者虚减营业收入达到当期营业收入总额百分之三十以上的；

（四）虚增或者虚减利润达到当期利润总额百分之三十以上的；

（五）隐瞒或者编造的重大诉讼、仲裁、担保、关联交易或者其他重大事项所涉及的数额或者连续十二个月的累计数额达到最近一期披露的净资产百分之五十以上的；

（六）造成投资者直接经济损失数额累计在一百万元以上的；

（七）为欺诈发行证券而伪造、变造国家机关公文、有效证明文件或者相关凭证、单据的；

（八）为欺诈发行证券向负有金融监督管理职责的单位或者人员行贿的；

（九）募集的资金全部或者主要用于违法犯罪活动的；

（十）其他后果严重或者有其他严重情节的情形。

参考案例

★**江苏北极皓天科技有限公司、杨佳业欺诈发行债券案**（参见《刑事审判参考》总第125集，第1387号案例）

2010年左右，被告人杨佳业代表被告单位北极皓天公司与北京工业大学光电子技术实验室开展合作，由北极皓天公司出资购买LED生产设备及支付实验室相关费用，该实验室帮助北极皓天公司组建生产线、培训技术骨干，并提供生产技术、芯片产品样品等。2012年，杨佳业为解决融资问题决定发行私募债券，并由中山证券承销，拟向上海证券交易所申请非公开发行中小企业私募债券。其间,杨佳业的亲属杨锡伦(另案处理)负责公关接待、协调联络、业务谈判、联系律师出具法律意见书等事务。

2013年3月,被告单位北极皓天公司在中山证券负责的《江苏北极皓天科技有限公司2013年中小企业私募债券募集说明书》中隐瞒公司尚未建成投产、尚无销售收入和利润的重大事项,提交虚假的审计报告、纳税证明等材料,骗取上海证券交易所备案,备案金额为不超过1亿元,债券期限为3年期,销售期限为6个月。2013年9月,在投资者认购意向不足,该债券面临发行失败时,由杨锡伦及被告人杨佳业出面借款6700万元,分别以江苏佳钇莹照明科技有限公司的名义虚假认购700万元、以深圳市华庭园投资发展有限公司的名义虚假认购6000万元,认购完成后随即归还出借人。最终实际募集到嘉实公司认购的2700万元资金。

另查明:2016年6月,嘉实公司与中金创新(北京)资产管理有限公司签订债权转让协议,约定中金创新(北京)资产管理有限公司以2635万元的价格受让嘉实公司持有的前述面值为2700万元的债券,但仍由嘉实公司代持。2016年9月,该债券到期后被告单位北极皓天公司未按约支付本息。

无锡市中级人民法院认为,被告单位北极皓天公司在公司债券募集办法中隐瞒重要事实、编造重大虚假内容,发行公司债券,数额巨大;被告人杨佳业作为北极皓天公司直接负责的主管人员,决定并实施上述犯罪行为,其行为均已构成欺诈发行债券罪。

(一)实务问题

1. 中小企业发行私募债券是否属于欺诈发行债券罪的规制范围?

2. 司法实践中如何把握欺诈发行债券罪的认定标准?

(二)规则提炼

1. 中小企业发行私募债券属于欺诈发行债券罪的规制对象。根据公司法规定,公司债券是指公司依照法定程序发行、约定在一定期限还本付息的有价证券。公司债券按发行方式划分,可分为公募债券和私募债券。公募债券是指按法定手续经国家监督管理机构批准，公开向社会投资者发行的公司债券。公司法、证券法均对此作出了规定，称为公开发行的公司债券。依法公开发行的公司债券应在依法设立的证券交易所上市交易，或在全国中小企业股份转让系统或者国务院批准的其他证券交易场所转让。

发行私募债券是解决中小企业融资难的一种方式。2012年5月，上海证券交易所和深圳证券交易所各自发布《中小企业私募债券业务试点办法》，经中国证监会批准，设置了私募债券业务。上海证券交易所和深圳证券交易所《中小企业私募债券业务试点办法》第二条均规定，中小企业私募债券，是指中小微型企业在中国境内以非公开方式发行和转让，约定在一定期限还本付息的公司债券。私募债券是指以特定的少数投资者为对象发行的债券，发行手续简单，一般不能公开上市交易。但究其本质，私募债券仍然符合"依照法定程序发行、约定在一定期限还本付息"的公司债券的基本特征，因此理应属于欺诈发行债券罪的规制对象。

2. 根据刑法第一百六十条规定，欺诈发行债券罪是指在公司、企业债券募集办法中隐瞒重要事实或者编造重大虚假内容，发行公司、企业债券，数额巨大、后果严重或者有其他严重情节的行为。实践中，主要可以从以下几个方面把握：欺诈发行债券罪的犯罪主体为特殊主体，特指发行公司、企业债券的自然人和单位。欺诈发行债券罪所侵犯的客体是国家对债券发行市场的管理制度以及投资者的合法权益。欺诈发行债券罪在主观方面必须是出于故意，过失不构成本罪。欺诈发行债券罪在客观方面表现为在公司、企业债券募集办法中隐瞒重要事实或者编造重大虚假内容，以欺骗手段骗取发行，数额巨大、后果严重或者其他严重情节的行为。应当将结果数额作为欺诈发行债券罪的发行数额进行定罪量刑。

★ **欣某股份有限公司、温某乙、刘某胜欺诈发行股票、违规披露重要信息案**（参见最高人民检察院、中国证券监督管理委员会2020年11月6日联合发布证券违法犯罪典型案例之一）

欣某股份有限公司（以下简称欣某公司）原系深圳证券交易所创业板上市公司。该公司实际控制人温某乙与财务总监刘某胜为达到使欣某公司上市的目的，组织单位工作人员通过外部借款、使用自有资金或伪造银行单据等方式，虚构2011年至2013年6月间的收回应收款项情况，采用在报告期末（年末、半年末）冲减应收款项，下一会计期期初冲回的方式，虚构了相关财务数据，在向证监会报送的首次公开发行股票并在创业板上市申请文件和招股说明书中记载了上述重大虚假内容，骗取了证监会的股票发行核准，公开发行股票募集资金2.57亿元。欣某公司上市后，于2013年7月至2014年12月间，沿用前述手段继续伪造财务数据，粉饰公司财务状况，并分别于2014年4月15日、2014年8月15日、2015年4月25日向公众披露了虚假和隐瞒重要事实的2013年年度报告、2014年半年度报告、2014年年度报告。

（一）实务问题

1.上市公司在发行上市前后连续披露虚假信息的行为如何定罪处罚？

2.办理欺诈发行股票案件如何加强行刑衔接和投资者保护？

（二）规则提炼

1.对于不同阶段涉财务造假信息的违规披露行为，刑法规定了不同的罪名和相应刑罚。司法办案当中要注意区分不同时期信息披露行为触犯的刑法规范，根据刑法规定的构成要件分别适用不同罪名，数罪并罚；对于审查发现新的犯罪事实和线索，通过退回公安机关补充侦查或者自行侦查，查清事实，依法追诉。

2.综合发挥行政执法和刑事司法职能作用。财务造假和信息披露违法行为，可能同时违反行政监管法律规范和刑法规范，触发行政处罚程序和刑事追诉程序。证券监督管理部门和司法机关应当发挥各自职能作用,根据执法司法工作的需要,及时追究相关市场主体的法律责任。证券监督管理部门作出行政处罚后,认为相关人员构成犯罪的,应当及时移送公安机关立案侦查,加强行政执法与刑事司法之间的有效衔接,防止以罚代刑,已经作出的行政处罚决定不影响司法机关追究刑事责任。对于欺诈发行、违规披露信息的上市公司,符合退市条件的,还应当由证券交易所依法强制退市。2020年证券法进一步完善了投资者保护制度,先行赔付、证券代表人诉讼等规定为更好地保护投资人合法权益提供了法律依据。

二、违规披露、不披露重要信息罪

第一百六十一条

依法负有信息披露义务的公司、企业[第496页]向股东和社会公众提供虚假的或者隐瞒重要事实的财务会计报告,或者对依法应当披露的其他重要信息不按照规定披露,严重损害股东或者其他人利益,或者有其他严重情节的,对其直接负责的主管人员和其他直接责任人员,处五年以下有期徒刑或者拘役,并处或者单处罚金;情节特别严重的,处五年以上十年以下有期徒刑,并处罚金。

前款规定的公司、企业的控股股东[第495页]、实际控制人[第496页]实施或者组织、指使实施前款行为的,或者隐瞒相关事项导致前款规定的情形发生的,依照前款的规定处罚。

犯前款罪的控股股东、实际控制人是单位的,对单位判处罚金,并对其直接负责的主管人员和其他直接责任人员,依照第一款的规定处罚。

立法沿革 >>>

本条79刑法没有规定,刑法①对《全国人民代表大会常务委员会关于惩治违反公司法的犯罪的决定》第四条②作了修改,增设了提供虚假财会报告罪,并对罚金刑的下限作了规定,将得并制改为必并制。《刑法修正案(六)》第五条③对本条内容进行了修改:将提供虚假财会报告罪的犯罪主体由"公司"修改为"依法负有信息披露义务的公司、企业",从而扩大了本罪犯罪主体的范围。"两高"《罪名补充规定(三)》将其解释为违规披露、不披露重要信息罪,取消提供虚假财会报告罪罪名。《刑法修正案(十一)》第九条将第一款第一档法定最高刑由3年提高为5年,增设"情节特别严重"一档的法定刑;增设第二至三款内容。

---

① 公司向股东和社会公众提供虚假的或者隐瞒重要事实的财务会计报告,严重损害股东或者其他人利益的,对其直接负责的主管人员和其他直接责任人员,处三年以下有期徒刑或者拘役,并处或者单处二万元以上二十万元以下罚金。

② 公司向股东和社会公众提供虚假的或者隐瞒重要事实的财务会计报告,严重损害股东或者其他人利益的,对直接负责的主管人员和其他直接责任人员,处三年以下有期徒刑或者拘役,可以并处二十万元以下罚金。

③ 将刑法第一百六十一条修改为:"依法负有信息披露义务的公司、企业向股东和社会公众提供虚假的或者隐瞒重要事实的财务会计报告,或者对依法应当披露的其他重要信息不按照规定披露,严重损害股东或者其他人利益,或者有其他严重情节的,对其直接负责的主管人员和其他直接责任人员,处三年以下有期徒刑或者拘役,并处或者单处二万元以上二十万元以下罚金。"

立案追诉标准

★《最高人民检察院、公安部关于公安机关管辖的刑事案件立案追诉标准的规定（二）》（公通字〔2022〕12号 自2022年5月15日起施行）

第六条 〔违规披露、不披露重要信息案（刑法第一百六十一条）〕依法负有信息披露义务的公司、企业向股东和社会公众提供虚假的或者隐瞒重要事实的财务会计报告，或者对依法应当披露的其他重要信息不按照规定披露，涉嫌下列情形之一的，应予立案追诉：

（一）造成股东、债权人或者其他人直接经济损失数额累计在一百万元以上的；

（二）虚增或者虚减资产达到当期披露的资产总额百分之三十以上的；

（三）虚增或者虚减营业收入达到当期披露的营业收入总额百分之三十以上的；

（四）虚增或者虚减利润达到当期披露的利润总额百分之三十以上的；

（五）未按照规定披露的重大诉讼、仲裁、担保、关联交易或者其他重大事项所涉及的数额或者连续十二个月的累计数额达到最近一期披露的净资产百分之五十以上的；

（六）致使不符合发行条件的公司、企业骗取发行核准或者注册并且上市交易的；

（七）致使公司、企业发行的股票或者公司、企业债券、存托凭证或者国务院依法认定的其他证券被终止上市交易的；

（八）在公司财务会计报告中将亏损披露为盈利，或者将盈利披露为亏损的；

（九）多次提供虚假的或者隐瞒重要事实的财务会计报告，或者多次对依法应当披露的其他重要信息不按照规定披露的；

（十）其他严重损害股东、债权人或者其他人利益，或者有其他严重情节的情形。

> **指导性案例**

★ **博元投资股份有限公司、余蒂妮等人违规披露、不披露重要信息案**（最高人民检察院第十七批指导性案例，检例第 66 号）

【关键词】
违规披露　不披露重要信息　犯罪与刑罚

【要旨】
刑法规定违规披露、不披露重要信息罪只处罚单位直接负责的主管人员和其他直接责任人员，不处罚单位。公安机关以本罪将单位移送起诉的，检察机关应当对单位直接负责的主管人员及其他直接责任人员提起公诉，对单位依法作出不起诉决定。对单位需要给予行政处罚的，检察机关应当提出检察意见，移送证券监督管理部门依法处理。

【基本案情】（摘录）
广东省珠海市博元投资股份有限公司（以下简称博元公司）原系上海证券交易所上市公司，股票名称：ST 博元，股票代码：600656。华信泰投资有限公司（以下简称华信泰公司）为博元公司控股股东。在博元公司并购重组过程中，有关人员作出了业绩承诺，在业绩不达标时需向博元公司支付股改业绩承诺款。2011 年 4 月，余蒂妮、陈杰、伍宝清、张丽萍、罗静元等人采取循环转账等方式虚构华信泰公司已代全体股改义务人支付股改业绩承诺款 3.84 亿余元的事实，在博元公司临时报告、半年报中进行披露。为掩盖以上虚假事实，余蒂妮、伍宝清、张丽萍、罗静元采取将 1000 万元资金循环转账等方式，虚构用股改业绩承诺款购买 37 张面额共计 3.47 亿元银行承兑汇票的事实，在博元公司 2011 年的年报中进行披露。2012 年至 2014 年，余蒂妮、张丽萍多次虚构银行承兑汇票贴现等交易事实，并根据虚假的交易事实进行记账,制作虚假的财务报表,虚增资产或者虚构利润均达到当期披露的资产总额或利润总额的30%以上,并在博元公司当年半年报、年报中披露。此外,博元公司还违规不披露博元公司实际控制人及其关联公司等信息。

【指控与证明犯罪】(摘录)

2015年12月9日,珠海市公安局以余蒂妮等人涉嫌违规披露、不披露重要信息罪,伪造金融票证罪向珠海市人民检察院移送起诉;2016年2月22日,珠海市公安局又以博元公司涉嫌违规披露、不披露重要信息罪,伪造、变造金融票证罪移送起诉。随后,珠海市人民检察院指定珠海市香洲区人民检察院审查起诉。

检察机关审查认为,犯罪嫌疑单位博元公司依法负有信息披露义务,在2011年至2014年间向股东和社会公众提供虚假的或者隐瞒主要事实的财务会计报告,对依法应当披露的其他重要信息不按照规定披露,严重损害股东以及其他人员的利益,情节严重。余蒂妮、陈杰作为博元公司直接负责的主管人员,伍宝清、张丽萍、罗静元作为其他直接责任人员,已构成违规披露、不披露重要信息罪,应当提起公诉。根据刑法第一百六十一条规定,不追究单位的刑事责任,对博元公司应当依法不予起诉。

2016年7月18日,珠海市香洲区人民检察院对博元公司作出不起诉决定。检察机关同时认为,虽然依照刑法规定不能追究博元公司的刑事责任,但对博元公司需要给予行政处罚。2016年9月30日,检察机关向中国证券监督管理委员会发出《检察意见书》,建议对博元公司依法给予行政处罚。

【指导意义】

1.违规披露、不披露重要信息犯罪不追究单位的刑事责任。上市公司依法负有信息披露义务,违反相关义务的,刑法规定了相应的处罚。由于上市公司所涉利益群体的多元性,为避免中小股东利益遭受双重损害,刑法规定对违规披露、不披露重要信息罪只追究直接负责的主管人员和其他直接责任人员的刑事责任，不追究单位的刑事责任。刑法第一百六十二条妨害清算罪、第一百六十二条之二虚假破产罪、第一百八十五条之一违法运用资金罪等也属于此种情形。对于此类犯罪案件，检察机关应当注意审查公安机关移送起诉的内容，区分刑事责任边界，准确把握追诉的对象和范围。

2.刑法没有规定追究单位刑事责任的，应当对单位作出不起诉决定。对公安机关将单位一并移送起诉的案件，如果刑法没有规定对单位判处刑罚，检察机关应当对构成犯罪的直接负责的主管人员和其他直接责任人员依法提起公诉，对单位应当不起诉。鉴于刑事诉讼法没有规定与之对应的不起诉情形，检察机关可以根据刑事诉讼法规定的最相近的不起诉情形，对单位作出不起诉决定。

3.对不追究刑事责任的单位，人民检察院应当依法提出检察意见督促有关机关追究行政责任。不追究单位的刑事责任并不表示单位不需要承担任何法律责任。检察机关不追究单位刑事责任，容易引起当事人、社会公众产生单位对违规披露、不披露重要信息没有任何法律责任的误解。由于违规披露、不披露重要信息行为，还可能产生上市公司强制退市等后果，这种误解还会进一步引起当事人、社会公众对证券监督管理部门、证券交易所采取措施的质疑，影响证券市场秩序。检察机关在审查起诉时，应当充分考虑办案效果，根据证券法等法律规定认真审查是否需要对单位给予行政处罚；需要给予行政处罚的，应当及时向证券监督管理部门提出检察意见，并进行充分的释法说理，消除当事人、社会公众因检察机关不追究可能产生的单位无任何责任的误解，避免对证券市场秩序造成负面影响。

参考案例

★ 郭某军等人违规披露、不披露重要信息案（参见最高人民法院、最高人民检察院、公安部、中国证券监督管理委员会2022年9月8日联合发布依法从严打击证券犯罪典型案例之二）

被告人郭某军，系九某网络科技集团有限公司（以下简称九某集团）实际控制人；被告人杜某芳，系郭某军妻子；被告人宋某生，系九某集团总裁；被告人王某，系九某集团副总监。

2013年至2015年期间，郭某军及杜某芳、宋某生、王某等人为了吸引风投资金投资入股，实现"借壳上市"等目的，组织公司员工通过虚构业务、改变业务性质等多种方式虚增九某集团服务费收入2.64亿元、贸易收入57.47万元。2015年1月，九某集团在账面上虚增货币资金3亿余元，为掩饰上述虚假账面资金，郭某军等人利用外部借款购买理财产品或定期存单，在九某集团账面形成并持续维持3亿余元银行存款的假象。为及时归还借款，郭某军等人以上述理财产品、定期存单为担保物，为借款方开出的银行承兑汇票提供质押，随后以银行承兑汇票贴现的方式将资金归还出借方。

后郭某军等人在九某集团与鞍某股份有限公司（以下简称鞍某股份，系上市公司）重大资产重组过程中，向鞍某股份提供了含有虚假信息的财务报表。鞍某股份于2016年4月23日公开披露了重组对象九某集团含有虚假内容的2013年至2015年的主要财务数据，其中虚增资产达到当期披露的九某集团资产总额的30%以上；未披露3.3亿元理财产品、银行存单质押事项，占九某集团实际净资产的50%以上。

（一）实务问题

上市公司以外的其他信息披露义务人是否构成本罪的犯罪主体？

（二）规则提炼

刑法规定的"依法负有信息披露义务的公司、企业"不限于上市公司，也包括其他披露义务人，其他信息披露义务人提供虚假信息，构成犯罪的，应当依法承担刑事责任。根据中国证监会《上市公司重大资产重组管理办法》《上市公司信息披露管理办法》等相关规定，刑法第一百六十一条规定的"依法负有信息披露义务的公司、企业"，除上市公司外还包括进行收购、重大资产重组、再融资、重大交易的有关各方以及破产管理人等。其他信息披露义务人应当向上市公司提供真实、准确、完整的信息，由上市公司向社会公开披露，这些义务人向上市公司提供虚假信息或隐瞒应当披露的重要信息，构成犯罪的，依法以违规披露、不披露重要信息罪追究刑事责任。

三、背信损害上市公司利益罪

第一百六十九条之一

上市公司的董事、监事、高级管理人员[第513页]违背对公司的忠实义务，利用职务便利，操纵上市公司从事下列行为之一，致使上市公司利益遭受重大损失的，处三年以下有期徒刑或者拘役，并处或者单处罚金；致使上市公司利益遭受特别重大损失的，处三年以上七年以下有期徒刑，并处罚金：

（一）无偿向其他单位或者个人提供资金、商品、服务或者其他资产的；

（二）以明显不公平的条件，提供或者接受资金、商品、服务或者其他资产的；

（三）向明显不具有清偿能力的单位或者个人提供资

金、商品、服务或者其他资产的;

（四）为明显不具有清偿能力的单位或者个人提供担保，或者无正当理由为其他单位或者个人提供担保的;

（五）无正当理由放弃债权、承担债务的;

（六）采用其他方式损害上市公司利益的。

上市公司的控股股东[第495页]或者实际控制人[第496页]，指使上市公司董事、监事、高级管理人员实施前款行为的，依照前款的规定处罚。

犯前款罪的上市公司的控股股东或者实际控制人是单位的，对单位判处罚金，并对其直接负责的主管人员和其他直接责任人员，依照第一款的规定处罚。

▶ 立法沿革 ▶▶▶

本条系《刑法修正案（六）》第九条增设，"两高"《罪名补充规定（三）》将其解释为背信损害上市公司利益罪。

▶ 立案追诉标准 ▶▶▶

★《最高人民检察院、公安部关于公安机关管辖的刑事案件立案追诉标准的规定（二）》（公通字〔2022〕12号 自2022年5月15日起施行）

第十三条〔背信损害上市公司利益案（刑法第一百六十九条之一）〕上市公司的董事、监事、高级管理人员违背对公司的忠实义务，利用职务便利，操纵上市公司从事损害上市公司利益的行为，以及上市公司的控股股东或者实际控制人，指使上市公司董事、监事、高级管理人员实施损害上市公司利益的行为，涉嫌下列情形之一的，应予立案追诉：

（一）无偿向其他单位或者个人提供资金、商品、服务或者其

他资产,致使上市公司直接经济损失数额在一百五十万元以上的;

(二)以明显不公平的条件,提供或者接受资金、商品、服务或者其他资产,致使上市公司直接经济损失数额在一百五十万元以上的;

(三)向明显不具有清偿能力的单位或者个人提供资金、商品、服务或者其他资产,致使上市公司直接经济损失数额在一百五十万元以上的;

(四)为明显不具有清偿能力的单位或者个人提供担保,或者无正当理由为其他单位或者个人提供担保,致使上市公司直接经济损失数额在一百五十万元以上的;

(五)无正当理由放弃债权、承担债务,致使上市公司直接经济损失数额在一百五十万元以上的;

(六)致使公司、企业发行的股票或者公司、企业债券、存托凭证或者国务院依法认定的其他证券被终止上市交易的;

(七)其他致使上市公司利益遭受重大损失的情形。

参考案例

★鲜某背信损害上市公司利益、操纵证券市场案(参见最高人民法院、最高人民检察院、公安部、中国证券监督管理委员会2022年9月8日联合发布依法从严打击证券犯罪典型案例之五)

被告人鲜某,系匹某匹金融信息服务股份有限公司(以下简称匹某匹公司)董事长、荆门汉某置业公司(以下简称汉某公司)法定代表人及实际控制人。匹某匹公司前身为上海多某实业股份有限公司(以下简称多某公司),汉某公司为多某公司、匹某匹公司的并表子公司。

2013年7月至2015年2月,鲜某违背对公司的忠实义务,利用职务便利,采用伪造工程分包商签名、制作虚假资金支付审批表等手段,以支付工程款和往来款的名义,将汉某公司资金累计1.2亿元划入其控制的多个公司和个人账户内使用,其中有2360

万元至案发未归还（操纵证券市场事实略）。

（一）实务问题

如何认定背信损害上市公司利益罪？

（二）规则提炼

准确把握背信损害上市公司利益罪违背忠实义务，将上市公司利益向个人或其他单位输送的实质。背信损害上市公司利益犯罪的手段多种多样，如与关联公司不正当交易、伪造支付名目、违规担保、无偿提供资金等，并且多采用复杂的资金流转、股权控制方式掩饰违法行为，究其实质，均系违背对上市公司的忠实义务、输送公司利益。本案中，汉某公司系上市公司的并表子公司，鲜某将汉某公司资金转入个人控制账户，相比直接转移上市公司资金隐蔽性更强，由于相关财务数据计入上市公司，最终仍然致使上市公司利益遭受重大损失。办案中，应当透过合同、资金流转、股权关系等表象，准确认识行为实质，依法追究责任。

四、非法经营罪（金融业务）

第二百二十五条第三、四项

违反国家规定，有下列非法经营行为之一，扰乱市场秩序，情节严重的，处五年以下有期徒刑或者拘役，并处或者单处违法所得一倍以上五倍以下罚金；情节特别严重的，处五年以上有期徒刑，并处违法所得一倍以上五倍以下罚金或者没收财产：

……

（三）未经国家有关主管部门批准非法经营证

券[第514页]、期货[第520页]、保险[第524页]业务的,或者非法从事资金支付结算业务[第526页]的;

(四)其他严重扰乱市场秩序的非法经营行为[第535页]。

【单位犯扰乱市场秩序罪的处罚规定】第二百三十一条　单位犯本节第二百二十一条至第二百三十条规定之罪的,对单位判处罚金,并对其直接负责的主管人员和其他直接责任人员,依照本节各该条的规定处罚。

司法解释

★《最高人民法院、最高人民检察院关于办理妨害信用卡管理刑事案件具体应用法律若干问题的解释》(法释〔2018〕19号　自2018年12月1日起施行)

第十二条　违反国家规定,使用销售点终端机具(POS机)等方法,以虚构交易、虚开价格、现金退货等方式向信用卡持卡人直接支付现金,情节严重的,应当依据刑法第二百二十五条的规定,以非法经营罪定罪处罚。

实施前款行为,数额在一百万元以上的,或者造成金融机构资金二十万元以上逾期未还的,或者造成金融机构经济损失十万元以上的,应当认定为刑法第二百二十五条规定的"情节严重";数额在五百万元以上的,或者造成金融机构资金一百万元以上逾期未还的,或者造成金融机构经济损失五十万元以上的,应当认定为刑法第二百二十五条规定的"情节特别严重"。

持卡人以非法占有为目的,采用上述方式恶意透支,应当追究刑事责任的,依照刑法第一百九十六条的规定,以信用卡诈骗罪定罪处罚。

第十三条　单位实施本解释规定的行为,适用本解释规定的相应自然人犯罪的定罪量刑标准。

编者注：对于使用POS机套现方式非法经营支付结算业务的，根据本解释的定罪量刑标准执行，对于使用其他受理终端或者网络支付接口方法非法经营支付结算业务的，根据下列法释〔2019〕1号执行。

★《最高人民法院、最高人民检察院关于办理非法从事资金支付结算业务、非法买卖外汇刑事案件适用法律若干问题的解释》（法释〔2019〕1号　自2019年2月1日起施行）

第一条　违反国家规定，具有下列情形之一的，属于刑法第二百二十五条第三项规定的"非法从事资金支付结算业务"：

（一）使用受理终端或者网络支付接口等方法，以虚构交易、虚开价格、交易退款等非法方式向指定付款方支付货币资金的；

（二）非法为他人提供单位银行结算账户套现或者单位银行结算账户转个人账户服务的；

（三）非法为他人提供支票套现服务的；

（四）其他非法从事资金支付结算业务的情形。

第三条　非法从事资金支付结算业务或者非法买卖外汇，具有下列情形之一的，应当认定为非法经营行为"情节严重"：

（一）非法经营数额在五百万元以上的；

（二）违法所得数额在十万元以上的。

非法经营数额在二百五十万元以上，或者违法所得数额在五万元以上，且具有下列情形之一的，可以认定为非法经营行为"情节严重"：

（一）曾因非法从事资金支付结算业务或者非法买卖外汇犯罪行为受过刑事追究的；

（二）二年内因非法从事资金支付结算业务或者非法买卖外汇违法行为受过行政处罚的；

（三）拒不交代涉案资金去向或者拒不配合追缴工作，致使赃款无法追缴的；

（四）造成其他严重后果的。

第四条 非法从事资金支付结算业务或者非法买卖外汇,具有下列情形之一的,应当认定为非法经营行为"情节特别严重":

(一)非法经营数额在二千五百万元以上的;

(二)违法所得数额在五十万元以上的。

非法经营数额在一千二百五十万元以上,或者违法所得数额在二十五万元以上,且具有本解释第三条第二款规定的四种情形之一的,可以认定为非法经营行为"情节特别严重"。

第五条 非法从事资金支付结算业务或者非法买卖外汇,构成非法经营罪,同时又构成刑法第一百二十条之一规定的帮助恐怖活动罪或者第一百九十一条规定的洗钱罪的,依照处罚较重的规定定罪处罚。

第六条 二次以上非法从事资金支付结算业务或者非法买卖外汇,依法应予行政处理或者刑事处理而未经处理的,非法经营数额或者违法所得数额累计计算。

同一案件中,非法经营数额、违法所得数额分别构成情节严重、情节特别严重的,按照处罚较重的数额定罪处罚。

第七条 非法从事资金支付结算业务或者非法买卖外汇违法所得数额难以确定的,按非法经营数额的千分之一认定违法所得数额,依法并处或者单处违法所得一倍以上五倍以下罚金。

第八条 符合本解释第三条规定的标准,行为人如实供述犯罪事实,认罪悔罪,并积极配合调查,退缴违法所得的,可以从轻处罚;其中犯罪情节轻微的,可以依法不起诉或者免予刑事处罚。

符合刑事诉讼法规定的认罪认罚从宽适用范围和条件的,依照刑事诉讼法的规定处理。

第九条 单位实施本解释第一条、第二条规定的非法从事资金支付结算业务、非法买卖外汇行为,依照本解释规定的定罪量刑标准,对单位判处罚金,并对其直接负责的主管人员和其他直接责任人员定罪处罚。

第十条　非法从事资金支付结算业务、非法买卖外汇刑事案件中的犯罪地，包括犯罪嫌疑人、被告人用于犯罪活动的账户开立地、资金接收地、资金过渡账户开立地、资金账户操作地，以及资金交易对手资金交付和汇出地等。

★《最高人民法院关于审理非法集资刑事案件具体应用法律若干问题的解释》（法释〔2022〕5号　自2022年3月1日起施行）

第十一条　违反国家规定，未经依法核准擅自发行基金份额募集基金，情节严重的，依照刑法第二百二十五条的规定，以非法经营罪定罪处罚。

立案追诉标准

★《最高人民检察院、公安部关于公安机关管辖的刑事案件立案追诉标准的规定（二）》（公通字〔2022〕12号　自2022年5月15日起施行）

第七十一条　〔非法经营案（刑法第二百二十五条）〕违反国家规定，进行非法经营活动，扰乱市场秩序，涉嫌下列情形之一的，应予立案追诉：

……

（二）未经国家有关主管部门批准，非法经营证券、期货、保险业务，或者非法从事资金支付结算业务，具有下列情形之一的：

1. 非法经营证券、期货、保险业务，数额在一百万元以上，或者违法所得数额在十万元以上的；

2. 非法从事资金支付结算业务，数额在五百万元以上，或者违法所得数额在十万元以上的；

3. 非法从事资金支付结算业务，数额在二百五十万元以上不满五百万元，或者违法所得数额在五万元以上不满十万元，且具有下列情形之一的：

（1）因非法从事资金支付结算业务犯罪行为受过刑事追究的；

（2）二年内因非法从事资金支付结算业务违法行为受过行政

处罚的;

（3）拒不交代涉案资金去向或者拒不配合追缴工作,致使赃款无法追缴的;

（4）造成其他严重后果的。

4.使用销售点终端机具（POS机）等方法,以虚构交易、虚开价格、现金退货等方式向信用卡持卡人直接支付现金,数额在一百万元以上的,或者造成金融机构资金二十万元以上逾期未还的,或者造成金融机构经济损失十万元以上的。

……

法律、司法解释对非法经营罪的立案追诉标准另有规定的,依照其规定。

司法解释性质规范性文件

★《最高人民法院、最高人民检察院、公安部、中国证券监督管理委员会关于整治非法证券活动有关问题的通知》（证监发〔2008〕1号　自2008年1月2日起施行）

二、明确法律政策界限,依法打击非法证券活动

（三）关于非法经营证券业务的责任追究。任何单位和个人经营证券业务,必须经证监会批准。未经批准的,属于非法经营证券业务,应予以取缔;涉嫌犯罪的,依照《刑法》第二百二十五条之规定,以非法经营罪追究刑事责任。对于中介机构非法代理买卖非上市公司股票,涉嫌犯罪的,应当依照《刑法》第二百二十五条之规定,以非法经营罪追究刑事责任;所代理的非上市公司涉嫌擅自发行股票,构成犯罪的,应当依照《刑法》第一百七十九条之规定,以擅自发行股票罪追究刑事责任。非上市公司和中介机构共谋擅自发行股票,构成犯罪的,以擅自发行股票罪的共犯论处。未构成犯罪的,依照《证券法》和有关法律的规定给予行政处罚。

（五）关于修订后的《证券法》与修订前的《证券法》中针

对擅自发行股票和非法经营证券业务规定的衔接。修订后的《证券法》与修订前的《证券法》针对擅自发行股票和非法经营证券业务的规定是一致的,是相互衔接的,因此在修订后的《证券法》实施之前发生的擅自发行股票和非法经营证券业务行为,也应予以追究。

★《最高人民法院关于准确理解和适用刑法中"国家规定"的有关问题的通知》(法发〔2011〕155号 自2011年4月8日起施行)

详见刑法第一百八十五条之一违法运用资金罪部分(第151—152页)。

编者注: 本条中的"国家规定"包括关于证券、期货、保险、资金支付结算业务等金融业务的相关规定,见后注。金融监管部门出台的部门规章、文件和银行等金融机构内部管理规范不是"国家规定",但可以作为理解和适用前述"国家规定"中有关规定的参考。

★《最高人民检察院关于办理涉互联网金融犯罪案件有关问题座谈会纪要》(高检诉〔2017〕14号 自2017年6月2日起施行)

二、准确界定涉互联网金融行为法律性质

(三)非法经营资金支付结算行为的认定

18.支付结算业务(也称支付业务)是商业银行或者支付机构在收付款人之间提供的货币资金转移服务。非银行机构从事支付结算业务,应当经中国人民银行批准取得《支付业务许可证》,成为支付机构。未取得支付业务许可从事该业务的行为,违反《非法金融机构和非法金融业务活动取缔办法》第四条第一款第(三)、(四)项的规定,破坏了支付结算业务许可制度,危害支付市场秩序和安全,情节严重的,适用刑法第二百二十五条第(三)项,以非法经营罪追究刑事责任。具体情形:

(1)未取得支付业务许可经营基于客户支付账户的网络支付业务。无证网络支付机构为客户非法开立支付账户,客户先把资金支付到该支付账户,再由无证机构根据订单信息从支付账户平台将资金结算到收款人银行账户。

（2）未取得支付业务许可经营多用途预付卡业务。无证发卡机构非法发行可跨地区、跨行业、跨法人使用的多用途预付卡，聚集大量的预付卡销售资金，并根据客户订单信息向商户划转结算资金。

19.在具体办案时，要深入剖析相关行为是否具备资金支付结算的实质特征，准确区分支付工具的正常商业流转与提供支付结算服务、区分单用途预付卡与多用途预付卡业务，充分考虑具体行为与"地下钱庄"等同类犯罪在社会危害方面的相当性以及刑事处罚的必要性，严格把握入罪和出罪标准。

法律适用答复、复函

★《公安部经济犯罪侦查局关于对四川××、陕西××等公司代理转让未上市公司股权行为定性的批复》（公经〔2006〕1789号　自2006年8月15日起施行）

一、四川××公司南充分公司、陕西××公司及南充、德阳分公司代理未上市公司股票向不特定社会公众转让的行为，属于证券法规定的证券业务。根据证券法第一百九十七条规定，未经中国证监会批准，其行为构成非法经营证券业务。如其非法经营数额达到刑事追诉标准，则涉嫌构成刑法第二百二十五条规定的非法经营罪。

★《公安部经济犯罪侦查局关于南京××公司从事非法票据贴现业务认定意见的批复》（公经金融〔2009〕315号　自2009年11月27日起施行）

犯罪嫌疑人王×等人注册成立多家空壳公司，通过伪造购销合同和增值税发票等，以上述空壳公司的名义通过银行为企业进行票据贴现，收取手续费的行为，数额巨大，严重扰乱正常的票据管理秩序，可以认定为刑法修正案（七）第五条规定的"非法从事资金支付结算业务"的活动。

★《最高人民检察院法律政策研究室关于买卖银行承兑汇票行为如何适用法律问题的答复意见》(高检研函字〔2013〕58号 自2013年10月9日起施行)

根据票据行为的无因性以及票据法关于汇票可背书转让的规定,汇票买卖不同于支付结算行为,将二者等同可能会造成司法实践的混乱。实践中,买卖银行承兑汇票的行为不宜以非法经营罪追究刑事责任。

★《最高人民法院研究室关于非法经营罪中"违法所得"认定问题的研究意见》(2013年发布)

非法经营罪中的"违法所得",应是指获利数额,即以行为人违法生产、销售商品或者提供服务所获得的全部收入(即非法经营数额),扣除其直接用于竞合活动的合理支出部分后剩余的数额。

★《公安部经济犯罪侦查局关于利用转账支票为他人套现行为性质认定的批复》(公经〔2014〕172号 自2014年4月9日起施行)

行为人在无真实贸易背景的情况下,为牟取不法利益,利用空壳公司账户等手段协助他人套取巨额现金的行为,违反了《人民币银行结算账户管理办法》(中国人民银行令〔2013〕第5号)第三十九条的规定,属于《中华人民共和国现金管理暂行条例》第二十一条第五项和第八项规定的"用转账凭证套换现金""利用账户替其他单位和个人套取现金"的违规情形,扰乱了市场秩序,具有明显的社会危害性,其行为构成非法从事资金支付结算业务。

指导性案例

★孙旭东非法经营案(最高人民检察院第四十四批指导性案例,检例第177号)

【关键词】

非法经营罪　POS机套现　违反国家规定　自行侦查

【要旨】

对于为恶意透支的信用卡持卡人非法套现的行为,应当根据其与信用卡持卡人有无犯意联络、是否具有非法占有目的等,区分非法经营罪与信用卡诈骗罪。经二次退回补充侦查仍未达到起诉条件,但根据已查清的事实认为犯罪嫌疑人仍然有遗漏犯罪重大嫌疑的,检察机关依法可以自行侦查。应当结合相关类型犯罪的特点,对在案证据、需要补充的证据和可能的侦查方向进行分析研判,明确自行侦查的可行性和路径。检察机关办理信用卡诈骗案件时发现涉及上下游非法经营金融业务等犯罪线索的,应当通过履行立案监督等职责,依法追诉遗漏犯罪嫌疑人和遗漏犯罪事实。

【基本案情】

被告人孙旭东,男,曾用名孙旭,别名孙盼盼。

2013年间,孙旭东对外谎称是某银行工作人员,可以帮助不符合信用卡申办条件的人代办该银行大额度信用卡。因某银行要求申办大额度信用卡的人员必须在该行储蓄卡内有一定存款,孙旭东与某银行北京分行某支行负责办理信用卡的工作人员王某君(在逃国外)商议,先帮助申办人办理某银行储蓄卡,并将孙旭东本人银行账户中的资金转入该储蓄卡以达到申办标准,审核通过后再将转入申办人储蓄卡的资金转回,随后由孙旭东帮助信用卡申办人填写虚假的工作单位、收入情况等信用卡申办资料,再由王某君负责办理某银行大额度信用卡。代办信用卡后,孙旭东使用其同乡潘兰军(因犯信用卡诈骗罪被判刑)经营的北京君香博业食品有限公司(以下简称博业食品公司)注册办理的POS机,以虚构交易的方式全额刷卡套现,并按照事先约定截留部分套现资金作为申办信用卡和套现的好处费,剩余资金连同信用卡交给申办人。通过上述方式,孙旭东为他人申办信用卡46张,套现资金共计1324万元。截至案发时,16张信用卡无欠款,30张信用卡持卡人逾期后未归还套现资金共计458万余元。

【检察机关履职过程】（摘录）

根据自行侦查收集的 POS 机信息及相关交易记录，检察机关认定孙旭东为史悦之外的其他 45 人办理信用卡后，使用以博业食品公司名义开户的 POS 机，以顺通货运代理公司作为代收款方进行刷卡套现。2019 年 8 月 2 日，西城区检察院以孙旭东犯非法经营罪补充起诉。

2019 年 10 月 30 日、12 月 6 日，北京市西城区人民法院两次公开开庭审理。庭审中，孙旭东辩称其未办理涉案 POS 机，未帮助他人进行信用卡套现，相关资金系王某君提供，不构成犯罪。孙旭东的辩护人提出，没有证据证明孙旭东申办 POS 机刷卡套现，也无法确定涉案信用卡申请人与孙旭东有关联，孙旭东不构成非法经营罪。

公诉人针对上述辩护意见答辩指出，在案证据能够证实，孙旭东代办多张信用卡并使用实际控制的他人 POS 机进行非法套现活动，其行为已构成非法经营罪。一是 POS 机开户信息及交易明细、博业食品公司在某银行的开户资料、交易记录、证人证言等证实，孙旭东使用博业食品公司名义申办 POS 机并实际使用，但是该 POS 机交易记录显示的商户名称被违规设置为顺通货运代理公司。二是史悦等证人证言、POS 机交易记录、孙旭东银行卡交易明细、史悦信用卡及其他 45 张信用卡交易记录证实，孙旭东以虚构交易的方式使用该 POS 机刷卡套现，套现资金进入博业食品公司账户后转入孙旭东实际控制的银行账户，再由孙旭东转账或者直接取现支付给信用卡申办人。三是潘兰军和史悦的刑事判决书、某银行提供的催收记录等证据材料证实，孙旭东帮助大量无申卡资质的人员办卡套现，多名信用卡持卡人未按期归还欠款给银行造成重大损失，孙旭东的行为严重扰乱了市场经济秩序。综上，孙旭东违反国家规定，使用销售点终端机具（POS 机），以虚构交易方式向信用卡持卡人直接支付现金，构成非法经营罪，情节特别严重，应当依法追究刑事责任。

北京市西城区人民法院认为，孙旭东构成非法经营罪，根据《最高人民法院、最高人民检察院关于办理妨害信用卡管理刑事案件具体应用法律若干问题的解释》第十二条的规定，非法经营数额在500万元以上的，属于情节特别严重，于2019年12月6日以非法经营罪判处孙旭东有期徒刑6年，并处罚金15万元。孙旭东提出上诉。2020年3月10日，北京市第二中级人民法院裁定驳回上诉，维持原判。

【指导意义】

（一）对于为恶意透支的信用卡持卡人非法套现的行为人，应当根据其与信用卡持卡人有无犯意联络、有无非法占有目的等证据，区分非法经营罪与信用卡诈骗罪。使用销售点终端机具（POS机）等方法，以虚构交易等方式向信用卡持卡人支付货币资金，违反了《中华人民共和国商业银行法》第三条、第十一条和2021年实施的《防范和处置非法集资条例》第三十九条等规定，系非法从事资金支付结算业务，构成非法经营罪。与恶意透支的信用卡持卡人通谋，或者明知信用卡持卡人意图恶意透支信用卡，仍然使用销售点终端机具（POS机）等方法帮助其非法套现，构成信用卡诈骗罪的共同犯罪。虽然信用卡持卡人通过非法套现恶意透支，但证明从事非法套现的行为人构成信用卡诈骗罪共同犯罪证据不足的，对其非法经营POS机套现的行为依法以非法经营罪定罪处罚。

（二）对二次退回公安机关补充侦查，仍未达到起诉条件的，检察机关应当结合在案证据和案件情况充分研判自行侦查的必要性和可行性。经二次退回补充侦查的案件，虽然证明犯罪事实的证据仍有缺失，但根据已查清的事实认为犯罪嫌疑人仍然有遗漏犯罪重大嫌疑的，具有自行侦查的必要性。检察机关应当结合相关类型金融业务的特点、在案证据、需要补充的证据和可能的侦查方向进行分析研判，明确自行侦查是否具有可行性，决定自行侦查的具体措施，依照法定程序进行自行侦查。

（三）检察机关办理信用卡诈骗案件时发现涉及非法从事金融活动等犯罪线索的，应当依法追诉遗漏犯罪嫌疑人和遗漏犯罪事实。信用卡诈骗案件中，恶意透支与非法套现相互勾结的问题较为突出。检察机关办理此类案件时发现涉及POS机套现等非法经营金融业务犯罪线索的，应当对相关线索进行核查，积极运用立案监督、引导取证、退回补充侦查、自行侦查等措施，对犯罪进行全链条惩治。

参考案例

★刘溪、聂明湛、原维达非法经营案（参见《刑事审判参考》2011年第5集，第727号案例）

2007年12月至2008年4月，被告人刘溪、聂明湛、原维达以上海同荣投资管理有限公司海外投资部名义，招揽客户通过其提供的ASA交易平台进行境外黄金合约买卖，并收取高额佣金。客户可以在交易平台上买涨、买跌，存入保证金兑换成美元后可以放大100倍进行交易。其间，杨建芹等八名客户存入指定账户内用于黄金合约买卖的保证金共计人民币405万余元。

（一）实务问题

如何区分变相期货交易活动与现货交易行为？

（二）规则提炼

区分期货交易或变相期货交易行为与现货交易行为，应当根据行为当时有效的"国家规定"（本案中指《期货交易管理条例》），结合行为目的、交易手法等进行实质判断。如果行为人交易的主要目的不是转移商品所有权，而是套期保值或者从期货价格变动中获取投机利益，交易手法符合集中交易、标准化合约交易、实行保证金及当日无负债结算制度、保证金收取比例远低于合同标的额等特征的，应当认定系期货交易或变相期货交易行为。

★ **钟小云非法经营案**（参见《刑事审判参考》2014年第5集，第1021号案例）

2009年10月至2011年4月，被告人钟小云经营江西沣琳顿投资顾问有限公司期间，以塔尔研究欧洲资本公司华泰金恒（北京）投资顾问有限公司（以下简称华泰金恒公司）江西总代理的名义，招揽客户从事无实物交割的黄金延期交收业务，并通过收取交易手续费、过夜费及华泰金恒公司返还的佣金等获利。客户以虚拟黄金为交易对象，以1∶100的杠杆比率，按照国际实时走势买涨买跌交易，并实行保证金制度、"T+0"无实物交割制度。被告人钟小云共计收取客户保证金119.58万元。

（一）实务问题

未经许可经营现货黄金延期交收业务的行为如何定性？

（二）规则提炼

未经国家有关主管机关批准，设立现货黄金延期交收交易平台，虚构接入国际伦敦金交易市场，招揽投资人在平台自行操盘参与现货黄金延期交收交易，交易采用保证金制度、"T+0"结算、无实物交易、1∶100杠杆等规则，投资人根据国际黄金实时走势计算盈亏，行为人收取交易手续费、过夜费等获利，上述行为系变相经营期货业务，应当认定为非法经营罪。

★ **王丹、沈玮婷非法经营、虚报注册资本案**（参见《刑事审判参考》2014年第6集，第1043号案例）

2007年10月至2009年3月，被告人王丹、沈玮婷共谋开发"金牛王智能决策选股软件"（以下简称金牛王选股软件），先后在深圳市、湖南省等地注册成立金牛王公司、智盈公司、金诚公司等公司。被告人王丹、沈玮婷在上述公司未获得中国证监会批准，不具备经营证券业务资质的情况下，以销售金牛王选股软件为名，非法从事证券咨询业务，非法经营额共计2800余万元。

2008年8月至2009年6月,被告人王丹等人与有证券投资咨询资格的湖南金证投资咨询顾问有限公司、北京禧达丰公司签订"战略合作协议",以支付高额投资顾问费为条件,将公司选聘的多名股评分析师的从业资格证书挂靠到这些公司,并借用这些公司的证券咨询资格证明用于自己股评节目的资格审查,掩盖其不具备证券投资咨询资格的事实。

(一)实务问题

不具备证券从业资格的公司与具备资格的公司合作开展证券咨询业务,是否构成非法经营罪?

(二)规则提炼

无证券投资咨询业务资格的公司与具备相关资格的公司合作开展证券投资咨询业务的,无资格方构成非法经营罪,签署相关合作协议不能规避其应当接受有关主管机关审批与监管的义务。

★满鑫、孙保锋非法经营案(参见《刑事审判参考》总第132集,第1481号案例)

2019年5月至2019年11月14日,被告人满鑫、孙保锋未经国家有关主管机关批准,为谋取非法利益,委托他人开发第四方支付平台"交投保"平台,通过网络发展多人为代理(以下简称码商),代理发展下线(以下简称码农),并由码商、码农提供、收集微信、支付宝收款二维码、银行卡并绑定"交投保"平台。"交投保"平台随机推送码农控制的支付宝或微信二维码收取赌博网站客户充值款,赌博网站根据"交投保"平台收款信息给客户上分,"交投保"平台获得结算资金流水2%—3%不等比例的抽成。其间,被告人满鑫、孙保锋分别获得非法收益1000万余元。

(一)实务问题

第四方支付平台为赌博等违法犯罪网站提供资金转移服务的行为如何定性?

(二)规则提炼

未经有关主管机关批准,设立第四方支付平台,发展多人为码商，并进一步发展下线，为赌博网站客户提供充值渠道，后将剩余款项扣除佣金后转入赌博网站提供的账号，系资金支付结算行为。该行为同时构成帮助信息网络犯罪活动罪与非法经营罪，系法条竞合，适用重法优于轻法原则，应当认定为非法经营罪。

金融名词相关法律规定

货 币

★《中华人民共和国中国人民银行法》（自 2004 年 2 月 1 日起施行）

第十六条 中华人民共和国的法定货币是人民币。以人民币支付中华人民共和国境内的一切公共的和私人的债务，任何单位和个人不得拒收。

第十八条 人民币由中国人民银行统一印制、发行。

中国人民银行发行新版人民币，应当将发行时间、面额、图案、式样、规格予以公告。

第十九条 禁止伪造、变造人民币。禁止出售、购买伪造、变造的人民币。禁止运输、持有、使用伪造、变造的人民币。禁止故意毁损人民币。禁止在宣传品、出版物或者其他商品上非法使用人民币图样。

第四十二条 伪造、变造人民币，出售伪造、变造的人民币，或者明知是伪造、变造的人民币而运输，构成犯罪的，依法追究刑事责任；尚不构成犯罪的，由公安机关处十五日以下拘留、一万元以下罚款。

★《中华人民共和国人民币管理条例》（自 2018 年 3 月 19 日起施行）

第七条 新版人民币由中国人民银行组织设计，报国务院批准。

第八条 人民币由中国人民银行指定的专门企业印制。

第十三条 除中国人民银行指定的印制人民币的企业外，任何单位和个人不得研制、仿制、引进、销售、购买和使用印制人民币所特有的防伪材料、防伪技术、防伪工艺和专用设备。有关管理办法由中国人民银行另行制定。

第十五条 人民币由中国人民银行统一发行。

第十八条 中国人民银行可以根据需要发行纪念币。

纪念币是具有特定主题的限量发行的人民币，包括普通纪念币和贵金属纪念币。

第十九条 纪念币的主题、面额、图案、材质、式样、规格、发行数量、发行时间等由中国人民银行确定；但是，纪念币的主题涉及重大政治、历史题材的，应当报国务院批准。

中国人民银行应当将纪念币的主题、面额、图案、材质、式样、规格、发行数量、发行时间等予以公告。

中国人民银行不得在纪念币发行公告发布前将纪念币支付给金融机构。

第三十条 禁止伪造、变造人民币。禁止出售、购买伪造、变造的人民币。禁止走私、运输、持有、使用伪造、变造的人民币。

第三十一条 单位和个人持有伪造、变造的人民币的，应当及时上交中国人民银行、公安机关或者办理人民币存取款业务的金融机构；发现他人持有伪造、变造的人民币的，应当立即向公安机关报告。

第三十二条 中国人民银行、公安机关发现伪造、变造的人民币，应当予以没收，加盖"假币"字样的戳记，并登记造册；持有人对公安机关没收的人民币的真伪有异议的，可以向中国人民银行申请鉴定。

公安机关应当将没收的伪造、变造的人民币解缴当地中国人民银行。

第三十三条 办理人民币存取款业务的金融机构发现伪造、变造的人民币，数量较多、有新版的伪造人民币或者有其他制造贩卖伪造、变造的人民币线索的，应当立即报告公安机关；数量较少的，由该金融机构两名以上工作人员当面予以收缴，加盖"假币"字样的戳记，登记造册，向持有人出具中国人民银行统一印制的收缴凭证,并告知持有人可以向中国人民银行或者向中国人民银行授权的国有独资商业银行的业务机构申请鉴定。对伪造、变造的人民币收缴及鉴定的具体办法,由中国人民银行制定。

办理人民币存取款业务的金融机构应当将收缴的伪造、变造的人民币解缴当地中国人民银行。

第四十条 违反本条例第十三条规定的,由工商行政管理机关和其他有关行政执法机关给予警告,没收违法所得和非法财物,并处违法所得1倍以上3倍以下的罚款;没有违法所得的,处2万元以上20万元以下的罚款。

第四十六条 违反本条例第二十条第三款、第二十六条第一款第三项、第二十八条和第三十条规定的,依照《中华人民共和国中国人民银行法》的有关规定予以处罚;其中,违反本条例第三十条规定,构成犯罪的,依法追究刑事责任。

★**《中国人民银行货币鉴别及假币收缴、鉴定管理办法》**(自2020年4月1日起施行)

第三条 本办法所称货币是指人民币和外币。人民币是指中国人民银行依法发行的货币,包括纸币和硬币。外币是指在中华人民共和国境内可存取、兑换的其他国家(地区)流通中的法定货币。

本办法所称假币是指不由国家(地区)货币当局发行,仿照货币外观或者理化特性,足以使公众误辨并可能行使货币职能的媒介。

假币包括伪造币和变造币。伪造币是指仿照真币的图案、形状、色彩等,采用各种手段制作的假币。变造币是指在真币的基础上,利用挖补、揭层、涂改、拼凑、移位、重印等多种方法制作,改变真币原形态的假币。

第二十一条 被收缴人对被收缴货币的真伪有异议的,可以自收缴之日起3个工作日内,持《假币收缴凭证》直接或者通过收缴单位向当地鉴定单位提出书面鉴定申请。鉴定单位应当即时回复能否受理鉴定申请，不得无故拒绝。

鉴定单位应当无偿提供鉴定服务，鉴定后应当出具按照中国人民银行统一规范制作的《货币真伪鉴定书》，并加盖货币鉴定专用章和鉴定人名章。

第二十二条　鉴定单位鉴定时，应当至少有2名具备货币真伪鉴定能力的专业人员参与，并作出鉴定结论。

第二十三条　鉴定单位应当自收到鉴定申请之日起2个工作日内，通知收缴单位报送待鉴定货币。

收缴单位应当自收到鉴定单位通知之日起2个工作日内，将待鉴定货币送达鉴定单位。

第二十四条　鉴定单位应当自受理鉴定之日起15个工作日内完成鉴定并出具《货币真伪鉴定书》。因情况复杂不能在规定期限内完成的，可以延长至30个工作日，但应当以书面形式向收缴单位或者被收缴人说明原因。

第二十五条　对盖有"假币"字样戳记的人民币纸币，经鉴定为真币的，由鉴定单位交收缴单位按照面额兑换完整券退还被收缴人，并收回《假币收缴凭证》，盖有"假币"戳记的人民币按不宜流通人民币处理；经鉴定为假币的，由鉴定单位予以没收，并向收缴单位和被收缴人开具《货币真伪鉴定书》和《假人民币没收收据》。

对收缴的外币纸币和各种硬币，经鉴定为真币的，由鉴定单位交收缴单位退还被收缴人，并收回《假币收缴凭证》；经鉴定为假币的，由鉴定单位将假币退回收缴单位依法收缴，并向收缴单位和被收缴人出具《货币真伪鉴定书》。

第二十六条　鉴定单位应当具备以下条件：

（一）具有2名以上具备货币真伪鉴定能力的专业人员；

（二）满足鉴定需要的货币分析技术条件；

（三）具有固定的货币真伪鉴定场所；

（四）中国人民银行要求的其他条件。

第二十七条　鉴定单位应当公示鉴定业务范围。中国人民银行及其分支机构应当公示授权的鉴定机构名录。中国人民银行及其分支机构授权的鉴定机构应当公示授权证书。

银　行

★《中华人民共和国中国人民银行法》（自2004年2月1日起施行）

第五十二条　本法所称银行业金融机构，是指在中华人民共和国境内设立的商业银行、城市信用合作社、农村信用合作社等吸收公众存款的金融机构以及政策性银行。

在中华人民共和国境内设立的金融资产管理公司、信托投资公司、财务公司、金融租赁公司以及经国务院银行业监督管理机构批准设立的其他金融机构，适用本法对银行业金融机构的规定。

★《中华人民共和国银行业监督管理法》（自2007年1月1日起施行）

第二条　国务院银行业监督管理机构负责对全国银行业金融机构及其业务活动监督管理的工作。

本法所称银行业金融机构，是指在中华人民共和国境内设立的商业银行、城市信用合作社、农村信用合作社等吸收公众存款的金融机构以及政策性银行。

对在中华人民共和国境内设立的金融资产管理公司、信托投资公司、财务公司、金融租赁公司以及经国务院银行业监督管理机构批准设立的其他金融机构的监督管理，适用本法对银行业金融机构监督管理的规定。

国务院银行业监督管理机构依照本法有关规定，对经其批准在境外设立的金融机构以及前二款金融机构在境外的业务活动实施监督管理。

★《**个人贷款管理办法**》（自 2024 年 7 月 1 日起施行）

第二条 本办法所称银行业金融机构（以下简称贷款人），是指在中华人民共和国境内设立的商业银行、农村合作银行、农村信用合作社等吸收公众存款的金融机构。

★《**流动资金贷款管理办法**》（自 2024 年 7 月 1 日起施行）

第二条 本办法所称银行业金融机构（以下简称贷款人），是指在中华人民共和国境内设立的商业银行、农村合作银行、农村信用合作社等吸收公众存款的金融机构。

★《**固定资产贷款管理办法**》（自 2024 年 7 月 1 日起施行）

第二条 本办法所称银行业金融机构（以下简称贷款人），是指在中华人民共和国境内设立的商业银行、农村合作银行、农村信用合作社等吸收公众存款的金融机构。

其他金融机构

编者注：我国对金融机构采取分业管理，关于金融机构的规定，分散在银行、证券、保险等相关法律规定中，没有专门定义所有金融机构的规定。因此，本部分摘录的法律中，都表述为"本法所称"。编者认为，地方金融组织不属于刑法规定的金融机构，涉及地方金融组织的相关规定未予摘录。后文词条涉及的商业银行、证券交易所、期货交易所、证券公司、期货经纪公司、保险公司亦属于典型的金融机构。

★《中华民人共和国证券投资基金法》(自 2015 年 4 月 24 日起施行)

第二条 在中华人民共和国境内,公开或者非公开募集资金设立证券投资基金(以下简称基金),由基金管理人管理,基金托管人托管,为基金份额持有人的利益,进行证券投资活动,适用本法;本法未规定的,适用《中华人民共和国信托法》、《中华人民共和国证券法》和其他有关法律、行政法规的规定。

第十三条 设立管理公开募集基金的基金管理公司,应当具备下列条件,并经国务院证券监督管理机构批准:

(一)有符合本法和《中华人民共和国公司法》规定的章程;

(二)注册资本不低于一亿元人民币,且必须为实缴货币资本;

(三)主要股东应当具有经营金融业务或者管理金融机构的良好业绩、良好的财务状况和社会信誉,资产规模达到国务院规定的标准,最近三年没有违法记录;

(四)取得基金从业资格的人员达到法定人数;

(五)董事、监事、高级管理人员具备相应的任职条件;

(六)有符合要求的营业场所、安全防范设施和与基金管理业务有关的其他设施;

(七)有良好的内部治理结构、完善的内部稽核监控制度、风险控制制度;

(八)法律、行政法规规定的和经国务院批准的国务院证券监督管理机构规定的其他条件。

★《金融违法行为处罚办法》(自 1999 年 2 月 22 日起施行)

第二条 金融机构违反国家有关金融管理的规定,有关法律、行政法规有处罚规定的,依照其规定给予处罚;有关法律、行政法规未作处罚规定或者有关行政法规的处罚规定与本办法不一致的,依照本办法给予处罚。

本办法所称金融机构,是指在中华人民共和国境内依法设立和经营金融业务的机构，包括银行、信用合作社、财务公司、信托投资公司、金融租赁公司等。

★《金融资产管理公司条例》（自 2000 年 11 月 10 日起施行）

第一条 为了规范金融资产管理公司的活动，依法处理国有银行不良贷款，促进国有银行和国有企业的改革和发展，制定本条例。

第二条 金融资产管理公司，是指经国务院决定设立的收购国有银行不良贷款，管理和处置因收购国有银行不良贷款形成的资产的国有独资非银行金融机构。

第四条 中国人民银行、财政部和中国证券监督管理委员会依据各自的法定职责对金融资产管理公司实施监督管理。

第五条 金融资产管理公司的注册资本为人民币 100 亿元，由财政部核拨。

第六条 金融资产管理公司由中国人民银行颁发《金融机构法人许可证》，并向工商行政管理部门依法办理登记。

第七条 金融资产管理公司设立分支机构，须经财政部同意，并报中国人民银行批准，由中国人民银行颁发《金融机构营业许可证》，并向工商行政管理部门依法办理登记。

第三十三条 金融资产管理公司违反金融法律、行政法规的，由中国人民银行依照有关法律和《金融违法行为处罚办法》给予处罚；违反其他有关法律、行政法规的，由有关部门依法给予处罚；构成犯罪的，依法追究刑事责任。

★《农村资金互助社管理暂行规定》（自 2007 年 1 月 22 日起施行）

第二条 农村资金互助社是指经银行业监督管理机构批准，由乡（镇）、行政村农民和农村小企业自愿入股组成，为社员提供存款、贷款、结算等业务的社区互助性银行业金融机构。

第三条 农村资金互助社实行社员民主管理，以服务社员为宗旨，谋求社员共同利益。

第四条 农村资金互助社是独立的企业法人，对由社员股金、积累及合法取得的其他资产所形成的法人财产，享有占有、使用、收益和处分的权利，并以上述财产对债务承担责任。

第十条 设立农村资金互助社，应当经过筹建与开业两个阶段。

第四十五条 农村资金互助社不得向非社员吸收存款、发放贷款及办理其他金融业务，不得以该社资产为其他单位或个人提供担保。

第五十六条 农村资金互助社违反有关法律、法规，存在超业务范围经营、账外经营、设立分支机构、擅自变更法定变更事项等行为的，银行业监督管理机构应责令其改正，并按《中华人民共和国银行业监督管理法》和《金融违法行为处罚办法》等法律法规进行处罚；对理事、经理、工作人员的违法违规行为，可责令农村资金互助社给予处分，并视不同情形，对理事、经理给予取消一定期限直至终身任职资格的处分；构成犯罪的，移交司法机关，依法追究刑事责任。

★《金融机构编码规范》（自2009年11月30日起施行）

3. 术语和定义

下列术语和定义适用于本规范。

3.1 货币当局

代表国家制定并执行货币政策、金融运行规则，管理国家储备，从事货币发行与管理，与国际货币基金组织交易及向其他存款性公司提供信贷，以及承担其他相关职能的金融机构或政府部门。

3.2 监管当局

对金融机构及其经营活动实施全面的、经常性的检查和督促，实行领导、组织、协调和控制，行使实施监督管理职能的政府机构或准政府机构。

3.3 银行

依法设立的吸收公众存款、发放贷款、办理结算等业务的企业法人。

3.4 城市信用合作社

依照有关规定在城市市区内由城市居民、个体工商户和中小企业法人出资设立的，主要为社员提供服务，具有独立企业法人资格的合作金融组织。

3.5 农村信用合作社

经相关国家部门批准设立，由社员入股组成、实行社员民主管理、主要为社员提供金融服务的农村合作金融机构。

3.6 农村合作银行

由辖内农民、农村工商户、企业法人和其他经济组织入股组成的股份合作制社区性地方金融机构。

3.7 农村商业银行

由辖内农民、农村工商户、企业法人和其他经济组织共同发起成立的股份制地方性金融机构。

3.8 村镇银行

经中国银行业监督管理委员会依据有关法律、法规批准，由境内外金融机构、境内非金融机构企业法人、境内自然人出资，在农村地区设立的主要为当地农民、农业和农村经济发展提供金融服务的金融机构。

3.9 农村资金互助社

经中国银行业监督管理机构批准，由乡（镇）、行政村农民和农村小企业自愿入股组成，为社员提供存款、贷款、结算等业务的社区互助性金融机构。

3.10 财务公司

以加强企业集团资金集中管理和提高企业集团资金使用效率为目的，为企业集团成员单位提供财务管理服务的金融机构。

3.11 信托公司

依照《中华人民共和国公司法》和《信托公司管理办法》设立的主要经营信托业务的金融机构。

3.12 金融资产管理公司

经国务院决定设立的，收购、管理和处置金融机构、公司及其他企业（集团）不良资产，兼营金融租赁、投资银行等业务的金融机构。

3.13 金融租赁公司

经中国银行业监督管理委员会批准，以经营融资租赁业务为主的金融机构。

3.14 汽车金融公司

经中国银行业监督管理委员会批准设立的，为中国境内的汽车购买者及销售者提供金融服务的金融机构。

3.15 贷款公司

经中国银行业监督管理委员会依据有关法律、法规批准，由境内商业银行或农村合作银行在农村地区设立的专门为县域农民、农业和农村经济发展提供贷款服务的金融机构。

3.16 货币经纪公司

经中国银行业监督管理委员会批准在中国境内设立的，通过电子技术或其他手段，专门从事促进金融机构间资金融通和外汇交易等经纪服务，并从中收取佣金的金融机构。

3.17 证券公司

依照《中华人民共和国公司法》规定设立的并经国务院证券监督管理机构审查批准而成立的专门经营证券业务，具有独立法人地位的金融机构。

3.18 证券投资基金管理公司

经中国证券监督管理委员会批准，在中华人民共和国境内设立，从事证券投资基金管理业务的企业法人。

3.19 期货公司

依照《中华人民共和国公司法》和《期货交易管理条例》规定设立的经营期货业务的金融机构。

3.20 投资咨询公司

经中国证券监督管理委员会批准设立，为证券、期货投资人或者客户提供证券、期货投资分析、预测或者建议等直接或者间接有偿咨询服务的金融机构。

3.21 财产保险公司

经中国保险监督管理委员会批准设立，依法登记注册，从事经营财产损失保险、责任保险、信用保险、短期健康保险和意外伤害保险等财产保险业务的保险公司。

3.22 人身保险公司

经中国保险监督管理委员会批准设立，依法登记注册，从事意外伤害保险、健康保险、人寿保险等人身保险业务的保险公司。

3.23 再保险公司

经中国保险监督管理机构批准设立，并依法登记注册的，专门从事再保险业务、不直接向投保人签发保单的保险公司。

3.24 保险资产管理公司

经中国保险监督管理委员会会同有关部门批准，依法登记注册、受托管理保险资金的金融机构。

3.25 保险经纪公司

经中国保险监督管理委员会批准设立，基于投保人的利益，为投保人与保险人订立保险合同提供中介服务，并依法收取佣金的金融机构。

3.26 保险代理公司

经中国保险监督管理委员会批准设立，根据保险公司的委托，向保险公司收取代理佣金，并在保险公司授权的范围内代为办理保险业务的金融机构。

3.27 保险公估公司

经中国保险监督管理委员会批准设立的，接受保险当事人委托，专门从事保险标的的评估勘验、鉴定、估损、理算等业务的单位。

3.28 企业年金

指企业及其职工在依法参加基本养老保险的基础上，自愿建立的补充养老保险制度。

3.29 交易所

经国家有关主管部门批准设立的，提供证券、商品、期货等集中竞价交易场所，不以营利为目的的法人。

3.30 登记结算类机构

经国家有关主管部门批准设立的，为金融交易提供集中的登记、托管与结算服务，不以营利为目的的法人。

3.31 金融控股公司

依据《中华人民共和国公司法》设立，拥有或控制一个或多个金融性公司，并且这些金融性公司净资产占全部控股公司合并净资产的 50% 以上，所属的受监管实体应是至少明显地在从事两种以上的银行、证券和保险业务独立企业法人。

3.32 小额贷款公司

由自然人、企业法人或其他社会组织依法设立，不吸收公众存款，经营小额贷款业务的有限责任公司或股份有限公司。（编者认为，小额贷款公司不属于刑法相关条文规定的金融机构。）

4. 编码对象

本规范的编码对象是中华人民共和国的货币当局、监管当局及其境内外派出机构；境内银行、证券、保险类金融机构的法人机构及其境内外具有经营许可的分支机构；交易结算类金融机构及其境内分支机构；境内设立的金融控股公司；国外金融机构在我国境内设立的具有经营许可的非法人分支机构，中国人民银行认定的其他有关金融机构。"境内"指中华人民共和国（不含港、澳、台地区）境内的地区。

★《银行卡清算机构管理办法》（自 2016 年 6 月 6 日起施行）

第二条 本办法所称银行卡清算机构是指经批准，依法取得银行卡清算业务许可证,专门从事银行卡清算业务的企业法人。

第三条 仅为跨境交易提供外币的银行卡清算服务的境外机构(以下简称境外机构),原则上可以不在中华人民共和国境内设立银行卡清算机构,但对境内银行卡清算体系稳健运行或公众支付信心具有重要影响的,应当在中华人民共和国境内设立法人,依法取得银行卡清算业务许可证。

第十九条 中国人民银行收到银行卡清算机构开业申请的,参照本办法第十四条和第十五条的规定,作出批准或不批准开业的决定,并书面通知申请人。决定批准的,颁发开业核准文件和银行卡清算业务许可证,并予以公告;决定不批准的,说明理由。

★《商业银行理财子公司管理办法》(自2018年12月2日起施行)

第二条 本办法所称银行理财子公司是指商业银行经国务院银行业监督管理机构批准,在中华人民共和国境内设立的主要从事理财业务的非银行金融机构。

本办法所称理财业务是指银行理财子公司接受投资者委托,按照与投资者事先约定的投资策略、风险承担和收益分配方式,对受托的投资者财产进行投资和管理的金融服务。

第三条 银行理财子公司开展理财业务,应当诚实守信、勤勉尽职地履行受人之托、代人理财职责,遵守成本可算、风险可控、信息充分披露的原则,严格遵守投资者适当性管理要求,保护投资者合法权益。

第四条 银行业监督管理机构依法对银行理财子公司及其业务活动实施监督管理。

银行业监督管理机构应当与其他金融管理部门加强监管协调和信息共享,防范跨市场风险。

第五条 设立银行理财子公司,应当采取有限责任公司或者股份有限公司形式。银行理财子公司名称一般为"字号+理财+

组织形式"。未经国务院银行业监督管理机构批准,任何单位不得在其名称中使用"理财有限责任公司"或"理财股份有限公司"字样。

★**《金融控股公司监督管理试行办法》**(自 2020 年 11 月 1 日起施行)

第二条 本办法所称金融控股公司是指依法设立,控股或实际控制两个或两个以上不同类型金融机构,自身仅开展股权投资管理、不直接从事商业性经营活动的有限责任公司或股份有限公司。

本办法适用于控股股东或实际控制人为境内非金融企业、自然人以及经认可的法人的金融控股公司。金融机构跨业投资控股形成的金融集团参照本办法确定监管政策标准,具体规则另行制定。

本办法所称金融机构包括以下类型:

(一)商业银行(不含村镇银行)、金融租赁公司。

(二)信托公司。

(三)金融资产管理公司。

(四)证券公司、公募基金管理公司、期货公司。

(五)人身保险公司、财产保险公司、再保险公司、保险资产管理公司。

(六)国务院金融管理部门认定的其他机构。

本办法所称金融控股公司所控股金融机构是指金融控股公司控股或实际控制的境内外金融机构。本办法将控股或实际控制统称为实质控制。金融控股集团是指金融控股公司及其所控股机构共同构成的企业法人联合体。

第六条 非金融企业、自然人及经认可的法人实质控制两个或两个以上不同类型金融机构,并具有以下情形之一的,应当设立金融控股公司:

（一）实质控制的金融机构中含商业银行，金融机构的总资产规模不少于 5000 亿元的，或金融机构总资产规模少于 5000 亿元，但商业银行以外其他类型的金融机构总资产规模不少于 1000 亿元或受托管理资产的总规模不少于 5000 亿元。

（二）实质控制的金融机构不含商业银行，金融机构的总资产规模不少于 1000 亿元或受托管理资产的总规模不少于 5000 亿元。

（三）实质控制的金融机构总资产规模或受托管理资产的总规模未达到第一项、第二项规定的标准，但中国人民银行按照宏观审慎监管要求，认为需要设立金融控股公司的。

符合前款规定条件的企业集团，如果企业集团内的金融资产占集团并表总资产的比重达到或超过 85% 的，可申请专门设立金融控股公司，由金融控股公司及其所控股机构共同构成金融控股集团；也可按照本办法规定的设立金融控股公司的同等条件，由企业集团母公司直接申请成为金融控股公司，企业集团整体被认定为金融控股集团，金融资产占集团并表总资产的比重应当持续达到或超过 85%。

第十三条 设立金融控股公司，应当经中国人民银行批准，依照金融机构管理。

本办法实施前已具备第六条情形的机构，拟申请成为金融控股公司的，应当在本办法实施之日起 12 个月内向中国人民银行提出申请。

本办法实施后，拟控股或实际控制两个或两个以上不同类型金融机构，并具有本办法第六条规定设立金融控股公司情形的，应当向中国人民银行申请。

……

编者注：根据 2023 年《国务院机构改革方案》，将中国人民银行对金融控股公司等金融集团的日常监管职责划入国家金融监督管理总局。

★《中国银保监会信托公司行政许可事项实施办法》（自 2021 年 1 月 1 日起施行）

第一条　为规范银保监会及其派出机构实施信托公司行政许可行为，明确行政许可事项、条件、程序和期限，保护申请人合法权益，根据《中华人民共和国银行业监督管理法》《中华人民共和国行政许可法》等法律、行政法规及国务院的有关决定，制定本办法。

第二条　本办法所称信托公司，是指依照《中华人民共和国公司法》《中华人民共和国银行业监督管理法》和《信托公司管理办法》设立的主要经营信托业务的金融机构。

★《保险集团公司监督管理办法》（自 2021 年 11 月 24 日起施行）

第二条　中国银行保险监督管理委员会（以下简称银保监会）根据法律、行政法规和国务院授权，按照实质重于形式的原则，对保险集团公司实行全面、持续、穿透的监督管理。

第三条　本办法所称保险集团公司，是指依法登记注册并经银保监会批准设立，名称中具有"保险集团"或"保险控股"字样，对保险集团成员公司实施控制、共同控制或重大影响的公司。

保险集团是指保险集团公司及受其控制、共同控制或重大影响的公司组成的企业集合，该企业集合中除保险集团公司外，有两家以上子公司为保险公司且保险业务为该企业集合的主要业务。

保险集团成员公司是指保险集团公司及受其控制、共同控制或重大影响的公司，包括保险集团公司、保险集团公司直接或间接控制的子公司以及其他成员公司。

第四条　设立保险集团公司，应当报银保监会审批，并具备下列条件：

（一）投资人符合银保监会规定的保险公司股东资质条件，股权结构合理，且合计至少控制两家境内保险公司 50% 以上股权；

（二）具有符合本办法第六条规定的成员公司；

（三）注册资本最低限额为 20 亿元人民币；

（四）具有符合银保监会规定任职资格条件的董事、监事和高级管理人员；

（五）具有完善的公司治理结构、健全的组织机构、有效的风险管理和内部控制管理制度；

（六）具有与其经营管理相适应的营业场所、办公设备和信息系统；

（七）法律、行政法规和银保监会规定的其他条件。

涉及处置风险的，经银保监会批准，上述条件可以适当放宽。

★《保险资产管理公司管理规定》（自 2022 年 9 月 1 日起施行）

第二条 保险资产管理公司是指经中国银行保险监督管理委员会（以下简称银保监会）批准，在中华人民共和国境内设立，通过接受保险集团（控股）公司和保险公司等合格投资者委托、发行保险资产管理产品等方式，以实现资产长期保值增值为目的，开展资产管理业务及国务院金融管理部门允许的其他业务的金融机构。

第六条 保险资产管理公司名称一般为"字号＋保险资产管理＋组织形式"。未经银保监会批准，任何单位不得在其名称中使用"保险资产管理"字样。

第十四条 保险资产管理公司的注册资本应当为实缴货币资本，最低限额为 1 亿元人民币或者等值可自由兑换货币。

银保监会根据审慎监管的需要，可以调整保险资产管理公司注册资本的最低限额，但不得低于前款规定的限额。

第十五条 同一投资人及其关联方、一致行动人投资入股保险资产管理公司的数量不得超过 2 家，其中，直接、间接、共同控制的保险资产管理公司的数量不得超过 1 家，经银保监会批准的除外。

第二十一条 保险资产管理公司设立分支机构,应当向银保监会提出申请,并提交下列材料:

(一)设立申请书;

(二)拟设机构的业务范围和可行性研究报告;

(三)拟设机构筹建负责人的简历及相关证明材料;

(四)银保监会规定的其他材料。

保险资产管理公司申请设立分支机构,由银保监会按有关规定受理、审查并作出决定。

第二十二条 保险资产管理公司可以投资设立理财、公募基金、私募基金、不动产、基础设施等从事资产管理业务或与资产管理业务相关的子公司。

保险资产管理公司投资设立子公司的,应当向银保监会提出申请,并具备以下条件:

(一)开业 3 年以上;

(二)最近 3 年内无重大违法违规经营记录;

(三)最近 1 年末经审计的净资产不低于 1 亿元,已建立风险准备金制度;

(四)最近 2 年监管评级均达到 B 类以上;

(五)使用自有资金出资,投资金额累计不超过经审计的上一年度净资产的 50%;

(六)银保监会规定的其他条件。

保险资产管理公司投资设立子公司,由银保监会按照保险资金重大股权投资有关规定受理、审查并作出决定。

★《企业集团财务公司管理办法》(自 2022 年 11 月 13 日起施行)

第二条 本办法所称财务公司,是指以加强企业集团资金集中管理和提高企业集团资金使用效率为目的,依托企业集团、服务企业集团,为企业集团成员单位(以下简称成员单位)提供金融服务的非银行金融机构。

外资跨国集团或外资投资性公司为其在中国境内的成员单位提供金融服务而设立的外资财务公司适用本办法的相关规定。

第三条 本办法所称企业集团是指在中华人民共和国境内依法登记,以资本为联结纽带、以母子公司为主体、以集团章程为共同行为规范,由母公司、子公司、参股公司及其他成员企业或机构共同组成的企业法人联合体。

本办法所称成员单位包括:母公司及其作为控股股东的公司(以下简称控股公司);母公司、控股公司单独或者共同、直接或者间接持股 20%以上的公司,或者直接持股不足 20%但处于最大股东地位的公司;母公司、控股公司下属的事业单位法人或者社会团体法人。

本办法所称外资跨国集团是指在中华人民共和国境外依法登记的跨国企业集团。所称外资投资性公司是指外资跨国集团在中国境内独资设立的从事直接投资的公司。外资跨国集团或外资投资性公司适用本办法中对母公司的相关规定。

第五条 财务公司依法接受中国银行保险监督管理委员会(以下简称银保监会)及其派出机构的监督管理。

第六条 设立财务公司,应当报经银保监会批准。一家企业集团只能设立一家财务公司。

财务公司名称中应标明"财务有限公司"或"财务有限责任公司"字样,包含其所属企业集团的全称或者简称。未经银保监会批准,任何单位不得在其名称中使用"财务公司"等字样。

第八条 财务公司的出资人主要应为企业集团成员单位,也可包括成员单位以外的具有丰富行业管理经验的投资者,成员单位以外的单个投资者及其关联方(非成员单位)向财务公司投资入股比例不得超过 20%。

第十七条 未经银保监会批准,财务公司不得在境外设立子公司。

★《汽车金融公司管理办法》（自 2023 年 8 月 11 日起施行）

第二条 本办法所称汽车金融公司，是指经国家金融监督管理总局批准设立的、专门提供汽车金融服务的非银行金融机构。

第三条 汽车金融公司名称中应标明"汽车金融"字样。未经国家金融监督管理总局批准，任何单位和个人不得在机构名称中使用"汽车金融""汽车信贷""汽车贷款"等字样。

第四条 国家金融监督管理总局及其派出机构依法对汽车金融公司实施监督管理。

第十条 汽车金融公司可以在全国范围内开展业务。未经国家金融监督管理总局批准，汽车金融公司不得设立分支机构。

第十一条 经国家金融监督管理总局批准，汽车金融公司可以设立境外子公司。具体设立条件、程序及监管要求由国家金融监督管理总局另行制定。

★《非银行金融机构行政许可事项实施办法》（自 2023 年 11 月 10 日起施行）

第二条 本办法所称非银行金融机构包括：经国家金融监督管理总局批准设立的金融资产管理公司、企业集团财务公司、金融租赁公司、汽车金融公司、货币经纪公司、消费金融公司、境外非银行金融机构驻华代表处等机构。

第二章 机构设立

第一节 企业集团财务公司法人机构设立

第十五条 企业集团筹建财务公司，应由母公司作为申请人向拟设地省级派出机构提交申请，由省级派出机构受理并初步审查、国家金融监督管理总局审查并决定。决定机关自受理之日起 4 个月内作出批准或不批准的书面决定。

第十六条 财务公司的筹建期为批准决定之日起 6 个月。未能按期完成筹建的,应在筹建期限届满前 1 个月向国家金融监督管理总局和拟设地省级派出机构提交筹建延期报告。筹建延期不得超过一次,延长期限不得超过 3 个月。

申请人应在前款规定的期限届满前提交开业申请,逾期未提交的,筹建批准文件失效,由决定机关注销筹建许可。

第十七条 财务公司开业,应由母公司作为申请人向拟设地省级派出机构提交申请,由省级派出机构受理、审查并决定。省级派出机构自受理之日起 2 个月内作出核准或不予核准的书面决定,并抄报国家金融监督管理总局。

第十八条 申请人应在收到开业核准文件并领取金融许可证后,办理工商登记,领取营业执照。

财务公司应自领取营业执照之日起 6 个月内开业。不能按期开业的,应在开业期限届满前 1 个月向省级派出机构提交开业延期报告。开业延期不得超过一次,延长期限不得超过 3 个月。

未在前款规定期限内开业的,开业核准文件失效,由决定机关注销开业许可,发证机关收回金融许可证,并予以公告。

第二节 金融租赁公司法人机构设立

第三十二条 筹建金融租赁公司,应由出资比例最大的发起人作为申请人向拟设地省级派出机构提交申请,由省级派出机构受理并初步审查、国家金融监督管理总局审查并决定。决定机关自受理之日起 4 个月内作出批准或不批准的书面决定。

第三十三条 金融租赁公司的筹建期为批准决定之日起 6 个月。未能按期完成筹建的,应在筹建期限届满前 1 个月向国家金融监督管理总局和拟设地省级派出机构提交筹建延期报告。筹建延期不得超过一次,延长期限不得超过 3 个月。

申请人应在前款规定的期限届满前提交开业申请,逾期未提交的,筹建批准文件失效,由决定机关注销筹建许可。

第三十四条 金融租赁公司开业,应由出资比例最大的发起人作为申请人向拟设地省级派出机构提交申请,由省级派出机构受理、审查并决定。省级派出机构自受理之日起2个月内作出核准或不予核准的书面决定,并抄报国家金融监督管理总局。

第三十五条　申请人应在收到开业核准文件并领取金融许可证后,办理工商登记,领取营业执照。

金融租赁公司应当自领取营业执照之日起6个月内开业。不能按期开业的,应在开业期限届满前1个月向省级派出机构提交开业延期报告。开业延期不得超过一次,延长期限不得超过3个月。

未在前款规定期限内开业的,开业核准文件失效,由决定机关注销开业许可,发证机关收回金融许可证,并予以公告。

第三节　汽车金融公司法人机构设立

第四十三条　筹建汽车金融公司,应由主要出资人作为申请人向拟设地省级派出机构提交申请,由省级派出机构受理并初步审查、国家金融监督管理总局审查并决定。决定机关自受理之日起4个月内作出批准或不批准的书面决定。

第四十四条　汽车金融公司的筹建期为批准决定之日起6个月。未能按期完成筹建的,应在筹建期限届满前1个月向国家金融监督管理总局和拟设地省级派出机构提交筹建延期报告。筹建延期不得超过一次,延长期限不得超过3个月。

申请人应在前款规定的期限届满前提交开业申请,逾期未提交的,筹建批准文件失效,由决定机关注销筹建许可。

第四十五条　汽车金融公司开业,应由主要出资人作为申请人向拟设地省级派出机构提交申请,由省级派出机构受理、审查并决定。省级派出机构自受理之日起2个月内作出核准或不予核准的书面决定,并抄报国家金融监督管理总局。

第四十六条　申请人应在收到开业核准文件并领取金融许可证后,办理工商登记,领取营业执照。

汽车金融公司应当自领取营业执照之日起6个月内开业。不能按期开业的,应在开业期限届满前1个月向省级派出机构提交开业延期报告。开业延期不得超过一次,延长期限不得超过3个月。

未在前款规定期限内开业的,开业核准文件失效,由决定机关注销开业许可,发证机关收回金融许可证,并予以公告。

第四节 货币经纪公司法人机构设立

第五十三条 筹建货币经纪公司,应由投资比例最大的出资人作为申请人向拟设地省级派出机构提交申请,由省级派出机构受理并初步审查、国家金融监督管理总局审查并决定。决定机关自受理之日起4个月内作出批准或不批准的书面决定。

第五十四条 货币经纪公司的筹建期为批准决定之日起6个月。未能按期完成筹建的,应在筹建期限届满前1个月向国家金融监督管理总局和拟设地省级派出机构提交筹建延期报告。筹建延期不得超过一次,延长期限不得超过3个月。

申请人应在前款规定的期限届满前提交开业申请,逾期未提交的,筹建批准文件失效,由决定机关注销筹建许可。

第五十五条 货币经纪公司开业,应由投资比例最大的出资人作为申请人向拟设地省级派出机构提交申请,由省级派出机构受理、审查并决定。省级派出机构自受理之日起2个月内作出核准或不予核准的书面决定,并抄报国家金融监督管理总局。

第五十六条 申请人应在收到开业核准文件并领取金融许可证后,办理工商登记,领取营业执照。

货币经纪公司应当自领取营业执照之日起6个月内开业。不能按期开业的,应在开业期限届满前1个月向省级派出机构提交开业延期报告。开业延期不得超过一次,延长期限不得超过3个月。

未在前款规定期限内开业的,开业核准文件失效,由决定机关注销开业许可,发证机关收回金融许可证,并予以公告。

第五节 消费金融公司法人机构设立

第六十五条 筹建消费金融公司,应由主要出资人作为申请人向拟设地省级派出机构提交申请,由省级派出机构受理并初步审查、国家金融监督管理总局审查并决定。决定机关自受理之日起4个月内作出批准或不批准的书面决定。

第六十六条 消费金融公司的筹建期为批准决定之日起6个月。未能按期完成筹建的,应在筹建期限届满前1个月向国家金融监督管理总局和拟设地省级派出机构提交筹建延期报告。筹建延期不得超过一次,延长期限不得超过3个月。

申请人应在前款规定的期限届满前提交开业申请,逾期未提交的,筹建批准文件失效,由决定机关注销筹建许可。

第六十七条 消费金融公司开业,应由主要出资人作为申请人向拟设地省级派出机构提交申请,由省级派出机构受理、审查并决定。省级派出机构自受理之日起2个月内作出核准或不予核准的书面决定,并抄报国家金融监督管理总局。

第六十八条 申请人应在收到开业核准文件并领取金融许可证后,办理工商登记,领取营业执照。

消费金融公司应当自领取营业执照之日起6个月内开业。不能按期开业的,应在开业期限届满前1个月向省级派出机构提交开业延期报告。开业延期不得超过一次,延长期限不得超过3个月。

未在前款规定期限内开业的,开业核准文件失效,由决定机关注销开业许可,发证机关收回金融许可证,并予以公告。

第七节 金融资产管理公司投资设立、参股(增资)、收购法人金融机构

第七十八条 金融资产管理公司申请投资设立、参股(增资)、收购法人金融机构由国家金融监督管理总局受理、审查并决定。国家金融监督管理总局自受理之日起6个月内作出批准或不

批准的书面决定。

金融资产管理公司申请投资设立、参股（增资）、收购境外法人金融机构的，金融资产管理公司获得国家金融监督管理总局批准文件后应按照拟投资设立、参股（增资）、收购境外法人金融机构注册地国家或地区的法律法规办理相关法律手续，并在完成相关法律手续后15个工作日内向国家金融监督管理总局报告投资设立、参股（增资）、收购的境外法人金融机构的名称、成立时间、注册地点、注册资本、注资币种等。

第七十九条　本节所指投资设立、参股（增资）、收购法人金融机构事项，如需另经国家金融监督管理总局或其派出机构批准设立或进行股东资格审核，则相关许可事项由国家金融监督管理总局或其派出机构在批准设立或进行股东资格审核时对金融资产管理公司投资设立、参股（增资）、收购行为进行合并审查并做出决定。

金融资产管理公司境外全资附属或控股金融子公司、特殊目的实体投资境外法人金融机构适用本节规定的条件和程序。

第八节　金融租赁公司专业子公司设立

第八十四条　金融租赁公司筹建境内专业子公司，由金融租赁公司作为申请人向拟设地省级派出机构提交申请，同时抄报金融租赁公司所在地省级派出机构，由拟设地省级派出机构受理并初步审查、国家金融监督管理总局审查并决定。决定机关自受理之日起2个月内作出批准或不批准的书面决定。拟设地省级派出机构在将初审意见上报国家金融监督管理总局之前，应征求金融租赁公司所在地省级派出机构的意见。

第八十五条　金融租赁公司境内专业子公司的筹建期为批准决定之日起6个月。未能按期完成筹建的，应在筹建期限届满前1个月向国家金融监督管理总局和拟设地省级派出机构提交筹建延期报告。筹建延期不得超过一次，延长期限不得超过3个月。

申请人应在前款规定的期限届满前提交开业申请，逾期未提交的，筹建批准文件失效，由决定机关注销筹建许可。

第八十六条 金融租赁公司境内专业子公司开业，应由金融租赁公司作为申请人向拟设地省级派出机构提交申请，由拟设地省级派出机构受理、审查并决定。省级派出机构自受理之日起1个月内作出核准或不予核准的书面决定，并抄报国家金融监督管理总局，抄送金融租赁公司所在地省级派出机构。

第八十七条 申请人应在收到开业核准文件并领取金融许可证后，办理工商登记，领取营业执照。

境内专业子公司应当自领取营业执照之日起6个月内开业。不能按期开业的，应在开业期限届满前1个月向拟设地省级派出机构提交开业延期报告。开业延期不得超过一次，延长期限不得超过3个月。

未在前款规定期限内开业的，开业核准文件失效，由决定机关注销开业许可，收回金融许可证，并予以公告。

第十节　财务公司分公司设立

第九十四条 财务公司由于发生合并与分立、跨省级派出机构变更住所而设立分公司的，原则上应与前述变更事项一并提出申请，许可程序分别适用财务公司合并与分立、跨省级派出机构变更住所的规定。

财务公司由于所属集团被收购或重组而设立分公司的，可与重组变更事项一并提出申请或单独提出申请。一并提出申请的许可程序适用财务公司变更股权或调整股权结构引起所属企业集团变更的规定；单独提出申请的，由财务公司向法人机构所在地省级派出机构提交筹建申请，同时应抄报分公司拟设地省级派出机构，由法人机构所在地省级派出机构受理、审查并决定。决定机关自受理之日起4个月内作出批准或不批准的书面决定，并抄报国家金融监督管理总局，抄送拟设地省级派出机构。法人机构所在地省级派出机构在作出批筹决定之前，应征求分公司拟设地省级派出机构的意见。

第九十五条 财务公司分公司的筹建期为批准决定之日起6个月。未能按期完成筹建的,应在筹建期限届满前1个月向法人机构所在地省级派出机构和拟设地省级派出机构提交筹建延期报告。筹建延期不得超过一次,延长期限不得超过3个月。

申请人应在前款规定的期限届满前提交分公司开业申请,逾期未提交的,设立分公司批准文件失效,由决定机关注销筹建许可。

第九十六条 财务公司分公司开业,应由财务公司作为申请人向拟设分公司所在地省级派出机构提交申请,由拟设分公司所在地省级派出机构受理、审查并决定。拟设分公司所在地省级派出机构自受理之日起2个月内作出核准或不予核准的书面决定,并抄报国家金融监督管理总局,抄送法人机构所在地省级派出机构。

第九十七条 申请人应在收到开业核准文件并领取金融许可证后,办理工商登记,领取营业执照。

财务公司分公司应当自领取营业执照之日起6个月内开业。不能按期开业的,应在开业期限届满前1个月向拟设分公司所在地省级派出机构提交开业延期报告。开业延期不得超过一次,延长期限不得超过3个月。

未在前款规定期限内开业的,开业核准文件失效,由决定机关注销开业许可,收回金融许可证,并予以公告。

第十一节 货币经纪公司分支机构设立

第九十八条 货币经纪公司分支机构包括分公司、代表处。

第一百零二条 货币经纪公司筹建分公司,应由货币经纪公司作为申请人向法人机构所在地省级派出机构提交申请,同时抄报拟设分公司所在地省级派出机构,由法人机构所在地省级派出机构受理、审查并决定。法人机构所在地省级派出机构自受理之日起4个月内作出批准或不批准的书面决定。法人机构所在地省级派出机构作出决定之前,应征求拟设分公司所在地省级派出机构的意见。

第一百零三条 货币经纪公司分公司的筹建期为批准决定之日起6个月。未能按期完成筹建的,应在筹建期限届满前1个月向法人机构所在地省级派出机构和拟设地省级派出机构提交筹建延期报告。筹建延期不得超过一次,延长期限不得超过3个月。

申请人应在前款规定的期限届满前提交开业申请,逾期未提交的,筹建批准文件失效,由决定机关注销筹建许可。

第一百零四条 货币经纪公司分公司开业,应由货币经纪公司作为申请人向拟设分公司所在地省级派出机构提交申请,由拟设分公司所在地省级派出机构受理、审查并决定。拟设分公司所在地省级派出机构自受理之日起2个月内作出核准或不予核准的书面决定,并抄报国家金融监督管理总局,抄送法人机构所在地省级派出机构。

第一百零五条 申请人应在收到开业核准文件并领取金融许可证后,办理工商登记,领取营业执照。

货币经纪公司分公司自领取营业执照之日起6个月内开业。不能按期开业的,应在开业期限届满前1个月向拟设分公司所在地省级派出机构提交开业延期报告。开业延期不得超过一次,延长期限不得超过3个月。

未在前款规定期限内开业的,开业核准文件失效,由决定机关注销开业许可,收回金融许可证,并予以公告。

第一百零六条 货币经纪公司根据业务开展需要,可以在业务比较集中的地区设立代表处;由货币经纪公司作为申请人向法人机构所在地省级派出机构提交申请,由法人机构所在地省级派出机构受理、审查并决定。法人机构所在地省级派出机构自受理之日起6个月内作出批准或不批准的书面决定。

第十二节 境外非银行金融机构驻华代表处设立

第一百零八条 境外非银行金融机构设立驻华代表处,应由其母公司向拟设地省级派出机构提交申请，由省级派出机构受理并初步审查、国家金融监督管理总局审查并决定。决定机关自受理之日起6个月内作出批准或不批准的书面决定。

擅自设立金融机构

★《中华人民共和国银行业监督管理法》（自2007年1月1日起施行）

第二条　国务院银行业监督管理机构负责对全国银行业金融机构及其业务活动监督管理的工作。

本法所称银行业金融机构，是指在中华人民共和国境内设立的商业银行、城市信用合作社、农村信用合作社等吸收公众存款的金融机构以及政策性银行。

对在中华人民共和国境内设立的金融资产管理公司、信托投资公司、财务公司、金融租赁公司以及经国务院银行业监督管理机构批准设立的其他金融机构的监督管理，适用本法对银行业金融机构监督管理的规定。

国务院银行业监督管理机构依照本法有关规定，对经其批准在境外设立的金融机构以及前二款金融机构在境外的业务活动实施监督管理。

第十九条　未经国务院银行业监督管理机构批准，任何单位或者个人不得设立银行业金融机构或者从事银行业金融机构的业务活动。

第四十三条　银行业监督管理机构从事监督管理工作的人员有下列情形之一的，依法给予行政处分；构成犯罪的，依法追究刑事责任：

（一）违反规定审查批准银行业金融机构的设立、变更、终止，以及业务范围和业务范围内的业务品种的；

（二）违反规定对银行业金融机构进行现场检查的；

（三）未依照本法第二十八条规定报告突发事件的；

（四）违反规定查询账户或者申请冻结资金的；

（五）违反规定对银行业金融机构采取措施或者处罚的；

（六）违反本法第四十二条规定对有关单位或者个人进行调查的；

（七）滥用职权、玩忽职守的其他行为。

银行业监督管理机构从事监督管理工作的人员贪污受贿，泄露国家秘密、商业秘密和个人隐私，构成犯罪的，依法追究刑事责任；尚不构成犯罪的，依法给予行政处分。

第四十四条 擅自设立银行业金融机构或者非法从事银行业金融机构的业务活动的，由国务院银行业监督管理机构予以取缔；构成犯罪的，依法追究刑事责任；尚不构成犯罪的，由国务院银行业监督管理机构没收违法所得，违法所得五十万元以上的，并处违法所得一倍以上五倍以下罚款；没有违法所得或者违法所得不足五十万元的，处五十万元以上二百万元以下罚款。

第四十五条 银行业金融机构有下列情形之一，由国务院银行业监督管理机构责令改正，有违法所得的，没收违法所得，违法所得五十万元以上的，并处违法所得一倍以上五倍以下罚款；没有违法所得或者违法所得不足五十万元的，处五十万元以上二百万元以下罚款；情节特别严重或者逾期不改正的，可以责令停业整顿或者吊销其经营许可证；构成犯罪的，依法追究刑事责任：

（一）未经批准设立分支机构的；

（二）未经批准变更、终止的；

（三）违反规定从事未经批准或者未备案的业务活动的；

（四）违反规定提高或者降低存款利率、贷款利率的。

★《中国银保监会信托公司行政许可事项实施办法》（自 2021 年 1 月 1 日起施行）

第一条 为规范银保监会及其派出机构实施信托公司行政许可行为，明确行政许可事项、条件、程序和期限，保护申请人合法权益，根据《中华人民共和国银行业监督管理法》《中华人民共和国行政许可法》等法律、行政法规及国务院的有关决定，制定本办法。

第二条 本办法所称信托公司，是指依照《中华人民共和国公司法》《中华人民共和国银行业监督管理法》和《信托公司管理办法》设立的主要经营信托业务的金融机构。

第三条 银保监会及其派出机构根据统一规则、事权分级的原则，依照本办法和行政许可实施程序规定，对信托公司实施行政许可。

第四条 信托公司以下事项须经银保监会及其派出机构行政许可：机构设立，机构变更，机构终止，调整业务范围和增加业务品种，董事和高级管理人员任职资格，以及法律、行政法规规定和国务院决定的其他行政许可事项。

行政许可中应当按照《银行业金融机构反洗钱和反恐怖融资管理办法》要求进行反洗钱和反恐怖融资审查，对不符合条件的，不予批准。

第五条 申请人应按照银保监会行政许可事项申请材料目录和格式要求提交申请材料。

★《非银行金融机构行政许可事项实施办法》（自 2023 年 11 月 10 日起施行）

第二条 本办法所称非银行金融机构包括：经国家金融监督管理总局批准设立的金融资产管理公司、企业集团财务公司、金融租赁公司、汽车金融公司、货币经纪公司、消费金融公司、境外非银行金融机构驻华代表处等机构。

第三条 国家金融监督管理总局及其派出机构依照国家金融监督管理总局行政许可实施程序相关规定和本办法,对非银行金融机构实施行政许可。

第四条 非银行金融机构以下事项须经国家金融监督管理总局及其派出机构行政许可:机构设立,机构变更,机构终止,调整业务范围和增加业务品种,董事和高级管理人员任职资格,以及法律、行政法规规定和国务院决定的其他行政许可事项。

行政许可中应当按照《银行业金融机构反洗钱和反恐怖融资管理办法》要求进行反洗钱和反恐怖融资审查,对不符合条件的,不予批准。

商业银行

★《中华人民共和国商业银行法》(自 2015 年 10 月 1 日起施行)

第二条 本法所称的商业银行是指依照本法和《中华人民共和国公司法》设立的吸收公众存款、发放贷款、办理结算等业务的企业法人。

第三条 商业银行可以经营下列部分或者全部业务:

(一)吸收公众存款;

(二)发放短期、中期和长期贷款;

(三)办理国内外结算;

(四)办理票据承兑与贴现;

(五)发行金融债券;

(六)代理发行、代理兑付、承销政府债券;

(七)买卖政府债券、金融债券;

(八)从事同业拆借;

(九)买卖、代理买卖外汇;

(十)从事银行卡业务;

（十一）提供信用证服务及担保；
（十二）代理收付款项及代理保险业务；
（十三）提供保管箱服务；
（十四）经国务院银行业监督管理机构批准的其他业务。

经营范围由商业银行章程规定，报国务院银行业监督管理机构批准。

商业银行经中国人民银行批准，可以经营结汇、售汇业务。

第十一条 设立商业银行，应当经国务院银行业监督管理机构审查批准。

未经国务院银行业监督管理机构批准，任何单位和个人不得从事吸收公众存款等商业银行业务，任何单位不得在名称中使用"银行"字样。

第十二条 设立商业银行，应当具备下列条件：
（一）有符合本法和《中华人民共和国公司法》规定的章程；
（二）有符合本法规定的注册资本最低限额；
（三）有具备任职专业知识和业务工作经验的董事、高级管理人员；
（四）有健全的组织机构和管理制度；
（五）有符合要求的营业场所、安全防范措施和与业务有关的其他设施。

设立商业银行，还应当符合其他审慎性条件。

第十三条 设立全国性商业银行的注册资本最低限额为十亿元人民币。设立城市商业银行的注册资本最低限额为一亿元人民币，设立农村商业银行的注册资本最低限额为五千万元人民币。注册资本应当是实缴资本。

国务院银行业监督管理机构根据审慎监管的要求可以调整注册资本最低限额，但不得少于前款规定的限额。

第十四条 设立商业银行，申请人应当向国务院银行业监督管理机构提交下列文件、资料：

（一）申请书，申请书应当载明拟设立的商业银行的名称、所在地、注册资本、业务范围等；

（二）可行性研究报告；

（三）国务院银行业监督管理机构规定提交的其他文件、资料。

第十五条　设立商业银行的申请经审查符合本法第十四条规定的，申请人应当填写正式申请表，并提交下列文件、资料：

（一）章程草案；

（二）拟任职的董事、高级管理人员的资格证明；

（三）法定验资机构出具的验资证明；

（四）股东名册及其出资额、股份；

（五）持有注册资本百分之五以上的股东的资信证明和有关资料；

（六）经营方针和计划；

（七）营业场所、安全防范措施和与业务有关的其他设施的资料；

（八）国务院银行业监督管理机构规定的其他文件、资料。

第十六条　经批准设立的商业银行，由国务院银行业监督管理机构颁发经营许可证，并凭该许可证向工商行政管理部门办理登记，领取营业执照。

第十七条　商业银行的组织形式、组织机构适用《中华人民共和国公司法》的规定。

本法施行前设立的商业银行，其组织形式、组织机构不完全符合《中华人民共和国公司法》规定的，可以继续沿用原有的规定，适用前款规定的日期由国务院规定。

第十八条　国有独资商业银行设立监事会。监事会的产生办法由国务院规定。

监事会对国有独资商业银行的信贷资产质量、资产负债比例、国有资产保值增值等情况以及高级管理人员违反法律、行政法规或者章程的行为和损害银行利益的行为进行监督。

第十九条 商业银行根据业务需要可以在中华人民共和国境内外设立分支机构。设立分支机构必须经国务院银行业监督管理机构审查批准。在中华人民共和国境内的分支机构，不按行政区划设立。

商业银行在中华人民共和国境内设立分支机构，应当按照规定拨付与其经营规模相适应的营运资金额。拨付各分支机构营运资金额的总和，不得超过总行资本金总额的百分之六十。

第二十条 设立商业银行分支机构，申请人应当向国务院银行业监督管理机构提交下列文件、资料：

（一）申请书，申请书应当载明拟设立的分支机构的名称、营运资金额、业务范围、总行及分支机构所在地等；

（二）申请人最近二年的财务会计报告；

（三）拟任职的高级管理人员的资格证明；

（四）经营方针和计划；

（五）营业场所、安全防范措施和与业务有关的其他设施的资料；

（六）国务院银行业监督管理机构规定的其他文件、资料。

第二十一条 经批准设立的商业银行分支机构，由国务院银行业监督管理机构颁发经营许可证，并凭该许可证向工商行政管理部门办理登记，领取营业执照。

第二十二条 商业银行对其分支机构实行全行统一核算，统一调度资金，分级管理的财务制度。

商业银行分支机构不具有法人资格，在总行授权范围内依法开展业务，其民事责任由总行承担。

第二十三条 经批准设立的商业银行及其分支机构，由国务院银行业监督管理机构予以公告。

商业银行及其分支机构自取得营业执照之日起无正当理由超过六个月未开业的，或者开业后自行停业连续六个月以上的，由国务院银行业监督管理机构吊销其经营许可证，并予以公告。

第二十四条 商业银行有下列变更事项之一的,应当经国务院银行业监督管理机构批准:

(一)变更名称;

(二)变更注册资本;

(三)变更总行或者分支行所在地;

(四)调整业务范围;

(五)变更持有资本总额或者股份总额百分之五以上的股东;

(六)修改章程;

(七)国务院银行业监督管理机构规定的其他变更事项。

更换董事、高级管理人员时,应当报经国务院银行业监督管理机构审查其任职资格。

第二十五条 商业银行的分立、合并,适用《中华人民共和国公司法》的规定。

商业银行的分立、合并,应当经国务院银行业监督管理机构审查批准。

第二十六条 商业银行应当依照法律、行政法规的规定使用经营许可证。禁止伪造、变造、转让、出租、出借经营许可证。

第二十八条 任何单位和个人购买商业银行股份总额百分之五以上的,应当事先经国务院银行业监督管理机构批准。

第七十条 商业银行因吊销经营许可证被撤销的,国务院银行业监督管理机构应当依法及时组织成立清算组,进行清算,按照清偿计划及时偿还存款本金和利息等债务。

第七十四条 商业银行有下列情形之一,由国务院银行业监督管理机构责令改正,有违法所得的,没收违法所得,违法所得五十万元以上的,并处违法所得一倍以上五倍以下罚款;没有违法所得或者违法所得不足五十万元的,处五十万元以上二百万元以下罚款;情节特别严重或者逾期不改正的,可以责令停业整顿或者吊销其经营许可证;构成犯罪的,依法追究刑事责任:

(一)未经批准设立分支机构的;

（二）未经批准分立、合并或者违反规定对变更事项不报批的；

（三）违反规定提高或者降低利率以及采用其他不正当手段，吸收存款、发放贷款的；

（四）出租、出借经营许可证的；

（五）未经批准买卖、代理买卖外汇的；

（六）未经批准买卖政府债券或者发行、买卖金融债券的；

（七）违反国家规定从事信托投资和证券经营业务、向非自用不动产投资或者向非银行金融机构和企业投资的；

（八）向关系人发放信用贷款或者发放担保贷款的条件优于其他借款人同类贷款的条件的。

第七十五条　商业银行有下列情形之一，由国务院银行业监督管理机构责令改正，并处二十万元以上五十万元以下罚款；情节特别严重或者逾期不改正的，可以责令停业整顿或者吊销其经营许可证；构成犯罪的，依法追究刑事责任：

（一）拒绝或者阻碍国务院银行业监督管理机构检查监督的；

（二）提供虚假的或者隐瞒重要事实的财务会计报告、报表和统计报表的；

（三）未遵守资本充足率、资产流动性比例、同一借款人贷款比例和国务院银行业监督管理机构有关资产负债比例管理的其他规定的。

第七十六条　商业银行有下列情形之一，由中国人民银行责令改正，有违法所得的，没收违法所得，违法所得五十万元以上的，并处违法所得一倍以上五倍以下罚款；没有违法所得或者违法所得不足五十万元的，处五十万元以上二百万元以下罚款；情节特别严重或者逾期不改正的，中国人民银行可以建议国务院银行业监督管理机构责令停业整顿或者吊销其经营许可证；构成犯罪的，依法追究刑事责任。

（一）未经批准办理结汇、售汇的；

（二）未经批准在银行间债券市场发行、买卖金融债券或者到境外借款的；

（三）违反规定同业拆借的。

第七十七条 商业银行有下列情形之一，由中国人民银行责令改正，并处二十万元以上五十万元以下罚款；情节特别严重或者逾期不改正的，中国人民银行可以建议国务院银行业监督管理机构责令停业整顿或者吊销其经营许可证；构成犯罪的，依法追究刑事责任：

（一）拒绝或者阻碍中国人民银行检查监督的；

（二）提供虚假的或者隐瞒重要事实的财务会计报告、报表和统计报表的；

（三）未按照中国人民银行规定的比例交存存款准备金的。

第七十九条 有下列情形之一，由国务院银行业监督管理机构责令改正，有违法所得的，没收违法所得，违法所得五万元以上的，并处违法所得一倍以上五倍以下罚款；没有违法所得或者违法所得不足五万元的，处五万元以上五十万元以下罚款：

（一）未经批准在名称中使用"银行"字样的；

（二）未经批准购买商业银行股份总额百分之五以上的；

（三）将单位的资金以个人名义开立账户存储的。

第八十条 商业银行不按照规定向国务院银行业监督管理机构报送有关文件、资料的，由国务院银行业监督管理机构责令改正，逾期不改正的，处十万元以上三十万元以下罚款。

商业银行不按照规定向中国人民银行报送有关文件、资料的，由中国人民银行责令改正，逾期不改正的，处十万元以上三十万元以下罚款。

第八十一条 未经国务院银行业监督管理机构批准，擅自设立商业银行，或者非法吸收公众存款、变相吸收公众存款，构成犯罪的，依法追究刑事责任；并由国务院银行业监督管理机构予以取缔。

伪造、变造、转让商业银行经营许可证，构成犯罪的，依法追究刑事责任。

第八十二条　借款人采取欺诈手段骗取贷款，构成犯罪的，依法追究刑事责任。

第八十三条　有本法第八十一条、第八十二条规定的行为，尚不构成犯罪的，由国务院银行业监督管理机构没收违法所得，违法所得五十万元以上的，并处违法所得一倍以上五倍以下罚款；没有违法所得或者违法所得不足五十万元的，处五十万元以上二百万元以下罚款。

证券交易所

★《中华人民共和国证券法》（自2020年3月1日起施行）

第九十六条　证券交易所、国务院批准的其他全国性证券交易场所为证券集中交易提供场所和设施，组织和监督证券交易，实行自律管理，依法登记，取得法人资格。

证券交易所、国务院批准的其他全国性证券交易场所的设立、变更和解散由国务院决定。

国务院批准的其他全国性证券交易场所的组织机构、管理办法等，由国务院规定。

第九十七条　证券交易所、国务院批准的其他全国性证券交易场所可以根据证券品种、行业特点、公司规模等因素设立不同的市场层次。

第九十八条　按照国务院规定设立的区域性股权市场为非公开发行证券的发行、转让提供场所和设施，具体管理办法由国务院规定。

第九十九条　证券交易所履行自律管理职能，应当遵守社会公共利益优先原则，维护市场的公平、有序、透明。

设立证券交易所必须制定章程。证券交易所章程的制定和修改，必须经国务院证券监督管理机构批准。

第一百条 证券交易所必须在其名称中标明证券交易所字样。其他任何单位或者个人不得使用证券交易所或者近似的名称。

第一百零一条 证券交易所可以自行支配的各项费用收入，应当首先用于保证其证券交易场所和设施的正常运行并逐步改善。

实行会员制的证券交易所的财产积累归会员所有，其权益由会员共同享有，在其存续期间，不得将其财产积累分配给会员。

第一百零二条 实行会员制的证券交易所设理事会、监事会。证券交易所设总经理一人，由国务院证券监督管理机构任免。

★《证券交易所管理办法》（自2021年10月30日起施行）

第二条 本办法所称的证券交易所是指经国务院决定设立的证券交易所。

第七条 证券交易所的职能包括：

（一）提供证券交易的场所、设施和服务；

（二）制定和修改证券交易所的业务规则；

（三）依法审核公开发行证券申请；

（四）审核、安排证券上市交易，决定证券终止上市和重新上市；

（五）提供非公开发行证券转让服务；

（六）组织和监督证券交易；

（七）对会员进行监管；

（八）对证券上市交易公司及相关信息披露义务人进行监管；

（九）对证券服务机构为证券上市、交易等提供服务的行为进行监管；

（十）管理和公布市场信息；

（十一）开展投资者教育和保护；

（十二）法律、行政法规规定的以及中国证监会许可、授权或者委托的其他职能。

期货交易所

★《中华人民共和国期货和衍生品法》（自2022年8月1日起施行）

第八十条 设立、变更和解散期货交易所，应当由国务院期货监督管理机构批准。

设立期货交易所应当制定章程。期货交易所章程的制定和修改，应当经国务院期货监督管理机构批准。

第八十一条 期货交易所应当在其名称中标明"商品交易所"或者"期货交易所"等字样。其他任何单位或者个人不得使用期货交易所或其他可能产生混淆或者误导的名称。

第八十二条 期货交易所可以采取会员制或者公司制的组织形式。

会员制期货交易所的组织机构由其章程规定。

第八十三条 期货交易所依照法律、行政法规和国务院期货监督管理机构的规定，制定有关业务规则；其中交易规则的制定和修改应当报国务院期货监督管理机构批准。

期货交易所业务规则应当体现公平保护会员、交易者等市场相关各方合法权益的原则。

在期货交易所从事期货交易及相关活动，应当遵守期货交易所依法制定的业务规则。违反业务规则的，由期货交易所给予纪律处分或者采取其他自律管理措施。

★《期货交易所管理办法》（自2023年5月1日起施行）

第三条 本办法所称期货交易所是指依照《期货和衍生品法》、《期货交易管理条例》和本办法规定设立，履行《期货和衍生品法》、《期货交易管理条例》和本办法规定的职责，按照章程和业务规则，实行自律管理的法人。

本办法所称的期货交易所内部设有结算部门，依法履行期货结算机构职责，符合期货结算机构应当具备的条件。

第四条 期货交易所根据《中国共产党章程》设立党组织，发挥领导作用，把方向、管大局、保落实，依照规定讨论和决定交易所重大事项，保证监督党和国家的方针、政策在交易所得到全面贯彻落实。

第五条 期货交易所组织期货交易及其相关活动，应当遵循社会公共利益优先原则，维护市场的公平、有序、透明。

第六条 中国证券监督管理委员会（以下简称中国证监会）依法对期货交易所实行集中统一的监督管理。

第七条 设立期货交易所，由中国证监会批准。未经中国证监会批准，任何单位或者个人不得设立期货交易场所或者以任何形式组织期货交易及其相关活动。

第八条 期货交易所可以采取会员制或者公司制的组织形式。

会员制期货交易所的注册资本或者开办资金划分为均等份额，由会员出资认缴。

公司制期货交易所采用股份有限公司的组织形式。

第九条 期货交易所应当在其名称中标明"商品交易所"或者"期货交易所"等字样。其他任何单位或者个人不得使用"期货交易所"或者其他可能产生混淆或者误导的名称。

第十条 期货交易所应当履行下列职责：

（一）提供交易的场所、设施和服务；

（二）组织期货交易的结算、交割；

（三）制定并实施期货交易所的业务规则；

（四）设计期货合约、标准化期权合约品种，安排期货合约、标准化期权合约品种上市；

（五）对期货交易进行实时监控和风险监测；

（六）发布市场信息；

（七）办理与期货交易的结算、交割有关的信息查询业务；

（八）依照章程和业务规则对会员、交易者、期货服务机构等进行自律管理；

（九）开展交易者教育和市场培育工作；

（十）保障信息技术系统的安全、稳定；

（十一）查处违规行为；

（十二）中国证监会规定的其他职责。

第十一条 申请设立期货交易所，应当向中国证监会提交下列文件和材料：

（一）申请书；

（二）章程和交易规则、结算规则草案；

（三）期货交易所的经营计划；

（四）拟加入会员或者股东名单；

（五）理事会成员候选人或者董事会成员名单及简历；

（六）拟任用高级管理人员的名单及简历；

（七）场地、设备、资金证明文件及情况说明；

（八）中国证监会规定的其他文件、材料。

第十八条 未经中国证监会批准，期货交易所不得设立分所或者其他任何期货交易场所。

证券公司

★《**中华人民共和国证券法**》（自 2020 年 3 月 1 日起施行）

第一百一十八条 设立证券公司，应当具备下列条件，并经国务院证券监督管理机构批准：

（一）有符合法律、行政法规规定的公司章程；

（二）主要股东及公司的实际控制人具有良好的财务状况和诚信记录，最近三年无重大违法违规记录；

（三）有符合本法规定的公司注册资本；

（四）董事、监事、高级管理人员、从业人员符合本法规定的条件；

（五）有完善的风险管理与内部控制制度；

（六）有合格的经营场所、业务设施和信息技术系统；

（七）法律、行政法规和经国务院批准的国务院证券监督管理机构规定的其他条件。

未经国务院证券监督管理机构批准，任何单位和个人不得以证券公司名义开展证券业务活动。

第一百一十九条 国务院证券监督管理机构应当自受理证券公司设立申请之日起六个月内，依照法定条件和法定程序并根据审慎监管原则进行审查，作出批准或者不予批准的决定，并通知申请人；不予批准的，应当说明理由。

证券公司设立申请获得批准的，申请人应当在规定的期限内向公司登记机关申请设立登记，领取营业执照。

证券公司应当自领取营业执照之日起十五日内，向国务院证券监督管理机构申请经营证券业务许可证。未取得经营证券业务许可证，证券公司不得经营证券业务。

第一百二十条 经国务院证券监督管理机构核准，取得经营证券业务许可证，证券公司可以经营下列部分或者全部证券业务：

（一）证券经纪；

（二）证券投资咨询；

（三）与证券交易、证券投资活动有关的财务顾问；

（四）证券承销与保荐；

（五）证券融资融券；

（六）证券做市交易；

（七）证券自营；

（八）其他证券业务。

国务院证券监督管理机构应当自受理前款规定事项申请之日起三个月内，依照法定条件和程序进行审查，作出核准或者不予核准的决定,并通知申请人;不予核准的,应当说明理由。

证券公司经营证券资产管理业务的,应当符合《中华人民共和国证券投资基金法》等法律、行政法规的规定。

除证券公司外,任何单位和个人不得从事证券承销、证券保荐、证券经纪和证券融资融券业务。

证券公司从事证券融资融券业务,应当采取措施,严格防范和控制风险,不得违反规定向客户出借资金或者证券。

第一百二十一条 证券公司经营本法第一百二十条第一款第(一)项至第(三)项业务的,注册资本最低限额为人民币五千万元;经营第(四)项至第(八)项业务之一的,注册资本最低限额为人民币一亿元;经营第(四)项至第(八)项业务中两项以上的,注册资本最低限额为人民币五亿元。证券公司的注册资本应当是实缴资本。

国务院证券监督管理机构根据审慎监管原则和各项业务的风险程度,可以调整注册资本最低限额,但不得少于前款规定的限额。

第一百二十二条 证券公司变更证券业务范围,变更主要股东或者公司的实际控制人,合并、分立、停业、解散、破产,应当经国务院证券监督管理机构核准。

期货经纪公司

编者注:期货经纪公司属于期货经营机构,期货经纪业务是期货公司经国务院期货监督管理机构核准后可以从事的期货业务之一。《刑法》第一百七十四条只列举了期货交易所和期货经纪公司两类经营期货的金融机构,其他经过国务院期货监督管理机构核准后开展其他期货业务的期货经营机构,属于刑法规定的其他金融机构。此处一并摘录了期货公司相关法律规定。

★《中华人民共和国期货和衍生品法》(自2022年8月1日起施行)

第五十九条 期货经营机构是指依照《中华人民共和国公司法》和本法设立的期货公司以及国务院期货监督管理机构核准从事期货业务的其他机构。

第六十条 设立期货公司,应当具备下列条件,并经国务院期货监督管理机构核准:

(一)有符合法律、行政法规规定的公司章程;

(二)主要股东及实际控制人具有良好的财务状况和诚信记录,净资产不低于国务院期货监督管理机构规定的标准,最近三年无重大违法违规记录;

(三)注册资本不低于人民币一亿元,且应当为实缴货币资本;

(四)从事期货业务的人员符合本法规定的条件,董事、监事和高级管理人员具备相应的任职条件;

(五)有良好的公司治理结构、健全的风险管理制度和完善的内部控制制度;

(六)有合格的经营场所、业务设施和信息技术系统;

(七)法律、行政法规和国务院期货监督管理机构规定的其他条件。

国务院期货监督管理机构根据审慎监管原则和各项业务的风险程度,可以提高注册资本最低限额。

国务院期货监督管理机构应当自受理期货公司设立申请之日起六个月内依照法定条件、法定程序和审慎监管原则进行审查,作出核准或者不予核准的决定,并通知申请人;不予核准的,应当说明理由。

第六十一条 期货公司应当在其名称中标明"期货"字样,国务院期货监督管理机构另有规定的除外。

第六十二条 期货公司办理下列事项,应当经国务院期货监督管理机构核准:

(一)合并、分立、停业、解散或者申请破产;

(二)变更主要股东或者公司的实际控制人;

(三)变更注册资本且调整股权结构;

(四)变更业务范围;

(五)国务院期货监督管理机构规定的其他重大事项。

前款第三项、第五项所列事项,国务院期货监督管理机构应当自受理申请之日起二十日内作出核准或者不予核准的决定;前款所列其他事项,国务院期货监督管理机构应当自受理申请之日起六十日内作出核准或者不予核准的决定。

第六十三条 期货公司经国务院期货监督管理机构核准可以从事下列期货业务:

(一)期货经纪;

(二)期货交易咨询;

(三)期货做市交易;

(四)其他期货业务。

期货公司从事资产管理业务的,应当符合《中华人民共和国证券投资基金法》等法律、行政法规的规定。

未经国务院期货监督管理机构核准,任何单位和个人不得设立或者变相设立期货公司,经营或者变相经营期货经纪业务、期货交易咨询业务,也不得以经营为目的使用"期货"、"期权"或者其他可能产生混淆或者误导的名称。

第七十六条 期货经营机构有下列情形之一的,国务院期货监督管理机构应当依法办理相关业务许可证注销手续:

(一)营业执照被依法吊销;

(二)成立后无正当理由超过三个月未开始营业,或者开业后无正当理由停业连续三个月以上;

(三)主动提出注销申请;

（四）《中华人民共和国行政许可法》和国务院期货监督管理机构规定应当注销行政许可的其他情形。

期货经营机构在注销相关业务许可证前，应当结清相关期货业务，并依法返还交易者的保证金和其他资产。

第七十七条 国务院期货监督管理机构认为必要时，可以委托期货服务机构对期货经营机构的财务状况、内部控制状况、资产价值进行审计或者评估。具体办法由国务院期货监督管理机构会同有关主管部门制定。

★ 其他规定：《期货公司监督管理办法》（自2019年6月4日起施行）（略）

保险公司

★《中华人民共和国保险法》（自2015年4月24日起施行）

第六条 保险业务由依照本法设立的保险公司以及法律、行政法规规定的其他保险组织经营，其他单位和个人不得经营保险业务。

第八条 保险业和银行业、证券业、信托业实行分业经营、分业管理，保险公司与银行、证券、信托业务机构分别设立。国家另有规定的除外。

第九条 国务院保险监督管理机构依法对保险业实施监督管理。

国务院保险监督管理机构根据履行职责的需要设立派出机构。派出机构按照国务院保险监督管理机构的授权履行监督管理职责。

第六十七条 设立保险公司应当经国务院保险监督管理机构批准。

国务院保险监督管理机构审查保险公司的设立申请时，应当考虑保险业的发展和公平竞争的需要。

第六十八条 设立保险公司应当具备下列条件：

（一）主要股东具有持续盈利能力，信誉良好，最近三年内无重大违法违规记录，净资产不低于人民币二亿元；

（二）有符合本法和《中华人民共和国公司法》规定的章程；

（三）有符合本法规定的注册资本；

（四）有具备任职专业知识和业务工作经验的董事、监事和高级管理人员；

（五）有健全的组织机构和管理制度；

（六）有符合要求的营业场所和与经营业务有关的其他设施；

（七）法律、行政法规和国务院保险监督管理机构规定的其他条件。

第六十九条 设立保险公司，其注册资本的最低限额为人民币二亿元。

国务院保险监督管理机构根据保险公司的业务范围、经营规模，可以调整其注册资本的最低限额，但不得低于本条第一款规定的限额。

保险公司的注册资本必须为实缴货币资本。

第七十一条 国务院保险监督管理机构应当对设立保险公司的申请进行审查，自受理之日起六个月内作出批准或者不批准筹建的决定，并书面通知申请人。决定不批准的，应当书面说明理由。

第七十二条 申请人应当自收到批准筹建通知之日起一年内完成筹建工作；筹建期间不得从事保险经营活动。

第七十三条 筹建工作完成后，申请人具备本法第六十八条规定的设立条件的，可以向国务院保险监督管理机构提出开业申请。

国务院保险监督管理机构应当自受理开业申请之日起六十日内，作出批准或者不批准开业的决定。决定批准的，颁发经营保险业务许可证；决定不批准的，应当书面通知申请人并说明理由。

第七十四条 保险公司在中华人民共和国境内设立分支机构，应当经保险监督管理机构批准。

保险公司分支机构不具有法人资格，其民事责任由保险公司承担。

第七十五条 保险公司申请设立分支机构，应当向保险监督管理机构提出书面申请，并提交下列材料：

（一）设立申请书；

（二）拟设机构三年业务发展规划和市场分析材料；

（三）拟任高级管理人员的简历及相关证明材料；

（四）国务院保险监督管理机构规定的其他材料。

第七十六条 保险监督管理机构应当对保险公司设立分支机构的申请进行审查，自受理之日起六十日内作出批准或者不批准的决定。决定批准的，颁发分支机构经营保险业务许可证；决定不批准的，应当书面通知申请人并说明理由。

第七十七条 经批准设立的保险公司及其分支机构，凭经营保险业务许可证向工商行政管理机关办理登记，领取营业执照。

第七十八条 保险公司及其分支机构自取得经营保险业务许可证之日起六个月内，无正当理由未向工商行政管理机关办理登记的，其经营保险业务许可证失效。

第七十九条 保险公司在中华人民共和国境外设立子公司、分支机构，应当经国务院保险监督管理机构批准。

第八十条 外国保险机构在中华人民共和国境内设立代表机构，应当经国务院保险监督管理机构批准。代表机构不得从事保险经营活动。

第一百五十八条 违反本法规定，擅自设立保险公司、保险资产管理公司或者非法经营商业保险业务的，由保险监督管理机构予以取缔，没收违法所得，并处违法所得一倍以上五倍以下的罚款；没有违法所得或者违法所得不足二十万元的，处二十万元以上一百万元以下的罚款。

第一百五十九条 违反本法规定,擅自设立保险专业代理机构、保险经纪人,或者未取得经营保险代理业务许可证、保险经纪业务许可证从事保险代理业务、保险经纪业务的,由保险监督管理机构予以取缔,没收违法所得,并处违法所得一倍以上五倍以下的罚款;没有违法所得或者违法所得不足五万元的,处五万元以上三十万元以下的罚款。

第一百六十条 保险公司违反本法规定,超出批准的业务范围经营的,由保险监督管理机构责令限期改正,没收违法所得,并处违法所得一倍以上五倍以下的罚款;没有违法所得或者违法所得不足十万元的,处十万元以上五十万元以下的罚款。逾期不改正或者造成严重后果的,责令停业整顿或者吊销业务许可证。

第一百七十三条 外国保险机构未经国务院保险监督管理机构批准,擅自在中华人民共和国境内设立代表机构的,由国务院保险监督管理机构予以取缔,处五万元以上三十万元以下的罚款。

外国保险机构在中华人民共和国境内设立的代表机构从事保险经营活动的,由保险监督管理机构责令改正,没收违法所得,并处违法所得一倍以上五倍以下的罚款;没有违法所得或者违法所得不足二十万元的,处二十万元以上一百万元以下的罚款;对其首席代表可以责令撤换;情节严重的,撤销其代表机构。

第一百七十九条 违反本法规定,构成犯罪的,依法追究刑事责任。

★ 其他规定:《保险公司管理规定》(自 2015 年 10 月 19 日起施行)(略)

金融许可证

★《中华人民共和国证券法》(自 2020 年 3 月 1 日起施行)

第一百一十九条 国务院证券监督管理机构应当自受理证券公司设立申请之日起六个月内,依照法定条件和法定程序并根据审慎监管原则进行审查,作出批准或者不予批准的决定,并通知申请人;不予批准的,应当说明理由。

证券公司设立申请获得批准的,申请人应当在规定的期限内向公司登记机关申请设立登记,领取营业执照。

证券公司应当自领取营业执照之日起十五日内,向国务院证券监督管理机构申请经营证券业务许可证。未取得经营证券业务许可证,证券公司不得经营证券业务。

第一百二十条 经国务院证券监督管理机构核准,取得经营证券业务许可证,证券公司可以经营下列部分或者全部证券业务:

(一)证券经纪;

(二)证券投资咨询;

(三)与证券交易、证券投资活动有关的财务顾问;

(四)证券承销与保荐;

(五)证券融资融券;

(六)证券做市交易;

(七)证券自营;

(八)其他证券业务。

国务院证券监督管理机构应当自受理前款规定事项申请之日起三个月内,依照法定条件和程序进行审查,作出核准或者不予核准的决定,并通知申请人;不予核准的,应当说明理由。

证券公司经营证券资产管理业务的,应当符合《中华人民共和国证券投资基金法》等法律、行政法规的规定。

除证券公司外,任何单位和个人不得从事证券承销、证券保荐、证券经纪和证券融资融券业务。

证券公司从事证券融资融券业务,应当采取措施,严格防范和控制风险,不得违反规定向客户出借资金或者证券。

第一百二十一条 证券公司经营本法第一百二十条第一款第(一)项至第(三)项业务的,注册资本最低限额为人民币五千万元;经营第(四)项至第(八)项业务之一的,注册资本最低限额为人民币一亿元;经营第(四)项至第(八)项业务中两项以上的,注册资本最低限额为人民币五亿元。证券公司的注册资本应当是实缴资本。

国务院证券监督管理机构根据审慎监管原则和各项业务的风险程度,可以调整注册资本最低限额,但不得少于前款规定的限额。

第一百二十二条 证券公司变更证券业务范围,变更主要股东或者公司的实际控制人,合并、分立、停业、解散、破产,应当经国务院证券监督管理机构核准。

★《中国证券监督管理委员会公告〔2016〕4号——关于整合现有证券、基金、期货业务许可证的公告》(自2016年5月1日起施行)

一、自2016年5月1日起,中国证监会及其派出机构向证券期货经营机构颁发的《经营证券业务许可证》《证券投资咨询业务资格证书》《经营外资股业务资格证书》《合格境外机构投资者证券投资业务许可证》《证券投资业务许可证》《基金管理资格证书》《特定客户资产管理业务资格证书》《基金销售业务资格证书》《经营期货业务许可证》《期货公司营业部经营许可证》等10项许可证统一为《经营证券期货业务许可证》。

自2016年5月1日起,证券期货经营机构向中国证监会或其派出机构申请颁(换)发证券、基金、期货业务许可证时,如持有其他相关证券、基金、期货业务许可证的,应当同时缴回,由中国证监会或其派出机构统一颁(换)发《经营证券期货业务许可证》。

二、证券期货经营机构因暂无换证事由仍持有原证券、基金、期货业务许可证的,原许可证继续有效。为贯彻落实《国务院关于批转发展改革委等部门法人和其他组织统一社会信用代码制度建设总体方案的通知》(国发〔2015〕33号)相关要求,实现现有机构代码向统一社会信用代码过渡,中国证监会各派出机构应当督促辖区内证券期货经营机构最迟于2017年12月31日前向中国证监会或其派出机构申请换发并取得《经营证券期货业务许可证》。

三、中国证监会各派出机构应当按照职责分工,有序做好《经营证券期货业务许可证》发放管理涉及的空白许可证申领、原空白许可证销毁、许可证缴回注销等相关工作。在执行过程中遇到问题的,应当及时报告中国证监会。

★《防范和处置非法集资条例》(自2021年5月1日起施行)

第三十九条 未经依法许可或者违反国家金融管理规定,擅自从事发放贷款、支付结算、票据贴现等金融业务活动的,由国务院金融管理部门或者地方金融管理部门按照监督管理职责分工进行处置。

法律、行政法规对其他非法金融业务活动的防范和处置没有明确规定的,参照本条例的有关规定执行。其他非法金融业务活动的具体类型由国务院金融管理部门确定。

★《银行保险机构许可证管理办法》(自2021年7月1日起施行)

第二条 本办法所称许可证是指中国银行保险监督管理委员会(以下简称银保监会)依法颁发的特许银行保险机构经营金融业务的法律文件。

许可证的颁发、换发、收缴等由银保监会及其授权的派出机构依法行使,其他任何单位和个人不得行使上述职权。

第三条 本办法所称银行保险机构包括政策性银行、大型银行、股份制银行、城市商业银行、民营银行、外资银行、农村中小银行机构等银行机构及其分支机构,保险集团(控股)公司、保险公司、保险资产管理公司、金融资产管理公司、信托公司、企业集团财务公司、金融租赁公司、汽车金融公司、货币经纪公司、消费金融公司、银行理财公司、金融资产投资公司以及经银保监会及其派出机构批准设立的其他非银行金融机构及其分支机构,保险代理集团(控股)公司、保险经纪集团(控股)公司、保险专业代理公司、保险经纪公司、保险兼业代理机构等保险中介机构。

上述银行保险机构开展金融业务,应当依法取得许可证和市场监督管理部门颁发的营业执照。

第四条 本办法所称许可证包括下列几种类型:
(一)金融许可证;
(二)保险许可证;
(三)保险中介许可证。

金融许可证适用于政策性银行、大型银行、股份制银行、城市商业银行、民营银行、外资银行、农村中小银行机构等银行机构及其分支机构,以及金融资产管理公司、信托公司、企业集团财务公司、金融租赁公司、汽车金融公司、货币经纪公司、消费金融公司、银行理财公司、金融资产投资公司等非银行金融机构及其分支机构。

保险许可证适用于保险集团(控股)公司、保险公司、保险资产管理公司等保险机构及其分支机构。

保险中介许可证适用于保险代理集团(控股)公司、保险经纪集团(控股)公司、保险专业代理公司、保险经纪公司、保险兼业代理机构等保险中介机构。

第五条 银保监会对银行保险机构许可证实行分级管理。

银保监会负责其直接监管的政策性银行、大型银行、股份制银行、外资银行，保险集团（控股）公司、保险公司、保险资产管理公司、保险代理集团（控股）公司、保险经纪集团（控股）公司，金融资产管理公司、银行理财公司、金融资产投资公司、保险兼业代理机构等银行保险机构许可证的颁发与管理。

银保监会派出机构根据上级管理单位授权，负责辖内银行保险机构许可证的颁发与管理。

第六条 银保监会及其派出机构根据行政许可决定或备案、报告信息向银行保险机构颁发、换发、收缴许可证。

经批准设立的银行保险机构应当自收到行政许可决定之日起10日内到银保监会或其派出机构领取许可证。对于采取备案或报告管理的机构设立事项，银行保险机构应当在完成报告或备案后10日内到银保监会或其派出机构领取许可证。

第七条 许可证载明下列内容：

（一）机构编码；

（二）机构名称；

（三）业务范围；

（四）批准日期；

（五）机构住所；

（六）颁发许可证日期；

（七）发证机关。

机构编码按照银保监会有关编码规则确定。

金融许可证和保险许可证的批准日期为机构批准设立日期。保险中介许可证的批准日期为保险中介业务资格批准日期。对于采取备案或报告管理的机构设立事项，批准日期为发证机关收到完整备案或报告材料的日期。

第八条 银行保险机构领取许可证时，应当提交下列材料：

（一）银行保险机构介绍信或委托书；

（二）领取许可证人员的合法有效身份证明。

第九条　许可证记载事项发生变更的,银行保险机构应当向发证机关缴回原证,并领取新许可证。

前款所称事项变更须经发证机关许可的,银行保险机构应当自收到行政许可决定之日起 10 日内到发证机关领取新许可证。前款所称变更事项须向发证机关备案或报告的,银行保险机构应当在完成备案或报告后 10 日内到发证机关领取新许可证。前款所称变更事项无须许可或备案、报告的,银行保险机构应当自变更之日起 15 日内到发证机关领取新许可证。

第十条　许可证破损的,银行保险机构应当自发现之日起 7 日内向发证机关缴回原证,并领取新许可证。

第十一条　许可证遗失,银行保险机构应立即报告发证机关,并于发现之日起 7 日内发布遗失声明公告、重新领取许可证。

报告内容包括机构名称、地址、批准日期,许可证流水号、编码、颁发日期,当事人、失控的时间、地点、事发原因、过程等情况。

发布遗失声明公告的方式同新领、换领许可证。

许可证遗失的,银行保险机构向发证机关领取新许可证时,除应提交本办法第八条规定的材料外,还应当提交遗失声明公告及对该事件的处理结果报告。

第十二条　银行保险机构行政许可被撤销,被吊销许可证,或者机构解散、关闭、被撤销、被宣告破产的,应当在收到银保监会及其派出机构有关文件、法律文书或人民法院宣告破产裁定书之日起 15 日内,将许可证缴回发证机关;逾期不缴回的,由发证机关在缴回期满后 5 日内依法收缴。

第十三条　新领、换领许可证,银行保险机构应于 30 日内进行公告。银行保险机构应采取下列一种或多种方式进行公告:

(一)在公开发行报刊上公告;

(二)在银行保险机构官方网站上公告;

(三)其他有效便捷的公告方式。

公告的具体内容应当包括：事由、机构名称、机构住所、机构编码、联系电话。公告的知晓范围应至少与机构开展业务经营的地域范围相匹配。银行保险机构应保留相关公告材料备查。

第十四条 银行保险机构应当在营业场所的显著位置公示许可证原件。保险中介机构分支机构应当在营业场所的显著位置公示加盖法人机构公章的许可证复印件。

银行保险机构应当依据行政许可决定文件和上级管理单位授权文件，在营业场所的显著位置以适当方式公示其业务范围、经营区域、主要负责人。通过网络平台开展业务的，应当在相关网络页面及功能模块以清晰、醒目的方式展示上述内容。

上述公示事项内容发生变更，银行保险机构应当自变更之日起 10 日内更换公示内容。

第十五条 银行保险机构应当妥善保管和依法使用许可证。

任何单位和个人不得伪造、变造、转让、出租、出借银行保险机构许可证。

第十六条 银保监会及其派出机构应当加强银行保险机构许可证的信息管理，建立完善的许可证管理信息系统，依法披露许可证的有关信息。

第十七条 银保监会及其派出机构依法对银行保险机构许可证管理、公告和公示等情况进行监督与检查。

第十八条 银行保险机构违反本办法，有下列情形之一的，依照《中华人民共和国银行业监督管理法》《中华人民共和国商业银行法》《中华人民共和国保险法》有关规定进行处罚；法律、行政法规没有规定的，由银保监会及其派出机构责令改正，予以警告，对有违法所得的处以违法所得一倍以上三倍以下罚款，但最高不超过三万元，对没有违法所得的处以一万元以下罚款；构成犯罪的，依法追究刑事责任：

（一）转让、出租、出借、伪造、变造许可证；

（二）未按规定新领、换领、缴回许可证；

（三）损坏许可证；
（四）因管理不善导致许可证遗失；
（五）遗失许可证未按规定向发证机关报告；
（六）未按规定公示许可证、业务范围、经营区域、主要负责人；
（七）新领、换领许可证等未按规定进行公告；
（八）新领、换领许可证后未按规定向市场监督管理部门办理登记，领取、换领营业执照。

第十九条 银行保险机构许可证由银保监会统一印制和管理。颁发时加盖发证机关的单位印章方可生效。

银保监会及其派出机构应按照行政审批与许可证管理适当分离的原则，对许可证进行专门管理。许可证保管、打印、颁发等职能应相互分离、相互制约，同时建立许可证颁发、收缴、销毁登记制度。

对于许可证颁发管理过程中产生的废证、收回的旧证、依法缴回和吊销的许可证，应加盖"作废"章，作为重要凭证专门收档，定期销毁。

第二十条 银保监会根据电子证照相关法律法规、国家标准和全国一体化在线政务服务平台标准，制定银行保险机构许可证电子证照标准，推进银行保险机构许可证电子化。

银行保险机构许可证电子证的签发、使用、管理等，按国家和银保监会有关规定执行。

第二十一条 本办法规定的有关期限，均以工作日计算。

第二十二条 本办法由银保监会负责解释。本办法自2021年7月1日起施行，《金融许可证管理办法》（银监会令2007年第8号修订）和《保险许可证管理办法》（保监会令2007年第1号）同时废止。

贷 款

★《中华人民共和国商业银行法》(自 2015 年 10 月 1 日起施行)

第三条 商业银行可以经营下列部分或者全部业务:

(一)吸收公众存款;

(二)发放短期、中期和长期贷款;

(三)办理国内外结算;

(四)办理票据承兑与贴现;

(五)发行金融债券;

(六)代理发行、代理兑付、承销政府债券;

(七)买卖政府债券、金融债券;

(八)从事同业拆借;

(九)买卖、代理买卖外汇;

(十)从事银行卡业务;

(十一)提供信用证服务及担保;

(十二)代理收付款项及代理保险业务;

(十三)提供保管箱服务;

(十四)经国务院银行业监督管理机构批准的其他业务。

经营范围由商业银行章程规定,报国务院银行业监督管理机构批准。

商业银行经中国人民银行批准,可以经营结汇、售汇业务。

第四章 贷款和其他业务的基本规则

第三十四条 商业银行根据国民经济和社会发展的需要,在国家产业政策指导下开展贷款业务。

第三十五条 商业银行贷款,应当对借款人的借款用途、偿还能力、还款方式等情况进行严格审查。

商业银行贷款,应当实行审贷分离、分级审批的制度。

第四十四条 商业银行办理票据承兑、汇兑、委托收款等结算业务,应当按照规定的期限兑现,收付入账,不得压单、压票或者违反规定退票。有关兑现、收付入账期限的规定应当公布。

第四十五条 商业银行发行金融债券或者到境外借款,应当依照法律、行政法规的规定报经批准。

第四十六条 同业拆借,应当遵守中国人民银行的规定。禁止利用拆入资金发放固定资产贷款或者用于投资。

拆出资金限于交足存款准备金、留足备付金和归还中国人民银行到期贷款之后的闲置资金。拆入资金用于弥补票据结算、联行汇差头寸的不足和解决临时性周转资金的需要。

第四十七条 商业银行不得违反规定提高或者降低利率以及采用其他不正当手段,吸收存款,发放贷款。

第四十八条 企业事业单位可以自主选择一家商业银行的营业场所开立一个办理日常转账结算和现金收付的基本账户,不得开立两个以上基本账户。

任何单位和个人不得将单位的资金以个人名义开立账户存储。

第四十九条 商业银行的营业时间应当方便客户,并予以公告。商业银行应当在公告的营业时间内营业,不得擅自停止营业或者缩短营业时间。

第五十条 商业银行办理业务,提供服务,按照规定收取手续费。收费项目和标准由国务院银行业监督管理机构、中国人民银行根据职责分工,分别会同国务院价格主管部门制定。

★**《贷款通则》**(自1996年8月1日起施行)

第七条 自营贷款、委托贷款和特定贷款:

自营贷款,系指贷款人以合法方式筹集的资金自主发放的贷款,其风险由贷款人承担,并由贷款人收回本金和利息。

委托贷款,系指由政府部门、企事业单位及个人等委托人提供资金,由贷款人(即受托人)根据委托人确定的贷款对象、用途、金额期限、利率等代为发放、监督使用并协助收回的贷款。贷款人（受托人）只收取手续费，不承担贷款风险。

特定贷款，系指国务院批准并对贷款可能造成的损失采取相应补救措施后责成国有独资商业银行发放的贷款。

第八条 短期贷款、中期贷款和长期贷款：

短期贷款，系指贷款期限在1年以内（含1年）的贷款。

中期贷款，系指贷款期限在1年以上（不含1年）5年以下（含5年）的贷款。

长期贷款，系指贷款期限在5年（不含5年）以上的贷款。

第九条 信用贷款、担保贷款和票据贴现：

信用贷款，系指以借款人的信誉发放的贷款。

担保贷款，系指保证贷款、抵押贷款、质押贷款。

保证贷款，系指按《中华人民共和国担保法》规定的保证方式以第三人承诺在借款人不能偿还贷款时，按约定承担一般保证责任或者连带责任而发放的贷款。

抵押贷款，系指按《中华人民共和国担保法》规定的抵押方式以借款人或第三人的财产作为抵押物发放的贷款。

质押贷款，系指按《中华人民共和国担保法》规定的质押方式以借款人或第三人的动产或权利作为质物发放的贷款。

票据贴现，系指贷款人以购买借款人未到期商业票据的方式发放的贷款。

★《商业银行委托贷款管理办法》（自2018年1月5日起施行）

第三条第一款 本办法所称委托贷款，是指委托人提供资金，由商业银行（受托人）根据委托人确定的借款人、用途、金额、币种、期限、利率等代为发放、协助监督使用、协助收回的贷款，不包括现金管理项下委托贷款和住房公积金项下委托贷款。

★《**商业汇票承兑、贴现与再贴现管理办法**》（自 2023 年 1 月 1 日起施行）

第五条 本办法所称贴现是指持票人在商业汇票到期日前，贴付一定利息将票据转让至具有贷款业务资质机构的行为。持票人持有的票据应为依法合规取得，具有真实交易关系和债权债务关系，因税收、继承、赠与依法无偿取得票据的除外。

第六条 本办法所称再贴现是指人民银行对金融机构持有的已贴现未到期商业汇票予以贴现的行为，是中央银行的一种货币政策工具。

第十四条 商业汇票的贴现人应为在中华人民共和国境内依法设立的、具有贷款业务资质的法人及其分支机构。申请贴现的商业汇票持票人应为自然人、在中华人民共和国境内依法设立的法人及其分支机构和非法人组织。

第十五条 申请贴现的持票人取得贴现票据应依法合规，与出票人或前手之间具有真实交易关系和债权债务关系，因税收、继承、赠与依法无偿取得票据的除外。

第十六条 持票人申请贴现，须提交贴现申请、持票人背书的未到期商业汇票以及能够反映真实交易关系和债权债务关系的材料。

第十七条 持票人可以通过票据经纪机构进行票据贴现询价和成交，贴现撮合交易应当通过人民银行认可的票据市场基础设施开展。

第十八条 票据经纪机构应为市场信誉良好、票据业务活跃的金融机构。票据经纪机构应当具有独立的票据经纪部门和完善的内控管理机制，具有专门的经纪渠道，票据经纪业务与自营业务严格隔离。票据经纪机构应当具有专业的从业人员。

第十九条 转贴现业务按照人民银行和银保监会票据交易有关规定执行。

第二十条 办理商业汇票贴现业务的金融机构，可以申请办理再贴现业务。再贴现业务办理的条件、利率、期限和方式，按照人民银行有关规定执行。

★《个人贷款管理办法》（自2024年7月1日起施行）

第三条　本办法所称个人贷款，是指贷款人向符合条件的自然人发放的用于个人消费、生产经营等用途的本外币贷款。

★《流动资金贷款管理办法》（自2024年7月1日起施行）

第三条　本办法所称流动资金贷款，是指贷款人向法人或非法人组织（按照国家有关规定不得办理银行贷款的主体除外）发放的，用于借款人日常经营周转的本外币贷款。

★《固定资产贷款管理办法》（自2024年7月1日起施行）

第三条　本办法所称固定资产贷款，是指贷款人向法人或非法人组织（按照国家有关规定不得办理银行贷款的主体除外）发放的，用于借款人固定资产投资的本外币贷款。

本办法所称固定资产投资，是指借款人在经营过程中对于固定资产的建设、购置、改造等行为。

第四条　本办法所称项目融资，是指符合以下特征的固定资产贷款：

（一）贷款用途通常是用于建造一个或一组大型生产装置、基础设施、房地产项目或其他项目，包括对在建或已建项目的再融资；

（二）借款人通常是为建设、经营该项目或为该项目融资而专门组建的企事业法人，包括主要从事该项目建设、经营或融资的既有企事业法人；

（三）还款资金来源主要依赖该项目产生的销售收入、补贴收入或其他收入，一般不具备其他还款来源。

票据承兑

★《中华人民共和国票据法》(自 2004 年 8 月 28 日起施行)

第三十八条 承兑是指汇票付款人承诺在汇票到期日支付汇票金额的票据行为。

第三十九条 定日付款或者出票后定期付款的汇票,持票人应当在汇票到期日前向付款人提示承兑。

提示承兑是指持票人向付款人出示汇票,并要求付款人承诺付款的行为。

第四十条 见票后定期付款的汇票,持票人应当自出票日起一个月内向付款人提示承兑。

汇票未按照规定期限提示承兑的,持票人丧失对其前手的追索权。

见票即付的汇票无需提示承兑。

第四十一条 付款人对向其提示承兑的汇票,应当自收到提示承兑的汇票之日起三日内承兑或者拒绝承兑。

付款人收到持票人提示承兑的汇票时,应当向持票人签发收到汇票的回单。回单上应当记明汇票提示承兑日期并签章。

第四十二条 付款人承兑汇票的,应当在汇票正面记载"承兑"字样和承兑日期并签章;见票后定期付款的汇票,应当在承兑时记载付款日期。

汇票上未记载承兑日期的,以前条第一款规定期限的最后一日为承兑日期。

第四十三条 付款人承兑汇票,不得附有条件;承兑附有条件的,视为拒绝承兑。

第四十四条 付款人承兑汇票后,应当承担到期付款的责任。

★《商业汇票承兑、贴现与再贴现管理办法》（自 2023 年 1 月 1 日起施行）

第二条 本办法所称商业汇票是出票人签发的，委托付款人在见票时或者在指定日期无条件支付确定的金额给收款人或者持票人的票据，包括但不限于纸质或电子形式的银行承兑汇票、财务公司承兑汇票、商业承兑汇票等。

第三条 电子商业汇票的出票、承兑、贴现、贴现前的背书、质押、保证、提示付款和追索等业务，应当通过人民银行认可的票据市场基础设施办理。供应链票据属于电子商业汇票。

第四条 本办法所称承兑是指付款人承诺在商业汇票到期日无条件支付汇票金额的票据行为。

第八条 银行承兑汇票是指银行和农村信用合作社承兑的商业汇票。银行主要包括政策性开发性银行、商业银行和农村合作银行。银行承兑汇票承兑人应在中华人民共和国境内依法设立，具有银保监会或其派出机构颁发的金融许可证，且业务范围包含票据承兑。

第九条 财务公司承兑汇票是指企业集团财务公司承兑的商业汇票。财务公司承兑汇票承兑人应在中华人民共和国境内依法设立，具有银保监会或其派出机构颁发的金融许可证，且业务范围包含票据承兑。

第十条 商业承兑汇票是由银行、农村信用合作社、财务公司以外的法人或非法人组织承兑的商业汇票。商业承兑汇票承兑人应为在中华人民共和国境内依法设立的法人及其分支机构和非法人组织。

第十一条 银行、农村信用合作社、财务公司承兑人开展承兑业务时，应当严格审查出票人的真实交易关系和债权债务关系以及承兑风险，出票人应当具有良好资信。承兑的金额应当与真实交易关系和债权债务关系、承兑申请人的偿付能力相匹配。

第十二条 银行、农村信用合作社、财务公司承兑的担保品应当严格管理。担保品为保证金的,保证金账户应当独立设置,不得挪用或随意提前支取保证金。

第十三条 银行、农村信用合作社、财务公司承兑业务应当纳入存款类金融机构统一授信管理和风险管理框架。

第三十八条 商业汇票出票人、持票人通过欺诈手段骗取金融机构承兑、贴现的,依法承担相应责任;涉嫌构成犯罪的,移送司法机关依法追究刑事责任。

参考文件:

★《中国农业银行银行承兑汇票管理实施细则》(自1997年9月17日起施行)

第二条第一款 本细则所称承兑系指由收款人或承兑申请人签发,并向开户银行申请承兑,经开户银行审查同意,依据《票据法》的规定,承诺在商业汇票到期日支付汇票金额的一种票据行为。

★《中国银行业票据业务规范》(2015年)

第六条 本规范所称承兑业务特指会员单位作为付款人,承诺在票据到期日向收款人或者持票人支付票面金额的票据行为。

信用证

★《国内信用证结算办法》(自2016年10月8日起施行)

第二条 本办法所称国内信用证(以下简称信用证),是指银行(包括政策性银行、商业银行、农村合作银行、村镇银行和农村信用社)依照申请人的申请开立的、对相符交单予以付款的承诺。

前款规定的信用证是以人民币计价、不可撤销的跟单信用证。

第十条 信用证的有关日期和期限

（一）开证日期指开证行开立信用证的日期。信用证未记载生效日的，开证日期即为信用证生效日期。

（二）有效期指受益人向有效地点交单的截止日期。

（三）最迟货物装运日或服务提供日指信用证规定的货物装运或服务提供的截止日期。最迟货物装运日或服务提供日不得晚于信用证有效期。信用证未作规定的，有效期视为最迟货物装运日或服务提供日。

（四）付款期限指开证行收到相符单据后，按信用证条款规定进行付款的期限。信用证按付款期限分为即期信用证和远期信用证。

即期信用证，开证行应在收到相符单据次日起五个营业日内付款。

远期信用证，开证行应在收到相符单据次日起五个营业日内确认到期付款，并在到期日付款。远期的表示方式包括：单据日后定期付款、见单后定期付款、固定日付款等可确定到期日的方式。信用证付款期限最长不超过一年。

（五）交单期指信用证项下所要求的单据提交到有效地的有效期限，以当次货物装运日或服务提供日开始计算。未规定该期限的，默认为货物装运日或服务提供日后十五天。任何情况下，交单不得迟于信用证有效期。

第十四条 信用证的基本条款

信用证应使用中文开立，记载条款包括：

（一）表明"国内信用证"的字样。

（二）开证申请人名称及地址。

（三）开证行名称及地址。

（四）受益人名称及地址。

（五）通知行名称。

（六）开证日期。开证日期格式应按年、月、日依次书写。

（七）信用证编号。

（八）不可撤销信用证。

（九）信用证有效期及有效地点。

（十）是否可转让。可转让信用证须记载"可转让"字样并指定一家转让行。

（十一）是否可保兑。保兑信用证须记载"可保兑"字样并指定一家保兑行。

（十二）是否可议付。议付信用证须记载"议付"字样并指定一家或任意银行作为议付行。

（十三）信用证金额。金额须以大、小写同时记载。

（十四）付款期限。

（十五）货物或服务描述。

（十六）溢短装条款（如有）。

（十七）货物贸易项下的运输交货或服务贸易项下的服务提供条款。

货物贸易项下运输交货条款：

1. 运输或交货方式。

2. 货物装运地（港），目的地、交货地（港）。

3. 货物是否分批装运、分期装运和转运，未作规定的，视为允许货物分批装运和转运。

4. 最迟货物装运日。

服务贸易项下服务提供条款：

1. 服务提供方式。

2. 服务提供地点。

3. 服务是否分次提供、分期提供，未作规定的，视为允许服务分次提供。

4. 最迟服务提供日。

5. 服务贸易项下双方认为应记载的其他事项。

（十八）单据条款，须注明据以付款或议付的单据，至少包括发票,表明货物运输或交付、服务提供的单据,如运输单据或货物收据、服务接受方的证明或服务提供方或第三方的服务履约证明。

(十九)交单期。

(二十)信用证项下相关费用承担方。未约定费用承担方时,由业务委托人或申请人承担相应费用。

(二十一)表明"本信用证依据《国内信用证结算办法》开立"的开证行保证文句。

(二十二)其他条款。

第五十条 银行收到单据时,应仅以单据本身为依据,认真审核信用证规定的所有单据,以确定是否为相符交单。

相符交单指与信用证条款、本办法的相关适用条款、信用证审单规则及单据之内、单据之间相互一致的交单。

第五十一条 银行只对单据进行表面审核。

银行不审核信用证没有规定的单据。银行收到此类单据,应予退还或将其照转。

如信用证含有一项条件,却未规定用以表明该条件得到满足的单据,银行将视为未作规定不予理会,但提交的单据中显示的相关信息不得与上述条件冲突。

第五十二条 信用证要求提交运输单据、保险单据和发票以外的单据时,应对单据的出单人及其内容作出明确规定。未作规定的,只要所提交的单据内容表面形式满足单据功能且与信用证及其他规定单据不矛盾,银行可予接受。

除发票外,其他单据中的货物或服务或行为描述可使用统称,但不得与信用证规定的描述相矛盾。

发票须是税务部门统一监制的原始正本发票。

第五十三条 信用证要求某种单据提交多份的,所提交的该种单据中至少应有一份正本。

除信用证另有规定外,银行应将任何表面上带有出单人的原始签名或印章的单据视为正本单据（除非单据本身表明其非正本），但此款不适用于增值税发票或其他类型的税务发票。

第五十四条 所有单据的出单日期均不得迟于信用证的有效期、交单期截止日以及实际交单日期。

受益人和开证申请人的开户银行、账号和地址出现在任何规定的单据中时，无须与信用证或其他规定单据中所载相同。

保 函

★《商业银行信息披露办法》（自 2007 年 7 月 3 日起施行）

第十五条 商业银行应在会计报表附注中说明会计报表中重要项目的明细资料，包括：

（一）按存放境内、境外同业披露存放同业款项。

（二）按拆放境内、境外同业披露拆放同业款项。

（三）按信用贷款、保证贷款、抵押贷款、质押贷款分别披露贷款的期初数、期末数。

（四）按贷款风险分类的结果披露不良贷款的期初数、期末数。

（五）贷款损失准备的期初数、本期计提数、本期转回数、本期核销数、期末数；一般准备、专项准备和特种准备应分别披露。

（六）应收利息余额及变动情况。

（七）按种类披露投资的期初数、期末数。

（八）按境内、境外同业披露同业拆入款项。

（九）应付利息计提方法、余额及变动情况。

（十）银行承兑汇票、对外担保、融资保函、非融资保函、贷款承诺、开出即期信用证、开出远期信用证、金融期货、金融期权等表外项目，包括上述项目的年末余额及其他具体情况。

（十一）其他重要项目。

★《中国人民银行关于2014年金融机构金融统计制度有关事项的通知》（自2014年1月3日起施行）

附件4第二条第三款 融资性保函是指以资金融通为目的，金融机构为合约关系一方当事人（担保申请人）向合约关系的另一方当事人（担保受益人）开立的，当担保申请人出现违约时由金融机构承担偿还资金债务、还款担保责任的保函。

第六款 非融资性保函是指填报机构为客户贸易或工程投标等非融资性经营活动开具担保文书的保函。非融资性保函包括投标保函、履约保函、预付款保函、海事保函、质量保函、关税付款保函、工程维修保函、诉讼保函、提货担保保函等。

★《商业银行表外业务风险管理办法》（自2023年1月1日起施行）

第四条 根据表外业务特征和法律关系，表外业务分为担保承诺类、代理投融资服务类、中介服务类、其他类等。

担保承诺类业务包括担保、承诺等按照约定承担偿付责任或提供信用服务的业务。担保类业务是指商业银行对第三方承担偿还责任的业务，包括但不限于银行承兑汇票、保函、信用证、信用风险仍由银行承担的销售与购买协议等。承诺类业务是指商业银行在未来某一日期按照事先约定的条件向客户提供约定的信用业务，包括但不限于贷款承诺等。

代理投融资服务类业务指商业银行根据客户委托，按照约定为客户提供投融资服务但不承担代偿责任、不承诺投资回报的表外业务，包括但不限于委托贷款、委托投资、代客理财、代理交易、代理发行和承销债券等。

中介服务类业务指商业银行根据客户委托，提供中介服务、收取手续费的业务，包括但不限于代理收付、代理代销、财务顾问、资产托管、各类保管业务等。

其他类表外业务是指上述业务种类之外的其他表外业务。

参考文件：

★《中国进出口银行担保业务核算暂行办法》（自1995年12月26日起施行）

担保业务是银行根据保函申请人的申请，代申请人向受益人开出保函，保证在特定的责任范围，特定的时间内负担一定金额的业务。保函是在商业信用外加上银行信用的书面保证。

我行出具的保函按照不同担保种类可分为：投标保函、履约保函、预付款保函、补偿贸易保函、融资租赁保函、借款保函和贸易项下的延期付款保函等。

非法吸收公众存款、变相吸收公众存款

编者注：非法吸收公众存款、集资诈骗是非法集资的典型类型，都具有非法集资的基本特征。《防范和处置非法集资条例》是专门规范非法集资防范和处置工作的行政法规。一些非法集资活动经常假借其他金融活动名目开展，形式上看似合法金融活动，实质上却违反法律规定或者超越法律规定的经营范围从事非法集资。此处摘录了常见的容易被非法集资利用的相关金融活动的法律规定，司法实践中需要借此判断相关金融活动是否符合相应法律规定，进而判断是否构成非法集资。

★《中华人民共和国证券投资基金法》（自2015年4月24日起施行）

第二条 在中华人民共和国境内，公开或者非公开募集资金设立证券投资基金（以下简称基金），由基金管理人管理，基金托管人托管，为基金份额持有人的利益，进行证券投资活动，适用本法；本法未规定的，适用《中华人民共和国信托法》、《中华人民共和国证券法》和其他有关法律、行政法规的规定。

第十三条 设立管理公开募集基金的基金管理公司,应当具备下列条件,并经国务院证券监督管理机构批准:

(一)有符合本法和《中华人民共和国公司法》规定的章程;

(二)注册资本不低于一亿元人民币,且必须为实缴货币资本;

(三)主要股东应当具有经营金融业务或者管理金融机构的良好业绩、良好的财务状况和社会信誉,资产规模达到国务院规定的标准,最近三年没有违法记录;

(四)取得基金从业资格的人员达到法定人数;

(五)董事、监事、高级管理人员具备相应的任职条件;

(六)有符合要求的营业场所、安全防范设施和与基金管理业务有关的其他设施;

(七)有良好的内部治理结构、完善的内部稽核监控制度、风险控制制度;

(八)法律、行政法规规定的和经国务院批准的国务院证券监督管理机构规定的其他条件。

第五十条 公开募集基金,应当经国务院证券监督管理机构注册。未经注册,不得公开或者变相公开募集基金。

前款所称公开募集基金,包括向不特定对象募集资金、向特定对象募集资金累计超过二百人,以及法律、行政法规规定的其他情形。

公开募集基金应当由基金管理人管理,基金托管人托管。

第五十四条 国务院证券监督管理机构应当自受理公开募集基金的募集注册申请之日起六个月内依照法律、行政法规及国务院证券监督管理机构的规定进行审查,作出注册或者不予注册的决定,并通知申请人;不予注册的,应当说明理由。

第五十五条 基金募集申请经注册后,方可发售基金份额。

基金份额的发售,由基金管理人或者其委托的基金销售机构办理。

第八十七条 非公开募集基金应当向合格投资者募集,合格投资者累计不得超过二百人。

前款所称合格投资者,是指达到规定资产规模或者收入水平,并且具备相应的风险识别能力和风险承担能力、其基金份额认购金额不低于规定限额的单位和个人。

合格投资者的具体标准由国务院证券监督管理机构规定。

第八十九条 担任非公开募集基金的基金管理人,应当按照规定向基金行业协会履行登记手续,报送基本情况。

第九十条 未经登记,任何单位或者个人不得使用"基金"或者"基金管理"字样或者近似名称进行证券投资活动;但是,法律、行政法规另有规定的除外。

第九十一条 非公开募集基金,不得向合格投资者之外的单位和个人募集资金,不得通过报刊、电台、电视台、互联网等公众传播媒体或者讲座、报告会、分析会等方式向不特定对象宣传推介。

第九十二条 非公开募集基金,应当制定并签订基金合同。基金合同应当包括下列内容:

(一)基金份额持有人、基金管理人、基金托管人的权利、义务;

(二)基金的运作方式;

(三)基金的出资方式、数额和认缴期限;

(四)基金的投资范围、投资策略和投资限制;

(五)基金收益分配原则、执行方式;

(六)基金承担的有关费用;

(七)基金信息提供的内容、方式;

(八)基金份额的认购、赎回或者转让的程序和方式;

(九)基金合同变更、解除和终止的事由、程序;

(十)基金财产清算方式;

(十一)当事人约定的其他事项。

基金份额持有人转让基金份额的，应当符合本法第八十七条、第九十一条的规定。

第九十四条　非公开募集基金募集完毕，基金管理人应当向基金行业协会备案。对募集的资金总额或者基金份额持有人的人数达到规定标准的基金，基金行业协会应当向国务院证券监督管理机构报告。

非公开募集基金财产的证券投资，包括买卖公开发行的股份有限公司股票、债券、基金份额，以及国务院证券监督管理机构规定的其他证券及其衍生品种。

★《中华人民共和国商业银行法》（自 2015 年 10 月 1 日起施行）

第十一条　设立商业银行，应当经国务院银行业监督管理机构审查批准。

未经国务院银行业监督管理机构批准，任何单位和个人不得从事吸收公众存款等商业银行业务，任何单位不得在名称中使用"银行"字样。

第八十一条　未经国务院银行业监督管理机构批准，擅自设立商业银行，或者非法吸收公众存款、变相吸收公众存款，构成犯罪的，依法追究刑事责任；并由国务院银行业监督管理机构予以取缔。

伪造、变造、转让商业银行经营许可证，构成犯罪的，依法追究刑事责任。

★《私募投资基金监督管理暂行办法》（自 2014 年 8 月 21 日起施行）

第二条　本办法所称私募投资基金（以下简称私募基金），是指在中华人民共和国境内，以非公开方式向投资者募集资金设立的投资基金。

私募基金财产的投资包括买卖股票、股权、债券、期货、期权、基金份额及投资合同约定的其他投资标的。

非公开募集资金,以进行投资活动为目的设立的公司或者合伙企业,资产由基金管理人或者普通合伙人管理的,其登记备案、资金募集和投资运作适用本办法。

证券公司、基金管理公司、期货公司及其子公司从事私募基金业务适用本办法,其他法律法规和中国证券监督管理委员会(以下简称中国证监会)有关规定对上述机构从事私募基金业务另有规定的,适用其规定。

第七条 各类私募基金管理人应当根据基金业协会的规定,向基金业协会申请登记,报送以下基本信息:

(一)工商登记和营业执照正副本复印件;

(二)公司章程或者合伙协议;

(三)主要股东或者合伙人名单;

(四)高级管理人员的基本信息;

(五)基金业协会规定的其他信息。

基金业协会应当在私募基金管理人登记材料齐备后的20个工作日内,通过网站公告私募基金管理人名单及其基本情况的方式,为私募基金管理人办结登记手续。

第八条 各类私募基金募集完毕,私募基金管理人应当根据基金业协会的规定,办理基金备案手续,报送以下基本信息:

(一)主要投资方向及根据主要投资方向注明的基金类别;

(二)基金合同、公司章程或者合伙协议。资金募集过程中向投资者提供基金招募说明书的,应当报送基金招募说明书。以公司、合伙等企业形式设立的私募基金,还应当报送工商登记和营业执照正副本复印件;

(三)采取委托管理方式的,应当报送委托管理协议。委托托管机构托管基金财产的,还应当报送托管协议;

(四)基金业协会规定的其他信息。

基金业协会应当在私募基金备案材料齐备后的20个工作日

内，通过网站公告私募基金名单及其基本情况的方式，为私募基金办结备案手续。

第九条 基金业协会为私募基金管理人和私募基金办理登记备案不构成对私募基金管理人投资能力、持续合规情况的认可；不作为对基金财产安全的保证。

第十一条 私募基金应当向合格投资者募集，单只私募基金的投资者人数累计不得超过《证券投资基金法》、《公司法》、《合伙企业法》等法律规定的特定数量。

投资者转让基金份额的，受让人应当为合格投资者且基金份额受让后投资者人数应当符合前款规定。

第十二条 私募基金的合格投资者是指具备相应风险识别能力和风险承担能力，投资于单只私募基金的金额不低于100万元且符合下列相关标准的单位和个人：

（一）净资产不低于1000万元的单位；

（二）金融资产不低于300万元或者最近三年个人年均收入不低于50万元的个人。

前款所称金融资产包括银行存款、股票、债券、基金份额、资产管理计划、银行理财产品、信托计划、保险产品、期货权益等。

第十四条 私募基金管理人、私募基金销售机构不得向合格投资者之外的单位和个人募集资金，不得通过报刊、电台、电视、互联网等公众传播媒体或者讲座、报告会、分析会和布告、传单、手机短信、微信、博客和电子邮件等方式，向不特定对象宣传推介。

第十五条 私募基金管理人、私募基金销售机构不得向投资者承诺投资本金不受损失或者承诺最低收益。

★《中国人民银行、工业和信息化部、公安部、财政部、国家工商总局、国务院法制办、中国银行业监督管理委员会、中国证券监督管理委员会、中国保险监督管理委员会、国家互联网信息办公室关于促进互联网金融健康发展的指导意见》(自 2015 年 7 月 14 日起施行)

二、分类指导，明确互联网金融监管责任

互联网金融本质仍属于金融，没有改变金融风险隐蔽性、传染性、广泛性和突发性的特点。加强互联网金融监管，是促进互联网金融健康发展的内在要求。同时，互联网金融是新生事物和新兴业态，要制定适度宽松的监管政策，为互联网金融创新留有余地和空间。通过鼓励创新和加强监管相互支撑，促进互联网金融健康发展，更好地服务实体经济。互联网金融监管应遵循"依法监管、适度监管、分类监管、协同监管、创新监管"的原则，科学合理界定各业态的业务边界及准入条件，落实监管责任，明确风险底线，保护合法经营，坚决打击违法和违规行为。

（八）网络借贷。网络借贷包括个体网络借贷（即 P2P 网络借贷）和网络小额贷款。个体网络借贷是指个体和个体之间通过互联网平台实现的直接借贷。在个体网络借贷平台上发生的直接借贷行为属于民间借贷范畴，受合同法、民法通则等法律法规以及最高人民法院相关司法解释规范。个体网络借贷要坚持平台功能，为投资方和融资方提供信息交互、撮合、资信评估等中介服务。个体网络借贷机构要明确信息中介性质，主要为借贷双方的直接借贷提供信息服务，不得提供增信服务，不得非法集资。网络小额贷款是指互联网企业通过其控制的小额贷款公司，利用互联网向客户提供的小额贷款。网络小额贷款应遵守现有小额贷款公司监管规定，发挥网络贷款优势，努力降低客户融资成本。网络借贷业务由银监会负责监管。

★《国务院关于进一步做好防范和处置非法集资工作的意见》(自2015年10月19日起施行)

各省、自治区、直辖市人民政府,国务院各部委、各直属机构:

近年来,在处置非法集资部际联席会议(以下简称部际联席会议)成员单位和地方人民政府的共同努力下,防范和处置非法集资工作取得积极进展。但是,当前非法集资形势严峻,案件高发频发,涉案领域增多,作案方式花样翻新,部分地区案件集中暴露,并有扩散蔓延趋势。按照党中央、国务院决策部署,为有效遏制非法集资高发蔓延势头,加大防范和处置工作力度,切实保护人民群众合法权益,防范系统性区域性金融风险,现提出以下意见:

一、充分认识当前形势下做好防范和处置非法集资工作的重要性和紧迫性

长期以来,我国经济社会保持较快发展,资金需求旺盛,融资难、融资贵问题比较突出,民间投资渠道狭窄的现实困难和非法集资高额回报的巨大诱惑交织共存。当前,经济下行压力较大,企业生产经营困难增多,各类不规范民间融资介入较深的行业领域风险集中暴露,非法集资问题日益凸显。一些案件由于参与群众多、财产损失大,频繁引发群体性事件,甚至导致极端过激事件发生,影响社会稳定。

防范和处置非法集资是一项长期、复杂、艰巨的系统性工程。各地区、各有关部门要高度重视,从保持经济平稳发展和维护社会和谐稳定的大局出发,加大防范和处置力度,建立和完善长效机制,坚决守住不发生系统性区域性金融风险底线。

二、总体要求

(一)指导思想。深入贯彻党的十八大和十八届三中、四中全会精神,认真落实党中央、国务院决策部署,主动适应经济发展新常态,坚持系统治理、依法治理、综合治理、源头治理,进一步健全责任明确、上下联动、齐抓共管、配合有力的工作格局,

加大防范预警、案件处置、宣传教育等工作力度,开正门、堵邪路,逐步建立防打结合、打早打小、综合施策、标本兼治的综合治理长效机制。

(二)基本原则。

一是防打结合,打早打小。既要解决好浮出水面的问题,讲求策略方法,依法、有序、稳妥处置风险;更要做好防范预警,尽可能使非法集资不发生、少发生,一旦发生要打早打小,在苗头时期、涉众范围较小时解决问题。

二是突出重点,依法打击。抓住非法集资重点领域、重点区域、重大案件,依法持续严厉打击,最大限度追赃挽损,强化跨区域、跨部门协作配合,防范好处置风险的风险,有效维护社会稳定。

三是疏堵结合,标本兼治。进一步深化金融改革,大力发展普惠金融,提升金融服务水平。完善民间融资制度,合理引导和规范民间金融发展。

四是齐抓共管,形成合力。地方各级人民政府牵头,统筹指挥;中央层面,部际联席会议顶层推动、协调督导,各部门协同配合,加强监督管理。强化宣传教育,积极引导和发动广大群众参与到防范和处置非法集资工作中来。

(三)主要目标。非法集资高发势头得到遏制,存量风险及时化解,增量风险逐步减少,大案要案依法、稳妥处置。非法集资监测到位、预警及时、防范得力,一旦发现苗头要及早引导、规范、处置。政策法规进一步完善,处置非法集资工作纳入法治化轨道。广大人民群众相关法律意识和风险意识显著提高,买者自负、风险自担的意识氛围逐步形成。金融服务水平进一步提高,投融资体系进一步完善,非法集资生存土壤逐步消除。

三、落实责任,强化机制

(四)省级人民政府是防范和处置非法集资的第一责任人。省级人民政府对本行政区域防范和处置非法集资工作负总责,要切实担负起第一责任人的责任。地方各级人民政府要有效落实属地管理职责，充分发挥资源统筹调动、靠近基层一线优势，做好本行政区域内风险排查、监测预警、案件查处、善后处置、宣传教育和维护稳定等工作，确保本行政区域防范和处置非法集资工作组织到位、体系完善、机制健全、保障有力。建立目标责任制，将防范和处置非法集资工作纳入领导班子和领导干部综合考核评价内容，明确责任，表彰奖励先进，对工作失职、渎职行为严肃追究责任。进一步规范约束地方各级领导干部参与民间经济金融活动。

（五）落实部门监督管理职责。各行业主管、监管部门要将防控本行业领域非法集资作为履行监督管理职责的重要内容，加强日常监管。按照监管与市场准入、行业管理挂钩原则，确保所有行业领域非法集资监管防范不留真空。对需要经过市场准入许可的行业领域，由准入监管部门负责本行业领域非法集资的防范、监测和预警工作；对无需市场准入许可，但有明确主管部门指导、规范和促进的行业领域，由主管部门牵头负责本行业领域非法集资的防范、监测和预警工作；对没有明确主管、监管部门的行业领域，由地方各级人民政府组织协调相关部门，充分利用现有市场监管手段，强化综合监管，防范非法集资风险。

（六）完善组织协调机制。进一步完善中央和地方防范和处置非法集资工作机制。中央层面，充分发挥部际联席会议作用，银监会作为牵头单位要进一步强化部门联动，加强顶层推动，加大督促指导力度，增强工作合力。地方各级人民政府要建立健全防范和处置非法集资工作领导小组工作机制，由政府分管领导担任组长，明确专门机构和专职人员，落实职责分工，优化工作程序，强化制度约束，提升工作质效。

四、以防为主，及时化解

（七）全面加强监测预警。各地区要建立立体化、社会化、信息化的监测预警体系，充分发挥网格化管理和基层群众自治的经验和优势，群防群治，贴近一线开展预警防范工作。创新工作方法，充分利用互联网、大数据等技术手段加强对非法集资的监测预警。部际联席会议要积极整合各地区、各有关部门信息资源，推动实现工商市场主体公示信息、人民银行征信信息、公安打击违法犯罪信息、法院立案判决执行信息等相关信息的依法互通共享，进一步发挥好全国统一的信用信息共享交换平台作用，加强风险研判，及时预警提示。

（八）强化事中事后监管。行业主管、监管部门要加强对所主管、监管机构和业务的风险排查和行政执法，做到早发现、早预防、早处置。对一般工商企业，各地区要综合运用信用分类监管、定向抽查检查、信息公示、风险警示约谈、市场准入限制等手段，加强市场监督管理，加强部门间信息共享和对失信主体的联合惩戒，探索建立多部门联动综合执法机制，提升执法效果。对非法集资主体（包括法人、实际控制人、代理人、中间人等）建立经营异常名录和信用记录，并纳入全国统一的信用信息共享交换平台。充分发挥行业协会作用，加强行业自律管理，促进市场主体自我约束、诚信经营。

（九）发挥金融机构监测防控作用。加强金融机构内部管理，确保分支机构和员工不参与非法集资。加强金融机构对社会公众的宣传教育，在营业场所醒目位置张贴警示标识。金融机构在严格执行大额可疑资金报告制度基础上，对各类账户交易中具有分散转入集中转出、定期批量小额转出等特征的涉嫌非法集资资金异动进行分析识别，并将有关情况及时提供给地方各级防范和处置非法集资工作领导小组办公室。人民银行、银监会、证监会、保监会、外汇局要指导和督促金融机构做好对涉嫌非法集资可疑资金的监测工作，建立问责制度。

（十）发动群众防范预警。充分调动广大群众积极性，探索建立群众自动自发、广泛参与的防范预警机制。加快建立非法集资举报奖励制度，强化正面激励，加大奖励力度，鼓励广大群众积极参与，并做好保密、人身安全保护等工作。部际联席会议研究制订举报奖励办法,地方各级人民政府组织实施。

五、依法打击,稳妥处置

(十一)防控重点领域、重点区域风险。各地区、各有关部门要坚决依法惩处非法集资违法犯罪活动,密切关注投资理财、非融资性担保、P2P网络借贷等新的高发重点领域,以及投资公司、农民专业合作社、民办教育机构、养老机构等新的风险点,加强风险监控。案件高发地区要把防范和处置非法集资工作放在突出重要位置,遏制案件高发态势,消化存量风险,最大限度追赃挽损,维护金融和社会秩序稳定。公安机关要积极统筹调配力量,抓住重点环节,会同有关部门综合采取措施,及时发现并快速、全面、深入侦办案件,提高打击效能。有关部门要全力配合,依法开展涉案资产查封、资金账户查询和冻结等必要的协助工作。

(十二)依法妥善处置跨省案件。坚持统一指挥协调、统一办案要求、统一资产处置、分别侦查诉讼、分别落实维稳的工作原则。牵头省份要积极主动落实牵头责任,依法合规、公平公正地制定统一处置方案,加强与其他涉案地区的沟通协调,定期通报工作进展情况。协办省份要大力支持配合,切实履行协作义务。强化全局观念,加强系统内的指挥、指导和监督,完善内部制约激励机制,切实推动、保障依法办案,防止遗漏犯罪事实;加强沟通、协商及跨区域、跨部门协作,共同解决办案难题,提高案件查处效率。

(十三)坚持分类施策,维护社会稳定。综合运用经济、行政、法律等措施,讲究执法策略、方式、尺度和时机,依法合理制定涉案资产的处置政策和方案,分类处置非法集资问题,防止矛盾激化,努力实现执法效果与经济效果、社会效果相统一。落实维稳属地责任,畅通群众诉求反映渠道,及时回应群众诉求,积极导入法治轨道,严格依法处置案件,切实有效维护社会稳定。

六、广泛宣传,加强教育

(十四)建立上下联动的宣传教育工作机制。建立部际联席会议统一规划，宣传主管部门协调推动，行业主管、监管部门指导落实，相关部门积极参与，各省（区、市）全面落实，中央和地方上下联动的宣传教育工作机制。

（十五）加大顶层引领和推动力度。中央层面要加强顶层设计，制定防范和处置非法集资宣传总体规划，推动全国范围内宣传教育工作。部际联席会议要组织协调中央媒体大力开展宣传教育，加强舆论引导。行业主管、监管部门要根据行业领域风险特点，制定防范和处置非法集资法律政策宣传方案，有针对性地开展本行业领域宣传教育活动。

（十六）深入推进地方强化宣传教育工作。地方各级人民政府要建立健全常态化的宣传教育工作机制，贴近基层、贴近群众、贴近生活，推动防范和处置非法集资宣传教育活动进机关、进工厂、进学校、进家庭、进社区、进村屯，实现宣传教育广覆盖，引导广大群众对非法集资不参与、能识别、敢揭发。充分运用电视、广播、报刊、网络、电信、公共交通设施等各类媒介或载体，以法律政策解读、典型案件剖析、投资风险教育等方式，提高宣传教育的广泛性、针对性、有效性。加强广告监测和检查，强化媒体自律责任，封堵涉嫌非法集资的资讯信息，净化社会舆论环境。

七、完善法规，健全制度

（十七）进一步健全完善处置非法集资相关法律法规。梳理非法集资有关法律规定适用中存在的问题，对罪名适用、量刑标准、刑民交叉、涉案财物处置等问题进行重点研究，推动制定和完善相关法律法规及司法解释。建立健全非法集资刑事诉讼涉案财物保管移送、审前返还、先行处置、违法所得追缴、执行等制度程序。修订《非法金融机构和非法金融业务活动取缔办法》，研究地方各级人民政府与司法机关在案件查处和善后处置阶段的职责划分，完善非法集资案件处置依据。

（十八）加快民间融资和金融新业态法规制度建设。尽快出台非存款类放贷组织条例,规范民间融资市场主体,拓宽合法融资渠道。尽快出台P2P网络借贷、股权众筹融资等监管规则,促进互联网金融规范发展。深入研究规范投资理财、非融资性担保等民间投融资中介机构的政策措施,及时出台与商事制度改革相配套的有关政策。

(十九)完善工作制度和程序。建立健全跨区域案件执法争议处理机制,完善不同区域间跨执法部门、司法部门查处工作的衔接配合程序。建立健全防范和处置非法集资信息共享、风险排查、事件处置、协调办案、责任追究、激励约束等制度,修订完善处置非法集资工作操作流程。探索在防范和处置有关环节引进法律、审计、评估等中介服务。

八、深化改革,疏堵并举

(二十)加大金融服务实体经济力度。进一步落实国务院决策部署,研究制定新举措,不断提升金融服务实体经济的质量和水平。不断完善金融市场体系,推动健全多层次资本市场体系,鼓励、规范和引导民间资本进入金融服务领域,大力发展普惠金融,增加对中小微企业有效资金供给,加大对经济社会发展薄弱环节的支持力度。

(二十一)规范民间投融资发展。鼓励和引导民间投融资健康发展,大幅放宽民间投资市场准入,拓宽民间投融资渠道。完善民间借贷日常信息监测机制,引导民间借贷利率合理化。推进完善社会信用体系,逐步建立完善全国统一、公开、透明的信用信息共享交换平台,营造诚实守信的金融生态环境。

九、夯实基础,强化保障

(二十二)加强基础支持工作。在当前非法集资高发多发形势下,要进一步做好防范和处置非法集资的人员、经费等保障工作。各级人民政府要合理保障防范和处置非法集资工作相关经费,并纳入同级政府预算。

各地区、各有关部门要认真落实本意见提出的各项任务,结合本地区、本部门实际,研究制定具体工作方案,采取切实有力措施。部际联席会议要督促检查本意见落实情况,重大情况及时向国务院报告。

★**《网络借贷信息中介机构业务活动管理暂行办法》**(自2016年8月17日起施行)

第二条 在中国境内从事网络借贷信息中介业务活动,适用本办法,法律法规另有规定的除外。

本办法所称网络借贷是指个体和个体之间通过互联网平台实现的直接借贷。个体包含自然人、法人及其他组织。网络借贷信息中介机构是指依法设立,专门从事网络借贷信息中介业务活动的金融信息中介公司。该类机构以互联网为主要渠道,为借款人与出借人(即贷款人)实现直接借贷提供信息搜集、信息公布、资信评估、信息交互、借贷撮合等服务。

本办法所称地方金融监管部门是指各省级人民政府承担地方金融监管职责的部门。

第三条 网络借贷信息中介机构按照依法、诚信、自愿、公平的原则为借款人和出借人提供信息服务,维护出借人与借款人合法权益,不得提供增信服务,不得直接或间接归集资金,不得非法集资,不得损害国家利益和社会公共利益。

借款人与出借人遵循借贷自愿、诚实守信、责任自负、风险自担的原则承担借贷风险。网络借贷信息中介机构承担客观、真实、全面、及时进行信息披露的责任,不承担借贷违约风险。

第十条 网络借贷信息中介机构不得从事或者接受委托从事下列活动:

(一)为自身或变相为自身融资;

(二)直接或间接接受、归集出借人的资金;

(三)直接或变相向出借人提供担保或者承诺保本保息;

(四)自行或委托、授权第三方在互联网、固定电话、移动电话等电子渠道以外的物理场所进行宣传或推介融资项目；

（五）发放贷款，但法律法规另有规定的除外；

（六）将融资项目的期限进行拆分；

（七）自行发售理财等金融产品募集资金，代销银行理财、券商资管、基金、保险或信托产品等金融产品；

（八）开展类资产证券化业务或实现以打包资产、证券化资产、信托资产、基金份额等形式的债权转让行为；

（九）除法律法规和网络借贷有关监管规定允许外，与其他机构投资、代理销售、经纪等业务进行任何形式的混合、捆绑、代理；

（十）虚构、夸大融资项目的真实性、收益前景，隐瞒融资项目的瑕疵及风险，以歧义性语言或其他欺骗性手段等进行虚假片面宣传或促销等，捏造、散布虚假信息或不完整信息损害他人商业信誉，误导出借人或借款人；

（十一）向借款用途为投资股票、场外配资、期货合约、结构化产品及其他衍生品等高风险的融资提供信息中介服务；

（十二）从事股权众筹等业务；

（十三）法律法规、网络借贷有关监管规定禁止的其他活动。

第十三条 借款人不得从事下列行为：

（一）通过故意变换身份、虚构融资项目、夸大融资项目收益前景等形式的欺诈借款；

（二）同时通过多个网络借贷信息中介机构，或者通过变换项目名称、对项目内容进行非实质性变更等方式，就同一融资项目进行重复融资；

（三）在网络借贷信息中介机构以外的公开场所发布同一融资项目的信息；

（四）已发现网络借贷信息中介机构提供的服务中含有本办法第十条所列内容，仍进行交易；

（五）法律法规和网络借贷有关监管规定禁止从事的其他活动。

第十七条 网络借贷金额应当以小额为主。网络借贷信息中介机构应当根据本机构风险管理能力，控制同一借款人在同一网络借贷信息中介机构平台及不同网络借贷信息中介机构平台的借款余额上限，防范信贷集中风险。

同一自然人在同一网络借贷信息中介机构平台的借款余额上限不超过人民币20万元；同一法人或其他组织在同一网络借贷信息中介机构平台的借款余额上限不超过人民币100万元；同一自然人在不同网络借贷信息中介机构平台借款总余额不超过人民币100万元；同一法人或其他组织在不同网络借贷信息中介机构平台借款总余额不超过人民币500万元。

第四十条 网络借贷信息中介机构违反法律法规和网络借贷有关监管规定，有关法律法规有处罚规定的，依照其规定给予处罚；有关法律法规未作处罚规定的，工商登记注册地地方金融监管部门可以采取监管谈话、出具警示函、责令改正、通报批评、将其违法违规和不履行公开承诺等情况记入诚信档案并公布等监管措施，以及给予警告、人民币3万元以下罚款和依法可以采取的其他处罚措施；构成犯罪的，依法追究刑事责任。

网络借贷信息中介机构违反法律规定从事非法集资活动或欺诈的，按照相关法律法规和工作机制处理；构成犯罪的，依法追究刑事责任。

第四十一条 网络借贷信息中介机构的出借人及借款人违反法律法规和网络借贷有关监管规定，依照有关规定给予处罚；构成犯罪的，依法追究刑事责任。

★《中国人民银行、中央网信办、工业和信息化部、工商总局、银监会、证监会、保监会关于防范代币发行融资风险的公告》（自2017年9月4日起施行）

一、准确认识代币发行融资活动的本质属性

代币发行融资是指融资主体通过代币的违规发售、流通，向投资者筹集比特币、以太币等所谓"虚拟货币",本质上是一种未经批准非法公开融资的行为,涉嫌非法发售代币票券、非法发行证券以及非法集资、金融诈骗、传销等违法犯罪活动。有关部门将密切监测有关动态,加强与司法部门和地方政府的工作协同,按照现行工作机制,严格执法,坚决治理市场乱象。发现涉嫌犯罪问题,将移送司法机关。

代币发行融资中使用的代币或"虚拟货币"不由货币当局发行,不具有法偿性与强制性等货币属性,不具有与货币等同的法律地位,不能也不应作为货币在市场上流通使用。

二、任何组织和个人不得非法从事代币发行融资活动

本公告发布之日起,各类代币发行融资活动应当立即停止。已完成代币发行融资的组织和个人应当做出清退等安排,合理保护投资者权益,妥善处置风险。有关部门将依法严肃查处拒不停止的代币发行融资活动以及已完成的代币发行融资项目中的违法违规行为。

三、加强代币融资交易平台的管理

本公告发布之日起,任何所谓的代币融资交易平台不得从事法定货币与代币、"虚拟货币"相互之间的兑换业务,不得买卖或作为中央对手方买卖代币或"虚拟货币",不得为代币或"虚拟货币"提供定价、信息中介等服务。

对于存在违法违规问题的代币融资交易平台,金融管理部门将提请电信主管部门依法关闭其网站平台及移动 App,提请网信部门对移动 App 在应用商店做下架处置,并提请工商管理部门依法吊销其营业执照。

四、各金融机构和非银行支付机构不得开展与代币发行融资交易相关的业务

各金融机构和非银行支付机构不得直接或间接为代币发行融资和"虚拟货币"提供账户开立、登记、交易、清算、结算等产品或服务,不得承保与代币和"虚拟货币"相关的保险业务或将

代币和"虚拟货币"纳入保险责任范围。金融机构和非银行支付机构发现代币发行融资交易违法违规线索的,应当及时向有关部门报告。

五、社会公众应当高度警惕代币发行融资与交易的风险隐患

代币发行融资与交易存在多重风险,包括虚假资产风险、经营失败风险、投资炒作风险等,投资者须自行承担投资风险,希望广大投资者谨防上当受骗。

对各类使用"币"的名称开展的非法金融活动,社会公众应当强化风险防范意识和识别能力,及时举报相关违法违规线索。

六、充分发挥行业组织的自律作用

各类金融行业组织应当做好政策解读,督促会员单位自觉抵制与代币发行融资交易及"虚拟货币"相关的非法金融活动,远离市场乱象,加强投资者教育,共同维护正常的金融秩序。

★《防范和处置非法集资条例》(自 2021 年 5 月 1 日起施行)

第一章 总 则

第一条 为了防范和处置非法集资,保护社会公众合法权益,防范化解金融风险,维护经济秩序和社会稳定,制定本条例。

第二条 本条例所称非法集资,是指未经国务院金融管理部门依法许可或者违反国家金融管理规定,以许诺还本付息或者给予其他投资回报等方式,向不特定对象吸收资金的行为。

非法集资的防范以及行政机关对非法集资的处置,适用本条例。法律、行政法规对非法从事银行、证券、保险、外汇等金融业务活动另有规定的,适用其规定。

本条例所称国务院金融管理部门,是指中国人民银行、国务院金融监督管理机构和国务院外汇管理部门。

第三条 本条例所称非法集资人,是指发起、主导或者组织实施非法集资的单位和个人;所称非法集资协助人,是指明知是

非法集资而为其提供帮助并获取经济利益的单位和个人。

第四条 国家禁止任何形式的非法集资，对非法集资坚持防范为主、打早打小、综合治理、稳妥处置的原则。

第五条 省、自治区、直辖市人民政府对本行政区域内防范和处置非法集资工作负总责，地方各级人民政府应当建立健全政府统一领导的防范和处置非法集资工作机制。县级以上地方人民政府应当明确防范和处置非法集资工作机制的牵头部门（以下简称处置非法集资牵头部门），有关部门以及国务院金融管理部门分支机构、派出机构等单位参加工作机制；乡镇人民政府应当明确牵头负责防范和处置非法集资工作的人员。上级地方人民政府应当督促、指导下级地方人民政府做好本行政区域防范和处置非法集资工作。

行业主管部门、监管部门应当按照职责分工，负责本行业、领域非法集资的防范和配合处置工作。

第六条 国务院建立处置非法集资部际联席会议（以下简称联席会议）制度。联席会议由国务院银行保险监督管理机构牵头，有关部门参加，负责督促、指导有关部门和地方开展防范和处置非法集资工作，协调解决防范和处置非法集资工作中的重大问题。

第七条 各级人民政府应当合理保障防范和处置非法集资工作相关经费，并列入本级预算。

第二章 防 范

第八条 地方各级人民政府应当建立非法集资监测预警机制，纳入社会治安综合治理体系，发挥网格化管理和基层群众自治组织的作用，运用大数据等现代信息技术手段，加强对非法集资的监测预警。

行业主管部门、监管部门应当强化日常监督管理，负责本行业、领域非法集资的风险排查和监测预警。

联席会议应当建立健全全国非法集资监测预警体系，推动建设国家监测预警平台，促进地方、部门信息共享，加强非法集资风险研判，及时预警提示。

第九条 市场监督管理部门应当加强企业、个体工商户名称和经营范围等商事登记管理。除法律、行政法规和国家另有规定外，企业、个体工商户名称和经营范围中不得包含"金融"、"交易所"、"交易中心"、"理财"、"财富管理"、"股权众筹"等字样或者内容。

县级以上地方人民政府处置非法集资牵头部门、市场监督管理部门等有关部门应当建立会商机制，发现企业、个体工商户名称或者经营范围中包含前款规定以外的其他与集资有关的字样或者内容的，及时予以重点关注。

第十条 处置非法集资牵头部门会同互联网信息内容管理部门、电信主管部门加强对涉嫌非法集资的互联网信息和网站、移动应用程序等互联网应用的监测。经处置非法集资牵头部门组织认定为用于非法集资的，互联网信息内容管理部门、电信主管部门应当及时依法作出处理。

互联网信息服务提供者应当加强对用户发布信息的管理，不得制作、复制、发布、传播涉嫌非法集资的信息。发现涉嫌非法集资的信息，应当保存有关记录，并向处置非法集资牵头部门报告。

第十一条 除国家另有规定外，任何单位和个人不得发布包含集资内容的广告或者以其他方式向社会公众进行集资宣传。

市场监督管理部门会同处置非法集资牵头部门加强对涉嫌非法集资广告的监测。经处置非法集资牵头部门组织认定为非法集资的，市场监督管理部门应当及时依法查处相关非法集资广告。

广告经营者、广告发布者应当依照法律、行政法规查验相关证明文件，核对广告内容。对没有相关证明文件且包含集资内容的广告，广告经营者不得提供设计、制作、代理服务，广告发布者不得发布。

第十二条　处置非法集资牵头部门与所在地国务院金融管理部门分支机构、派出机构应当建立非法集资可疑资金监测机制。国务院金融管理部门及其分支机构、派出机构应当按照职责分工督促、指导金融机构、非银行支付机构加强对资金异常流动情况及其他涉嫌非法集资可疑资金的监测工作。

第十三条　金融机构、非银行支付机构应当履行下列防范非法集资的义务：

（一）建立健全内部管理制度，禁止分支机构和员工参与非法集资，防止他人利用其经营场所、销售渠道从事非法集资；

（二）加强对社会公众防范非法集资的宣传教育，在经营场所醒目位置设置警示标识；

（三）依法严格执行大额交易和可疑交易报告制度，对涉嫌非法集资资金异常流动的相关账户进行分析识别，并将有关情况及时报告所在地国务院金融管理部门分支机构、派出机构和处置非法集资牵头部门。

第十四条　行业协会、商会应当加强行业自律管理、自我约束，督促、引导成员积极防范非法集资，不组织、不协助、不参与非法集资。

第十五条　联席会议应当建立中央和地方上下联动的防范非法集资宣传教育工作机制，推动全国范围内防范非法集资宣传教育工作。

地方各级人民政府应当开展常态化的防范非法集资宣传教育工作，充分运用各类媒介或者载体，以法律政策解读、典型案例剖析、投资风险教育等方式，向社会公众宣传非法集资的违法性、危害性及其表现形式等，增强社会公众对非法集资的防范意识和识别能力。

行业主管部门、监管部门以及行业协会、商会应当根据本行业、领域非法集资风险特点，有针对性地开展防范非法集资宣传教育活动。

新闻媒体应当开展防范非法集资公益宣传，并依法对非法集资进行舆论监督。

第十六条 对涉嫌非法集资行为，任何单位和个人有权向处置非法集资牵头部门或者其他有关部门举报。

国家鼓励对涉嫌非法集资行为进行举报。处置非法集资牵头部门以及其他有关部门应当公开举报电话和邮箱等举报方式、在政府网站设置举报专栏，接受举报，及时依法处理，并为举报人保密。

第十七条 居民委员会、村民委员会发现所在区域有涉嫌非法集资行为的，应当向当地人民政府、处置非法集资牵头部门或者其他有关部门报告。

第十八条 处置非法集资牵头部门和行业主管部门、监管部门发现本行政区域或者本行业、领域可能存在非法集资风险的，有权对相关单位和个人进行警示约谈，责令整改。

第三章 处　置

第十九条 对本行政区域内的下列行为，涉嫌非法集资的，处置非法集资牵头部门应当及时组织有关行业主管部门、监管部门以及国务院金融管理部门分支机构、派出机构进行调查认定：

（一）设立互联网企业、投资及投资咨询类企业、各类交易场所或者平台、农民专业合作社、资金互助组织以及其他组织吸收资金；

（二）以发行或者转让股权、债权，募集基金，销售保险产品，或者以从事各类资产管理、虚拟货币、融资租赁业务等名义吸收资金；

（三）在销售商品、提供服务、投资项目等商业活动中，以承诺给付货币、股权、实物等回报的形式吸收资金；

（四）违反法律、行政法规或者国家有关规定，通过大众传播媒介、即时通信工具或者其他方式公开传播吸收资金信息；

（五）其他涉嫌非法集资的行为。

第二十条 对跨行政区域的涉嫌非法集资行为，非法集资人为单位的，由其登记地处置非法集资牵头部门组织调查认定；非法集资人为个人的，由其住所地或者经常居住地处置非法集资牵头部门组织调查认定。非法集资行为发生地、集资资产所在地以及集资参与人所在地处置非法集资牵头部门应当配合调查认定工作。

处置非法集资牵头部门对组织调查认定职责存在争议的，由其共同的上级处置非法集资牵头部门确定；对跨省、自治区、直辖市组织调查认定职责存在争议的，由联席会议确定。

第二十一条 处置非法集资牵头部门组织调查涉嫌非法集资行为，可以采取下列措施：

（一）进入涉嫌非法集资的场所进行调查取证；

（二）询问与被调查事件有关的单位和个人，要求其对有关事项作出说明；

（三）查阅、复制与被调查事件有关的文件、资料、电子数据等，对可能被转移、隐匿或者毁损的文件、资料、电子设备等予以封存；

（四）经处置非法集资牵头部门主要负责人批准，依法查询涉嫌非法集资的有关账户。

调查人员不得少于2人，并应当出示执法证件。

与被调查事件有关的单位和个人应当配合调查，不得拒绝、阻碍。

第二十二条 处置非法集资牵头部门对涉嫌非法集资行为组织调查，有权要求暂停集资行为，通知市场监督管理部门或者其他有关部门暂停为涉嫌非法集资的有关单位办理设立、变更或者注销登记。

第二十三条 经调查认定属于非法集资的，处置非法集资牵头部门应当责令非法集资人、非法集资协助人立即停止有关非法活动；发现涉嫌犯罪的，应当按照规定及时将案件移送公安机关，并配合做好相关工作。

行政机关对非法集资行为的调查认定，不是依法追究刑事责任的必经程序。

第二十四条 根据处置非法集资的需要，处置非法集资牵头部门可以采取下列措施：

（一）查封有关经营场所，查封、扣押有关资产；

（二）责令非法集资人、非法集资协助人追回、变价出售有关资产用于清退集资资金；

（三）经设区的市级以上地方人民政府处置非法集资牵头部门决定，按照规定通知出入境边防检查机关，限制非法集资的个人或者非法集资单位的控股股东、实际控制人、董事、监事、高级管理人员以及其他直接责任人员出境。

采取前款第一项、第二项规定的措施，应当经处置非法集资牵头部门主要负责人批准。

第二十五条 非法集资人、非法集资协助人应当向集资参与人清退集资资金。清退过程应当接受处置非法集资牵头部门监督。

任何单位和个人不得从非法集资中获取经济利益。

因参与非法集资受到的损失，由集资参与人自行承担。

第二十六条 清退集资资金来源包括：

（一）非法集资资金余额；

（二）非法集资资金的收益或者转换的其他资产及其收益；

（三）非法集资人及其股东、实际控制人、董事、监事、高级管理人员和其他相关人员从非法集资中获得的经济利益；

（四）非法集资人隐匿、转移的非法集资资金或者相关资产；

（五）在非法集资中获得的广告费、代言费、代理费、好处费、返点费、佣金、提成等经济利益；

（六）可以作为清退集资资金的其他资产。

第二十七条 为非法集资设立的企业、个体工商户和农民专业合作社，由市场监督管理部门吊销营业执照。为非法集资设立的网站、开发的移动应用程序等互联网应用，由电信主管部门依法予以关闭。

第二十八条　国务院金融管理部门及其分支机构、派出机构，地方人民政府有关部门以及其他有关单位和个人，对处置非法集资工作应当给予支持、配合。

任何单位和个人不得阻挠、妨碍处置非法集资工作。

第二十九条　处置非法集资过程中，有关地方人民政府应当采取有效措施维护社会稳定。

第四章　法律责任

第三十条　对非法集资人，由处置非法集资牵头部门处集资金额20%以上1倍以下的罚款。非法集资人为单位的，还可以根据情节轻重责令停产停业，由有关机关依法吊销许可证、营业执照或者登记证书；对其法定代表人或者主要负责人、直接负责的主管人员和其他直接责任人员给予警告，处50万元以上500万元以下的罚款。构成犯罪的，依法追究刑事责任。

第三十一条　对非法集资协助人，由处置非法集资牵头部门给予警告，处违法所得1倍以上3倍以下的罚款；构成犯罪的，依法追究刑事责任。

第三十二条　非法集资人、非法集资协助人不能同时履行所承担的清退集资资金和缴纳罚款义务时，先清退集资资金。

第三十三条　对依照本条例受到行政处罚的非法集资人、非法集资协助人，由有关部门建立信用记录，按照规定将其信用记录纳入全国信用信息共享平台。

第三十四条　互联网信息服务提供者未履行对涉嫌非法集资信息的防范和处置义务的，由有关主管部门责令改正，给予警告，没收违法所得；拒不改正或者情节严重的，处10万元以上50万元以下的罚款，并可以根据情节轻重责令暂停相关业务、停业整顿、关闭网站、吊销相关业务许可证或者吊销营业执照，对直接负责的主管人员和其他直接责任人员处1万元以上10万元以下的罚款。

广告经营者、广告发布者未按照规定查验相关证明文件、核对广告内容的，由市场监督管理部门责令改正，并依照《中华人民共和国广告法》的规定予以处罚。

第三十五条　金融机构、非银行支付机构未履行防范非法集资义务的，由国务院金融管理部门或者其分支机构、派出机构按照职责分工责令改正，给予警告，没收违法所得；造成严重后果的，处100万元以上500万元以下的罚款，对直接负责的主管人员和其他直接责任人员给予警告，处10万元以上50万元以下的罚款。

第三十六条　与被调查事件有关的单位和个人不配合调查，拒绝提供相关文件、资料、电子数据等或者提供虚假文件、资料、电子数据等的，由处置非法集资牵头部门责令改正，给予警告，处5万元以上50万元以下的罚款。

阻碍调查人员依法执行职务，构成违反治安管理行为的，由公安机关依法给予治安管理处罚；构成犯罪的，依法追究刑事责任。

第三十七条　国家机关工作人员有下列行为之一的，依法给予处分：

（一）明知所主管、监管的单位有涉嫌非法集资行为，未依法及时处理；

（二）未按照规定及时履行对非法集资的防范职责，或者不配合非法集资处置，造成严重后果；

（三）在防范和处置非法集资过程中滥用职权、玩忽职守、徇私舞弊；

（四）通过职务行为或者利用职务影响，支持、包庇、纵容非法集资。

第五章 附　则

第三十八条　各省、自治区、直辖市可以根据本条例制定防范和处置非法集资工作实施细则。

第三十九条　未经依法许可或者违反国家金融管理规定，擅自从事发放贷款、支付结算、票据贴现等金融业务活动的，由国务院金融管理部门或者地方金融管理部门按照监督管理职责分工进行处置。

法律、行政法规对其他非法金融业务活动的防范和处置没有明确规定的，参照本条例的有关规定执行。其他非法金融业务活动的具体类型由国务院金融管理部门确定。

第四十条　本条例自 2021 年 5 月 1 日起施行。1998 年 7 月 13 日国务院发布的《非法金融机构和非法金融业务活动取缔办法》同时废止。

★《中国人民银行、中央网信办、最高人民法院、最高人民检察院、工业和信息化部、公安部、市场监管总局、银保监会、证监会、外汇局关于进一步防范和处置虚拟货币交易炒作风险的通知》（自 2021 年 9 月 15 日起施行）

一、明确虚拟货币和相关业务活动本质属性

（一）虚拟货币不具有与法定货币等同的法律地位。比特币、以太币、泰达币等虚拟货币具有非货币当局发行、使用加密技术及分布式账户或类似技术、以数字化形式存在等主要特点，不具有法偿性，不应且不能作为货币在市场上流通使用。

（二）虚拟货币相关业务活动属于非法金融活动。开展法定货币与虚拟货币兑换业务、虚拟货币之间的兑换业务、作为中央对手方买卖虚拟货币、为虚拟货币交易提供信息中介和定价服务、代币发行融资以及虚拟货币衍生品交易等虚拟货币相关业务活动涉嫌非法发售代币票券、擅自公开发行证券、非法经营期货业务、非法集资等非法金融活动，一律严格禁止，坚决依法取缔。对于开展相关非法金融活动构成犯罪的,依法追究刑事责任。

二、建立健全应对虚拟货币交易炒作风险的工作机制

(十二)严厉打击虚拟货币相关非法金融活动。发现虚拟货币相关非法金融活动问题线索后,地方金融监管部门会同国务院金融管理部门分支机构等相关部门依法及时调查认定、妥善处置,并严肃追究有关法人、非法人组织和自然人的法律责任,涉及犯罪的,移送司法机关依法查处。

(十三)严厉打击涉虚拟货币犯罪活动。公安部部署全国公安机关继续深入开展"打击洗钱犯罪专项行动""打击跨境赌博专项行动""断卡行动",依法严厉打击虚拟货币相关业务活动中的非法经营、金融诈骗等犯罪活动,利用虚拟货币实施的洗钱、赌博等犯罪活动和以虚拟货币为噱头的非法集资、传销等犯罪活动。

★《私募投资基金监督管理条例》(自 2023 年 9 月 1 日起施行)

第十七条 私募基金管理人应当自行募集资金,不得委托他人募集资金,但国务院证券监督管理机构另有规定的除外。

第十八条 私募基金应当向合格投资者募集或者转让,单只私募基金的投资者累计不得超过法律规定的人数。私募基金管理人不得采取为单一融资项目设立多只私募基金等方式,突破法律规定的人数限制;不得采取将私募基金份额或者收益权进行拆分转让等方式,降低合格投资者标准。

前款所称合格投资者,是指达到规定的资产规模或者收入水平,并且具备相应的风险识别能力和风险承担能力,其认购金额不低于规定限额的单位和个人。

合格投资者的具体标准由国务院证券监督管理机构规定。

第十九条 私募基金管理人应当向投资者充分揭示投资风险,根据投资者的风险识别能力和风险承担能力匹配不同风险等级的私募基金产品。

第二十条 私募基金不得向合格投资者以外的单位和个人募

集或者转让；不得向为他人代持的投资者募集或者转让；不得通过报刊、电台、电视台、互联网等大众传播媒介，电话、短信、即时通讯工具、电子邮件、传单，或者讲座、报告会、分析会等方式向不特定对象宣传推介；不得以虚假、片面、夸大等方式宣传推介；不得以私募基金托管人名义宣传推介；不得向投资者承诺投资本金不受损失或者承诺最低收益。

第二十一条　私募基金管理人运用私募基金财产进行投资的，在以私募基金管理人名义开立账户、列入所投资企业股东名册或者持有其他私募基金财产时，应当注明私募基金名称。

第二十二条　私募基金管理人应当自私募基金募集完毕之日起 20 个工作日内，向登记备案机构报送下列材料，办理备案：

（一）基金合同；

（二）托管协议或者保障私募基金财产安全的制度措施；

（三）私募基金财产证明文件；

（四）投资者的基本信息、认购金额、持有基金份额的数量及其受益所有人相关信息；

（五）国务院证券监督管理机构规定的其他材料。

私募基金应当具有保障基本投资能力和抗风险能力的实缴募集资金规模。登记备案机构根据私募基金的募集资金规模等情况实施分类公示，对募集的资金总额或者投资者人数达到规定标准的，应当向国务院证券监督管理机构报告。

汇票、本票、支票

★《中华人民共和国票据法》（自 2004 年 8 月 28 日起施行）

第二条　在中华人民共和国境内的票据活动，适用本法。

本法所称票据，是指汇票、本票和支票。

第十九条　汇票是出票人签发的，委托付款人在见票时或者在指定日期无条件支付确定的金额给收款人或者持票人的票据。

汇票分为银行汇票和商业汇票。

第七十三条　本票是出票人签发的，承诺自己在见票时无条件支付确定的金额给收款人或者持票人的票据。

本法所称本票，是指银行本票。

第八十一条　支票是出票人签发的，委托办理支票存款业务的银行或者其他金融机构在见票时无条件支付确定的金额给收款人或者持票人的票据。

第一百零二条　有下列票据欺诈行为之一的，依法追究刑事责任：

（一）伪造、变造票据的；

（二）故意使用伪造、变造的票据的；

（三）签发空头支票或者故意签发与其预留的本名签名式样或者印鉴不符的支票，骗取财物的；

（四）签发无可靠资金来源的汇票、本票，骗取资金的；

（五）汇票、本票的出票人在出票时作虚假记载，骗取财物的；

（六）冒用他人的票据，或者故意使用过期或者作废的票据，骗取财物的；

（七）付款人同出票人、持票人恶意串通，实施前六项所列行为之一的。

第一百零三条　有前条所列行为之一，情节轻微，不构成犯罪的，依照国家有关规定给予行政处罚。

结算凭证

★《支付结算办法》（自1997年12月1日起施行）

第三条　本办法所称支付结算是指单位、个人在社会经济活动中使用票据、信用卡和汇兑、托收承付、委托收款等结算方式进行货币给付及其资金清算的行为。

第九条　票据和结算凭证是办理支付结算的工具。单位、个人和银行办理支付结算，必须使用按中国人民银行统一规定印制的票据凭证和统一规定的结算凭证。

未使用按中国人民银行统一规定印制的票据，票据无效；未使用中国人民银行统一规定格式的结算凭证，银行不予受理。

第十四条　票据和结算凭证上的签章和其他记载事项应当真实，不得伪造、变造。

票据上有伪造、变造的签章的，不影响票据上其他当事人真实签章的效力。

本条所称的伪造是指无权限人假冒他人或虚构人名义签章的行为。签章的变造属于伪造。

本条所称的变造是指无权更改票据内容的人，对票据上签章以外的记载事项加以改变的行为。

第二百五十四条　有利用票据、信用卡、结算凭证欺诈的行为，构成犯罪的，应依法承担刑事责任。情节轻微，不构成犯罪的，应按照规定承担行政责任。

★《储蓄管理条例》（自 2011 年 1 月 8 日起施行）

第三条　本条例所称储蓄是指个人将属于其所有的人民币或者外币存入储蓄机构，储蓄机构开具存折或者存单作为凭证，个人凭存折或者存单可以支取存款本金和利息，储蓄机构依照规定支付存款本金和利息的活动。

任何单位和个人不得将公款以个人名义转为储蓄存款。

第三十条　存单、存折分为记名式和不记名式。记名式的存单、存折可以挂失，不记名式的存单、存折不能挂失。

信用卡

编者注：根据全国人大常委会的立法解释，刑法中的信用卡是指由商业银行或者其他金融机构发行的具有消费支付、信用贷款、转账结算、存取现金等全部功能或者部分功能的电子支付卡，范围包括且大于具有授信和透支功能的商业银行信用卡。此处摘录了银行卡以及信用卡相关法律规定。

★《**银行卡业务管理办法**》(自 1999 年 3 月 1 日起施行)

第二条 本办法所称银行卡，是指由商业银行（含邮政金融机构，下同）向社会发行的具有消费信用、转账结算、存取现金等全部或部分功能的信用支付工具。

商业银行未经中国人民银行批准不得发行银行卡。

第五条 银行卡包括信用卡和借记卡。

银行卡按币种不同分为人民币卡、外币卡；按发行对象不同分为单位卡（商务卡）、个人卡；按信息载体不同分为磁条卡、芯片（IC）卡。

第六条 信用卡按是否向发卡银行交存备用金分为贷记卡、准贷记卡两类。

贷记卡是指发卡银行给予持卡人一定的信用额度，持卡人可在信用额度内先消费、后还款的信用卡。

准贷记卡是指持卡人须先按发卡银行要求交存一定金额的备用金，当备用金账户余额不足支付时，可在发卡银行规定的信用额度内透支的信用卡。

第七条 借记卡按功能不同分为转账卡（含储蓄卡，下同）、专用卡、储值卡。借记卡不具备透支功能。

第八条 转账卡是实时扣账的借记卡。具有转账结算、存取现金和消费功能。

第九条 专用卡是具有专门用途、在特定区域使用的借记卡。具有转账结算、存取现金功能。

专门用途是指在百货、餐饮、饭店、娱乐行业以外的用途。

第十条 储值卡是发卡银行根据持卡人要求将其资金转至卡内储存，交易时直接从卡内扣款的预付钱包式借记卡。

第十一条 联名/认同卡是商业银行与盈利性机构/非盈利性机构合作发行的银行卡附属产品，其所依附的银行卡品种必须是已经中国人民银行批准的品种，并应当遵守相应品种的业务章程或管理办法。

发卡银行和联名单位应当为联名卡持卡人在联名单位用卡提供一定比例的折扣优惠或特殊服务；持卡人领用认同卡表示对认同单位事业的支持。

第十二条 芯片（IC）卡既可应用于单一的银行卡品种，又可应用于组合的银行卡品种。

第六十一条 任何单位和个人有下列情形之一的，根据《中华人民共和国刑法》及相关法规进行处理：

（一）骗领、冒用信用卡的；

（二）伪造、变造银行卡的；

（三）恶意透支的；

（四）利用银行卡及其机具欺诈银行资金的。

★《商业银行信用卡业务监督管理办法》（自 2011 年 1 月 13 日起施行）

第七条 本办法所称信用卡，是指记录持卡人账户相关信息，具备银行授信额度和透支功能，并为持卡人提供相关银行服务的各类介质。

第八条 本办法所称信用卡业务，是指商业银行利用具有授信额度和透支功能的银行卡提供的银行服务，主要包括发卡业务和收单业务。

国库券

★《中华人民共和国国库券条例》(自2011年1月8日起施行)
第十一条 对伪造国库券的,依法追究刑事责任。

国家发行的其他有价证券

★《中华人民共和国证券法》(自2020年3月1日起施行)
第二条 在中华人民共和国境内,股票、公司债券、存托凭证和国务院依法认定的其他证券的发行和交易,适用本法;本法未规定的,适用《中华人民共和国公司法》和其他法律、行政法规的规定。

政府债券、证券投资基金份额的上市交易,适用本法;其他法律、行政法规另有规定的,适用其规定。

资产支持证券、资产管理产品发行、交易的管理办法,由国务院依照本法的原则规定。

在中华人民共和国境外的证券发行和交易活动,扰乱中华人民共和国境内市场秩序,损害境内投资者合法权益的,依照本法有关规定处理并追究法律责任。

★《地方政府债券发行管理办法》(自2021年1月1日起施行)
第二条 本办法所称地方政府债券,是指省、自治区、直辖市和经省级人民政府批准自办债券发行的计划单列市人民政府(以下称地方政府)发行的、约定一定期限内还本付息的政府债券。

地方政府债券包括一般债券和专项债券。一般债券是为没有收益的公益性项目发行,主要以一般公共预算收入作为还本付息资金来源的政府债券;专项债券是为有一定收益的公益性项目发行，以公益性项目对应的政府性基金收入或专项收入作为还本付息资金来源的政府债券。

股　票

★《中华人民共和国证券法》（自 2020 年 3 月 1 日起施行）

第二条第一款　在中华人民共和国境内，股票、公司债券、存托凭证和国务院依法认定的其他证券的发行和交易，适用本法；本法未规定的，适用《中华人民共和国公司法》和其他法律、行政法规的规定。

★《中华人民共和国公司法》（自 2024 年 7 月 1 日起施行）

第一百四十二条　公司的资本划分为股份。公司的全部股份，根据公司章程的规定择一采用面额股或者无面额股。采用面额股的，每一股的金额相等。

公司可以根据公司章程的规定将已发行的面额股全部转换为无面额股或者将无面额股全部转换为面额股。

采用无面额股的，应当将发行股份所得股款的二分之一以上计入注册资本。

第一百四十三条　股份的发行，实行公平、公正的原则，同类别的每一股份应当具有同等权利。

同次发行的同类别股份，每股的发行条件和价格应当相同；认购人所认购的股份，每股应当支付相同价额。

第一百四十四条　公司可以按照公司章程的规定发行下列与普通股权利不同的类别股：

（一）优先或者劣后分配利润或者剩余财产的股份；

（二）每一股的表决权数多于或者少于普通股的股份；

（三）转让须经公司同意等转让受限的股份；

（四）国务院规定的其他类别股。

公开发行股份的公司不得发行前款第二项、第三项规定的类别股；公开发行前已发行的除外。

公司发行本条第一款第二项规定的类别股的，对于监事或者审计委员会成员的选举和更换，类别股与普通股每一股的表决权数相同。

第一百四十五条 发行类别股的公司，应当在公司章程中载明以下事项：

（一）类别股分配利润或者剩余财产的顺序；

（二）类别股的表决权数；

（三）类别股的转让限制；

（四）保护中小股东权益的措施；

（五）股东会认为需要规定的其他事项。

第一百四十六条 发行类别股的公司，有本法第一百一十六条第三款规定的事项等可能影响类别股股东权利的，除应当依照第一百一十六条第三款的规定经股东会决议外，还应当经出席类别股股东会议的股东所持表决权的三分之二以上通过。

公司章程可以对需经类别股股东会议决议的其他事项作出规定。

第一百四十七条 公司的股份采取股票的形式。股票是公司签发的证明股东所持股份的凭证。

公司发行的股票，应当为记名股票。

第一百四十八条 面额股股票的发行价格可以按票面金额，也可以超过票面金额，但不得低于票面金额。

第一百四十九条 股票采用纸面形式或者国务院证券监督管理机构规定的其他形式。

股票采用纸面形式的，应当载明下列主要事项：

（一）公司名称；

（二）公司成立日期或者股票发行的时间；

（三）股票种类、票面金额及代表的股份数，发行无面额股的，股票代表的股份数。

股票采用纸面形式的，还应当载明股票的编号，由法定代表人签名，公司盖章。

发起人股票采用纸面形式的，应当标明发起人股票字样。

第一百五十条　股份有限公司成立后，即向股东正式交付股票。公司成立前不得向股东交付股票。

公司、企业债券

★《中华人民共和国证券法》（自2020年3月1日起施行）

第二条第一款　在中华人民共和国境内，股票、公司债券、存托凭证和国务院依法认定的其他证券的发行和交易，适用本法；本法未规定的，适用《中华人民共和国公司法》和其他法律、行政法规的规定。

★《中华人民共和国公司法》（自2024年7月1日起施行）

第一百九十四条　本法所称公司债券，是指公司发行的约定按期还本付息的有价证券。

公司债券可以公开发行，也可以非公开发行。

公司债券的发行和交易应当符合《中华人民共和国证券法》等法律、行政法规的规定。

第一百九十五条　公开发行公司债券，应当经国务院证券监督管理机构注册，公告公司债券募集办法。

公司债券募集办法应当载明下列主要事项：

（一）公司名称；

（二）债券募集资金的用途；

（三）债券总额和债券的票面金额；

（四）债券利率的确定方式；
（五）还本付息的期限和方式；
（六）债券担保情况；
（七）债券的发行价格、发行的起止日期；
（八）公司净资产额；
（九）已发行的尚未到期的公司债券总额；
（十）公司债券的承销机构。

第一百九十六条　公司以纸面形式发行公司债券的，应当在债券上载明公司名称、债券票面金额、利率、偿还期限等事项，并由法定代表人签名，公司盖章。

第一百九十七条　公司债券应当为记名债券。

第一百九十八条　公司发行公司债券应当置备公司债券持有人名册。

发行公司债券的，应当在公司债券持有人名册上载明下列事项：

（一）债券持有人的姓名或者名称及住所；
（二）债券持有人取得债券的日期及债券的编号；
（三）债券总额，债券的票面金额、利率、还本付息的期限和方式；
（四）债券的发行日期。

第一百九十九条　公司债券的登记结算机构应当建立债券登记、存管、付息、兑付等相关制度。

第二百条　公司债券可以转让，转让价格由转让人与受让人约定。

公司债券的转让应当符合法律、行政法规的规定。

第二百零一条　公司债券由债券持有人以背书方式或者法律、行政法规规定的其他方式转让；转让后由公司将受让人的姓名或者名称及住所记载于公司债券持有人名册。

第二百零二条　股份有限公司经股东会决议，或者经公司章程、股东会授权由董事会决议，可以发行可转换为股票的公司债券，并规定具体的转换办法。上市公司发行可转换为股票的公司债券，应当经国务院证券监督管理机构注册。

发行可转换为股票的公司债券，应当在债券上标明可转换公司债券字样，并在公司债券持有人名册上载明可转换公司债券的数额。

第二百零三条 发行可转换为股票的公司债券的，公司应当按照其转换办法向债券持有人换发股票，但债券持有人对转换股票或者不转换股票有选择权。法律、行政法规另有规定的除外。

第二百零四条 公开发行公司债券的，应当为同期债券持有人设立债券持有人会议，并在债券募集办法中对债券持有人会议的召集程序、会议规则和其他重要事项作出规定。债券持有人会议可以对与债券持有人有利害关系的事项作出决议。

除公司债券募集办法另有约定外，债券持有人会议决议对同期全体债券持有人发生效力。

第二百零五条 公开发行公司债券的，发行人应当为债券持有人聘请债券受托管理人，由其为债券持有人办理受领清偿、债权保全、与债券相关的诉讼以及参与债务人破产程序等事项。

第二百零六条 债券受托管理人应当勤勉尽责，公正履行受托管理职责，不得损害债券持有人利益。

受托管理人与债券持有人存在利益冲突可能损害债券持有人利益的，债券持有人会议可以决议变更债券受托管理人。

债券受托管理人违反法律、行政法规或者债券持有人会议决议，损害债券持有人利益的，应当承担赔偿责任。

★《银行间债券市场非金融企业债务融资工具管理办法》（自2008年4月15日起施行）

第一条 为进一步完善银行间债券市场管理，促进非金融企业直接债务融资发展，根据《中华人民共和国中国人民银行法》

及相关法律、行政法规,制定本办法。

第二条 本办法所称非金融企业债务融资工具(以下简称债务融资工具),是指具有法人资格的非金融企业(以下简称企业)在银行间债券市场发行的,约定在一定期限内还本付息的有价证券。

第十九条 对违反本办法规定的机构和人员,中国人民银行可依照《中华人民共和国中国人民银行法》第四十六条规定进行处罚,构成犯罪的,依法追究刑事责任。

★《企业债券管理条例》(自2011年1月8日起施行)

第二条 本条例适用于中华人民共和国境内具有法人资格的企业(以下简称企业)在境内发行的债券。但是,金融债券和外币债券除外。

除前款规定的企业外,任何单位和个人不得发行企业债券。

第五条 本条例所称企业债券,是指企业依照法定程序发行、约定在一定期限内还本付息的有价证券。

★《中国人民银行、证监会、发展改革委关于进一步加强债券市场执法工作的意见》(自2018年11月23日起施行)

各债券市场参与者:

近年来,我国债券市场发展迅速,总体平稳规范,但也出现了一些违法违规行为,需进一步加强债券市场执法。为深入贯彻党的十九大精神,落实第五次全国金融工作会议要求,健全金融监管体系,优化监管资源配置,促进我国债券市场健康稳定发展,经国务院同意,现就进一步加强债券市场执法工作提出以下意见:

一、强化监管执法,建立统一的债券市场执法机制

证监会依法对银行间债券市场、交易所债券市场违法行为开展统一的执法工作。对涉及公司债券、企业债券、非金融企业债务融资工具、金融债券等各类债券品种的信息披露违法违规、内

幕交易、操纵证券市场以及其他违反证券法的行为，依据证券法第一百九十三条、第二百零二条、第二百零三条、第二百二十三条、第二百二十六条等有关规定进行认定和行政处罚。对商业银行、证券公司等在承销各类债券过程中的违法行为，依照证券法第一百九十一条进行处罚。违法行为情节严重的，由证监会依据证券法第二百三十三条对有关责任人员采取证券市场禁入措施。在案件调查过程中发现涉嫌犯罪的，及时移送公安机关依法追究刑事责任；公安机关在接到依法移送的案件后，及时立案侦查。

人民银行、证监会、发展改革委继续按现行职责分工做好债券市场行政监管。债券市场自律组织及其他市场参与机构做好自律管理等相关工作。

二、加强执法保障，推进统一执法工作顺利开展

证监会在开展债券市场统一执法工作中，有权采取证券法第一百八十条规定的措施。证监会有权要求债券市场自律组织、交易所和交易平台、登记托管结算机构和市场参与机构等提供与案件调查有关的交易记录、登记托管结算资料、信息披露文件等证据材料，并在必要时依法向有关部门、单位调取与被调查事件有关单位和个人的征信记录、社会保险记录、海关记录、纳税记录、工商资料、通讯记录等信息。

证监会依法履行职责，被调查的单位、个人应当配合，如实提供有关文件和资料，不得拒绝、阻碍和隐瞒。对不配合调查的责任人员，证监会有权建议有关金融监督管理机构或者业务主管部门依法责令责任人员所在单位给予纪律处分，或者建议依法取消其任职资格、禁止其从事有关金融行业工作。

三、加强协同配合，建立密切协作的工作机制

人民银行、发展改革委积极支持证监会开展债券市场统一执法工作，配合证监会进行案件会商，就案件涉及的专业问题出具书面意见，配合做好行政复议和行政诉讼的答复、应诉工作。人民银行、发展改革委发现涉及债券违法活动的线索，及时移送证监会。

★《公司债券发行与交易管理办法》(自 2023 年 10 月 20 日起施行)

第二条 在中华人民共和国境内,公开发行公司债券并在证券交易所、全国中小企业股份转让系统交易,非公开发行公司债券并在证券交易所、全国中小企业股份转让系统、证券公司柜台转让的,适用本办法。法律法规和中国证券监督管理委员会(以下简称中国证监会)另有规定的,从其规定。本办法所称公司债券,是指公司依照法定程序发行、约定在一定期限还本付息的有价证券。

擅自发行股票

★《中华人民共和国证券法》(自 2020 年 3 月 1 日起施行)

第九条 公开发行证券,必须符合法律、行政法规规定的条件,并依法报经国务院证券监督管理机构或者国务院授权的部门注册。未经依法注册,任何单位和个人不得公开发行证券。证券发行注册制的具体范围、实施步骤,由国务院规定。

有下列情形之一的,为公开发行:

(一)向不特定对象发行证券;

(二)向特定对象发行证券累计超过二百人,但依法实施员工持股计划的员工人数不计算在内;

(三)法律、行政法规规定的其他发行行为。

非公开发行证券,不得采用广告、公开劝诱和变相公开方式。

第十五条 公开发行公司债券,应当符合下列条件:

(一)具备健全且运行良好的组织机构;

(二)最近三年平均可分配利润足以支付公司债券一年的利息;

(三)国务院规定的其他条件。

公开发行公司债券筹集的资金,必须按照公司债券募集办法所列资金用途使用；改变资金用途，必须经债券持有人会议作出决议。公开发行公司债券筹集的资金，不得用于弥补亏损和非生产性支出。

上市公司发行可转换为股票的公司债券，除应当符合第一款规定的条件外，还应当遵守本法第十二条第二款的规定。但是，按照公司债券募集办法，上市公司通过收购本公司股份的方式进行公司债券转换的除外。

第十六条 申请公开发行公司债券，应当向国务院授权的部门或者国务院证券监督管理机构报送下列文件：

（一）公司营业执照；

（二）公司章程；

（三）公司债券募集办法；

（四）国务院授权的部门或者国务院证券监督管理机构规定的其他文件。

依照本法规定聘请保荐人的，还应当报送保荐人出具的发行保荐书。

第十七条 有下列情形之一的，不得再次公开发行公司债券：

（一）对已公开发行的公司债券或者其他债务有违约或者延迟支付本息的事实，仍处于继续状态；

（二）违反本法规定，改变公开发行公司债券所募资金的用途。

擅自发行公司、企业债券

★《中华人民共和国证券法》（自 2020 年 3 月 1 日起施行）

第九条 公开发行证券，必须符合法律、行政法规规定的条件，并依法报经国务院证券监督管理机构或者国务院授权的部门注册。未经依法注册，任何单位和个人不得公开发行证券。证券发行注册制的具体范围、实施步骤,由国务院规定。

有下列情形之一的,为公开发行:

(一)向不特定对象发行证券;

(二)向特定对象发行证券累计超过二百人,但依法实施员工持股计划的员工人数不计算在内;

(三)法律、行政法规规定的其他发行行为。

非公开发行证券,不得采用广告、公开劝诱和变相公开方式。

第十一条 设立股份有限公司公开发行股票,应当符合《中华人民共和国公司法》规定的条件和经国务院批准的国务院证券监督管理机构规定的其他条件,向国务院证券监督管理机构报送募股申请和下列文件:

(一)公司章程;

(二)发起人协议;

(三)发起人姓名或者名称,发起人认购的股份数、出资种类及验资证明;

(四)招股说明书;

(五)代收股款银行的名称及地址;

(六)承销机构名称及有关的协议。

依照本法规定聘请保荐人的,还应当报送保荐人出具的发行保荐书。

法律、行政法规规定设立公司必须报经批准的,还应当提交相应的批准文件。

第十二条 公司首次公开发行新股,应当符合下列条件:

(一)具备健全且运行良好的组织机构;

(二)具有持续经营能力;

(三)最近三年财务会计报告被出具无保留意见审计报告;

(四)发行人及其控股股东、实际控制人最近三年不存在贪污、贿赂、侵占财产、挪用财产或者破坏社会主义市场经济秩序的刑事犯罪;

（五）经国务院批准的国务院证券监督管理机构规定的其他条件。

上市公司发行新股，应当符合经国务院批准的国务院证券监督管理机构规定的条件，具体管理办法由国务院证券监督管理机构规定。

公开发行存托凭证的，应当符合首次公开发行新股的条件以及国务院证券监督管理机构规定的其他条件。

第十五条 公开发行公司债券，应当符合下列条件：

（一）具备健全且运行良好的组织机构；

（二）最近三年平均可分配利润足以支付公司债券一年的利息；

（三）国务院规定的其他条件。

公开发行公司债券筹集的资金，必须按照公司债券募集办法所列资金用途使用；改变资金用途，必须经债券持有人会议作出决议。公开发行公司债券筹集的资金，不得用于弥补亏损和非生产性支出。

上市公司发行可转换为股票的公司债券，除应当符合第一款规定的条件外，还应当遵守本法第十二条第二款的规定。但是，按照公司债券募集办法，上市公司通过收购本公司股份的方式进行公司债券转换的除外。

第十六条 申请公开发行公司债券，应当向国务院授权的部门或者国务院证券监督管理机构报送下列文件：

（一）公司营业执照；

（二）公司章程；

（三）公司债券募集办法；

（四）国务院授权的部门或者国务院证券监督管理机构规定的其他文件。

依照本法规定聘请保荐人的，还应当报送保荐人出具的发行保荐书。

第十七条 有下列情形之一的，不得再次公开发行公司债券：

（一）对已公开发行的公司债券或者其他债务有违约或者延迟支付本息的事实，仍处于继续状态；

（二）违反本法规定，改变公开发行公司债券所募资金的用途。

★《**国家发展改革委关于企业债券发行实施注册制有关事项的通知**》（自 2020 年 3 月 1 日起施行）

一、企业债券发行全面施行注册制

按照《中华人民共和国证券法》和《通知》有关要求，企业债券发行由核准制改为注册制。国家发展改革委为企业债券的法定注册机关，发行企业债券应当依法经国家发展改革委注册。

国家发展改革委指定相关机构负责企业债券的受理、审核。其中，中央国债登记结算有限责任公司为受理机构，中央国债登记结算有限责任公司、中国银行间市场交易商协会为审核机构。两家机构应尽快制定相关业务流程、受理审核标准等配套制度，并在规定的时限内完成受理、审核工作。

企业债券发行人直接向受理机构提出申请，我委对企业债券受理、审核工作及两家指定机构进行监督指导，并在法定时限内履行发行注册程序。

★《**首次公开发行股票注册管理办法**》（自 2023 年 2 月 17 日起施行）

第五条　首次公开发行股票并上市，应当符合发行条件、上市条件以及相关信息披露要求，依法经交易所发行上市审核，并报中国证监会注册。

第十四条　发行人董事会应当依法就本次发行股票的具体方案、本次募集资金使用的可行性及其他必须明确的事项作出决议，并提请股东大会批准。

第十五条　发行人股东大会应当就本次发行股票作出决议，决议至少应当包括下列事项：

（一）本次公开发行股票的种类和数量；

（二）发行对象；

（三）定价方式；

（四）募集资金用途；

（五）发行前滚存利润的分配方案；

（六）决议的有效期；

（七）对董事会办理本次发行具体事宜的授权；

（八）其他必须明确的事项。

第十六条 发行人申请首次公开发行股票并上市，应当按照中国证监会有关规定制作注册申请文件，依法由保荐人保荐并向交易所申报。

交易所收到注册申请文件，五个工作日内作出是否受理的决定。

第十七条 自注册申请文件申报之日起，发行人及其控股股东、实际控制人、董事、监事、高级管理人员，以及与本次股票公开发行并上市相关的保荐人、证券服务机构及相关责任人员，即承担相应法律责任，并承诺不得影响或干扰发行上市审核注册工作。

第十八条 注册申请文件受理后，未经中国证监会或者交易所同意，不得改动。

发生重大事项的，发行人、保荐人、证券服务机构应当及时向交易所报告，并按要求更新注册申请文件和信息披露资料。

第十九条 交易所设立独立的审核部门，负责审核发行人公开发行并上市申请；设立科技创新咨询委员会或行业咨询专家库，负责为板块建设和发行上市审核提供专业咨询和政策建议；设立上市委员会，负责对审核部门出具的审核报告和发行人的申请文件提出审议意见。

交易所主要通过向发行人提出审核问询、发行人回答问题方式开展审核工作，判断发行人是否符合发行条件、上市条件和信息披露要求，督促发行人完善信息披露内容。

第二十条 交易所按照规定的条件和程序，形成发行人是否符合发行条件和信息披露要求的审核意见。认为发行人符合发行条件和信息披露要求的，将审核意见、发行人注册申请文件及相关审核资料报中国证监会注册；认为发行人不符合发行条件或者信息披露要求的，作出终止发行上市审核决定。

交易所审核过程中，发现重大敏感事项、重大无先例情况、重大舆情、重大违法线索的，应当及时向中国证监会请示报告，中国证监会及时明确意见。

第二十一条 交易所应当自受理注册申请文件之日起在规定的时限内形成审核意见。发行人根据要求补充、修改注册申请文件，或者交易所按照规定对发行人实施现场检查，要求保荐人、证券服务机构对有关事项进行专项核查，并要求发行人补充、修改申请文件的时间不计算在内。

第二十二条 交易所应当提高审核工作透明度，接受社会监督，公开下列事项：

（一）发行上市审核标准和程序等发行上市审核业务规则和相关业务细则；

（二）在审企业名单、企业基本情况及审核工作进度；

（三）发行上市审核问询及回复情况，但涉及国家秘密或者发行人商业秘密的除外；

（四）上市委员会会议的时间、参会委员名单、审议的发行人名单、审议结果及现场问询问题；

（五）对股票公开发行并上市相关主体采取的自律监管措施或者纪律处分；

（六）交易所规定的其他事项。

第二十三条 中国证监会在交易所收到注册申请文件之日起，同步关注发行人是否符合国家产业政策和板块定位。

第二十四条 中国证监会收到交易所审核意见及相关资料后，基于交易所审核意见，依法履行发行注册程序。在二十个工作日内对发行人的注册申请作出予以注册或者不予注册的决定。

前款规定的注册期限内,中国证监会发现存在影响发行条件的新增事项的,可以要求交易所进一步问询并就新增事项形成审核意见。发行人根据要求补充、修改注册申请文件,或者中国证监会要求交易所进一步问询,要求保荐人、证券服务机构等对有关事项进行核查,对发行人现场检查,并要求发行人补充、修改申请文件的时间不计算在内。

中国证监会认为交易所对新增事项的审核意见依据明显不充分,可以退回交易所补充审核。交易所补充审核后,认为发行人符合发行条件和信息披露要求的,重新向中国证监会报送审核意见及相关资料,前款规定的注册期限重新计算。

第二十五条 中国证监会的予以注册决定,自作出之日起一年内有效,发行人应当在注册决定有效期内发行股票,发行时点由发行人自主选择。

第二十六条 中国证监会作出予以注册决定后、发行人股票上市交易前,发行人应当及时更新信息披露文件内容,财务报表已过有效期的,发行人应当补充财务会计报告等文件;保荐人以及证券服务机构应当持续履行尽职调查职责;发生重大事项的,发行人、保荐人应当及时向交易所报告。

交易所应当对上述事项及时处理,发现发行人存在重大事项影响发行条件、上市条件的,应当出具明确意见并及时向中国证监会报告。

第二十七条 中国证监会作出予以注册决定后、发行人股票上市交易前,发行人应当持续符合发行条件,发现可能影响本次发行的重大事项的,中国证监会可以要求发行人暂缓发行、上市;相关重大事项导致发行人不符合发行条件的,应当撤销注册。中国证监会撤销注册后,股票尚未发行的,发行人应当停止发行;股票已经发行尚未上市的,发行人应当按照发行价并加算银行同期存款利息返还股票持有人。

第二十八条 交易所认为发行人不符合发行条件或者信息披露要求，作出终止发行上市审核决定，或者中国证监会作出不予注册决定的，自决定作出之日起六个月后，发行人可以再次提出公开发行股票并上市申请。

★《公司债券发行与交易管理办法》（自 2023 年 10 月 20 日起施行）

第三条 公司债券可以公开发行，也可以非公开发行。

第十四条 公开发行公司债券，应当符合下列条件：

（一）具备健全且运行良好的组织机构；

（二）最近三年平均可分配利润足以支付公司债券一年的利息；

（三）具有合理的资产负债结构和正常的现金流量；

（四）国务院规定的其他条件。

公开发行公司债券，由证券交易所负责受理、审核，并报中国证监会注册。

第十五条 存在下列情形之一的，不得再次公开发行公司债券：

（一）对已公开发行的公司债券或者其他债务有违约或者延迟支付本息的事实，仍处于继续状态；

（二）违反《证券法》规定，改变公开发行公司债券所募资金用途。

第三十四条 非公开发行的公司债券应当向专业投资者发行，不得采用广告、公开劝诱和变相公开方式，每次发行对象不得超过二百人。

第三十五条 承销机构应当按照中国证监会、证券自律组织规定的投资者适当性制度，了解和评估投资者对非公开发行公司债券的风险识别和承担能力，确认参与非公开发行公司债券认购的投资者为专业投资者，并充分揭示风险。

第三十六条 非公开发行公司债券，承销机构或依照本办法

第三十九条规定自行销售的发行人应当在每次发行完成后五个工作日内向中国证券业协会报备。

中国证券业协会在材料齐备时应当及时予以报备。报备不代表中国证券业协会实行合规性审查,不构成市场准入,也不豁免相关主体的违规责任。

第三十七条 非公开发行公司债券,可以申请在证券交易场所、证券公司柜台转让。

非公开发行公司债券并在证券交易场所转让的,应当遵守证券交易场所制定的业务规则,并经证券交易场所同意。

非公开发行公司债券并在证券公司柜台转让的,应当符合中国证监会的相关规定。

第三十八条 非公开发行的公司债券仅限于专业投资者范围内转让。转让后,持有同次发行债券的投资者合计不得超过二百人。

内幕信息

★《**中华人民共和国证券法**》(自 2020 年 3 月 1 日起施行)

第五十二条 证券交易活动中,涉及发行人的经营、财务或者对该发行人证券的市场价格有重大影响的尚未公开的信息,为内幕信息。

本法第八十条第二款、第八十一条第二款所列重大事件属于内幕信息。

第八十条 发生可能对上市公司、股票在国务院批准的其他全国性证券交易场所交易的公司的股票交易价格产生较大影响的重大事件,投资者尚未得知时,公司应当立即将有关该重大事件的情况向国务院证券监督管理机构和证券交易场所报送临时报告,并予公告,说明事件的起因、目前的状态和可能产生的法律后果。

前款所称重大事件包括：

（一）公司的经营方针和经营范围的重大变化；

（二）公司的重大投资行为，公司在一年内购买、出售重大资产超过公司资产总额百分之三十，或者公司营业用主要资产的抵押、质押、出售或者报废一次超过该资产的百分之三十；

（三）公司订立重要合同、提供重大担保或者从事关联交易，可能对公司的资产、负债、权益和经营成果产生重要影响；

（四）公司发生重大债务和未能清偿到期重大债务的违约情况；

（五）公司发生重大亏损或者重大损失；

（六）公司生产经营的外部条件发生的重大变化；

（七）公司的董事、三分之一以上监事或者经理发生变动，董事长或者经理无法履行职责；

（八）持有公司百分之五以上股份的股东或者实际控制人持有股份或者控制公司的情况发生较大变化，公司的实际控制人及其控制的其他企业从事与公司相同或者相似业务的情况发生较大变化；

（九）公司分配股利、增资的计划，公司股权结构的重要变化，公司减资、合并、分立、解散及申请破产的决定，或者依法进入破产程序、被责令关闭；

（十）涉及公司的重大诉讼、仲裁，股东大会、董事会决议被依法撤销或者宣告无效；

（十一）公司涉嫌犯罪被依法立案调查，公司的控股股东、实际控制人、董事、监事、高级管理人员涉嫌犯罪被依法采取强制措施；

（十二）国务院证券监督管理机构规定的其他事项。

公司的控股股东或者实际控制人对重大事件的发生、进展产生较大影响的，应当及时将其知悉的有关情况书面告知公司，并配合公司履行信息披露义务。

第八十一条 发生可能对上市交易公司债券的交易价格产生较大影响的重大事件,投资者尚未得知时,公司应当立即将有关该重大事件的情况向国务院证券监督管理机构和证券交易场所报送临时报告,并予公告,说明事件的起因、目前的状态和可能产生的法律后果。

前款所称重大事件包括:

(一)公司股权结构或者生产经营状况发生重大变化;

(二)公司债券信用评级发生变化;

(三)公司重大资产抵押、质押、出售、转让、报废;

(四)公司发生未能清偿到期债务的情况;

(五)公司新增借款或者对外提供担保超过上年末净资产的百分之二十;

(六)公司放弃债权或者财产超过上年末净资产的百分之十;

(七)公司发生超过上年末净资产百分之十的重大损失;

(八)公司分配股利,作出减资、合并、分立、解散及申请破产的决定,或者依法进入破产程序、被责令关闭;

(九)涉及公司的重大诉讼、仲裁;

(十)公司涉嫌犯罪被依法立案调查,公司的控股股东、实际控制人、董事、监事、高级管理人员涉嫌犯罪被依法采取强制措施;

(十一)国务院证券监督管理机构规定的其他事项。

★《中华人民共和国期货和衍生品法》(自2022年8月1日起施行)

第十四条 本法所称内幕信息,是指可能对期货交易或者衍生品交易的交易价格产生重大影响的尚未公开的信息。

期货交易的内幕信息包括:

(一)国务院期货监督管理机构以及其他相关部门正在制定或者尚未发布的对期货交易价格可能产生重大影响的政策、信息或者数据；

（二）期货交易场所、期货结算机构作出的可能对期货交易价格产生重大影响的决定；

（三）期货交易场所会员、交易者的资金和交易动向；

（四）相关市场中的重大异常交易信息；

（五）国务院期货监督管理机构规定的对期货交易价格有重大影响的其他信息。

内幕信息的知情人员，非法获取证券、期货交易内幕信息的人员

★《中华人民共和国证券投资基金法》（自 2015 年 4 月 24 日起施行）

第二十条 公开募集基金的基金管理人及其董事、监事、高级管理人员和其他从业人员不得有下列行为：

……

（六）泄露因职务便利获取的未公开信息、利用该信息从事或者明示、暗示他人从事相关的交易活动；

（七）玩忽职守，不按照规定履行职责；

（八）法律、行政法规和国务院证券监督管理机构规定禁止的其他行为。

★《中华人民共和国证券法》（自 2020 年 3 月 1 日起施行）

第五十条 禁止证券交易内幕信息的知情人和非法获取内幕信息的人利用内幕信息从事证券交易活动。

第五十一条 证券交易内幕信息的知情人包括：

（一）发行人及其董事、监事、高级管理人员；

（二）持有公司百分之五以上股份的股东及其董事、监事、高

级管理人员，公司的实际控制人及其董事、监事、高级管理人员；

（三）发行人控股或者实际控制的公司及其董事、监事、高级管理人员；

（四）由于所任公司职务或者因与公司业务往来可以获取公司有关内幕信息的人员；

（五）上市公司收购人或者重大资产交易方及其控股股东、实际控制人、董事、监事和高级管理人员；

（六）因职务、工作可以获取内幕信息的证券交易场所、证券公司、证券登记结算机构、证券服务机构的有关人员；

（七）因职责、工作可以获取内幕信息的证券监督管理机构工作人员；

（八）因法定职责对证券的发行、交易或者对上市公司及其收购、重大资产交易进行管理可以获取内幕信息的有关主管部门、监管机构的工作人员；

（九）国务院证券监督管理机构规定的可以获取内幕信息的其他人员。

第五十三条 证券交易内幕信息的知情人和非法获取内幕信息的人，在内幕信息公开前，不得买卖该公司的证券，或者泄露该信息，或者建议他人买卖该证券。

持有或者通过协议、其他安排与他人共同持有公司百分之五以上股份的自然人、法人、非法人组织收购上市公司的股份，本法另有规定的，适用其规定。

内幕交易行为给投资者造成损失的，应当依法承担赔偿责任。

第一百九十一条第一款 证券交易内幕信息的知情人或者非法获取内幕信息的人违反本法第五十三条的规定从事内幕交易的，责令依法处理非法持有的证券，没收违法所得，并处以违法所得一倍以上十倍以下的罚款；没有违法所得或者违法所得不足五十万元的，处以五十万元以上五百万元以下的罚款。单位从事内幕交易的,还应当对直接负责的主管人员和其他直接责任人员给予警告,并处以二十万元以上二百万元以下的罚款。国务院证券监督管理机构工作人员从事内幕交易的,从重处罚。

★《中华人民共和国期货和衍生品法》(自 2022 年 8 月 1 日起施行)

第十三条 期货交易和衍生品交易的内幕信息的知情人和非法获取内幕信息的人,在内幕信息公开前不得从事相关期货交易或者衍生品交易,明示、暗示他人从事与内幕信息有关的期货交易或者衍生品交易,或者泄露内幕信息。

第十五条 本法所称内幕信息的知情人,是指由于经营地位、管理地位、监督地位或者职务便利等,能够接触或者获得内幕信息的单位和个人。

期货交易的内幕信息的知情人包括:

(一)期货经营机构、期货交易场所、期货结算机构、期货服务机构的有关人员;

(二)国务院期货监督管理机构和其他有关部门的工作人员;

(三)国务院期货监督管理机构规定的可以获取内幕信息的其他单位和个人。

第一百二十六条 违反本法第十三条的规定从事内幕交易的,责令改正,没收违法所得,并处以违法所得一倍以上十倍以下的罚款;没有违法所得或者违法所得不足五十万元的,处以五十万元以上五百万元以下的罚款。单位从事内幕交易的,还应当对直接负责的主管人员和其他直接责任人员给予警告,并处以二十万元以上二百万元以下的罚款。

国务院期货监督管理机构、国务院授权的部门、期货交易场所、期货结算机构的工作人员从事内幕交易的,从重处罚。

内幕交易行为给交易者造成损失的,应当依法承担赔偿责任。

未公开信息交易

★《中华人民共和国证券法》(自 2020 年 3 月 1 日起施行)

第五十四条 禁止证券交易场所、证券公司、证券登记结算机构、证券服务机构和其他金融机构的从业人员、有关监管部门或者行业协会的工作人员,利用因职务便利获取的内幕信息以外的其他未公开的信息,违反规定,从事与该信息相关的证券交易活动,或者明示、暗示他人从事相关交易活动。

利用未公开信息进行交易给投资者造成损失的,应当依法承担赔偿责任。

第二百一十九条 违反本法规定,构成犯罪的,依法追究刑事责任。

编造并且传播影响证券、期货交易的虚假信息

★《中华人民共和国证券法》(自 2020 年 3 月 1 日起施行)

第五十六条 禁止任何单位和个人编造、传播虚假信息或者误导性信息,扰乱证券市场。

禁止证券交易场所、证券公司、证券登记结算机构、证券服务机构及其从业人员,证券业协会、证券监督管理机构及其工作人员,在证券交易活动中作出虚假陈述或者信息误导。

各种传播媒介传播证券市场信息必须真实、客观,禁止误导。传播媒介及其从事证券市场信息报道的工作人员不得从事与其工作职责发生利益冲突的证券买卖。

编造、传播虚假信息或者误导性信息,扰乱证券市场,给投

资者造成损失的,应当依法承担赔偿责任。

第二百一十九条　违反本法规定,构成犯罪的,依法追究刑事责任。

★《中华人民共和国期货和衍生品法》(自 2022 年 8 月 1 日起施行)

第十六条　禁止任何单位和个人编造、传播虚假信息或者误导性信息,扰乱期货市场和衍生品市场。

禁止期货经营机构、期货交易场所、期货结算机构、期货服务机构及其从业人员,组织、开展衍生品交易的场所、机构及其从业人员,期货和衍生品行业协会、国务院期货监督管理机构、国务院授权的部门及其工作人员,在期货交易和衍生品交易及相关活动中作出虚假陈述或者信息误导。

各种传播媒介传播期货市场和衍生品市场信息应当真实、客观,禁止误导。传播媒介及其从事期货市场和衍生品市场信息报道的工作人员不得从事与其工作职责发生利益冲突的期货交易和衍生品交易及相关活动。

★《上市公司信息披露管理办法》(自 2021 年 5 月 1 日起施行)

第五十七条　任何单位和个人编造、传播虚假信息或者误导性信息,扰乱证券市场的;证券交易场所、证券公司、证券登记结算机构、证券服务机构及其从业人员,证券业协会、中国证监会及其工作人员,在证券交易活动中作出虚假陈述或者信息误导的;传播媒介传播上市公司信息不真实、不客观的,由中国证监会按照《证券法》第一百九十三条处罚。

操纵证券市场

★《中华人民共和国证券法》（自 2020 年 3 月 1 日起施行）

第五十五条 禁止任何人以下列手段操纵证券市场，影响或者意图影响证券交易价格或者证券交易量：

（一）单独或者通过合谋，集中资金优势持股优或者利用信息优势联合或者连续买卖；

（二）与他人串通，以事先约定的时间、价格和方式相互进行证券交易；

（三）在自己实际控制的账户之间进行证券交易；

（四）不以成交为目的，频繁或者大量申报并撤销申报；

（五）利用虚假或者不确定的重大信息，诱导投资者进行证券交易；

（六）对证券、发行人公开作出评价、预测或者投资建议，并进行反向证券交易；

（七）利用在其他相关市场的活动操纵证券市场；

（八）操纵证券市场的其他手段。

操纵证券市场行为给投资者造成损失的，应当依法承担赔偿责任。

第二百一十九条 违反本法规定，构成犯罪的，依法追究刑事责任。

操纵期货市场

★《中华人民共和国期货和衍生品法》（自 2022 年 8 月 1 日起施行）

第十二条 任何单位和个人不得操纵期货市场或者衍生品市场。

禁止以下列手段操纵期货市场，影响或者意图影响期货交易价格或者期货交易量：

（一）单独或者合谋，集中资金优势、持仓优势或者利用信息优势联合或者连续买卖合约；

（二）与他人串通，以事先约定的时间、价格和方式相互进行期货交易；

（三）在自己实际控制的账户之间进行期货交易；

（四）利用虚假或者不确定的重大信息，诱导交易者进行期货交易；

（五）不以成交为目的，频繁或者大量申报并撤销申报；

（六）对相关期货交易或者合约标的物的交易作出公开评价、预测或者投资建议，并进行反向操作或者相关操作；

（七）为影响期货市场行情囤积现货；

（八）在交割月或者临近交割月，利用不正当手段规避持仓限额，形成持仓优势；

（九）利用在相关市场的活动操纵期货市场；

（十）操纵期货市场的其他手段。

参考文件：
★《中国证券监督管理委员会证券市场操纵行为认定指引（试行）》（自2007年3月27日起施行）（略）

违背受托义务，擅自运用客户资金或者其他委托、信托的财产

编者注：本条适用于银行等金融机构开展的信托、受托业务。此处列举有关银行金融机构开展的受托、信托业务部分相关法律规定。

★《中华人民共和国信托法》（自 2001 年 10 月 1 日起施行）

第二条　本法所称信托，是指委托人基于对受托人的信任，将其财产权委托给受托人，由受托人按委托人的意愿以自己的名义，为受益人的利益或者特定目的，进行管理或者处分的行为。

第二十五条　受托人应当遵守信托文件的规定，为受益人的最大利益处理信托事务。

受托人管理信托财产，必须恪尽职守，履行诚实、信用、谨慎、有效管理的义务。

★《中华人民共和国证券法》（自 2020 年 3 月 1 日起施行）

第五十七条　禁止证券公司及其从业人员从事下列损害客户利益的行为：

（一）违背客户的委托为其买卖证券；

（二）不在规定时间内向客户提供交易的确认文件；

（三）未经客户的委托，擅自为客户买卖证券，或者假借客户的名义买卖证券；

（四）为牟取佣金收入，诱使客户进行不必要的证券买卖；

（五）其他违背客户真实意思表示，损害客户利益的行为。

违反前款规定给客户造成损失的，应当依法承担赔偿责任。

★《中华人民共和国期货和衍生品法》（自 2022 年 8 月 1 日起施行）

第六十七条　期货经营机构从事资产管理业务，接受客户委托，运用客户资产进行投资的，应当公平对待所管理的不同客户资产，不得违背受托义务。

★《信托公司管理办法》（自 2007 年 3 月 1 日起施行）

第二条　本办法所称信托公司，是指依照《中华人民共和国公司法》和本办法设立的主要经营信托业务的金融机构。

本办法所称信托业务,是指信托公司以营业和收取报酬为目的,以受托人身份承诺信托和处理信托事务的经营行为。

第三条 信托财产不属于信托公司的固有财产,也不属于信托公司对受益人的负债。信托公司终止时,信托财产不属于其清算财产。

第四条 信托公司从事信托活动,应当遵守法律法规的规定和信托文件的约定,不得损害国家利益、社会公共利益和受益人的合法权益。

第十六条 信托公司可以申请经营下列部分或者全部本外币业务:

(一)资金信托;

(二)动产信托;

(三)不动产信托;

(四)有价证券信托;

(五)其他财产或财产权信托;

(六)作为投资基金或者基金管理公司的发起人从事投资基金业务;

(七)经营企业资产的重组、购并及项目融资、公司理财、财务顾问等业务;

(八)受托经营国务院有关部门批准的证券承销业务;

(九)办理居间、咨询、资信调查等业务;

(十)代保管及保管箱业务;

(十一)法律法规规定或中国银行业监督管理委员会批准的其他业务。

第二十四条 信托公司管理运用或者处分信托财产,必须恪尽职守,履行诚实、信用、谨慎、有效管理的义务,维护受益人的最大利益。

第二十五条 信托公司在处理信托事务时应当避免利益冲突,在无法避免时,应向委托人、受益人予以充分的信息披露,或拒绝从事该项业务。

第二十六条　信托公司应当亲自处理信托事务。信托文件另有约定或有不得已事由时，可委托他人代为处理，但信托公司应尽足够的监督义务，并对他人处理信托事务的行为承担责任。

第二十七条　信托公司对委托人、受益人以及所处理信托事务的情况和资料负有依法保密的义务，但法律法规另有规定或者信托文件另有约定的除外。

第二十八条　信托公司应当妥善保存处理信托事务的完整记录，定期向委托人、受益人报告信托财产及其管理运用、处分及收支的情况。

委托人、受益人有权向信托公司了解对其信托财产的管理运用、处分及收支情况，并要求信托公司作出说明。

★《中国人民银行、中国银行保险监督管理委员会、中国证券监督管理委员会、国家外汇管理局关于规范金融机构资产管理业务的指导意见》（自 2018 年 4 月 27 日起施行）

二、资产管理业务是指银行、信托、证券、基金、期货、保险资产管理机构、金融资产投资公司等金融机构接受投资者委托，对受托的投资者财产进行投资和管理的金融服务。金融机构为委托人利益履行诚实信用、勤勉尽责义务并收取相应的管理费用，委托人自担投资风险并获得收益。金融机构可以与委托人在合同中事先约定收取合理的业绩报酬，业绩报酬计入管理费，须与产品一一对应并逐个结算，不同产品之间不得相互串用。

资产管理业务是金融机构的表外业务，金融机构开展资产管理业务时不得承诺保本保收益。出现兑付困难时，金融机构不得以任何形式垫资兑付。金融机构不得在表内开展资产管理业务。

私募投资基金适用私募投资基金专门法律、行政法规，私募投资基金专门法律、行政法规中没有明确规定的适用本意见，创业投资基金、政府出资产业投资基金的相关规定另行制定。

三、资产管理产品包括但不限于人民币或外币形式的银行非保本理财产品，资金信托，证券公司、证券公司子公司、基金管理公司、基金管理子公司、期货公司、期货公司子公司、保险资产管理机构、金融资产投资公司发行的资产管理产品等。依据金融管理部门颁布规则开展的资产证券化业务，依据人力资源社会保障部门颁布规则发行的养老金产品，不适用本意见。

四、资产管理产品按照募集方式的不同，分为公募产品和私募产品。公募产品面向不特定社会公众公开发行。公开发行的认定标准依照《中华人民共和国证券法》执行。私募产品面向合格投资者通过非公开方式发行。

资产管理产品按照投资性质的不同，分为固定收益类产品、权益类产品、商品及金融衍生品类产品和混合类产品。固定收益类产品投资于存款、债券等债权类资产的比例不低于80%，权益类产品投资于股票、未上市企业股权等权益类资产的比例不低于80%，商品及金融衍生品类产品投资于商品及金融衍生品的比例不低于80%，混合类产品投资于债权类资产、权益类资产、商品及金融衍生品类资产且任一资产的投资比例未达到前三类产品标准。非因金融机构主观因素导致突破前述比例限制的，金融机构应当在流动性受限资产可出售、可转让或者恢复交易的15个交易日内调整至符合要求。

金融机构在发行资产管理产品时，应当按照上述分类标准向投资者明示资产管理产品的类型，并按照确定的产品性质进行投资。在产品成立后至到期日前，不得擅自改变产品类型。混合类产品投资债权类资产、权益类资产和商品及金融衍生品类资产的比例范围应当在发行产品时予以确定并向投资者明示，在产品成立后至到期日前不得擅自改变。产品的实际投向不得违反合同约定，如有改变，除高风险类型的产品超出比例范围投资较低风险资产外，应当先行取得投资者书面同意，并履行登记备案等法律法规以及金融监督管理部门规定的程序。

八、金融机构运用受托资金进行投资，应当遵守审慎经营规则，制定科学合理的投资策略和风险管理制度，有效防范和控制风险。

金融机构应当履行以下管理人职责：

（一）依法募集资金，办理产品份额的发售和登记事宜。

（二）办理产品登记备案或者注册手续。

（三）对所管理的不同产品受托财产分别管理、分别记账，进行投资。

（四）按照产品合同的约定确定收益分配方案，及时向投资者分配收益。

（五）进行产品会计核算并编制产品财务会计报告。

（六）依法计算并披露产品净值或者投资收益情况，确定申购、赎回价格。

（七）办理与受托财产管理业务活动有关的信息披露事项。

（八）保存受托财产管理业务活动的记录、账册、报表和其他相关资料。

（九）以管理人名义，代表投资者利益行使诉讼权利或者实施其他法律行为。

（十）在兑付受托资金及收益时，金融机构应当保证受托资金及收益返回委托人的原账户、同名账户或者合同约定的受益人账户。

（十一）金融监督管理部门规定的其他职责。

金融机构未按照诚实信用、勤勉尽责原则切实履行受托管理职责，造成投资者损失的，应当依法向投资者承担赔偿责任。

九、金融机构代理销售其他金融机构发行的资产管理产品，应当符合金融监督管理部门规定的资质条件。未经金融监督管理部门许可，任何非金融机构和个人不得代理销售资产管理产品。

金融机构应当建立资产管理产品的销售授权管理体系，明确代理销售机构的准入标准和程序，明确界定双方的权利与义务，明确相关风险的承担责任和转移方式。

金融机构代理销售资产管理产品,应当建立相应的内部审批和风险控制程序,对发行或者管理机构的信用状况、经营管理能力、市场投资能力、风险处置能力等开展尽职调查,要求发行或者管理机构提供详细的产品介绍、相关市场分析和风险收益测算报告,进行充分的信息验证和风险审查,确保代理销售的产品符合本意见规定并承担相应责任。

十、公募产品主要投资标准化债权类资产以及上市交易的股票,除法律法规和金融管理部门另有规定外,不得投资未上市企业股权。公募产品可以投资商品及金融衍生品,但应当符合法律法规以及金融管理部门的相关规定。

私募产品的投资范围由合同约定,可以投资债权类资产、上市或挂牌交易的股票、未上市企业股权(含债转股)和受(收)益权以及符合法律法规规定的其他资产,并严格遵守投资者适当性管理要求。鼓励充分运用私募产品支持市场化、法治化债转股。

十一、资产管理产品进行投资应当符合以下规定:

(一)标准化债权类资产应当同时符合以下条件:

1. 等分化,可交易。
2. 信息披露充分。
3. 集中登记,独立托管。
4. 公允定价,流动性机制完善。
5. 在银行间市场、证券交易所市场等经国务院同意设立的交易市场交易。

标准化债权类资产的具体认定规则由中国人民银行会同金融监督管理部门另行制定。

标准化债权类资产之外的债权类资产均为非标准化债权类资产。金融机构发行资产管理产品投资于非标准化债权类资产的,应当遵守金融监督管理部门制定的有关限额管理、流动性管理等监管标准。金融监督管理部门未制定相关监管标准的,由中国人民银行督促根据本意见要求制定监管标准并予以执行。

金融机构不得将资产管理产品资金直接投资于商业银行信贷资产。商业银行信贷资产受（收）益权的投资限制由金融管理部门另行制定。

（二）资产管理产品不得直接或者间接投资法律法规和国家政策禁止进行债权或股权投资的行业和领域。

（三）鼓励金融机构在依法合规、商业可持续的前提下，通过发行资产管理产品募集资金投向符合国家战略和产业政策要求、符合国家供给侧结构性改革政策要求的领域。鼓励金融机构通过发行资产管理产品募集资金支持经济结构转型，支持市场化、法治化债转股，降低企业杠杆率。

（四）跨境资产管理产品及业务参照本意见执行，并应当符合跨境人民币和外汇管理有关规定。

十二、金融机构应当向投资者主动、真实、准确、完整、及时披露资产管理产品募集信息、资金投向、杠杆水平、收益分配、托管安排、投资账户信息和主要投资风险等内容。国家法律法规另有规定的，从其规定。

对于公募产品，金融机构应当建立严格的信息披露管理制度，明确定期报告、临时报告、重大事项公告、投资风险披露要求以及具体内容、格式。在本机构官方网站或者通过投资者便于获取的方式披露产品净值或者投资收益情况，并定期披露其他重要信息：开放式产品按照开放频率披露，封闭式产品至少每周披露一次。

对于私募产品，其信息披露方式、内容、频率由产品合同约定，但金融机构应当至少每季度向投资者披露产品净值和其他重要信息。

对于固定收益类产品，金融机构应当通过醒目方式向投资者充分披露和提示产品的投资风险，包括但不限于产品投资债券面临的利率、汇率变化等市场风险以及债券价格波动情况，产品投资每笔非标准化债权类资产的融资客户、项目名称、剩余融资期限、到期收益分配、交易结构、风险状况等。

对于权益类产品，金融机构应当通过醒目方式向投资者充分披露和提示产品的投资风险，包括产品投资股票面临的风险以及股票价格波动情况等。

对于商品及金融衍生品类产品，金融机构应当通过醒目方式向投资者充分披露产品的挂钩资产、持仓风险、控制措施以及衍生品公允价值变化等。

对于混合类产品，金融机构应当通过醒目方式向投资者清晰披露产品的投资资产组合情况，并根据固定收益类、权益类、商品及金融衍生品类资产投资比例充分披露和提示相应的投资风险。

十三、主营业务不包括资产管理业务的金融机构应当设立具有独立法人地位的资产管理子公司开展资产管理业务，强化法人风险隔离，暂不具备条件的可以设立专门的资产管理业务经营部门开展业务。

金融机构不得为资产管理产品投资的非标准化债权类资产或者股权类资产提供任何直接或间接、显性或隐性的担保、回购等代为承担风险的承诺。

金融机构开展资产管理业务，应当确保资产管理业务与其他业务相分离，资产管理产品与其代销的金融产品相分离，资产管理产品之间相分离，资产管理业务操作与其他业务操作相分离。

十四、本意见发布后，金融机构发行的资产管理产品资产应当由具有托管资质的第三方机构独立托管，法律、行政法规另有规定的除外。

过渡期内，具有证券投资基金托管业务资质的商业银行可以托管本行理财产品，但应当为每只产品单独开立托管账户，确保资产隔离。过渡期后，具有证券投资基金托管业务资质的商业银行应当设立具有独立法人地位的子公司开展资产管理业务，该商业银行可以托管子公司发行的资产管理产品，但应当实现实质性的独立托管。独立托管有名无实的，由金融监督管理部门进行纠正和处罚。

十五、金融机构应当做到每只资产管理产品的资金单独管理、单独建账、单独核算，不得开展或者参与具有滚动发行、集合运作、分离定价特征的资金池业务。

金融机构应当合理确定资产管理产品所投资资产的期限，加强对期限错配的流动性风险管理，金融监督管理部门应当制定流动性风险管理规定。

为降低期限错配风险，金融机构应当强化资产管理产品久期管理，封闭式资产管理产品期限不得低于 90 天。资产管理产品直接或者间接投资于非标准化债权类资产的，非标准化债权类资产的终止日不得晚于封闭式资产管理产品的到期日或者开放式资产管理产品的最近一次开放日。

资产管理产品直接或者间接投资于未上市企业股权及其受（收）益权的，应当为封闭式资产管理产品，并明确股权及其受（收）益权的退出安排。未上市企业股权及其受（收）益权的退出日不得晚于封闭式资产管理产品的到期日。

金融机构不得违反金融监督管理部门的规定，通过为单一融资项目设立多只资产管理产品的方式，变相突破投资人数限制或者其他监管要求。同一金融机构发行多只资产管理产品投资同一资产的，为防止同一资产发生风险波及多只资产管理产品，多只资产管理产品投资该资产的资金总规模合计不得超过 300 亿元。如果超出该限额，需经相关金融监督管理部门批准。

十六、金融机构应当做到每只资产管理产品所投资资产的风险等级与投资者的风险承担能力相匹配，做到每只产品所投资资产构成清晰，风险可识别。

金融机构应当控制资产管理产品所投资资产的集中度：

（一）单只公募资产管理产品投资单只证券或者单只证券投资基金的市值不得超过该资产管理产品净资产的 10%。

（二）同一金融机构发行的全部公募资产管理产品投资单只证

券或者单只证券投资基金的市值不得超过该证券市值或者证券投资基金市值的30%。其中，同一金融机构全部开放式公募资产管理产品投资单一上市公司发行的股票不得超过该上市公司可流通股票的15%。

（三）同一金融机构全部资产管理产品投资单一上市公司发行的股票不得超过该上市公司可流通股票的30%。

金融监督管理部门另有规定的除外。

非因金融机构主观因素导致突破前述比例限制的，金融机构应当在流动性受限资产可出售、可转让或者恢复交易的10个交易日内调整至符合相关要求。

十七、金融机构应当按照资产管理产品管理费收入的10%计提风险准备金，或者按照规定计量操作风险资本或相应风险资本准备。风险准备金余额达到产品余额的1%时可以不再提取。风险准备金主要用于弥补因金融机构违法违规、违反资产管理产品协议、操作错误或者技术故障等给资产管理产品财产或者投资者造成的损失。金融机构应当定期将风险准备金的使用情况报告金融管理部门。

十八、金融机构对资产管理产品应当实行净值化管理，净值生成应当符合企业会计准则规定，及时反映基础金融资产的收益和风险，由托管机构进行核算并定期提供报告，由外部审计机构进行审计确认，被审计金融机构应当披露审计结果并同时报送金融管理部门。

金融资产坚持公允价值计量原则，鼓励使用市值计量。符合以下条件之一的，可按照企业会计准则以摊余成本进行计量：

（一）资产管理产品为封闭式产品，且所投金融资产以收取合同现金流量为目的并持有到期。

（二）资产管理产品为封闭式产品，且所投金融资产暂不具备活跃交易市场，或者在活跃市场中没有报价、也不能采用估值技术可靠计量公允价值。

金融机构以摊余成本计量金融资产净值，应当采用适当的风险控制手段，对金融资产净值的公允性进行评估。当以摊余成本计量已不能真实公允反映金融资产净值时，托管机构应当督促金融机构调整会计核算和估值方法。金融机构前期以摊余成本计量的金融资产的加权平均价格与资产管理产品实际兑付时金融资产的价值的偏离度不得达到5%或以上，如果偏离5%或以上的产品数超过所发行产品总数的5%，金融机构不得再发行以摊余成本计量金融资产的资产管理产品。

十九、经金融管理部门认定，存在以下行为的视为刚性兑付：

（一）资产管理产品的发行人或者管理人违反真实公允确定净值原则，对产品进行保本保收益。

（二）采取滚动发行等方式，使得资产管理产品的本金、收益、风险在不同投资者之间发生转移，实现产品保本保收益。

（三）资产管理产品不能如期兑付或者兑付困难时，发行或者管理该产品的金融机构自行筹集资金偿付或者委托其他机构代为偿付。

（四）金融管理部门认定的其他情形。

经认定存在刚性兑付行为的，区分以下两类机构进行惩处：

（一）存款类金融机构发生刚性兑付的，认定为利用具有存款本质特征的资产管理产品进行监管套利，由国务院银行保险监督管理机构和中国人民银行按照存款业务予以规范，足额补缴存款准备金和存款保险保费，并予以行政处罚。

（二）非存款类持牌金融机构发生刚性兑付的，认定为违规经营，由金融监督管理部门和中国人民银行依法纠正并予以处罚。

任何单位和个人发现金融机构存在刚性兑付行为的，可以向金融管理部门举报，查证属实且举报内容未被相关部门掌握的，给予适当奖励。

外部审计机构在对金融机构进行审计时，如果发现金融机构存在刚性兑付行为的，应当及时报告金融管理部门。外部审计机构在审计过程中未能勤勉尽责，依法追究相应责任或依法依规给予行政处罚，并将相关信息纳入全国信用信息共享平台，建立联合惩戒机制。

二十、资产管理产品应当设定负债比例（总资产/净资产）上限，同类产品适用统一的负债比例上限。每只开放式公募产品的总资产不得超过该产品净资产的140%，每只封闭式公募产品、每只私募产品的总资产不得超过该产品净资产的200%。计算单只产品的总资产时应当按照穿透原则合并计算所投资资产管理产品的总资产。

金融机构不得以受托管理的资产管理产品份额进行质押融资，放大杠杆。

二十一、公募产品和开放式私募产品不得进行份额分级。

分级私募产品的总资产不得超过该产品净资产的140%。分级私募产品应当根据所投资资产的风险程度设定分级比例（优先级份额/劣后级份额，中间级份额计入优先级份额）。固定收益类产品的分级比例不得超过3:1，权益类产品的分级比例不得超过1:1，商品及金融衍生品类产品、混合类产品的分级比例不得超过2:1。发行分级资产管理产品的金融机构应当对该资产管理产品进行自主管理，不得转委托给劣后级投资者。

分级资产管理产品不得直接或者间接对优先级份额认购者提供保本保收益安排。

本条所称分级资产管理产品是指存在一级份额以上的份额为其他级份额提供一定的风险补偿，收益分配不按份额比例计算，由资产管理合同另行约定的产品。

二十二、金融机构不得为其他金融机构的资产管理产品提供规避投资范围、杠杆约束等监管要求的通道服务。

资产管理产品可以再投资一层资产管理产品，但所投资的资产管理产品不得再投资公募证券投资基金以外的资产管理产品。

金融机构将资产管理产品投资于其他机构发行的资产管理产

品，从而将本机构的资产管理产品资金委托给其他机构进行投资的，该受托机构应当为具有专业投资能力和资质的受金融监督管理部门监管的机构。公募资产管理产品的受托机构应当为金融机构，私募资产管理产品的受托机构可以为私募基金管理人。受托机构应当切实履行主动管理职责，不得进行转委托，不得再投资公募证券投资基金以外的资产管理产品。委托机构应当对受托机构开展尽职调查，实行名单制管理，明确规定受托机构的准入标准和程序、责任和义务、存续期管理、利益冲突防范机制、信息披露义务以及退出机制。委托机构不得因委托其他机构投资而免除自身应当承担的责任。

金融机构可以聘请具有专业资质的受金融监督管理部门监管的机构作为投资顾问。投资顾问提供投资建议指导委托机构操作。

金融监督管理部门和国家有关部门应当对各类金融机构开展资产管理业务实行平等准入、给予公平待遇。资产管理产品应当在账户开立、产权登记、法律诉讼等方面享有平等的地位。金融监督管理部门基于风险防控考虑，确实需要对其他行业金融机构发行的资产管理产品采取限制措施的，应当充分征求相关部门意见并达成一致。

二十四、金融机构不得以资产管理产品的资金与关联方进行不正当交易、利益输送、内幕交易和操纵市场，包括但不限于投资于关联方虚假项目、与关联方共同收购上市公司、向本机构注资等。

金融机构的资产管理产品投资本机构、托管机构及其控股股东、实际控制人或者与其有其他重大利害关系的公司发行或者承销的证券，或者从事其他重大关联交易的，应当建立健全内部审批机制和评估机制，并向投资者充分披露信息。

二十五、建立资产管理产品统一报告制度。中国人民银行负责统筹资产管理产品的数据编码和综合统计工作，会同金融监督管理部门拟定资产管理产品统计制度，建立资产管理产品信息系统、规范和统一产品标准、信息分类、代码、数据格式，逐只产品统计基本信息、募集信息、资产负债信息和终止信息。中国人民银行和金融监督管理部门加强资产管理产品的统计信息共享。金融机构应当将含债权投资的资产管理产品信息报送至金融信用信息基础数据库。

金融机构于每只资产管理产品成立后5个工作日内，向中国人民银行和金融监督管理部门同时报送产品基本信息和起始募集信息；于每月10日前报送存续期募集信息、资产负债信息，于产品终止后5个工作日内报送终止信息。

中央国债登记结算有限责任公司、中国证券登记结算有限公司、银行间市场清算所股份有限公司、上海票据交易所股份有限公司、上海黄金交易所、上海保险交易所股份有限公司、中保保险资产登记交易系统有限公司于每月10日前向中国人民银行和金融监督管理部门同时报送资产管理产品持有其登记托管的金融工具的信息。

在资产管理产品信息系统正式运行前，中国人民银行会同金融监督管理部门依据统计制度拟定统一的过渡期数据报送模板；各金融监督管理部门对本行业金融机构发行的资产管理产品，于每月10日前按照数据报送模板向中国人民银行提供数据，及时沟通跨行业、跨市场的重大风险信息和事项。

中国人民银行对金融机构资产管理产品统计工作进行监督检查。资产管理产品统计的具体制度由中国人民银行会同相关部门另行制定。

二十六、中国人民银行负责对资产管理业务实施宏观审慎管理，会同金融监督管理部门制定资产管理业务的标准规制。金融监督管理部门实施资产管理业务的市场准入和日常监管，加强投资者保护，依照本意见会同中国人民银行制定出台各自监管领域的实施细则。

本意见正式实施后，中国人民银行会同金融监督管理部门建立工作机制，持续监测资产管理业务的发展和风险状况，定期评估标准规制的有效性和市场影响，及时修订完善，推动资产管理行业持续健康发展。

二十七、对资产管理业务实施监管遵循以下原则：

（一）机构监管与功能监管相结合，按照产品类型而不是机构类型实施功能监管，同一类型的资产管理产品适用同一监管标准，减少监管真空和套利。

（二）实行穿透式监管，对于多层嵌套资产管理产品，向上识别产品的最终投资者，向下识别产品的底层资产（公募证券投资基金除外）。

（三）强化宏观审慎管理，建立资产管理业务的宏观审慎政策框架，完善政策工具，从宏观、逆周期、跨市场的角度加强监测、评估和调节。

（四）实现实时监管，对资产管理产品的发行销售、投资、兑付等各环节进行全面动态监管，建立综合统计制度。

二十八、金融监督管理部门应当根据本意见规定，对违规行为制定和完善处罚规则，依法实施处罚，并确保处罚标准一致。资产管理业务违反宏观审慎管理要求的，由中国人民银行按照法律法规实施处罚。

二十九、本意见实施后，金融监督管理部门在本意见框架内研究制定配套细则，配套细则之间应当相互衔接，避免产生新的监管套利和不公平竞争。按照"新老划断"原则设置过渡期，确保平稳过渡。过渡期为本意见发布之日起至2020年底，对提前完成整改的机构，给予适当监管激励。过渡期内，金融机构发行新产品应当符合本意见的规定；为接续存量产品所投资的未到期资产，维持必要的流动性和市场稳定，金融机构可以发行老产品对接，但应当严格控制在存量产品整体规模内，并有序压缩递减，防止过渡期结束时出现断崖效应。金融机构应当制定过渡期内的资产管理业务整改计划，明确时间进度安排，并报送相关金融监督管理部门,由其认可并监督实施,同时报备中国人民银行。过渡期结束后,金融机构的资产管理产品按照本意见进行全面规范(因子公司尚未成立而达不到第三方独立托管要求的情形除外),金融机构不得再发行或存续违反本意见规定的资产管理产品。

三十、资产管理业务作为金融业务,属于特许经营行业,必须纳入金融监管。非金融机构不得发行、销售资产管理产品,国家另有规定的除外。

非金融机构违反上述规定,为扩大投资者范围、降低投资门槛,利用互联网平台等公开宣传、分拆销售具有投资门槛的投资标的、过度强调增信措施掩盖产品风险、设立产品二级交易市场等行为,按照国家规定进行规范清理,构成非法集资、非法吸收公众存款、非法发行证券的,依法追究法律责任。非金融机构违法违规开展资产管理业务的,依法予以处罚;同时承诺或进行刚性兑付的,依法从重处罚。

三十一、本意见自发布之日起施行。

本意见所称"金融管理部门"是指中国人民银行、国务院银行保险监督管理机构、国务院证券监督管理机构和国家外汇管理局。"发行"是指通过公开或者非公开方式向资产管理产品的投资者发出认购邀约,进行资金募集的活动。"销售"是指向投资者宣传推介资产管理产品,办理产品申购、赎回的活动。"代理销售"是指接受合作机构的委托,在本机构渠道向投资者宣传推介、销售合作机构依法发行的资产管理产品的活动。

★《**商业银行理财业务监督管理办法**》(自 2018 年 9 月 26 日起施行)

第三条 本办法所称理财业务是指商业银行接受投资者委托,按照与投资者事先约定的投资策略、风险承担和收益分配方式,对受托的投资者财产进行投资和管理的金融服务。

本办法所称理财产品是指商业银行按照约定条件和实际投资

收益情况向投资者支付收益、不保证本金支付和收益水平的非保本理财产品。

第四条 商业银行理财产品财产独立于管理人、托管机构的自有资产，因理财产品财产的管理、运用、处分或者其他情形而取得的财产，均归入银行理财产品财产。

商业银行理财产品管理人、托管机构不得将银行理财产品财产归入其自有资产，因依法解散、被依法撤销或者被依法宣告破产等原因进行清算的，银行理财产品财产不属于其清算财产。

第五条 商业银行理财产品管理人管理、运用和处分理财产品财产所产生的债权，不得与管理人、托管机构因自有资产所产生的债务相抵销；管理人管理、运用和处分不同理财产品财产所产生的债权债务，不得相互抵销。

第六条 商业银行开展理财业务，应当按照《指导意见》[1]第八条的相关规定，诚实守信、勤勉尽职地履行受人之托、代人理财职责，投资者自担投资风险并获得收益。

商业银行开展理财业务，应当遵守成本可算、风险可控、信息充分披露的原则，严格遵守投资者适当性管理要求，保护投资者合法权益。

第七条 银行业监督管理机构依法对商业银行理财业务活动实施监督管理。

银行业监督管理机构应当对理财业务实行穿透式监管，向上识别理财产品的最终投资者，向下识别理财产品的底层资产，并对理财产品运作管理实行全面动态监管。

第八条 商业银行应当根据募集方式的不同，将理财产品分为公募理财产品和私募理财产品。

本办法所称公募理财产品是指商业银行面向不特定社会公众

---

[1] 《中国人民银行、中国银行保险监督管理委员会、中国证券监督管理委员会、国家外汇管理局关于规范金融机构资产管理业务的指导意见》。

公开发行的理财产品。公开发行的认定标准按照《中华人民共和国证券法》执行。

本办法所称私募理财产品是指商业银行面向合格投资者非公开发行的理财产品。合格投资者是指具备相应风险识别能力和风险承受能力，投资于单只理财产品不低于一定金额且符合下列条件的自然人、法人或者依法成立的其他组织：

（一）具有2年以上投资经历，且满足家庭金融净资产不低于300万元人民币，或者家庭金融资产不低于500万元人民币，或者近3年本人年均收入不低于40万元人民币；

（二）最近1年末净资产不低于1000万元人民币的法人或者依法成立的其他组织；

（三）国务院银行业监督管理机构规定的其他情形。

私募理财产品的投资范围由合同约定，可以投资于债权类资产和权益类资产等。权益类资产是指上市交易的股票、未上市企业股权及其受（收）益权。

第九条 商业银行应当根据投资性质的不同，将理财产品分为固定收益类理财产品、权益类理财产品、商品及金融衍生品类理财产品和混合类理财产品。固定收益类理财产品投资于存款、债券等债权类资产的比例不低于80%；权益类理财产品投资于权益类资产的比例不低于80%；商品及金融衍生品类理财产品投资于商品及金融衍生品的比例不低于80%；混合类理财产品投资于债权类资产、权益类资产、商品及金融衍生品类资产且任一资产的投资比例未达到前三类理财产品标准。

非因商业银行主观因素导致突破前述比例限制的，商业银行应当在流动性受限资产可出售、可转让或者恢复交易的15个交易日内将理财产品投资比例调整至符合要求，国务院银行业监督管理机构规定的特殊情形除外。

第十条 商业银行应当根据运作方式的不同，将理财产品分为封闭式理财产品和开放式理财产品。

本办法所称封闭式理财产品是指有确定到期日，且自产品成立日至终止日期间，投资者不得进行认购或者赎回的理财产品。开放式理财产品是指自产品成立日至终止日期间，理财产品份额总额不固定，投资者可以按照协议约定，在开放日和相应场所进行认购或者赎回的理财产品。

第二十一条　商业银行理财产品投资于本行或托管机构，其主要股东、控股股东、实际控制人、一致行动人、最终受益人，其控股的机构或者与其有重大利害关系的公司发行或者承销的证券，或者从事其他重大关联交易的，应当符合理财产品的投资目标、投资策略和投资者利益优先原则，按照商业原则，以不优于对非关联方同类交易的条件进行，并向投资者充分披露信息。

商业银行应当按照金融监督管理部门关于关联交易的相关规定，建立健全理财业务关联交易内部评估和审批机制。理财业务涉及重大关联交易的，应当提交有权审批机构审批，并向银行业监督管理机构报告。

商业银行不得以理财资金与关联方进行不正当交易、利益输送、内幕交易和操纵市场，包括但不限于投资于关联方虚假项目、与关联方共同收购上市公司、向本行注资等。

第二十四条第二款　商业银行的董事、监事、高级管理人员和其他理财业务人员不得有下列行为：

（一）将自有财产或者他人财产混同于理财产品财产从事投资活动；

（二）不公平地对待所管理的不同理财产品财产；

（三）利用理财产品财产或者职务之便为理财产品投资者以外的人牟取利益；

（四）向理财产品投资者违规承诺收益或者承担损失；

（五）侵占、挪用理财产品财产；

（六）泄露因职务便利获取的未公开信息，利用该信息从事或者明示、暗示他人从事相关的交易活动；

（七）玩忽职守，不按照规定履行职责；

（八）法律、行政法规和国务院银行业监督管理机构规定禁止的其他行为。

第二十六条　商业银行销售理财产品，应当加强投资者适当性管理，向投资者充分披露信息和揭示风险，不得宣传或承诺保本保收益，不得误导投资者购买与其风险承受能力不相匹配的理财产品。

商业银行理财产品宣传销售文本应当全面、如实、客观地反映理财产品的重要特性，充分披露理财产品类型、投资组合、估值方法、托管安排、风险和收费等重要信息，所使用的语言表述必须真实、准确和清晰。

商业银行发行理财产品，不得宣传理财产品预期收益率，在理财产品宣传销售文本中只能登载该理财产品或者本行同类理财产品的过往平均业绩和最好、最差业绩，并以醒目文字提醒投资者"理财产品过往业绩不代表其未来表现，不等于理财产品实际收益，投资须谨慎"。

第三十七条　理财产品销售文件应当载明产品类型、投资范围、投资资产种类及其投资比例，并确保在理财产品成立后至到期日前，投资比例按照销售文件约定合理浮动，不得擅自改变理财产品类型。

金融市场发生重大变化导致理财产品投资比例暂时超出浮动区间且可能对理财产品收益产生重大影响的，商业银行应当及时向投资者进行信息披露。

商业银行应当根据市场情况调整投资范围、投资资产种类或投资比例，并按照有关规定事先进行信息披露。超出销售文件约定比例的，除高风险类型的理财产品超出比例范围投资较低风险资产外，应当先取得投资者书面同意，并在全国银行业理财信息登记系统做好理财产品信息登记；投资者不接受的，应当允许投资者按照销售文件约定提前赎回理财产品。

第四十八条 商业银行应当对理财投资合作机构的资质条件、专业服务能力和风险管理水平等开展尽职调查,实行名单制管理,明确规定理财投资合作机构的准入标准和程序、责任与义务、存续期管理、利益冲突防范机制、信息披露义务及退出机制,理财投资合作机构的名单应当至少由总行高级管理层批准并定期评估,必要时进行调整。商业银行应当以书面方式明确界定双方的权利义务和风险责任承担方式,切实履行投资管理职责,不因委托其他机构投资而免除自身应当承担的责任。

本办法所称理财投资合作机构包括但不限于商业银行理财产品所投资资产管理产品的发行机构、根据合同约定从事理财产品受托投资的机构以及与理财产品投资管理相关的投资顾问等。理财投资合作机构应当是具有专业资质并受金融监督管理部门依法监管的金融机构或国务院银行业监督管理机构认可的其他机构。

商业银行聘请理财产品投资顾问的,应当审查投资顾问的投资建议,不得由投资顾问直接执行投资指令,不得向未提供实质服务的投资顾问支付费用或者支付与其提供的服务不相匹配的费用。

商业银行首次与理财投资合作机构合作的,应当提前10日将该合作机构相关情况报告银行业监督管理机构。

第四十九条 商业银行不得用自有资金购买本行发行的理财产品,不得为理财产品投资的非标准化债权类资产或权益类资产提供任何直接或间接、显性或隐性的担保或回购承诺,不得用本行信贷资金为本行理财产品提供融资和担保。

第五十三条 商业银行应当按照国务院银行业监督管理机构关于信息披露的有关规定,每半年披露其从事理财业务活动的有关信息,披露的信息应当至少包括以下内容:当期发行和到期的理财产品类型、数量和金额、期末存续理财产品数量和金额,列明各类理财产品的占比及其变化情况,以及理财产品直接和间接投资的资产种类、规模和占比等信息。

第五十四条 商业银行应当在本行营业网点或官方网站建立理财产品信息查询平台，收录全部在售及存续期内公募理财产品的基本信息。

第五十五条 商业银行应当及时、准确、完整地向理财产品投资者披露理财产品的募集信息、资金投向、杠杆水平、收益分配、托管安排、投资账户信息和主要投资风险等内容。

第五十六条 商业银行发行公募理财产品的，应当在本行官方网站或者按照与投资者约定的方式，披露以下理财产品信息：

（一）在全国银行业理财信息登记系统获取的登记编码；

（二）销售文件，包括说明书、销售协议书、风险揭示书和投资者权益须知；

（三）发行公告，包括理财产品成立日期和募集规模等信息；

（四）定期报告，包括理财产品的存续规模、收益表现，并分别列示直接和间接投资的资产种类、投资比例、投资组合的流动性风险分析，以及前十项资产具体名称、规模和比例等信息；

（五）到期公告，包括理财产品的存续期限、终止日期、收费情况和收益分配情况等信息；

（六）重大事项公告；

（七）临时性信息披露；

（八）国务院银行业监督管理机构规定的其他信息。

商业银行应当在理财产品成立之后 5 日内披露发行公告，在理财产品终止后 5 日内披露到期公告，在发生可能对理财产品投资者或者理财产品收益产生重大影响的事件后 2 日内发布重大事项公告。

商业银行应当在每个季度结束之日起 15 日内、上半年结束之日起 60 日内、每年结束之日起 90 日内，编制完成理财产品的季度、半年和年度报告等定期报告。理财产品成立不足 90 日或者剩余存续期不超过 90 日的，商业银行可以不编制理财产品当期的季度、半年和年度报告。

第五十七条 商业银行应当在每个开放日结束后2日内,披露开放式公募理财产品在开放日的份额净值、份额累计净值、认购价格和赎回价格,在定期报告中披露开放式公募理财产品在季度、半年和年度最后一个市场交易日的份额净值、份额累计净值和资产净值。

商业银行应当至少每周向投资者披露一次封闭式公募理财产品的资产净值和份额净值。

第五十八条 商业银行应当在公募理财产品的存续期内,至少每月向投资者提供其所持有的理财产品账单,账单内容包括但不限于投资者持有的理财产品份额、认购金额、份额净值、份额累计净值、资产净值、收益情况、投资者理财交易账户发生的交易明细记录等信息。

第五十九条 商业银行发行私募理财产品的,应当按照与合格投资者约定的方式和频率,披露以下理财产品信息:

(一)在全国银行业理财信息登记系统获取的登记编码;

(二)销售文件,包括说明书、销售协议书、风险揭示书和投资者权益须知;

(三)至少每季度向合格投资者披露理财产品的资产净值、份额净值和其他重要信息;

(四)定期报告,至少包括季度、半年和年度报告;

(五)到期报告;

(六)重大事项报告;

(七)临时性信息披露;

(八)国务院银行业监督管理机构规定的其他信息。

第七十条 商业银行从事理财业务活动,有下列情形之一的,由银行业监督管理机构依照《中华人民共和国银行业监督管理法》第四十六条的规定,予以处罚:

(一)提供虚假的或者隐瞒重要事实的报表、报告等文件、资料的;

（二）未按照规定进行风险揭示或者信息披露的；

（三）根据《指导意见》经认定存在刚性兑付行为的；

（四）拒绝执行本办法第六十八条规定的措施的；

（五）严重违反本办法规定的其他情形。

第七十一条 商业银行从事理财业务活动，未按照规定向银行业监督管理机构报告或者报送有关文件、资料的，由银行业监督管理机构依照《中华人民共和国银行业监督管理法》第四十七条的规定，予以处罚。

第七十二条 商业银行从事理财业务活动的其他违法违规行为，由银行业监督管理机构依照《中华人民共和国银行业监督管理法》《中华人民共和国商业银行法》等法律法规予以处罚。

第七十三条 商业银行从事理财业务活动，违反有关法律、行政法规以及国家有关银行业监督管理规定的，银行业监督管理机构除依照本办法第七十条至第七十二条规定处罚外，还可以依照《中华人民共和国银行业监督管理法》第四十八条和《金融违法行为处罚办法》的相关规定，对直接负责的董事、高级管理人员和其他直接责任人员进行处理；涉嫌犯罪的，依法移送司法机关处理。

第七十四条 政策性银行、农村合作银行、农村信用合作社等其他银行业金融机构开展理财业务，适用本办法规定。外国银行分行开展理财业务，参照本办法执行。

第七十五条 商业银行已经发行的保证收益型和保本浮动收益型理财产品应当按照结构性存款或者其他存款进行规范管理。

本办法所称结构性存款是指商业银行吸收的嵌入金融衍生产品的存款，通过与利率、汇率、指数等的波动挂钩或者与某实体的信用情况挂钩，使存款人在承担一定风险的基础上获得相应收益的产品。

结构性存款应当纳入商业银行表内核算，按照存款管理，纳入存款准备金和存款保险保费的缴纳范围，相关资产应当按照国务院银行业监督管理机构的相关规定计提资本和拨备。衍生产品交易部分按照衍生产品业务管理，应当有真实的交易对手和交易行为。

商业银行发行结构性存款应当具备相应的衍生产品交易业务资格。

商业银行销售结构性存款，应当参照本办法第三章第二节和本办法附件的相关规定执行。

第七十六条 具有代客境外理财业务资格的商业银行开展代客境外理财业务，参照本办法执行，并应当遵守法律、行政法规和金融监督管理部门的相关规定。

公众资金保管机构

★《全国社会保障基金条例》（自 2016 年 5 月 1 日起施行）

第六条 全国社会保障基金理事会应当审慎、稳健管理运营全国社会保障基金，按照国务院批准的比例在境内外市场投资运营全国社会保障基金。

全国社会保障基金理事会投资运营全国社会保障基金，应当坚持安全性、收益性和长期性原则，在国务院批准的固定收益类、股票类和未上市股权类等资产种类及其比例幅度内合理配置资产。

第十六条 全国社会保障基金投资管理人、托管人不得有下列行为：

（一）将全国社会保障基金财产混同于其他财产投资、保管；

（二）泄露因职务便利获取的全国社会保障基金未公开的信息，利用该信息从事或者明示、暗示他人从事相关交易活动；

（三）法律、行政法规和国务院有关部门规章禁止的其他行为。

第二十五条 全国社会保障基金境内投资管理人、托管人违反本条例第十六条、第十八条第二款规定的，由国务院证券监督管理机构、国务院银行业监督管理机构责令改正,没收违法所得,并处违法所得1倍以上5倍以下罚款;没有违法所得或者违法所得不足100万元的,并处10万元以上100万元以下罚款;对直接负责的主管人员和其他直接责任人员给予警告,暂停或者撤销有关从业资格,并处3万元以上30万元以下罚款;构成犯罪的,依法追究刑事责任。

★《住房公积金管理条例》(自2019年3月24日起施行)

第八条 直辖市和省、自治区人民政府所在地的市以及其他设区的市(地、州、盟),应当设立住房公积金管理委员会,作为住房公积金管理的决策机构。住房公积金管理委员会的成员中,人民政府负责人和建设、财政、人民银行等有关部门负责人以及有关专家占1/3,工会代表和职工代表占1/3,单位代表占1/3。

住房公积金管理委员会主任应当由具有社会公信力的人士担任。

第十条 直辖市和省、自治区人民政府所在地的市以及其他设区的市(地、州、盟)应当按照精简、效能的原则,设立一个住房公积金管理中心,负责住房公积金的管理运作。县(市)不设立住房公积金管理中心。

前款规定的住房公积金管理中心可以在有条件的县(市)设立分支机构。住房公积金管理中心与其分支机构应当实行统一的规章制度,进行统一核算。

住房公积金管理中心是直属城市人民政府的不以营利为目的的独立的事业单位。

第四十一条 违反本条例规定,挪用住房公积金的,由国务院建设行政主管部门或者省、自治区人民政府建设行政主管部门依据管理职权,追回挪用的住房公积金,没收违法所得;对挪用或者批准挪用住房公积金的人民政府负责人和政府有关部门负责人以及住房公积金管理中心负有责任的主管人员和其他直接责任人员，依照刑法关于挪用公款罪或者其他罪的规定，依法追究刑事责任；尚不够刑事处罚的，给予降级或者撤职的行政处分。

保险资产管理公司

★《保险资产管理公司管理规定》（自 2022 年 9 月 1 日起施行）

第二条　保险资产管理公司是指经中国银行保险监督管理委员会（以下简称银保监会）批准，在中华人民共和国境内设立，通过接受保险集团（控股）公司和保险公司等合格投资者委托、发行保险资产管理产品等方式，以实现资产长期保值增值为目的，开展资产管理业务及国务院金融管理部门允许的其他业务的金融机构。

违法发放贷款的国家规定

编者注：目前与发放贷款有关的国家规定有《中华人民共和国银行业监督管理法》《中华人民共和国商业银行法》和《金融违法行为处罚办法》，金融监管部门出台的《贷款通则》《个人贷款管理办法》《流动资金贷款管理办法》《固定资产贷款管理办法》等部门规章不是刑法规定的"国家规定"，但可以作为理解和适用国家规定的参考。此处摘录了部分贷款相关部门规章的有关条款。

★《中华人民共和国银行业监督管理法》（自 2007 年 1 月 1 日起施行）

第四十六条　银行业金融机构有下列情形之一，由国务院银行业监督管理机构责令改正，并处二十万元以上五十万元以下罚款；情节特别严重或者逾期不改正的，可以责令停业整顿或者吊销其经营许可证；构成犯罪的，依法追究刑事责任：

（一）未经任职资格审查任命董事、高级管理人员的；
（二）拒绝或者阻碍非现场监管或者现场检查的；
（三）提供虚假的或者隐瞒重要事实的报表、报告等文件、资料的；
（四）未按照规定进行信息披露的；
（五）严重违反审慎经营规则的；
（六）拒绝执行本法第三十七条规定的措施的。

★《中华人民共和国商业银行法》（自 2015 年 10 月 1 日起施行）

第三十五条　商业银行贷款，应当对借款人的借款用途、偿还能力、还款方式等情况进行严格审查。

商业银行贷款，应当实行审贷分离、分级审批的制度。

第三十六条　商业银行贷款，借款人应当提供担保。商业银行应当对保证人的偿还能力，抵押物、质物的权属和价值以及实现抵押权、质权的可行性进行严格审查。

经商业银行审查、评估，确认借款人资信良好，确能偿还贷款的，可以不提供担保。

第三十七条　商业银行贷款，应当与借款人订立书面合同。合同应当约定贷款种类、借款用途、金额、利率、还款期限、还款方式、违约责任和双方认为需要约定的其他事项。

第三十八条　商业银行应当按照中国人民银行规定的贷款利率的上下限，确定贷款利率。

第三十九条　商业银行贷款，应当遵守下列资产负债比例管理的规定：

（一）资本充足率不得低于百分之八；
（二）流动性资产余额与流动性负债余额的比例不得低于百分之二十五；
（三）对同一借款人的贷款余额与商业银行资本余额的比例不得超过百分之十；

（四）国务院银行业监督管理机构对资产负债比例管理的其他规定。

本法施行前设立的商业银行，在本法施行后，其资产负债比例不符合前款规定的，应当在一定的期限内符合前款规定。具体办法由国务院规定。

第四十七条　商业银行不得违反规定提高或者降低利率以及采用其他不正当手段，吸收存款，发放贷款。

第五十二条　商业银行的工作人员应当遵守法律、行政法规和其他各项业务管理的规定，不得有下列行为：

（一）利用职务上的便利，索取、收受贿赂或者违反国家规定收受各种名义的回扣、手续费；

（二）利用职务上的便利，贪污、挪用、侵占本行或者客户的资金；

（三）违反规定徇私向亲属、朋友发放贷款或者提供担保；

（四）在其他经济组织兼职；

（五）违反法律、行政法规和业务管理规定的其他行为。

第八十四条　商业银行工作人员利用职务上的便利，索取、收受贿赂或者违反国家规定收受各种名义的回扣、手续费，构成犯罪的，依法追究刑事责任；尚不构成犯罪的，应当给予纪律处分。

有前款行为，发放贷款或者提供担保造成损失的，应当承担全部或者部分赔偿责任。

第八十六条　商业银行工作人员违反本法规定玩忽职守造成损失的，应当给予纪律处分；构成犯罪的，依法追究刑事责任。

违反规定徇私向亲属、朋友发放贷款或者提供担保造成损失的，应当承担全部或者部分赔偿责任。

第八十八条第二款　商业银行的工作人员对单位或者个人强令其发放贷款或者提供担保未予拒绝的，应当给予纪律处分；造成损失的，应当承担相应的赔偿责任。

★《贷款通则》(自 1996 年 8 月 1 日起施行)

第三条 贷款的发放和使用应当符合国家的法律、行政法规和中国人民银行发布的行政规章,应当遵循效益性、安全性和流动性的原则。

第二十四条 对贷款人的限制:

一、贷款的发放必须严格执行《中华人民共和国商业银行法》第三十九条关于资产负债比例管理的有关规定,第四十条关于不得向关系人发放信用贷款、向关系人发放担保贷款的条件不得优于其他借款人同类贷款条件的规定。

二、借款人有下列情形之一者,不得对其发放贷款:

(一)不具备本通则第四章第十七条所规定的资格和条件的;

(二)生产、经营或投资国家明文禁止的产品、项目的;

(三)违反国家外汇管理规定的;

(四)建设项目按国家规定应当报有关部门批准而未取得批准文件的;

(五)生产经营或投资项目未取得环境保护部门许可的;

(六)在实行承包、租赁、联营、合并(兼并)、合作、分立、产权有偿转让、股份制改造等体制变更过程中,未清偿原有贷款债务、落实原有贷款债务或提供相应担保的;

(七)有其他严重违法经营行为的。

三、未经中国人民银行批准,不得对自然人发放外币币种的贷款。

四、自营贷款和特定贷款,除按中国人民银行规定计收利息之外,不得收取其他任何费用;委托贷款,除按中国人民银行规定计收手续费之外,不得收取其他任何费用。

五、不得给委托人垫付资金,国家另有规定的除外。

六、严格控制信用贷款,积极推广担保贷款。

第二十五条 贷款申请:

借款人需要贷款，应当向主办银行或者其他银行的经办机构直接申请。

借款人应当填写包括借款金额、借款用途、偿还能力及还款方式等主要内容的《借款申请书》并提供以下资料：

一、借款人及保证人基本情况；

二、财政部门或会计（审计）事务所核准的上年度财务报告，以及申请借款前一期的财务报告；

三、原有不合理占用的贷款的纠正情况；

四、抵押物、质物清单和有处分权人的同意抵押、质押的证明及保证人拟同意保证的有关证明文件；

五、项目建议书和可行性报告；

六、贷款人认为需要提供的其他有关资料。

第二十六条　对借款人的信用等级评估：

应当根据借款人的领导者素质、经济实力、资金结构、履约情况、经营效益和发展前景等因素，评定借款人的信用等级。评级可由贷款人独立进行，内部掌握，也可由有权部门批准的评估机构进行。

第二十七条　贷款调查：

贷款人受理借款人申请后，应当对借款人的信用等级以及借款的合法性、安全性、盈利性等情况进行调查，核实抵押物、质物、保证人情况，测定贷款的风险度。

第二十八条　贷款审批：

贷款人应当建立审贷分离、分级审批的贷款管理制度。审查人员应当对调查人员提供的资料进行核实、评定，复测贷款风险度，提出意见，按规定权限报批。

第三十八条　贷款管理实行行长（经理、主任，下同）负责制。

贷款实行分级经营管理。各级行长应当在授权范围内对贷的发放和收回负全部责任。行长可以授权副行长或贷款管理部门负责审批贷款,副行长或贷款管理部门负责人应当对行长负责。

第三十九条　贷款人各级机构应当建立有行长或副行长(经理、主任,下同)和有关部门负责人参加的贷款审查委员会(小组),负责贷款的审查。

第四十条　建立审贷分离制:

贷款调查评估人员负责贷款调查评估,承担调查失误和评估失准的责任;贷款审查人员负责贷款风险的审查,承担审查失误的责任;贷款发放人员负责贷款的检查和清收,承担检查失误、清收不力的责任。

第四十一条　建立贷款分级审批制:

贷款人应当根据业务量大小、管理水平和贷款风险度确定各级分支机构的审批权限,超过审批权限的贷款,应当报上级审批。各级分支机构应当根据贷款种类、借款人的信用等级和抵押物、质物、保证人等情况确定每一笔贷款的风险度。

第六十二条　贷款人违反资产负债比例管理有关规定发放贷款的,应当依照《中华人民共和国商业银行法》第七十五条,由中国人民银行责令改正,处以罚款,有违法所得的没收违法所得,并且应当依照第七十六条对直接负责的主管人员和其他直接责任人员给予处罚。

第六十三条　贷款人违反规定向关系人发放信用贷款或者发放担保贷款的条件优于其他借款人同类贷款条件的,应当依照《中华人民共和国商业银行法》第七十四条处罚,并且应当依照第七十六条对有关直接责任人员给予处罚。

第六十五条　贷款人的有关责任人员违反本通则有关规定,应当给予纪律处分和罚款;情节严重或屡次违反的,应当调离工作岗位,取消任职资格;造成严重经济损失或者构成其他经济犯罪的,应当依照有关法律规定追究刑事责任。

★《金融违法行为处罚办法》(自1999年2月22日起施行)

第十六条 金融机构办理贷款业务,不得有下列行为:

(一)向关系人发放信用贷款;

(二)向关系人发放担保贷款的条件优于其他借款人同类贷款的条件;

(三)违反规定提高或者降低利率以及采用其他不正当手段发放贷款;

(四)违反中国人民银行规定的其他贷款行为。

金融机构有前款所列行为之一的,给予警告,没收违法所得,并处违法所得1倍以上5倍以下的罚款,没有违法所得的,处10万元以上50万元以下的罚款;对该金融机构直接负责的高级管理人员、其他直接负责的主管人员和直接责任人员,给予撤职直至开除的纪律处分;情节严重的,责令该金融机构停业整顿或者吊销经营金融业务许可证;构成违法向关系人发放贷款罪、违法发放贷款罪或者其他罪的,依法追究刑事责任。

★《固定资产贷款管理办法》(自2024年7月1日起施行)

第三条 本办法所称固定资产贷款,是指贷款人向法人或非法人组织(按照国家有关规定不得办理银行贷款的主体除外)发放的、用于借款人固定资产投资的本外币贷款。

第四条 本办法所称项目融资,是指符合以下特征的固定资产贷款:

(一)贷款用途通常是用于建造一个或一组大型生产装置、基础设施、房地产项目或其他项目,包括对在建或已建项目的再融资;

(二)借款人通常是为建设、经营该项目或为该项目融资而专门组建的企事业法人,包括主要从事该项目建设、经营或融资的既有企事业法人;

(三)还款资金来源主要依赖该项目产生的销售收入、补贴收入或其他收入，一般不具备其他还款来源。

第九条 固定资产贷款期限一般不超过十年。确需办理期限超过十年贷款的，应由贷款人总行负责审批，或根据实际情况审慎授权相应层级负责审批。

第十条 固定资产贷款利率应当遵循利率市场化原则，由借贷双方在遵守国家有关规定的前提下协商确定。

第十四条 贷款人应落实具体的责任部门和岗位，履行尽职调查并形成书面报告。尽职调查的主要内容包括：

（一）借款人及项目发起人等相关关系人的情况，包括但不限于：股权关系、组织架构、公司治理、内部控制、生产经营、核心主业、资产结构、财务资金状况、融资情况及资信水平等；

（二）贷款项目的情况，包括但不限于：项目建设内容和可行性，按照有关规定需取得的审批、核准或备案等手续情况，项目资本金等建设资金的来源和可靠性，项目承建方资质水平，环境风险情况等；

（三）借款人的还款来源情况、重大经营计划、投融资计划及未来预期现金流状况；

（四）涉及担保的，包括但不限于担保人的担保能力、抵（质）押物（权）的价值等；

（五）需要调查的其他内容。

尽职调查人员应当确保尽职调查报告内容的真实性、完整性和有效性。

第十六条 贷款人应建立完善的固定资产贷款风险评价制度，设置定量或定性的指标和标准，以偿债能力分析为核心，从借款人、项目发起人、项目合规性、项目技术和财务可行性、项目产品市场、项目融资方案、还款来源可靠性、担保、保险等角度进行贷款风险评价，并充分考虑政策变化、市场波动等不确定因素对项目的影响，审慎预测项目的未来收益和现金流。

贷款人经评价认为固定资产贷款风险可控，办理信用贷款的，应当在风险评价报告中进行充分论证。

第十七条　贷款人应按照审贷分离、分级审批的原则,规范固定资产贷款审批流程,明确贷款审批权限,确保审批人员按照授权独立审批贷款。

第十八条　贷款人为股东等关联方办理固定资产贷款的,应严格执行关联交易管理的相关监管规定,发放贷款条件不得优于一般借款人,并在风险评价报告中进行说明。

第二十三条　贷款人应要求借款人在合同中对与贷款相关的重要内容作出承诺,承诺内容包括但不限于:

(一)贷款项目及其借款事项符合法律法规的要求;

(二)及时向贷款人提供完整、真实、有效的材料;

(三)配合贷款人进行贷款支付管理、贷后管理及相关检查;

(四)进行合并、分立、股权转让,以及进行可能影响其偿债能力的对外投资、对外提供担保、实质性增加债务融资等重大事项前征得贷款人同意;

(五)发生其他影响其偿债能力的重大不利事项及时通知贷款人。

第二十四条　贷款人应与借款人在合同中约定,借款人出现以下情形之一时,借款人应承担的违约责任,以及贷款人可采取的提前收回贷款、调整贷款支付方式、调整贷款利率、收取罚息、压降授信额度、停止或中止贷款发放等措施,并追究相应法律责任:

(一)未按约定用途使用贷款的;

(二)未按约定方式支用贷款资金的;

(三)未遵守承诺事项的;

(四)申贷文件信息失真的;

(五)突破约定的财务指标约束等情形的;

(六)违反借款合同约定的其他情形的。

第二十五条　贷款人应在合同中与借款人约定明确的还款安

排。贷款人应根据固定资产贷款还款来源情况和项目建设运营周期等因素,合理确定贷款期限和还款方式。

贷款期限超过一年的,应实行本金分期偿还。贷款人应当根据风险管理要求,并结合借款人经营情况、还款来源情况等,审慎与借款人约定每期还本金额。还本频率原则上不低于每年两次。经贷款人评估认为确需降低还本频率的,还本频率最长可放宽至每年一次。还款资金来源主要依赖项目经营产生的收入还款的,首次还本日期应不晚于项目达到预定可使用状态满一年。

第二十九条 贷款人应通过贷款人受托支付或借款人自主支付的方式对贷款资金的支付进行管理与控制。

贷款人受托支付是指贷款人根据借款人的提款申请和支付委托,将贷款资金支付给符合合同约定用途的借款人交易对象。

借款人自主支付是指贷款人根据借款人的提款申请将贷款资金发放至借款人账户后,由借款人自主支付给符合合同约定用途的借款人交易对象。

第三十条 向借款人某一交易对象单笔支付金额超过一千万元人民币的,应采用贷款人受托支付方式。

第三十二条 采用借款人自主支付的,贷款人应要求借款人定期汇总报告贷款资金支付情况,并通过账户分析、凭证查验、现场调查等方式核查贷款支付是否符合约定用途,以及是否存在以化整为零方式规避受托支付的情形。

第三十三条 固定资产贷款发放前,贷款人应确认与拟发放贷款同比例的项目资本金足额到位,并与贷款配套使用。

第三十四条 在贷款发放和支付过程中,借款人出现以下情形的,贷款人应与借款人协商补充贷款发放和支付条件,或根据合同约定变更贷款支付方式、停止或中止贷款资金的发放和支付:

(一)信用状况下降;

(二)经营及财务状况明显趋差;

(三)项目进度落后于资金使用进度;

（四）贷款资金使用出现异常或规避受托支付；

（五）其他重大违反合同约定的行为。

第三十五条 贷款人应加强对借款人资金挪用行为的监控，发现借款人挪用贷款资金的，应按照合同约定采取要求借款人整改、提前归还贷款或下调贷款风险分类等相应措施进行管控。

第三十六条 贷款人应定期对借款人和项目发起人的履约情况及信用状况、股权结构重大变动情况、项目的建设和运营情况、宏观经济变化和市场波动情况、贷款担保的变动情况等内容进行检查与分析，建立贷款质量监控制度和贷款风险预警体系。

出现可能影响贷款安全的不利情形时，贷款人应对贷款风险进行重新评估并采取针对性措施。

第三十七条 项目实际投资超过原定投资金额，贷款人经重新风险评价和审批决定追加贷款的，应要求项目发起人配套追加不低于项目资本金比例的投资。需提供担保的，贷款人应同时要求追加相应担保。

第三十九条 贷款人应加强对项目资金滞留账户情况的监控，确保贷款发放与项目的实际进度和资金需求相匹配。

第四十二条 借款人出现违反合同约定情形的，贷款人应及时采取有效措施，必要时应依法追究借款人的违约责任。

第四十四条 贷款人应按照借款合同约定，收回贷款本息。

对于未按照借款合同约定偿还的贷款，贷款人应采取清收、协议重组、债权转让或核销等措施进行处置。

第四十七条 贷款人应当按照国家关于固定资产投资项目资本金制度的有关规定，综合考虑项目风险水平和自身风险承受能力等因素，合理确定贷款金额。

第四十八条 贷款人应当根据风险收益匹配原则，综合考虑项目风险、风险缓释措施等因素，与借款人协商确定合理的贷款利率。贷款人可以根据项目融资在不同阶段的风险特征和水平，采用不同的贷款利率。

第四十九条 贷款人原则上应当要求将符合抵质押条件的项目资产和/或项目预期收益等权利为贷款设定担保，并可以根据需要，将项目发起人持有的项目公司股权为贷款设定质押担保。贷款人可根据实际情况与借款人约定为项目投保商业保险。

贷款人认为可办理项目融资信用贷款的，应当在风险评价时进行审慎论证，确保风险可控，并在风险评价报告中进行充分说明。

第五十三条 多家银行业金融机构参与同一项目融资的，原则上应当采用银团贷款方式，避免重复融资、过度融资。采用银团贷款方式的，贷款人应遵守银团贷款相关监管规定。

第五十四条 贷款人违反本办法规定经营固定资产贷款业务的，国家金融监督管理总局及其派出机构应当责令其限期改正。贷款人有下列情形之一的，国家金融监督管理总局及其派出机构可根据《中华人民共和国银行业监督管理法》采取相关监管措施：

（一）固定资产贷款业务流程有缺陷的；

（二）未按本办法要求将贷款管理各环节的责任落实到具体部门和岗位的；

（三）贷款调查、风险评价、贷后管理未尽职的；

（四）未按本办法规定对借款人和项目的经营情况进行持续有效监控的。

第五十五条 贷款人有下列情形之一的，国家金融监督管理总局及其派出机构可根据《中华人民共和国银行业监督管理法》对其采取相关监管措施或进行处罚：

（一）受理不符合条件的固定资产贷款申请并发放贷款的；

（二）与借款人串通，违法违规发放固定资产贷款的；

（三）超越、变相超越权限或不按规定流程审批贷款的；

（四）未按本办法规定签订借款合同的；

（五）与贷款同比例的项目资本金到位前发放贷款的；

（六）未按本办法规定进行贷款资金支付管理与控制的；

（七）对借款人严重违约行为未采取有效措施的；

（八）有其他严重违反本办法规定行为的。

第五十六条 国家金融监督管理总局及其派出机构可以根据贷款人的经营管理情况、风险水平和固定资产贷款业务开展情况等，对贷款人固定资产贷款管理提出相关审慎监管要求。

第五十七条 对专利权、著作权等知识产权以及采矿权等其他无形资产办理的贷款，可根据贷款项目的业务特征、运行模式等参照本办法执行，或适用流动资金贷款管理相关办法。

第五十八条 国家金融监督管理总局对房地产贷款以及其他特殊类贷款另有规定的，从其规定。

第五十九条 国家开发银行、政策性银行以及经国家金融监督管理总局批准设立的非银行金融机构发放的固定资产贷款，可参照本办法执行。

★《流动资金贷款管理办法》（自 2024 年 7 月 1 日起施行）

第三条 本办法所称流动资金贷款，是指贷款人向法人或非法人组织（按照国家有关规定不得办理银行贷款的主体除外）发放的，用于借款人日常经营周转的本外币贷款。

第六条 贷款人应合理测算借款人营运资金需求，审慎确定借款人的流动资金授信总额及具体贷款的额度，不得超过借款人的实际需求发放流动资金贷款。贷款人应根据借款人经营的规模和周期特点，合理设定流动资金贷款的业务品种和期限，以满足借款人经营的资金需求，实现对贷款资金回笼的有效控制。

第七条 贷款人应将流动资金贷款纳入对借款人及其所在集团客户的统一授信管理，并根据风险管理实际需要，建立风险限额管理制度。

第九条 贷款人应与借款人约定明确、合法的贷款用途。

流动资金贷款不得用于借款人股东分红，以及金融资产、固定资产、股权等投资；不得用于国家禁止生产、经营的领域和用途。

对向地方金融组织发放流动资金贷款另有规定的，从其规定。

第十一条 流动资金贷款期限原则上不超过三年。对于经营现金流回收周期较长的，可适当延长贷款期限，最长不超过五年。

第十二条 流动资金贷款利率应当遵循利率市场化原则，由借贷双方在遵守国家有关规定的前提下协商确定。

第十六条 贷款人应采取现场与非现场相结合的形式履行尽职调查，形成书面报告，并对其内容的真实性、完整性和有效性负责。

第十九条 贷款人应根据借款人经营规模、业务特征、资金循环周期等要素测算其营运资金需求（测算方法示例参考附件），并合理确定贷款结构，包括金额、期限、利率、担保和还款方式等。

贷款人可根据实际需要，制定针对不同类型借款人的测算方法，并适时对方法进行评估及调整。

借款人为小微企业的，贷款人可通过其他方式分析判断借款人营运资金需求。

第二十一条 贷款人为股东等关联方办理流动资金贷款的，应严格执行关联交易管理的相关监管规定，发放贷款条件不得优于一般借款人，并在风险评价报告中进行说明。

第二十三条 贷款人应在借款合同中与借款人明确约定流动资金贷款的金额、期限、利率、用途、支付、还款方式等条款。

对于期限超过一年的流动资金贷款，在借贷双方协商基础上，原则上实行本金分期偿还，并审慎约定每期还本金额。

第二十五条 贷款人应要求借款人在合同中对与贷款相关的重要内容作出承诺，承诺内容包括但不限于：

（一）及时向贷款人提供真实、完整、有效的材料；

（二）配合贷款人进行贷款支付管理、贷后管理及相关检查；

（三）进行合并、分立、股权转让，以及进行可能影响其偿债能力的对外投资、对外提供担保、实质性增加债务融资等重大事项前征得贷款人同意；

（四）贷款人有权根据借款人资金回笼情况提前收回贷款；

（五）发生影响偿债能力的重大不利事项时及时通知贷款人。

第二十六条　贷款人应与借款人在合同中约定，出现以下情形之一时，借款人应承担的违约责任，以及贷款人可采取的提前收回贷款、调整贷款支付方式、调整贷款利率、收取罚息、压降授信额度、停止或中止贷款发放等措施，并追究相应法律责任：

（一）未按约定用途使用贷款的；

（二）未按约定方式进行贷款资金支付的；

（三）未遵守承诺事项的；

（四）突破约定财务指标的；

（五）发生重大交叉违约事件的；

（六）违反借款合同约定的其他情形的。

第二十七条　贷款人应设立独立的责任部门或岗位，负责流动资金贷款发放和支付审核。

第二十八条　贷款人在发放贷款前应确认借款人满足合同约定的提款条件，并按照合同约定通过贷款人受托支付或借款人自主支付的方式对贷款资金的支付进行管理与控制。贷款人应健全贷款资金支付管控体系，加强金融科技应用，有效监督贷款资金按约定用途使用。

贷款人受托支付是指贷款人根据借款人的提款申请和支付委托，将贷款通过借款人账户支付给符合合同约定用途的借款人交易对象。

借款人自主支付是指贷款人根据借款人的提款申请将贷款资金发放至借款人账户后，由借款人自主支付给符合合同约定用途的借款人交易对象。

第三十条　具有以下情形之一的流动资金贷款，应采用贷款人受托支付方式：

（一）与借款人新建立信贷业务关系且借款人信用状况一般；

（二）支付对象明确且向借款人某一交易对象单笔支付金额超过一千万元人民币；

（三）贷款人认定的其他情形。

第三十一条 采用贷款人受托支付的，贷款人应根据约定的贷款用途，审核借款人提供的支付申请所列支付对象、支付金额等信息是否与相应的商务合同等证明材料相符。审核同意后，贷款人应将贷款资金通过借款人账户支付给借款人交易对象。

对于贷款资金使用记录良好的借款人，在合同约定的贷款用途范围内，出现合理的紧急用款需求，贷款人经评估认为风险可控的，可适当简化借款人需提供的受托支付事前证明材料和流程，于放款完成后及时完成事后审核。

第三十二条 采用借款人自主支付的，贷款人应按借款合同约定要求借款人定期汇总报告贷款资金支付情况，并通过账户分析、凭证查验或现场调查等方式核查贷款支付是否符合约定用途，以及是否存在以化整为零方式规避受托支付的情形。

第三十三条 在贷款发放或支付过程中，借款人出现以下情形的，贷款人应与借款人协商补充贷款发放和支付条件，或根据合同约定变更贷款支付方式、停止或中止贷款资金的发放和支付：

（一）信用状况下降；

（二）经营及财务状况明显趋差；

（三）贷款资金使用出现异常或规避受托支付；

（四）其他重大违反合同约定的行为。

第三十四条 贷款人应加强对借款人资金挪用行为的监控，发现借款人挪用贷款资金的，应按照合同约定采取要求借款人整改、提前归还贷款或下调贷款风险分类等相应措施进行管控。

第三十五条 贷款人应加强贷款资金发放后的管理，针对借款人所属行业及经营特点，通过定期与不定期现场检查与非现场监测，分析借款人经营、财务、信用、支付、担保及融资数量和渠道变化等状况，掌握各种影响借款人偿债能力的风险因素。

对于简化或不再进行现场实地调查的业务，应当按照适当比例实施贷后实地检查。

第四十条 借款人申请贷款展期的，贷款人应审慎评估展期原因和后续还款安排的可行性。同意展期的，应根据借款人还款来源等情况，合理确定展期期限，并加强对贷款的后续管理，按照实质风险状况进行风险分类。

期限一年以内的贷款展期期限累计不得超过原贷款期限；期限超过一年的贷款展期期限累计不得超过原贷款期限的一半。

第四十一条 贷款人应按照借款合同约定，收回贷款本息。

对于未按照借款合同约定偿还的贷款，贷款人应采取清收、协议重组、债权转让或核销等措施进行处置。

第四十二条 贷款人违反本办法规定经营流动资金贷款业务的，国家金融监督管理总局及其派出机构应当责令其限期改正。贷款人有下列情形之一的，国家金融监督管理总局及其派出机构可根据《中华人民共和国银行业监督管理法》采取相关监管措施：

（一）流动资金贷款业务流程有缺陷的；

（二）未将贷款管理各环节的责任落实到具体部门和岗位的；

（三）贷款调查、风险评价、贷后管理未尽职的。

第四十三条 贷款人有下列情形之一的，国家金融监督管理总局及其派出机构可根据《中华人民共和国银行业监督管理法》对其采取相关监管措施或进行处罚：

（一）以降低信贷条件或超过借款人实际资金需求发放贷款的；

（二）未按本办法规定签订借款合同的；

（三）与借款人串通或参与虚构贸易背景违规发放贷款的；

（四）放任借款人将流动资金贷款用于借款人股东分红、金融资产投资、固定资产投资、股权投资以及国家禁止生产、经营的领域和用途的；

（五）超越或变相超越权限审批贷款的；
（六）未按本办法规定进行贷款资金支付管理与控制的；
（七）对借款人严重违约行为未采取有效措施的；
（八）严重违反本办法规定的审慎经营规则的其他情形的。

第四十四条　国家金融监督管理总局及其派出机构可以根据贷款人的经营管理情况、风险水平和流动资金贷款业务开展情况等，对贷款人流动资金贷款管理提出相关审慎监管要求。

第四十五条　对专利权、著作权等知识产权以及采矿权等其他无形资产办理的贷款，可适用本办法，或根据贷款项目的业务特征、运行模式等参照固定资产贷款管理相关办法执行。

第四十六条　对于贷款金额五十万元人民币以下的固定资产相关融资需求，可参照本办法执行。

第四十七条　国家金融监督管理总局对互联网贷款、汽车贷款以及其他特殊类贷款另有规定的，从其规定。

第四十八条　国家开发银行、政策性银行以及经国家金融监督管理总局批准设立的非银行金融机构发放的流动资金贷款，可参照本办法执行。

★《个人贷款管理办法》(自 2024 年 7 月 1 日起施行)
第三条　本办法所称个人贷款，是指贷款人向符合条件的自然人发放的用于个人消费、生产经营等用途的本外币贷款。

第六条　贷款人应根据风险管理实际需要，建立个人贷款风险限额管理制度。

第七条　个人贷款用途应符合法律法规规定和国家有关政策，贷款人不得发放无指定用途的个人贷款。

贷款人应加强贷款资金支付管理，有效防范个人贷款业务风险。

第八条　个人贷款的期限应符合国家相关规定。用于个人消费的贷款期限不得超过五年；用于生产经营的贷款期限一般不超过五年，对于贷款用途对应的经营现金流回收周期较长的，可适当延长贷款期限，最长不超过十年。

第九条　个人贷款利率应当遵循利率市场化原则，由借贷双方在遵守国家有关规定的前提下协商确定。

第十四条　贷款人受理借款人贷款申请后，应履行尽职调查职责，对个人贷款申请内容和相关情况的真实性、准确性、完整性进行调查核实，形成调查评价意见。

第十五条　贷款调查包括但不限于以下内容：

（一）借款人基本情况；

（二）借款人收入情况；

（三）借款用途，用于生产经营的还应调查借款人经营情况；

（四）借款人还款来源、还款能力及还款方式；

（五）保证人担保意愿、担保能力或抵（质）押物权属、价值及变现能力。

第十六条　贷款调查应以现场实地调查与非现场间接调查相结合的形式开展，采取现场核实、电话查问、信息咨询以及其他数字化电子调查等途径和方法。

对于金额不超过二十万元人民币的贷款，贷款人通过非现场间接调查手段可有效核实相关信息真实性，并可据此对借款人作出风险评价的，可简化或不再进行现场实地调查（不含用于个人住房用途的贷款）。

第十七条　贷款人应建立健全贷款调查机制，明确对各类事项调查的途径和方式方法，确保贷款调查的真实性和有效性。

贷款人将贷款调查中的部分特定事项委托第三方代为办理的，不得损害借款人合法权益，并确保相关风险可控。贷款人应明确第三方的资质条件，建立名单制管理制度，并定期对名单进行审查更新。

贷款人不得将贷款调查中涉及借款人真实意思表示、收入水平、债务情况、自有资金来源及外部评估机构准入等风险控制的核心事项委托第三方完成。

第十八条　贷款人应建立并执行贷款面谈制度。

贷款人可根据业务需要通过视频形式与借款人面谈（不含用于个人住房用途的贷款）。视频面谈应当在贷款人自有平台上进行，记录并保存影像。贷款人应当采取有效措施确定并核实借款人真实身份及所涉及信息真实性。

第二十条　贷款人应建立和完善风险评价机制，落实风险评价的责任部门和岗位。贷款风险评价应全面分析借款人的信用状况和还款能力，关注其收入与支出情况、偿债情况等，用于生产经营的还应对借款人经营情况和风险情况进行分析，采取定量和定性分析方法，全面、动态、审慎地进行贷款风险评价。对于提供担保的贷款，贷款人应当以全面评价借款人的偿债能力为前提，不得直接通过担保方式确定贷款金额和期限等要素。

第二十一条　贷款人应根据审慎性原则，完善授权管理制度，规范审批操作流程，明确贷款审批权限，实行审贷分离和授权审批，确保贷款审批按照授权独立审批贷款。

贷款人通过线上方式进行自动化审批的，应当建立人工复审机制，作为对自动化审批的补充，并设定人工复审的触发条件。对贷后管理中发现自动化审批不能有效识别风险的，贷款人应当停止自动化审批流程。

第二十二条　贷款人通过全线上方式开展的业务，应当符合互联网贷款相关规定。

第二十六条　贷款人应与借款人签订书面借款合同，需担保的应同时签订担保合同或条款。贷款人应要求借款人当面签订借款合同及其他相关文件。对于金额不超过二十万元人民币的贷款，可通过电子银行渠道签订有关合同和文件（不含用于个人住房用途的贷款）。

当面签约的，贷款人应当对签约过程进行录音录像并妥善保存相关影像。

第二十七条 借款合同应符合《中华人民共和国民法典》等法律规定，明确约定各方当事人的诚信承诺和贷款资金的用途、支付对象（范围）、支付金额、支付条件、支付方式等。

第三十二条 贷款人应按照借款合同约定，通过贷款人受托支付或借款人自主支付的方式对贷款资金的支付进行管理与控制。贷款人应健全贷款资金支付管控体系，加强金融科技应用，有效监督贷款资金按约定用途使用。

贷款人受托支付是指贷款人根据借款人的提款申请和支付委托，将贷款资金支付给符合合同约定用途的借款人交易对象。

借款人自主支付是指贷款人根据借款人的提款申请将贷款资金直接发放至借款人账户，并由借款人自主支付给符合合同约定用途的借款人交易对象。

第三十四条 采用贷款人受托支付的，贷款人应要求借款人在使用贷款时提出支付申请，并授权贷款人按合同约定方式支付贷款资金。

第三十六条 有下列情形之一的个人贷款，经贷款人同意可以采取借款人自主支付方式：

（一）借款人无法事先确定具体交易对象且单次提款金额不超过三十万元人民币的；

（二）借款人交易对象不具备条件有效使用非现金结算方式的；

（三）贷款资金用于生产经营且单次提款金额不超过五十万元人民币的；

（四）法律法规规定的其他情形的。

第三十七条 采用借款人自主支付的，贷款人应与借款人在借款合同中事先约定，要求借款人定期报告或告知贷款人贷款资金支付情况。

贷款人应当通过账户分析、凭证查验或现场调查等方式，核查贷款支付是否符合约定用途，以及是否存在以化整为零方式规避受托支付的情形。

第三十八条　贷款支付过程中，借款人信用状况下降、贷款资金使用出现异常或违反合同约定以化整为零方式规避受托支付的，贷款人应与借款人协商补充贷款发放和支付条件，或根据合同约定变更贷款支付方式、停止或中止贷款资金的发放和支付。

第三十九条　个人贷款支付后，贷款人应采取有效方式对贷款资金使用、借款人的信用及担保情况变化等进行跟踪检查和监控分析，确保贷款资产安全。

贷款人应加强对借款人资金挪用行为的监控，发现借款人挪用贷款资金的，应按照合同约定采取要求借款人整改、提前归还贷款或下调贷款风险分类等相应措施进行管控。

第四十三条　借款人申请贷款展期的，贷款人应审慎评估展期原因和后续还款安排的可行性。同意展期的，应根据还款来源等情况，合理确定展期期限，并加强对贷款的后续管理，按照实质风险状况进行风险分类。

第四十五条　贷款人违反本办法规定办理个人贷款业务的，国家金融监督管理总局及其派出机构应当责令其限期改正。贷款人有下列情形之一的，国家金融监督管理总局及其派出机构可根据《中华人民共和国银行业监督管理法》采取相关监管措施：

（一）贷款调查、审查、贷后管理未尽职的；

（二）未按规定建立、执行贷款面谈、借款合同面签制度的；

（三）借款合同采用格式条款未公示的；

（四）违反本办法第三十条规定的；

（五）支付管理不符合本办法要求的。

第四十六条　贷款人有下列情形之一的，国家金融监督管理总局及其派出机构可根据《中华人民共和国银行业监督管理法》对其采取相关监管措施或进行处罚：

（一）发放不符合条件的个人贷款的；

（二）签订的借款合同不符合本办法规定的；

（三）违反本办法第七条规定的；

（四）将贷款调查的风险控制核心事项委托第三方完成的；
（五）超越或变相超越贷款权限审批贷款的；
（六）授意借款人虚构情节获得贷款的；
（七）对借款人严重违约行为未采取有效措施的；
（八）严重违反本办法规定的审慎经营规则的其他情形的。

第四十七条　国家金融监督管理总局及其派出机构可以根据贷款人的经营管理情况、风险水平和个人贷款业务开展情况等，对贷款人个人贷款管理提出相关审慎监管要求。

第四十八条　国家开发银行、政策性银行以及经国家金融监督管理总局批准设立的非银行金融机构发放的个人贷款，可参照本办法执行。

第四十九条　国家金融监督管理总局对互联网、个人住房、个人助学、个人汽车等其他特殊类贷款另有规定的，从其规定。

银行业金融机构发放给农户用于生产性贷款等国家有专门政策规定的特殊类个人贷款，暂不执行本办法。

信用卡透支不适用本办法。

银行或者其他金融机构的工作人员的关系人

★《中华人民共和国商业银行法》（自2015年10月1日起施行）

第四十条　商业银行不得向关系人发放信用贷款；向关系人发放担保贷款的条件不得优于其他借款人同类贷款的条件。

前款所称关系人是指：

（一）商业银行的董事、监事、管理人员、信贷业务人员及其近亲属；

（二）前项所列人员投资或者担任高级管理职务的公司、企业和其他经济组织。

★《固定资产贷款管理办法》(自 2024 年 7 月 1 日起施行)

第十八条 贷款人为股东等关联方办理固定资产贷款的,应严格执行关联交易管理的相关监管规定,发放贷款条件不得优于一般借款人,并在风险评价报告中进行说明。

★《流动资金贷款管理办法》(自 2024 年 7 月 1 日起施行)

第二十一条 贷款人为股东等关联方办理流动资金贷款的,应严格执行关联交易管理的相关监管规定,发放贷款条件不得优于一般借款人,并在风险评价报告中进行说明。

银行和其他金融机构的工作人员非法吸收行为的规定

★《中华人民共和国商业银行法》(自 2015 年 10 月 1 日起施行)

第八十五条 商业银行工作人员利用职务上的便利,贪污、挪用、侵占本行或者客户资金,构成犯罪的,依法追究刑事责任;尚不构成犯罪的,应当给予纪律处分。

★《金融违法行为处罚办法》(自 1999 年 2 月 22 日起施行)

第十一条 金融机构不得以下列方式从事账外经营行为:

(一)办理存款、贷款等业务不按照会计制度记账、登记,或者不在会计报表中反映;

(二)将存款与贷款等不同业务在同一账户内轧差处理;

(三)经营收入未列入会计账册;

(四)其他方式的账外经营行为。

金融机构违反前款规定的,给予警告,没收违法所得,并处违法所得 1 倍以上 5 倍以下的罚款,没有违法所得的,处 10 万元以上 50 万元以下的罚款;对该金融机构直接负责的高级管理人员、其他直接负责的主管人员和直接责任人员，给予开除的纪律处分；情节严重的，责令该金融机构停业整顿或者吊销经营金融业务许可证；构成用账外客户资金非法拆借、发放贷款罪或者其他罪的，依法追究刑事责任。

银行和其他金融机构的工作人员违规出具金融票证的规定

编者注： 违规出具金融票证罪与违法发放贷款罪不同，此处的规定不限于"国家规定"，也包括部门规章等相关业务管理规定。

★《金融违法行为处罚办法》（自1999年2月22日起施行）

第十三条 金融机构不得出具与事实不符的信用证、保函、票据、存单、资信证明等金融票证。

金融机构弄虚作假，出具与事实不符的信用证、保函、票据、存单、资信证明等金融票证的，给予警告，没收违法所得，并处违法所得1倍以上5倍以下的罚款，没有违法所得的，处10万元以上50万元以下的罚款；对该金融机构直接负责的高级管理人员、其他直接负责的主管人员和直接责任人员，给予开除的纪律处分；构成非法出具金融票证罪或者其他罪的，依法追究刑事责任。

★《金融机构撤销条例》（自2001年12月15日起施行）

第三十条 被撤销的金融机构的高级管理人员和其他有关人员，利用职务上的便利收受他人财物、违法发放贷款、非法出具金融票证、徇私舞弊造成该金融机构被撤销的，依照刑法关于受贿罪、违法发放贷款罪、非法出具金融票证罪、徇私舞弊造成破产、亏损罪或者其他罪的规定，依法追究刑事责任；尚不够刑事处罚的,给予撤职直至开除的纪律处分,并终身不得在任何金融机构担任高级管理职务或者与原职务相当的职务。

存 单

★《大额存单管理暂行办法》(自 2015 年 6 月 2 日起施行)

第二条第一款 本办法所称大额存单是指由银行业存款类金融机构面向非金融机构投资人发行的、以人民币计价的记账式大额存款凭证,是银行存款类金融产品,属一般性存款。

★《大额存单管理实施细则》(自 2015 年 6 月 2 日起施行)

第二条 本细则所称大额存单是指《大额存单管理暂行办法》规定的由银行业存款类金融机构面向非金融机构投资人发行的、以人民币计价的记账式大额存款凭证。大额存单的投资人包括个人、非金融机构、机构团体,以及保险公司、社保基金等中国人民银行(以下简称人民银行)认可的其他单位。

资信证明

★《中国人民银行关于银行现金缴款单和进账单性质认定的复函》(自 1999 年 3 月 30 日起施行)

第一条第二款《中华人民共和国刑法》第 188 条规定的票证包括信用证、保函、票据、存单和资信证明,其中票据包括汇票、本票和支票,资信证明是指证明单位和个人资金实力和信誉的文件。现金缴款单和进账单不是资信证明文件,我们认为不应属于《中华人民共和国刑法》第 188 条规定的票证。

禁止承兑、付款、保证的票据的规定

★《中华人民共和国票据法》（自 2004 年 8 月 28 日起施行）

第八条 票据金额以中文大写和数码同时记载，二者必须一致，二者不一致的，票据无效。

第九条 票据上的记载事项必须符合本法的规定。

票据金额、日期、收款人名称不得更改，更改的票据无效。

对票据上的其他记载事项，原记载人可以更改，更改时应当由原记载人签章证明。

第十条 票据的签发、取得和转让，应当遵循诚实信用的原则，具有真实的交易关系和债权债务关系。

票据的取得，必须给付对价，即应当给付票据双方当事人认可的相对应的代价。

第十二条 以欺诈、偷盗或者胁迫等手段取得票据的，或者明知有前列情形，出于恶意取得票据的，不得享有票据权利。

持票人因重大过失取得不符合本法规定的票据的，也不得享有票据权利。

第十四条 票据上的记载事项应当真实，不得伪造、变造。伪造、变造票据上的签章和其他记载事项的，应当承担法律责任。

票据上有伪造、变造的签章的，不影响票据上其他真实签章的效力。

票据上其他记载事项被变造的，在变造之前签章的人，对原记载事项负责；在变造之后签章的人，对变造之后的记载事项负责；不能辨别是在票据被变造之前或者之后签章的，视同在变造之前签章。

第一百零二条 有下列票据欺诈行为之一的，依法追究刑事责任：

（一）伪造、变造票据的；

（二）故意使用伪造、变造的票据的；

（三）签发空头支票或者故意签发与其预留的本名签名式样或者印鉴不符的支票，骗取财物的；

（四）签发无可靠资金来源的汇票、本票，骗取资金的；

（五）汇票、本票的出票人在出票时作虚假记载，骗取财物的；

（六）冒用他人的票据，或者故意使用过期或者作废的票据，骗取财物的；

（七）付款人同出票人、持票人恶意串通，实施前六项所列行为之一的。

第一百零三条　有前条所列行为之一，情节轻微，不构成犯罪的，依照国家有关规定给予行政处罚。

第一百零四条　金融机构工作人员在票据业务中玩忽职守，对违反本法规定的票据予以承兑、付款或者保证的，给予处分；造成重大损失，构成犯罪的，依法追究刑事责任。

由于金融机构工作人员因前款行为给当事人造成损失的，由该金融机构和直接责任人员依法承担赔偿责任。

第一百零五条　票据的付款人对见票即付或者到期的票据，故意压票，拖延支付的，由金融行政管理部门处以罚款，对直接责任人员给予处分。

票据的付款人故意压票，拖延支付，给持票人造成损失的，依法承担赔偿责任。

第一百零六条　依照本法规定承担赔偿责任以外的其他违反本法规定的行为，给他人造成损失的，应当依法承担民事责任。

票据付款

★《中华人民共和国票据法》（自 2004 年 8 月 28 日起施行）

第五十三条　持票人应当按照下列期限提示付款：

（一）见票即付的汇票，自出票日起一个月内向付款人提示付款；

（二）定日付款、出票后定期付款或者见票后定期付款的汇票，自到期日起十日内向承兑人提示付款。

持票人未按照前款规定期限提示付款的，在作出说明后，承兑人或者付款人仍应当继续对持票人承担付款责任。

通过委托收款银行或者通过票据交换系统向付款人提示付款的，视同持票人提示付款。

第五十四条　持票人依照前条规定提示付款的，付款人必须在当日足额付款。

第五十五条　持票人获得付款的，应当在汇票上签收，并将汇票交给付款人。持票人委托银行收款的，受委托的银行将代收的汇票金额转账收入持票人账户，视同签收。

第五十六条　持票人委托的收款银行的责任，限于按照汇票上记载事项将汇票金额转入持票人账户。

付款人委托的付款银行的责任，限于按照汇票上记载事项从付款人账户支付汇票金额。

第五十七条　付款人及其代理付款人付款时，应当审查汇票背书的连续，并审查提示付款人的合法身份证明或者有效证件。

付款人及其代理付款人以恶意或者有重大过失付款的，应当自行承担责任。

第五十八条　对定日付款、出票后定期付款或者见票后定期付款的汇票，付款人在到期日前付款的，由付款人自行承担所产生的责任。

第五十九条　汇票金额为外币的，按照付款日的市场汇价，以人民币支付。

汇票当事人对汇票支付的货币种类另有约定的，从其约定。

第六十条　付款人依法足额付款后，全体汇票债务人的责任解除。

票据保证

★《**中华人民共和国票据法**》(自 2004 年 8 月 28 日起施行)

第四十五条 汇票的债务可以由保证人承担保证责任。

保证人由汇票债务人以外的他人担当。

第四十六条 保证人必须在汇票或者粘单上记载下列事项:

(一)表明"保证"的字样;

(二)保证人名称和住所;

(三)被保证人的名称;

(四)保证日期;

(五)保证人签章。

第四十七条 保证人在汇票或者粘单上未记载前条第(三)项的,已承兑的汇票,承兑人为被保证人;未承兑的汇票,出票人为被保证人。

保证人在汇票或者粘单上未记载前条第(四)项的,出票日期为保证日期。

第四十八条 保证不得附有条件;附有条件的,不影响对汇票的保证责任。

第四十九条 保证人对合法取得汇票的持票人所享有的汇票权利,承担保证责任。但是,被保证人的债务因汇票记载事项欠缺而无效的除外。

第五十条 被保证的汇票,保证人应当与被保证人对持票人承担连带责任。汇票到期后得不到付款的,持票人有权向保证人请求付款,保证人应当足额付款。

第五十一条 保证人为二人以上的,保证人之间承担连带责任。

第五十二条 保证人清偿汇票债务后,可以行使持票人对被保证人及其前手的追索权。

逃 汇

★《中华人民共和国外汇管理条例》(自 2008 年 8 月 5 日起施行)

第三十九条 有违反规定将境内外汇转移境外,或者以欺骗手段将境内资本转移境外等逃汇行为的,由外汇管理机关责令限期调回外汇,处逃汇金额 30% 以下的罚款;情节严重的,处逃汇金额 30% 以上等值以下的罚款;构成犯罪的,依法追究刑事责任。

第四十六条 未经批准擅自经营结汇、售汇业务的,由外汇管理机关责令改正,有违法所得的,没收违法所得,违法所得 50 万元以上的,并处违法所得 1 倍以上 5 倍以下的罚款;没有违法所得或者违法所得不足 50 万元的,处 50 万元以上 200 万元以下的罚款;情节严重的,由有关主管部门责令停业整顿或者吊销业务许可证;构成犯罪的,依法追究刑事责任。

未经批准经营结汇、售汇业务以外的其他外汇业务的,由外汇管理机关或者金融业监督管理机构依照前款规定予以处罚。

第四十七条 金融机构有下列情形之一的,由外汇管理机关责令限期改正,没收违法所得,并处 20 万元以上 100 万元以下的罚款;情节严重或者逾期不改正的,由外汇管理机关责令停止经营相关业务:

(一)办理经常项目资金收付,未对交易单证的真实性及其与外汇收支的一致性进行合理审查的;

(二)违反规定办理资本项目资金收付的;

(三)违反规定办理结汇、售汇业务的;

(四)违反外汇业务综合头寸管理的;

(五)违反外汇市场交易管理的。

第四十九条 境内机构违反外汇管理规定的,除依照本条例给予处罚外,对直接负责的主管人员和其他直接责任人员,应当给予处分;对金融机构负有直接责任的董事、监事、高级管理人员和其他直接责任人员给予警告,处5万元以上50万元以下的罚款;构成犯罪的,依法追究刑事责任。

第五十条 外汇管理机关工作人员徇私舞弊、滥用职权、玩忽职守,构成犯罪的,依法追究刑事责任;尚不构成犯罪的,依法给予处分。

★《关于骗购外汇、非法套汇、逃汇、非法买卖外汇等违反外汇管理规定行为的行政处分或者纪律处分暂行规定》(自2011年1月8日起施行)

第二条 本规定适用于国家公务员以及经批准经营外汇业务的金融机构、国有外经贸企业的工作人员。

本规定所称经批准经营外汇业务的金融机构,是指经批准经营外汇业务的中资银行、非银行金融机构及其分支机构。

本规定所称国有外经贸企业,是指国有外贸公司、自营进出口的国有生产企业、有进出口经营权的国有企业和国有资产占控股地位或者主导地位的企业。

第三条 有本规定所列违反外汇管理规定的行为的,除依法给予行政处罚外,对有关责任人员依照本规定给予行政处分或者纪律处分;构成犯罪的,依法追究刑事责任。

第四条 经批准经营外汇业务的金融机构、国有外经贸企业的工作人员,有下列骗购外汇行为之一,数额不满10万美元的,给予留用察看处分;数额在10万美元以上的,给予开除处分。

(一)伪造、变造海关报关单、进口证明、外汇管理部门核准件等凭证和单据的;

(二)使用、买卖伪造、变造的海关报关单、进口证明、外汇管理部门核准件等凭证和单据的;

(三)重复使用海关报关单、进口证明、外汇管理部门核准件等凭证和单据的;

（四）明知用于骗购外汇而提供人民币资金或者其他服务的；

（五）以其他方式骗购外汇的。

单位有前款行为之一的，对负有直接责任的主管人员和其他直接责任人员，依照前款规定给予纪律处分。

第五条 经批准经营外汇业务的金融机构、国有外经贸企业的工作人员，有下列非法套汇行为之一，数额不满10万美元的，给予警告、记过或者记大过处分；数额在10万美元以上不满100万美元的，给予降级或者撤职处分；数额在100万美元以上的，给予留用察看或者开除处分。

（一）违反国家规定，以人民币支付或者以实物偿付应当以外汇支付的进口货款或者其他类似支出的，但是合法的易货贸易除外；

（二）以人民币为他人支付在境内的费用，而由对方给付外汇的；

（三）明知用于非法套汇而提供人民币资金或者其他服务的；

（四）以其他方式非法套汇的。

单位有前款行为之一的，对负有直接责任的主管人员和其他直接责任人员，依照前款规定给予纪律处分。

第六条 经批准经营外汇业务的金融机构、国有外经贸企业的工作人员，有下列逃汇行为之一，数额不满10万美元的，给予撤职处分；数额在10万美元以上不满100万美元的，给予留用察看处分；数额在100万美元以上的，给予开除处分。

（一）违反国家规定，擅自将外汇存放在境外的；

（二）不按照国家规定将外汇卖给外汇指定银行的；

（三）违反国家规定将外汇汇出或者携带出境的；

（四）未经外汇管理部门批准，擅自将外币存款凭证、外币有价证券携带或者邮寄出境的；

（五）明知用于逃汇而提供人民币资金或者其他服务的；

（六）以其他方式逃汇的。

单位有前款行为之一的，对负有直接责任的主管人员和其他直接责任人员，依照前款规定给予纪律处分。

第七条 经批准经营外汇业务的金融机构、国有外经贸企业的工作人员，以营利为目的，在国家规定的交易场所以外非法买卖外汇，数额不满5万美元或者违法所得不满1万元人民币的，给予撤职处分；数额在5万美元以上不满10万美元或者违法所得在1万元人民币以上不满3万元人民币的，给予留用察看处分；数额在10万美元以上或者违法所得在3万元人民币以上的，给予开除处分。

单位有前款所列行为的，对负有直接责任的主管人员和其他直接责任人员，依照前款规定给予纪律处分。

第八条 国有外经贸企业在代理进口业务中，因过失导致他人骗购外汇或者非法套汇，对负有直接责任的主管人员和其他直接责任人员给予纪律处分，数额不满10万美元的，给予警告、记过或者记大过处分；数额在10万美元以上不满100万美元的，给予降级或者撤职处分；数额在100万美元以上的，给予留用察看或者开除处分。

第九条 经批准经营外汇业务的金融机构在办理结汇、售汇、付汇和开户业务中，因过失导致他人骗购外汇、非法套汇或者逃汇，对负有直接责任的主管人员和其他直接责任人员给予纪律处分，数额不满10万美元的，给予警告、记过或者记大过处分；数额在10万美元以上不满100万美元的，给予降级或者撤职处分；数额在100万美元以上的，给予留用察看或者开除处分。

第十条 国家公务员有本规定所列骗购外汇、非法套汇、逃汇或者非法买卖外汇等违反外汇管理规定行为之一的，给予降级、撤职或者开除处分。

第十一条 海关、外汇管理等部门的国家公务员与骗购外汇、非法套汇、逃汇或者非法买卖外汇的行为人通谋，为其提供便利，或者明知是伪造、变造的凭证和单据而为其提供服务，或者有其他滥用职权、徇私舞弊行为造成他人骗购外汇、非法套汇或者逃汇后果的,给予开除处分。

海关、外汇管理等部门的国家公务员,玩忽职守,造成他人骗购外汇、非法套汇或者逃汇的,给予降级或者撤职处分;情节严重的,给予开除处分。

第十二条 对本单位发生的违反外汇管理规定行为不制止、不查处,情节较重的,对负有直接责任的主管人员给予警告、记过或者记大过处分;情节严重的,给予降级或者撤职处分。

第十三条 国家公务员利用职权,包庇违反外汇管理规定行为,或者有其他妨碍外汇管理执法监督、检查行为的,给予撤职或者开除处分。

经批准经营外汇业务的金融机构、国有外经贸企业的工作人员有前款行为的,给予留用察看或者开除处分。

单位有本条第一款所列行为的,对负有直接责任的主管人员和其他直接责任人员,分别依照前两款规定给予行政处分或者纪律处分。

第十四条 主动交代违反外汇管理规定行为,并退出外汇和违法所得,或者主动采取措施避免损失,或者有立功表现的,可以从轻、减轻或者免予行政处分或者纪律处分。

隐瞒事实真相,或者弄虚作假,出具伪证,或者隐匿、毁灭证据,或者拒绝提供有关文件、资料和证明材料的,应当从重或者加重行政处分或者纪律处分。

★《银行办理结售汇业务管理办法》(自 2014 年 8 月 1 日起施行)

第三条第二项 结售汇业务是指银行为客户或因自身经营活动需求办理的人民币与外汇之间兑换的业务,包括即期结售汇业务和人民币与外汇衍生产品业务。

★《跨国公司跨境资金集中运营管理规定》（自 2019 年 3 月 15 日起施行）

第二十七条 跨国公司的主办企业可持备案通知书，在经备案的合作银行直接开立国内资金主账户，办理跨境资金集中运营相关业务。

跨国公司可以根据经营需要，选择一家境外成员企业，在经备案的合作银行开立 NRA 账户，集中运营管理境外成员企业资金。

第二十九条 国内资金主账户收支范围如下：

（一）收入范围

1. 境内成员企业从境外直接获得的经常项目收入；

2. 境内成员企业经常项目账户、资本金账户、资产变现账户、境内再投资专用账户划入；

3. 集中额度内从境外融入的外债和收回的境外放款本息；

4. 购汇存入（经常项目项下对外支付购汇所得资金、购汇境外放款或偿还外债资金）；

5. 存款本息；

6. 同一主办企业其它国内资金主账户资金划转收入；

7. 外汇局核准的其他收入。

除另有规定外，跨国公司境内成员企业向境内存款性金融机构借入的外汇贷款不得进入国内资金主账户（用于偿还外债、境外放款等除外）。

（二）支出范围

1. 境内成员企业向境外的经常项目支出；

2. 向境内成员企业经常项目账户、资本金账户、资产变现账户、再投资专用账户划出；

3. 集中额度内向境外融出的境外放款和偿还的外债本息；

4. 结汇；

5. 存款划出；

6. 交纳存款准备金；

7. 同一主办企业其它国内资金主账户资金划转支出；

8. 外汇局核准的其他支出。

第三十条 国内资金主账户跨境资金收付应按现行规定办理国际收支申报。国内资金主账户涉及外债资金收付的，资金净融入金额（即外债余额）不得超过经备案的外债集中额度；涉及境外放款资金收付的，资金净融出金额（即境外放款余额）不得超过经备案的境外放款集中额度。

第四十一条 跨国公司主办企业及成员企业应依法依规开展跨境资金集中运营业务，违规行为将按照《外汇管理条例》等相关法规进行查处。

★《经常项目外汇业务指引（2020版）》（自2020年8月28日起施行）

第十四条 企业办理离岸转手买卖外汇收支业务时，银行应按照展业原则和下列要求，审核相关交易单证：

（一）具有真实、合法的交易基础，不存在涉嫌构造或利用虚假离岸转手买卖进行投机套利或转移资金等异常交易情况；

（二）交易具有合理性、逻辑性。

同一笔离岸转手买卖业务原则上应在同一家银行，采用同一币种（外币或人民币）办理收支结算。对无法按此规定办理的离岸转手买卖业务，银行在确认其真实、合法后可直接办理，并在涉外收支申报交易附言中注明"特殊离岸转手"，自业务办理之日起5个工作日内向所在地外汇局报告。

第十五条 企业办理具有货物贸易背景的国内外汇贷款业务，不得虚构贸易背景套取银行融资。银行办理上述国内外汇贷款业务应从源头做好风险防范，加强货物贸易背景审核，确认交易的真实性和逻辑合理性。

出口押汇等具有出口背景的国内外汇贷款按规定进入经常项目外汇结算账户并办理结汇的，企业原则上应以自有外汇或货物贸易出口收汇资金偿还。在企业出口确实无法按期收汇且没有其他外汇资金可用于偿还上述国内外汇贷款时，贷款银行可按照展业原则，审慎为企业办理购汇偿还手续，并于每月初5个工作日内向所在地外汇局报告。

外　汇

★《中华人民共和国外汇管理条例》（自 2008 年 8 月 5 日起施行）

第三条　本条例所称外汇，是指下列以外币表示的可以用作国际清偿的支付手段和资产：

（一）外币现钞，包括纸币、铸币；

（二）外币支付凭证或者支付工具，包括票据、银行存款凭证、银行卡等；

（三）外币有价证券，包括债券、股票等；

（四）特别提款权；

（五）其他外汇资产。

骗购外汇

★《中华人民共和国外汇管理条例》（自 2008 年 8 月 5 日起施行）

第四十条　有违反规定以外汇收付应当以人民币收付的款项，或者以虚假、无效的交易单证等向经营结汇、售汇业务的金融机构骗购外汇等非法套汇行为的，由外汇管理机关责令对非法套汇资金予以回兑，处非法套汇金额 30% 以下的罚款；情节严重的，处非法套汇金额 30% 以上等值以下的罚款；构成犯罪的，依法追究刑事责任。

编者注：其他规定参见逃汇相关规定。

洗 钱

编者注：刑法规定了洗钱罪的具体构成要件，适用时无须参照反洗钱有关行政法律规定。为帮助读者全面了解反洗钱工作，此处摘录了反洗钱有关行政法律规定，以供参考。

★**《中华人民共和国反洗钱法》**（自 2007 年 1 月 1 日起施行）

第二条 本法所称反洗钱，是指为了预防通过各种方式掩饰、隐瞒毒品犯罪、黑社会性质的组织犯罪、恐怖活动犯罪、走私犯罪、贪污贿赂犯罪、破坏金融管理秩序犯罪、金融诈骗犯罪等犯罪所得及其收益的来源和性质的洗钱活动，依照本法规定采取相关措施的行为。

第二十六条 经调查仍不能排除洗钱嫌疑的，应当立即向有管辖权的侦查机关报案。客户要求将调查所涉及的账户资金转往境外的，经国务院反洗钱行政主管部门负责人批准，可以采取临时冻结措施。

侦查机关接到报案后，对已依照前款规定临时冻结的资金，应当及时决定是否继续冻结。侦查机关认为需要继续冻结的，依照刑事诉讼法的规定采取冻结措施；认为不需要继续冻结的，应当立即通知国务院反洗钱行政主管部门，国务院反洗钱行政主管部门应当立即通知金融机构解除冻结。

临时冻结不得超过四十八小时。金融机构在按照国务院反洗钱行政主管部门的要求采取临时冻结措施后四十八小时内，未接到侦查机关继续冻结通知的，应当立即解除冻结。

★《支付机构反洗钱和反恐怖融资管理办法》(自 2012 年 3 月 5 日起施行)

第十条 支付机构应当勤勉尽责,建立健全客户身份识别制度,遵循"了解你的客户"原则,针对具有不同洗钱或者恐怖融资风险特征的客户、业务关系或者交易应采取相应的合理措施,了解客户及其交易目的和交易性质,了解实际控制客户的自然人和交易的实际受益人。

第三十六条 支付机构应结合客户身份信息和交易背景,对客户行为或交易进行识别、分析,有合理理由判断与洗钱、恐怖融资或其他犯罪活动相关的,应在发现可疑交易之日起 10 个工作日内,由其总部以电子方式向中国反洗钱监测分析中心提交可疑交易报告。可疑交易报告的具体格式和报送方式由中国人民银行另行规定。

支付机构应将已上报可疑交易报告的客户列为高风险客户,持续开展交易监测,仍不能排除洗钱、恐怖融资或其他犯罪活动嫌疑的,应在 10 个工作日内向中国反洗钱监测分析中心提交可疑交易报告,同时以书面方式将有关情况报告总部所在地的中国人民银行分支机构。

支付机构应完整保存对客户行为或交易进行识别、分析和判断的工作记录及是否上报的理由和证据材料。

第三十八条 支付机构在履行反洗钱义务过程中,发现涉嫌犯罪的,应立即报告当地公安机关和中国人民银行当地分支机构,并以电子方式报告中国反洗钱监测分析中心。

★《金融机构大额交易和可疑交易报告管理办法》(自 2017 年 7 月 1 日起施行)

第五条 金融机构应当报告下列大额交易:

(一)当日单笔或者累计交易人民币 5 万元以上(含 5 万元)、外币等值 1 万美元以上(含 1 万美元)的现金缴存、现金支取、现金结售汇、现钞兑换、现金汇款、现金票据解付及其他形式的现金收支。

（二）非自然人客户银行账户与其他的银行账户发生当日单笔或者累计交易人民币 200 万元以上（含 200 万元）、外币等值 20 万美元以上（含 20 万美元）的款项划转。

（三）自然人客户银行账户与其他的银行账户发生当日单笔或者累计交易人民币 50 万元以上（含 50 万元）、外币等值 10 万美元以上（含 10 万美元）的境内款项划转。

（四）自然人客户银行账户与其他的银行账户发生当日单笔或者累计交易人民币 20 万元以上（含 20 万元）、外币等值 1 万美元以上（含 1 万美元）的跨境款项划转。

累计交易金额以客户为单位，按资金收入或者支出单边累计计算并报告。中国人民银行另有规定的除外。

中国人民银行根据需要可以调整本条第一款规定的大额交易报告标准。

第九条　下列金融机构与客户进行金融交易并通过银行账户划转款项的，由银行机构按照本办法规定提交大额交易报告：

（一）证券公司、期货公司、基金管理公司。

（二）保险公司、保险资产管理公司、保险专业代理公司、保险经纪公司。

（三）信托公司、金融资产管理公司、企业集团财务公司、金融租赁公司、汽车金融公司、消费金融公司、货币经纪公司、贷款公司。

★《国务院办公厅关于完善反洗钱、反恐怖融资、反逃税监管体制机制的意见》（自 2017 年 8 月 29 日起施行）

（二十二）加大反洗钱调查工作力度，建立健全洗钱类型分析工作机制。进一步规范反洗钱调查工作程序，完善反洗钱调查流程，优化调查手段，加强可疑交易线索分析研判，加强反洗钱调查和线索移送，积极配合有权机关的协查请求，不断增强反洗钱调查工作实效。加强洗钱类型分析和风险提示，指导反洗钱义务机构开展洗钱类型分析，及时向反洗钱义务机构发布洗钱风险提示，督促反洗钱义务机构加强风险预警。

保　险

★《中华人民共和国保险法》(自 2015 年 4 月 24 日起施行)

第二条　本法所称保险，是指投保人根据合同约定，向保险人支付保险费，保险人对于合同约定的可能发生的事故因其发生所造成的财产损失承担赔偿保险金责任，或者当被保险人死亡、伤残、疾病或者达到合同约定的年龄、期限等条件时承担给付保险金责任的商业保险行为。

第一百七十四条　投保人、被保险人或者受益人有下列行为之一，进行保险诈骗活动，尚不构成犯罪的，依法给予行政处罚：

（一）投保人故意虚构保险标的，骗取保险金的；

（二）编造未曾发生的保险事故，或者编造虚假的事故原因或者夸大损失程度，骗取保险金的；

（三）故意造成保险事故，骗取保险金的。

保险事故的鉴定人、评估人、证明人故意提供虚假的证明文件，为投保人、被保险人或者受益人进行保险诈骗提供条件的，依照前款规定给予处罚。

保险标的

★《中华人民共和国保险法》(自 2015 年 4 月 24 日起施行)

第十二条　人身保险的投保人在保险合同订立时，对被保人应当具有保险利益。

财产保险的被保险人在保险事故发生时，对保险标的应当具有保险利益。

人身保险是以人的寿命和身体为保险标的的保险。

财产保险是以财产及其有关利益为保险标的的保险。

被保险人是指其财产或者人身受保险合同保障，享有保险金请求权的人。投保人可以为被保险人。

保险利益是指投保人或者被保险人对保险标的具有的法律上承认的利益。

投保人、被保险人、受益人

★《**中华人民共和国保险法**》（自 2015 年 4 月 24 日起施行）

第十条 保险合同是投保人与保险人约定保险权利义务关系的协议。

投保人是指与保险人订立保险合同，并按照合同约定负有支付保险费义务的人。

保险人是指与投保人订立保险合同，并按照合同约定承担赔偿或者给付保险金责任的保险公司。

第十二条 人身保险的投保人在保险合同订立时，对被保险人应当具有保险利益。

财产保险的被保险人在保险事故发生时，对保险标的应当具有保险利益。

人身保险是以人的寿命和身体为保险标的的保险。

财产保险是以财产及其有关利益为保险标的的保险。

被保险人是指其财产或者人身受保险合同保障，享有保险金请求权的人。投保人可以为被保险人。

保险利益是指投保人或者被保险人对保险标的具有的法律上

承认的利益。

第十八条 保险合同应当包括下列事项：

（一）保险人的名称和住所；

（二）投保人、被保险人的姓名或者名称、住所，以及人身保险的受益人的姓名或者名称、住所；

（三）保险标的；

（四）保险责任和责任免除；

（五）保险期间和保险责任开始时间；

（六）保险金额；

（七）保险费以及支付办法；

（八）保险金赔偿或者给付办法；

（九）违约责任和争议处理；

（十）订立合同的年、月、日。

投保人和保险人可以约定与保险有关的其他事项。

受益人是指人身保险合同中由被保险人或者投保人指定的享有保险金请求权的人。投保人、被保险人可以为受益人。

保险金额是指保险人承担赔偿或者给付保险金责任的最高限额。

保险事故

★《中华人民共和国保险法》（自 2015 年 4 月 24 日起施行）

第十六条 订立保险合同，保险人就保险标的或者被保险人的有关情况提出询问的，投保人应当如实告知。

投保人故意或者因重大过失未履行前款规定的如实告知义务，足以影响保险人决定是否同意承保或者提高保险费率的，保险人有权解除合同。

前款规定的合同解除权，自保险人知道有解除事由之日起，超过三十日不行使而消灭。自合同成立之日起超过二年的，保险人不得解除合同；发生保险事故的，保险人应当承担赔偿或者给付保险金的责任。

投保人故意不履行如实告知义务的，保险人对于合同解除前发生的保险事故，不承担赔偿或者给付保险金的责任，并不退还保险费。

投保人因重大过失未履行如实告知义务，对保险事故的发生有严重影响的，保险人对于合同解除前发生的保险事故，不承担赔偿或者给付保险金的责任，但应当退还保险费。

保险人在合同订立时已经知道投保人未如实告知的情况的，保险人不得解除合同；发生保险事故的，保险人应当承担赔偿或者给付保险金的责任。

保险事故是指保险合同约定的保险责任范围内的事故。

存托凭证

★**《中华人民共和国证券法》**（自 2020 年 3 月 1 日起施行）

第二条第一款 在中华人民共和国境内，股票、公司债券、存托凭证和国务院依法认定的其他证券的发行和交易，适用本法；本法未规定的，适用《中华人民共和国公司法》和其他法律、行政法规的规定。

★**《存托凭证发行与交易管理办法（试行）》**（自 2023 年 2 月 17 日起施行）

第二条 本办法所称存托凭证是指由存托人签发、以境外证券为基础在中国境内发行、代表境外基础证券权益的证券。

存托凭证的发行和交易，适用《证券法》《若干意见》、本办法以及中国证券监督管理委员会（以下简称中国证监会）的其他规定。存托凭证的境外基础证券发行人应当参与存托凭证发行，依法履行公开发行证券的公司、上市公司的义务，承担相应的法律责任。

控股股东

★《中华人民共和国公司法》（自 2024 年 7 月 1 日起施行）

第二百六十五条 本法下列用语的含义：

……

（二）控股股东，是指其出资额占有限责任公司资本总额超过百分之五十或者其持有的股份占股份有限公司股本总额超过百分之五十的股东；出资额或者持有股份的比例虽然低于百分之五十，但依其出资额或者持有的股份所享有的表决权已足以对股东会的决议产生重大影响的股东。

实际控制人

★《中华人民共和国公司法》（自 2024 年 7 月 1 日起施行）

第二百六十五条 本法下列用语的含义：

……

（三）实际控制人，是指通过投资关系、协议或者其他安排，能够实际支配公司行为的人。

依法负有信息披露义务的公司、企业

★《中华人民共和国证券投资基金法》（自 2015 年 4 月 24 日起施行）

第七十三条　基金财产不得用于下列投资或者活动：

（一）承销证券；

（二）违反规定向他人贷款或者提供担保；

（三）从事承担无限责任的投资；

（四）买卖其他基金份额，但是国务院证券监督管理机构另有规定的除外；

（五）向基金管理人、基金托管人出资；

（六）从事内幕交易、操纵证券交易价格及其他不正当的证券交易活动；

（七）法律、行政法规和国务院证券监督管理机构规定禁止的其他活动。

运用基金财产买卖基金管理人、基金托管人及其控股股东、实际控制人或者与其有其他重大利害关系的公司发行的证券或承销期内承销的证券，或者从事其他重大关联交易的，应当遵循基金份额持有人利益优先的原则，防范利益冲突，符合国务院证券监督管理机构的规定，并履行信息披露义务。

第七十四条　基金管理人、基金托管人和其他基金信息披露义务人应当依法披露基金信息，并保证所披露信息的真实性、准确性和完整性。

第七十五条　基金信息披露义务人应当确保应予披露的基金信息在国务院证券监督管理机构规定时间内披露，并保证投资人能够按照基金合同约定的时间和方式查阅或者复制公开披露的信息资料。

第七十六条　公开披露的基金信息包括：

（一）基金招募说明书、基金合同、基金托管协议；
（二）基金募集情况；
（三）基金份额上市交易公告书；
（四）基金资产净值、基金份额净值；
（五）基金份额申购、赎回价格；
（六）基金财产的资产组合季度报告、财务会计报告及中期和年度基金报告；
（七）临时报告；
（八）基金份额持有人大会决议；
（九）基金管理人、基金托管人的专门基金托管部门的重大人事变动；
（十）涉及基金财产、基金管理业务、基金托管业务的诉讼或者仲裁；
（十一）国务院证券监督管理机构规定应予披露的其他信息。

第七十七条 公开披露基金信息，不得有下列行为：
（一）虚假记载、误导性陈述或者重大遗漏；
（二）对证券投资业绩进行预测；
（三）违规承诺收益或者承担损失；
（四）诋毁其他基金管理人、基金托管人或者基金销售机构；
（五）法律、行政法规和国务院证券监督管理机构规定禁止的其他行为。

★《**中华人民共和国证券法**》（自 2020 年 3 月 1 日起施行）

第七十八条 发行人及法律、行政法规和国务院证券监督管理机构规定的其他信息披露义务人，应当及时依法履行信息披露义务。

信息披露义务人披露的信息，应当真实、准确、完整，简明清晰，通俗易懂，不得有虚假记载、误导性陈述或者重大遗漏。

证券同时在境内境外公开发行、交易的，其信息披露义务人在境外披露的信息，应当在境内同时披露。

第七十九条　上市公司、公司债券上市交易的公司、股票在国务院批准的其他全国性证券交易场所交易的公司，应当按照国务院证券监督管理机构和证券交易场所规定的内容和格式编制定期报告，并按照以下规定报送和公告：

（一）在每一会计年度结束之日起四个月内，报送并公告年度报告，其中的年度财务会计报告应当经符合本法规定的会计师事务所审计；

（二）在每一会计年度的上半年结束之日起二个月内，报送并公告中期报告。

第八十条　发生可能对上市公司、股票在国务院批准的其他全国性证券交易场所交易的公司的股票交易价格产生较大影响的重大事件，投资者尚未得知时，公司应当立即将有关该重大事件的情况向国务院证券监督管理机构和证券交易场所报送临时报告，并予公告，说明事件的起因、目前的状态和可能产生的法律后果。

前款所称重大事件包括：

（一）公司的经营方针和经营范围的重大变化；

（二）公司的重大投资行为，公司在一年内购买、出售重大资产超过公司资产总额百分之三十，或者公司营业用主要资产的抵押、质押、出售或者报废一次超过该资产的百分之三十；

（三）公司订立重要合同、提供重大担保或者从事关联交易，可能对公司的资产、负债、权益和经营成果产生重要影响；

（四）公司发生重大债务和未能清偿到期重大债务的违约情况；

（五）公司发生重大亏损或者重大损失；

（六）公司生产经营的外部条件发生的重大变化；

（七）公司的董事、三分之一以上监事或者经理发生变动，董事长或者经理无法履行职责；

（八）持有公司百分之五以上股份的股东或者实际控制人持有股份或者控制公司的情况发生较大变化，公司的实际控制人及其控制的其他企业从事与公司相同或者相似业务的情况发生较大变化；

（九）公司分配股利、增资的计划，公司股权结构的重要变化，公司减资、合并、分立、解散及申请破产的决定，或者依法进入破产程序、被责令关闭；

（十）涉及公司的重大诉讼、仲裁，股东大会、董事会决议被依法撤销或者宣告无效；

（十一）公司涉嫌犯罪被依法立案调查，公司的控股股东、实际控制人、董事、监事、高级管理人员涉嫌犯罪被依法采取强制措施；

（十二）国务院证券监督管理机构规定的其他事项。

公司的控股股东或者实际控制人对重大事件的发生、进展产生较大影响的，应当及时将其知悉的有关情况书面告知公司，并配合公司履行信息披露义务。

第八十一条 发生可能对上市交易公司债券的交易价格产生较大影响的重大事件，投资者尚未得知时，公司应当立即将有关该重大事件的情况向国务院证券监督管理机构和证券交易场所报送临时报告，并予公告，说明事件的起因、目前的状态和可能产生的法律后果。

前款所称重大事件包括：

（一）公司股权结构或者生产经营状况发生重大变化；

（二）公司债券信用评级发生变化；

（三）公司重大资产抵押、质押、出售、转让、报废；

（四）公司发生未能清偿到期债务的情况；

（五）公司新增借款或者对外提供担保超过上年末净资产的百分之二十；

（六）公司放弃债权或者财产超过上年末净资产的百分之十；

（七）公司发生超过上年末净资产百分之十的重大损失；

（八）公司分配股利，作出减资、合并、分立、解散及申请破产的决定，或者依法进入破产程序、被责令关闭；

（九）涉及公司的重大诉讼、仲裁；

（十）公司涉嫌犯罪被依法立案调查，公司的控股股东、实际控制人、董事、监事、高级管理人员涉嫌犯罪被依法采取强制措施；

（十一）国务院证券监督管理机构规定的其他事项。

第八十二条　发行人的董事、高级管理人员应当对证券发行文件和定期报告签署书面确认意见。

发行人的监事会应当对董事会编制的证券发行文件和定期报告进行审核并提出书面审核意见。监事应当签署书面确认意见。

发行人的董事、监事和高级管理人员应当保证发行人及时、公平地披露信息，所披露的信息真实、准确、完整。

董事、监事和高级管理人员无法保证证券发行文件和定期报告内容的真实性、准确性、完整性或者有异议的，应当在书面确认意见中发表意见并陈述理由，发行人应当披露。发行人不予披露的，董事、监事和高级管理人员可以直接申请披露。

第八十三条　信息披露义务人披露的信息应当同时向所有投资者披露，不得提前向任何单位和个人泄露。但是，法律、行政法规另有规定的除外。

任何单位和个人不得非法要求信息披露义务人提供依法需要披露但尚未披露的信息。任何单位和个人提前获知的前述信息，在依法披露前应当保密。

第八十四条　除依法需要披露的信息之外，信息披露义务人可以自愿披露与投资者作出价值判断和投资决策有关的信息，但不得与依法披露的信息相冲突，不得误导投资者。

发行人及其控股股东、实际控制人、董事、监事、高级管理人员等作出公开承诺的，应当披露。不履行承诺给投资者造成损失的，应当依法承担赔偿责任。

第八十五条　信息披露义务人未按照规定披露信息，或者公告的证券发行文件、定期报告、临时报告及其他信息披露资料存在虚假记载、误导性陈述或者重大遗漏，致使投资者在证券交易中遭受损失的，信息披露义务人应当承担赔偿责任；发行人的控股股东、实际控制人、董事、监事、高级管理人员和其他直接责任人员以及保荐人、承销的证券公司及其直接责任人员，应当与发行人承担连带赔偿责任，但是能够证明自己没有过错的除外。

第八十六条　依法披露的信息，应当在证券交易场所的网站和符合国务院证券监督管理机构规定条件的媒体发布，同时将其置备于公司住所、证券交易场所，供社会公众查阅。

第八十七条　国务院证券监督管理机构对信息披露义务人的信息披露行为进行监督管理。

证券交易场所应当对其组织交易的证券的信息披露义务人的信息披露行为进行监督，督促其依法及时、准确地披露信息。

★**《商业银行理财业务监督管理办法》**（自2018年9月26日起施行）

第五十三条　商业银行应当按照国务院银行业监督管理机构关于信息披露的有关规定，每半年披露其从事理财业务活动的有关信息，披露的信息应当至少包括以下内容：当期发行和到期的理财产品类型、数量和金额、期末存续理财产品数量和金额，列明各类理财产品的占比及其变化情况，以及理财产品直接和间接投资的资产种类、规模和占比等信息。

第五十四条　商业银行应当在本行营业网点或官方网站建立理财产品信息查询平台，收录全部在售及存续期内公募理财产品的基本信息。

第五十五条　商业银行应当及时、准确、完整地向理财产品投资者披露理财产品的募集信息、资金投向、杠杆水平、收益分配、托管安排、投资账户信息和主要投资风险等内容。

第五十六条　商业银行发行公募理财产品的，应当在本行官

方网站或者按照与投资者约定的方式,披露以下理财产品信息:

(一)在全国银行业理财信息登记系统获取的登记编码;

(二)销售文件,包括说明书、销售协议书、风险揭示书和投资者权益须知;

(三)发行公告,包括理财产品成立日期和募集规模等信息;

(四)定期报告,包括理财产品的存续规模、收益表现,并分别列示直接和间接投资的资产种类、投资比例、投资组合的流动性风险分析,以及前十项资产具体名称、规模和比例等信息;

(五)到期公告,包括理财产品的存续期限、终止日期、收费情况和收益分配情况等信息;

(六)重大事项公告;

(七)临时性信息披露;

(八)国务院银行业监督管理机构规定的其他信息。

商业银行应当在理财产品成立之后5日内披露发行公告,在理财产品终止后5日内披露到期公告,在发生可能对理财产品投资者或者理财产品收益产生重大影响的事件后2日内发布重大事项公告。

商业银行应当在每个季度结束之日起15日内、上半年结束之日起60日内、每年结束之日起90日内,编制完成理财产品的季度、半年和年度报告等定期报告。理财产品成立不足90日或者剩余存续期不超过90日的,商业银行可以不编制理财产品当期的季度、半年和年度报告。

第五十七条 商业银行应当在每个开放日结束后2日内,披露开放式公募理财产品在开放日的份额净值、份额累计净值、认购价格和赎回价格,在定期报告中披露开放式公募理财产品在季度、半年和年度最后一个市场交易日的份额净值、份额累计净值和资产净值。

商业银行应当至少每周向投资者披露一次封闭式公募理财产品的资产净值和份额净值。

第五十八条 商业银行应当在公募理财产品的存续期内，至少每月向投资者提供其所持有的理财产品账单，账单内容包括但不限于投资者持有的理财产品份额、认购金额、份额净值、份额累计净值、资产净值、收益情况、投资者理财交易账户发生的交易明细记录等信息。

第五十九条 商业银行发行私募理财产品的，应当按照与合格投资者约定的方式和频率，披露以下理财产品信息：

（一）在全国银行业理财信息登记系统获取的登记编码；

（二）销售文件，包括说明书、销售协议书、风险揭示书和投资者权益须知；

（三）至少每季度向合格投资者披露理财产品的资产净值、份额净值和其他重要信息；

（四）定期报告，至少包括季度、半年和年度报告；

（五）到期报告；

（六）重大事项报告；

（七）临时性信息披露；

（八）国务院银行业监督管理机构规定的其他信息。

第六十条 商业银行理财产品终止后的清算期原则上不得超过5日；清算期超过5日的，应当在理财产品终止前，根据与投资者的约定，在指定渠道向理财产品投资者进行披露。

第六十一条 商业银行应当在理财产品销售文件中明确约定与投资者联络和信息披露的方式、渠道和频率，以及在信息披露过程中各方的责任，确保投资者及时获取信息。

商业银行在未与投资者明确约定的情况下，在其官方网站公布理财产品相关信息，不能视为向投资者进行了信息披露。

★《公开募集证券投资基金信息披露管理办法》（自2020年3月20日起施行）

第二条 基金信息披露义务人应当以保护基金份额持有人利

益为根本出发点,按照法律、行政法规和中国证券监督管理委员会(以下简称中国证监会)的规定披露基金信息,并保证所披露信息的真实性、准确性、完整性、及时性、简明性和易得性。

基金信息披露义务人包括基金管理人、基金托管人、召集基金份额持有人大会的基金份额持有人及其日常机构等法律、行政法规和中国证监会规定的自然人、法人和非法人组织。

★《上市公司信息披露管理办法》(自 2021 年 5 月 1 日起施行)

第三条 信息披露义务人应当及时依法履行信息披露义务,披露的信息应当真实、准确、完整,简明清晰、通俗易懂,不得有虚假记载、误导性陈述或者重大遗漏。

信息披露义务人披露的信息应当同时向所有投资者披露,不得提前向任何单位和个人泄露。但是,法律、行政法规另有规定的除外。

在内幕信息依法披露前,内幕信息的知情人和非法获取内幕信息的人不得公开或者泄露该信息,不得利用该信息进行内幕交易。任何单位和个人不得非法要求信息披露义务人提供依法需要披露但尚未披露的信息。

证券及其衍生品种同时在境内境外公开发行、交易的,其信息披露义务人在境外市场披露的信息,应当同时在境内市场披露。

第四条 上市公司的董事、监事、高级管理人员应当忠实、勤勉地履行职责,保证披露信息的真实、准确、完整,信息披露及时、公平。

第五条 除依法需要披露的信息之外,信息披露义务人可以自愿披露与投资者作出价值判断和投资决策有关的信息,但不得与依法披露的信息相冲突,不得误导投资者。

信息披露义务人自愿披露的信息应当真实、准确、完整。自愿性信息披露应当遵守公平原则,保持信息披露的持续性和一致性,不得进行选择性披露。

信息披露义务人不得利用自愿披露的信息不当影响公司证券及其衍生品种交易价格，不得利用自愿性信息披露从事市场操纵等违法违规行为。

第六条 上市公司及其控股股东、实际控制人、董事、监事、高级管理人员等作出公开承诺的，应当披露。

第七条 信息披露文件包括定期报告、临时报告、招股说明书、募集说明书、上市公告书、收购报告书等。

第八条 依法披露的信息，应当在证券交易所的网站和符合中国证监会规定条件的媒体发布，同时将其置备于上市公司住所、证券交易所，供社会公众查阅。

信息披露文件的全文应当在证券交易所的网站和符合中国证监会规定条件的报刊依法开办的网站披露，定期报告、收购报告书等信息披露文件的摘要应当在证券交易所的网站和符合中国证监会规定条件的报刊披露。

信息披露义务人不得以新闻发布或者答记者问等任何形式代替应当履行的报告、公告义务，不得以定期报告形式代替应当履行的临时报告义务。

第九条 信息披露义务人应当将信息披露公告文稿和相关备查文件报送上市公司注册地证监局。

第十二条 上市公司应当披露的定期报告包括年度报告、中期报告。凡是对投资者作出价值判断和投资决策有重大影响的信息，均应当披露。

年度报告中的财务会计报告应当经符合《证券法》规定的会计师事务所审计。

第十三条 年度报告应当在每个会计年度结束之日起四个月内，中期报告应当在每个会计年度的上半年结束之日起两个月内编制完成并披露。

第十六条 定期报告内容应当经上市公司董事会审议通过。未经董事会审议通过的定期报告不得披露。

公司董事、高级管理人员应当对定期报告签署书面确认意见，说明董事会的编制和审议程序是否符合法律、行政法规和中国证监会的规定，报告的内容是否能够真实、准确、完整地反映上市公司的实际情况。

监事会应当对董事会编制的定期报告进行审核并提出书面审核意见。监事应当签署书面确认意见。监事会对定期报告出具的书面审核意见，应当说明董事会的编制和审议程序是否符合法律、行政法规和中国证监会的规定，报告的内容是否能够真实、准确、完整地反映上市公司的实际情况。

董事、监事无法保证定期报告内容的真实性、准确性、完整性或者有异议的，应当在董事会或者监事会审议、审核定期报告时投反对票或者弃权票。

董事、监事和高级管理人员无法保证定期报告内容的真实性、准确性、完整性或者有异议的，应当在书面确认意见中发表意见并陈述理由，上市公司应当披露。上市公司不予披露的，董事、监事和高级管理人员可以直接申请披露。

董事、监事和高级管理人员按照前款规定发表意见，应当遵循审慎原则，其保证定期报告内容的真实性、准确性、完整性的责任不仅因发表意见而当然免除。

第十七条 上市公司预计经营业绩发生亏损或者发生大幅变动的，应当及时进行业绩预告。

第十八条 定期报告披露前出现业绩泄露，或者出现业绩传闻且公司证券及其衍生品种交易出现异常波动的，上市公司应当及时披露本报告期相关财务数据。

第二十二条 发生可能对上市公司证券及其衍生品种交易价格产生较大影响的重大事件，投资者尚未得知时，上市公司应当立即披露，说明事件的起因、目前的状态和可能产生的影响。

前款所称重大事件包括：

（一）《证券法》第八十条第二款规定的重大事件；

（二）公司发生大额赔偿责任；

（三）公司计提大额资产减值准备；

（四）公司出现股东权益为负值；

（五）公司主要债务人出现资不抵债或者进入破产程序，公司对相应债权未提取足额坏账准备；

（六）新公布的法律、行政法规、规章、行业政策可能对公司产生重大影响；

（七）公司开展股权激励、回购股份、重大资产重组、资产分拆上市或者挂牌；

（八）法院裁决禁止控股股东转让其所持股份；任一股东所持公司百分之五以上股份被质押、冻结、司法拍卖、托管、设定信托或者被依法限制表决权等，或者出现被强制过户风险；

（九）主要资产被查封、扣押或者冻结；主要银行账户被冻结；

（十）上市公司预计经营业绩发生亏损或者发生大幅变动；

（十一）主要或者全部业务陷入停顿；

（十二）获得对当期损益产生重大影响的额外收益，可能对公司的资产、负债、权益或者经营成果产生重要影响；

（十三）聘任或者解聘为公司审计的会计师事务所；

（十四）会计政策、会计估计重大自主变更；

（十五）因前期已披露的信息存在差错、未按规定披露或者虚假记载，被有关机关责令改正或者经董事会决定进行更正；

（十六）公司或者其控股股东、实际控制人、董事、监事、高级管理人员受到刑事处罚，涉嫌违法违规被中国证监会立案调查或者受到中国证监会行政处罚，或者受到其他有权机关重大行政处罚；

（十七）公司的控股股东、实际控制人、董事、监事、高级管理人员涉嫌严重违纪违法或者职务犯罪被纪检监察机关采取留置措施且影响其履行职责；

（十八）除董事长或者经理外的公司其他董事、监事、高级管理人员因身体、工作安排等原因无法正常履行职责达到或者预计达到三个月以上，或者因涉嫌违法违规被有权机关采取强制措施且影响其履行职责；

（十九）中国证监会规定的其他事项。

上市公司的控股股东或者实际控制人对重大事件的发生、进展产生较大影响的，应当及时将其知悉的有关情况书面告知上市公司，并配合上市公司履行信息披露义务。

第二十三条 上市公司变更公司名称、股票简称、公司章程、注册资本、注册地址、主要办公地址和联系电话等，应当立即披露。

第二十四条 上市公司应当在最先发生的以下任一时点，及时履行重大事件的信息披露义务：

（一）董事会或者监事会就该重大事件形成决议时；

（二）有关各方就该重大事件签署意向书或者协议时；

（三）董事、监事或者高级管理人员知悉该重大事件发生时。

在前款规定的时点之前出现下列情形之一的，上市公司应当及时披露相关事项的现状、可能影响事件进展的风险因素：

（一）该重大事件难以保密；

（二）该重大事件已经泄露或者市场出现传闻；

（三）公司证券及其衍生品种出现异常交易情况。

第二十五条 上市公司披露重大事件后，已披露的重大事件出现可能对上市公司证券及其衍生品种交易价格产生较大影响的进展或者变化的，上市公司应当及时披露进展或者变化情况、可能产生的影响。

第二十六条 上市公司控股子公司发生本办法第二十二条规定的重大事件，可能对上市公司证券及其衍生品种交易价格产生较大影响的，上市公司应当履行信息披露义务。

上市公司参股公司发生可能对上市公司证券及其衍生品种交

易价格产生较大影响的事件的，上市公司应当履行信息披露义务。

第二十七条 涉及上市公司的收购、合并、分立、发行股份、回购股份等行为导致上市公司股本总额、股东、实际控制人等发生重大变化的，信息披露义务人应当依法履行报告、公告义务，披露权益变动情况。

第二十八条 上市公司应当关注本公司证券及其衍生品种的异常交易情况及媒体关于本公司的报道。

证券及其衍生品种发生异常交易或者在媒体中出现的消息可能对公司证券及其衍生品种的交易产生重大影响时，上市公司应当及时向相关各方了解真实情况，必要时应当以书面方式问询。

上市公司控股股东、实际控制人及其一致行动人应当及时、准确地告知上市公司是否存在拟发生的股权转让、资产重组或者其他重大事件，并配合上市公司做好信息披露工作。

第二十九条 公司证券及其衍生品种交易被中国证监会或者证券交易所认定为异常交易的，上市公司应当及时了解造成证券及其衍生品种交易异常波动的影响因素，并及时披露。

第三十九条 上市公司的股东、实际控制人发生以下事件时，应当主动告知上市公司董事会，并配合上市公司履行信息披露义务：

（一）持有公司百分之五以上股份的股东或者实际控制人持有股份或者控制公司的情况发生较大变化，公司的实际控制人及其控制的其他企业从事与公司相同或者相似业务的情况发生较大变化；

（二）法院裁决禁止控股股东转让其所持股份，任一股东所持公司百分之五以上股份被质押、冻结、司法拍卖、托管、设定信托或者被依法限制表决权等，或者出现被强制过户风险；

（三）拟对上市公司进行重大资产或者业务重组；

（四）中国证监会规定的其他情形。

应当披露的信息依法披露前，相关信息已在媒体上传播或者公司证券及其衍生品种出现交易异常情况的，股东或者实际控制人应当及时、准确地向上市公司作出书面报告，并配合上市公司及时、准确地公告。

上市公司的股东、实际控制人不得滥用其股东权利、支配地位，不得要求上市公司向其提供内幕信息。

第四十条 上市公司向特定对象发行股票时，其控股股东、实际控制人和发行对象应当及时向上市公司提供相关信息，配合上市公司履行信息披露义务。

第四十一条 上市公司董事、监事、高级管理人员、持股百分之五以上的股东及其一致行动人、实际控制人应当及时向上市公司董事会报送上市公司关联人名单及关联关系的说明。上市公司应当履行关联交易的审议程序，并严格执行关联交易回避表决制度。交易各方不得通过隐瞒关联关系或者采取其他手段，规避上市公司的关联交易审议程序和信息披露义务。

第四十二条 通过接受委托或者信托等方式持有上市公司百分之五以上股份的股东或者实际控制人，应当及时将委托人情况告知上市公司，配合上市公司履行信息披露义务。

第五十二条 信息披露义务人及其董事、监事、高级管理人员违反本办法的，中国证监会为防范市场风险，维护市场秩序，可以采取以下监管措施：

（一）责令改正；

（二）监管谈话；

（三）出具警示函；

（四）责令公开说明；

（五）责令定期报告；

（六）责令暂停或者终止并购重组活动；

（七）依法可以采取的其他监管措施。

第六十条 信息披露义务人违反本办法的规定，情节严重的，中国证监会可以对有关责任人员采取证券市场禁入的措施。

第六十一条 违反本办法，涉嫌犯罪的，依法移送司法机关追究刑事责任。

第六十二条 本办法下列用语的含义：

……

（二）信息披露义务人，是指上市公司及其董事、监事、高级管理人员、股东、实际控制人、收购人、重大资产重组、再融资、重大交易有关各方等自然人、单位及其相关人员，破产管理人及其成员，以及法律、行政法规和中国证监会规定的其他承担信息披露义务的主体。

★《非上市公众公司信息披露管理办法》（自2021年11月15日起施行）

第二条 本办法适用于股票在全国中小企业股份转让系统（以下简称全国股转系统）挂牌公开转让的非上市公众公司（以下简称挂牌公司）定期报告和临时报告信息披露有关行为。

第三条 挂牌公司披露的信息，应当真实、准确、完整，简明清晰，通俗易懂，不得有虚假记载、误导性陈述或重大遗漏。

在境外市场发行股票及其他证券品种并上市的挂牌公司在境外市场披露的信息，应当同时在全国股转系统披露。

第五条 挂牌公司的董事、监事、高级管理人员应当忠实、勤勉地履行职责，保证公司及时、公平地披露信息，所披露的信息真实、准确、完整。

★《上市公司重大资产重组管理办法》（自2023年2月17日起施行）

第四条 上市公司实施重大资产重组，有关各方必须及时、公平地披露或者提供信息，保证所披露或者提供信息的真实、准确、完整，不得有虚假记载、误导性陈述或者重大遗漏。

第五条 上市公司的董事、监事和高级管理人员在重大资产重组活动中,应当诚实守信、勤勉尽责,维护公司资产的安全,保护公司和全体股东的合法权益。

第六条 为重大资产重组提供服务的证券服务机构和人员,应当遵守法律、行政法规和中国证监会的有关规定,以及证券交易所的相关规则,遵循本行业公认的业务标准和道德规范,诚实守信、勤勉尽责,严格履行职责,对其所制作、出具文件的真实性、准确性和完整性承担责任。

前款规定的证券服务机构和人员,不得教唆、协助或者伙同委托人编制或者披露存在虚假记载、误导性陈述或者重大遗漏的报告、公告文件,不得从事不正当竞争,不得利用上市公司重大资产重组谋取不正当利益。

第十一条 上市公司实施重大资产重组,应当就本次交易符合下列要求作出充分说明,并予以披露:

(一)符合国家产业政策和有关环境保护、土地管理、反垄断、外商投资、对外投资等法律和行政法规的规定;

(二)不会导致上市公司不符合股票上市条件;

(三)重大资产重组所涉及的资产定价公允,不存在损害上市公司和股东合法权益的情形;

(四)重大资产重组所涉及的资产权属清晰,资产过户或者转移不存在法律障碍,相关债权债务处理合法;

(五)有利于上市公司增强持续经营能力,不存在可能导致上市公司重组后主要资产为现金或者无具体经营业务的情形;

(六)有利于上市公司在业务、资产、财务、人员、机构等方面与实际控制人及其关联人保持独立,符合中国证监会关于上市公司独立性的相关规定;

(七)有利于上市公司形成或者保持健全有效的法人治理结构。

第二十六条 上市公司全体董事、监事、高级管理人员应当公开承诺,保证重大资产重组的信息披露和申请文件不存在虚假记载、误导性陈述或者重大遗漏。

重大资产重组的交易对方应当公开承诺,将及时向上市公司提供本次重组相关信息,并保证所提供的信息真实、准确、完整,如因提供的信息存在虚假记载、误导性陈述或者重大遗漏,给上市公司或者投资者造成损失的,将依法承担赔偿责任。

前两款规定的单位和个人还应当公开承诺,如本次交易因涉嫌所提供或者披露的信息存在虚假记载、误导性陈述或者重大遗漏,被司法机关立案侦查或者被中国证监会立案调查的,在案件调查结论明确之前,将暂停转让其在该上市公司拥有权益的股份。

高级管理人员

★《中华人民共和国公司法》(自 2024 年 7 月 1 日起施行)

第二百六十五条 本法下列用语的含义:

(一)高级管理人员,是指公司的经理、副经理、财务负责人,上市公司董事会秘书和公司章程规定的其他人员。

……

证券业务

★《中华人民共和国证券法》(自 2020 年 3 月 1 日起施行)

第二条 在中华人民共和国境内,股票、公司债券、存托凭证和国务院依法认定的其他证券的发行和交易,适用本法;本法未规定的,适用《中华人民共和国公司法》和其他法律、行政法规的规定。

政府债券、证券投资基金份额的上市交易,适用本法;其他法律、行政法规另有规定的,适用其规定。

资产支持证券、资产管理产品发行、交易的管理办法，由国务院依照本法的原则规定。

在中华人民共和国境外的证券发行和交易活动，扰乱中华人民共和国境内市场秩序，损害境内投资者合法权益的，依照本法有关规定处理并追究法律责任。

第一百一十八条 设立证券公司，应当具备下列条件，并经国务院证券监督管理机构批准：

（一）有符合法律、行政法规规定的公司章程；

（二）主要股东及公司的实际控制人具有良好的财务状况和诚信记录，最近三年无重大违法违规记录；

（三）有符合本法规定的公司注册资本；

（四）董事、监事、高级管理人员、从业人员符合本法规定的条件；

（五）有完善的风险管理与内部控制制度；

（六）有合格的经营场所、业务设施和信息技术系统；

（七）法律、行政法规和经国务院批准的国务院证券监督管理机构规定的其他条件。

未经国务院证券监督管理机构批准，任何单位和个人不得以证券公司名义开展证券业务活动。

第一百一十九条 国务院证券监督管理机构应当自受理证券公司设立申请之日起六个月内，依照法定条件和法定程序并根据审慎监管原则进行审查，作出批准或者不予批准的决定，并通知申请人；不予批准的，应当说明理由。

证券公司设立申请获得批准的，申请人应当在规定的期限内向公司登记机关申请设立登记，领取营业执照。

证券公司应当自领取营业执照之日起十五日内，向国务院证券监督管理机构申请经营证券业务许可证。未取得经营证券业务许可证，证券公司不得经营证券业务。

第一百二十条 经国务院证券监督管理机构核准，取得经营

证券业务许可证,证券公司可以经营下列部分或者全部证券业务:

(一)证券经纪;

(二)证券投资咨询;

(三)与证券交易、证券投资活动有关的财务顾问;

(四)证券承销与保荐;

(五)证券融资融券;

(六)证券做市交易;

(七)证券自营;

(八)其他证券业务。

国务院证券监督管理机构应当自受理前款规定事项申请之日起三个月内,依照法定条件和程序进行审查,作出核准或者不予核准的决定,并通知申请人;不予核准的,应当说明理由。

证券公司经营证券资产管理业务的,应当符合《中华人民共和国证券投资基金法》等法律、行政法规的规定。

除证券公司外,任何单位和个人不得从事证券承销、证券保荐、证券经纪和证券融资融券业务。

证券公司从事证券融资融券业务,应当采取措施,严格防范和控制风险,不得违反规定向客户出借资金或者证券。

第一百四十五条 证券登记结算机构为证券交易提供集中登记、存管与结算服务,不以营利为目的,依法登记,取得法人资格。

设立证券登记结算机构必须经国务院证券监督管理机构批准。

第一百六十条 会计师事务所、律师事务所以及从事证券投资咨询、资产评估、资信评级、财务顾问、信息技术系统服务的证券服务机构,应当勤勉尽责、恪尽职守,按照相关业务规则为证券的交易及相关活动提供服务。

从事证券投资咨询服务业务,应当经国务院证券监督管理机构核准;未经核准,不得为证券的交易及相关活动提供服务。从事其他证券服务业务,应当报国务院证券监督管理机构和国务院有关主管部门备案。

第一百六十一条 证券投资咨询机构及其从业人员从事证券服务业务不得有下列行为：

（一）代理委托人从事证券投资；

（二）与委托人约定分享证券投资收益或者分担证券投资损失；

（三）买卖本证券投资咨询机构提供服务的证券；

（四）法律、行政法规禁止的其他行为。

有前款所列行为之一，给投资者造成损失的，应当依法承担赔偿责任。

第二百一十九条 违反本法规定，构成犯罪的，依法追究刑事责任。

参考文件：

★《国务院办公厅关于严厉打击非法发行股票和非法经营证券业务有关问题的通知》（自2006年12月12日起施行）

各省、自治区、直辖市人民政府，国务院各部委、各直属机构：

近年来，非法发行股票和非法经营证券业务（以下简称非法证券活动）在我国部分地区时有发生，个别地区甚至出现蔓延势头，严重危害社会稳定和金融安全。为贯彻落实公司法和证券法有关规定，维护证券市场正常秩序和广大投资者的合法权益，经国务院同意，现就严厉打击非法证券活动有关问题通知如下：

一、提高认识，统一思想，坚决遏制非法证券活动蔓延势头

非法证券活动具有手段隐蔽、欺骗性强、蔓延速度快、易反复等特点，涉及人数众多，投资者多为退休人员、下岗职工等困难群众，容易引发群体事件。当前，非法证券活动的主要形式为：一是编造公司即将在境内外上市或股票发行获得政府部门批准等虚假信息，诱骗社会公众购买所谓"原始股"；二是非法中介机构以"投资咨询机构"、"产权经纪公司"、"外国资本公司或投资

公司驻华代表处"的名义,未经法定机关批准,向社会公众非法买卖或代理买卖未上市公司股票;三是不法分子以证券投资为名,以高额回报为诱饵,诈骗群众钱财。

地方各级人民政府、国务院有关部门要进一步统一思想,高度重视,充分认识非法证券活动的危害性,增强政治责任感。要完善打击非法证券活动的政策法规和联合执法机制,查处一批大案要案,依法追究有关人员的责任,建立健全防范和打击非法证券活动的长效机制,从根本上遏制非法证券活动蔓延势头。

二、明确分工,加强配合,形成打击非法证券活动的执法合力

为加强组织领导,由证监会牵头,公安部、工商总局、银监会并邀请高法院、高检院等有关单位参加,成立打击非法证券活动协调小组,负责打击非法证券活动的组织协调、政策解释、性质认定等工作。协调小组办公室设在证监会。证监会要组织专门机构和得力人员,明确职责,加强沟通,与相关部门和省级人民政府建立反应灵敏、配合密切、应对有力的工作机制。

非法证券活动查处和善后处理工作按属地原则由各省、自治区、直辖市及计划单列市人民政府负责。非法证券活动经证监会及其派出机构认定后,省级人民政府要负责做好本地区案件查处和处置善后工作。涉及多个省(区、市)的,由公司注册地的省级人民政府牵头负责,相关省(区、市)要予以积极支持配合。发现涉嫌犯罪的,应及时移送公安机关立案查处,并依法追究刑事责任。未构成犯罪的,由证券监管部门、工商行政管理部门根据各自职责依法作出行政处罚。

地方各级人民政府要高度重视,统筹安排,周密部署,建立起群众举报、媒体监督、日常监管和及时查处相结合的非法证券活动防范和预警机制,制订风险处置预案。对近年来案件多发的地区,有关地方人民政府要迅速开展查处、取缔工作,果断处置,集中查处一批典型案件并公开报道,震慑犯罪分子,教育人民群

众,维护社会稳定。

三、明确政策界限,依法进行监管

(一)严禁擅自公开发行股票。向不特定对象发行股票或向特定对象发行股票后股东累计超过200人的,为公开发行,应依法报经证监会核准。未经核准擅自发行的,属于非法发行股票。

(二)严禁变相公开发行股票。向特定对象发行股票后股东累计不超过200人的,为非公开发行。非公开发行股票及其股权转让,不得采用广告、公告、广播、电话、传真、信函、推介会、说明会、网络、短信、公开劝诱等公开方式或变相公开方式向社会公众发行。严禁任何公司股东自行或委托他人以公开方式向社会公众转让股票。向特定对象转让股票,未依法报经证监会核准的,转让后,公司股东累计不得超过200人。

(三)严禁非法经营证券业务。股票承销、经纪(代理买卖)、证券投资咨询等证券业务由证监会依法批准设立的证券机构经营,未经证监会批准,其他任何机构和个人不得经营证券业务。

违反上述三项规定的,应坚决予以取缔,并依法追究法律责任。

证监会要根据公司法和证券法有关规定,尽快研究制订有关公开发行股票但不在证券交易所上市的股份有限公司(以下简称非上市公众公司)管理规定,明确非上市公众公司设立和发行的条件、发行审核程序、登记托管及转让规则等,将非上市公众公司监管纳入法制轨道。

四、加强舆论引导和对投资者教育

证监会、公安部等有关部门要指导地方各级人民政府,广泛利用报纸、电视、广播、互联网等传媒手段,多方位、多角度地宣传非法证券活动的表现形式、特点、典型案例及其严重危害,提高广大投资者对非法证券活动的风险意识和辨别能力,预防非法证券活动的发生,防患于未然。

★《中国证券监督管理委员会关于加强对利用"荐股软件"从事证券投资咨询业务监管的暂行规定》(自 2020 年 10 月 30 日起施行)

一、本规定所称"荐股软件",是指具备下列一项或多项证券投资咨询服务功能的软件产品、软件工具或者终端设备:

(一)提供涉及具体证券投资品种的投资分析意见,或者预测具体证券投资品种的价格走势;

(二)提供具体证券投资品种选择建议;

(三)提供具体证券投资品种的买卖时机建议;

(四)提供其他证券投资分析、预测或者建议。

具备证券信息汇总或者证券投资品种历史数据统计功能,但不具备上述第(一)项至第(四)项所列功能的软件产品、软件工具或者终端设备,不属于"荐股软件"。

二、向投资者销售或者提供"荐股软件",并直接或者间接获取经济利益的,属于从事证券投资咨询业务,应当经中国证监会许可,取得证券投资咨询业务资格。

未取得证券投资咨询业务资格,任何机构和个人不得利用"荐股软件"从事证券投资咨询业务。

六、证券投资咨询机构及其工作人员利用"荐股软件"从事证券投资咨询业务,违反相关法律法规和本规定的,中国证监会及其派出机构依法采取监管措施或者依法进行处罚;涉嫌犯罪的,依法移送司法机关。

七、未取得证券投资咨询业务资格的机构和个人利用"荐股软件"从事非法证券投资咨询活动的,中国证监会及其派出机构按照法律法规和《国务院办公厅关于严厉打击非法发行股票和非法经营证券业务有关问题的通知》(国办发〔2006〕99 号)的规定,配合地方政府、工商行政管理部门、公安机关、司法机关等,依法予以查处;涉嫌犯罪的,依法追究刑事责任。

期货业务

★《中华人民共和国期货和衍生品法》（自 2022 年 8 月 1 日起施行）

第三条　本法所称期货交易，是指以期货合约或者标准化期权合约为交易标的的交易活动。

本法所称衍生品交易，是指期货交易以外的，以互换合约、远期合约和非标准化期权合约及其组合为交易标的的交易活动。

本法所称期货合约，是指期货交易场所统一制定的、约定在将来某一特定的时间和地点交割一定数量标的物的标准化合约。

本法所称期权合约，是指约定买方有权在将来某一时间以特定价格买入或者卖出约定标的物（包括期货合约）的标准化或非标准化合约。

本法所称互换合约，是指约定在将来某一特定时间内相互交换特定标的物的金融合约。

本法所称远期合约，是指期货合约以外的，约定在将来某一特定的时间和地点交割一定数量标的物的金融合约。

第十一条　期货交易应当在依法设立的期货交易所或者国务院期货监督管理机构依法批准组织开展期货交易的其他期货交易场所（以下统称期货交易场所），采用公开的集中交易方式或者国务院期货监督管理机构批准的其他方式进行。

禁止在期货交易场所之外进行期货交易。

衍生品交易，可以采用协议交易或者国务院规定的其他交易方式进行。

第五十九条　期货经营机构是指依照《中华人民共和国公司法》和本法设立的期货公司以及国务院期货监督管理机构核准从事期货业务的其他机构。

第六十三条　期货公司经国务院期货监督管理机构核准可以

从事下列期货业务：

（一）期货经纪；

（二）期货交易咨询；

（三）期货做市交易；

（四）其他期货业务。

期货公司从事资产管理业务的，应当符合《中华人民共和国证券投资基金法》等法律、行政法规的规定。

未经国务院期货监督管理机构核准，任何单位和个人不得设立或者变相设立期货公司，经营或者变相经营期货经纪业务、期货交易咨询业务，也不得以经营为目的使用"期货"、"期权"或者其他可能产生混淆或者误导的名称。

第七十九条 期货交易场所应当遵循社会公共利益优先原则，为期货交易提供场所和设施，组织和监督期货交易，维护市场的公平、有序和透明，实行自律管理。

第八十条 设立、变更和解散期货交易所，应当由国务院期货监督管理机构批准。

设立期货交易所应当制定章程。期货交易所章程的制定和修改，应当经国务院期货监督管理机构批准。

第九十一条 期货结算机构是指依法设立，为期货交易提供结算、交割服务，实行自律管理的法人。

期货结算机构包括内部设有结算部门的期货交易场所、独立的期货结算机构和经国务院期货监督管理机构批准从事与证券业务相关的期货交易结算、交割业务的证券结算机构。

第九十二条 独立的期货结算机构的设立、变更和解散，应当经国务院期货监督管理机构批准。

设立独立的期货结算机构，应当具备下列条件：

（一）具备良好的财务状况，注册资本最低限额符合国务院期货监督管理机构的规定；

（二）有具备任职专业知识和业务工作经验的高级管理人员；

（三）具备完善的治理结构、内部控制制度和风险控制制度；

（四）具备符合要求的营业场所、信息技术系统以及与期货交易的结算有关的其他设施；

（五）国务院期货监督管理机构规定的其他条件。

承担期货结算机构职责的期货交易场所，应当具备本条第二款规定的条件。

国务院期货监督管理机构应当根据审慎监管原则进行审查，在六个月内作出批准或者不予批准的决定。

第一百二十二条　境外机构在境内从事期货市场营销、推介及招揽活动，应当经国务院期货监督管理机构批准，适用本法的相关规定。

境内机构为境外机构在境内从事期货市场营销、推介及招揽活动，应当经国务院期货监督管理机构批准。

任何单位或者个人不得从事违反前两款规定的期货市场营销、推介及招揽活动。

第一百三十二条　非法设立期货公司，或者未经核准从事相关期货业务的，予以取缔，没收违法所得，并处以违法所得一倍以上十倍以下的罚款；没有违法所得或者违法所得不足一百万元的，处以一百万元以上一千万元以下的罚款。对直接负责的主管人员和其他直接责任人员给予警告，并处以二十万元以上二百万元以下的罚款。

参考文件：

★《中国证监会办公厅关于做好商品现货市场非法期货交易活动认定有关工作的通知》（自 2013 年 12 月 31 日起施行）

附件：《关于认定商品现货市场非法期货交易活动的标准和程序》

二、认定标准

商品现货市场非法期货交易包括《期货交易管理条例》第

七十五条规定的"非法组织期货交易活动"和"擅自从事期货业务"等情形。认定商品现货市场非法组织期货交易活动应采取目的要件和形式要件相结合的方式。就目的要件而言,主要是以标准化合约为交易对象,允许交易者以对冲平仓方式了结交易,而不以实物交收为目的或者不必交割实物。就形式要件而言,根据国发〔2011〕38号文和国办发〔2012〕37号文的有关规定,一般有如下特征:

(一)交易对象为标准化合约。所谓标准化合约是指除价格、交货地点、交货时间等条款外,其他条款相对固定的合约。交易者将此类合约作为交易对象,订立合约时,并非全额付款,而只缴纳商品价值的一定比率作为保证金,即可买入或者卖出;合约订立后,允许交易者不实际履行,而可通过反向操作、对冲平仓方式,了解自己的权利义务。

(二)交易方式为集中交易。所谓集中交易是指由现货市场安排众多买方、卖方集中在一起进行交易(包括但不限于人员集中、信息集中、商品集中),并为促成交易提供各种设施及便利安排。集中交易又可细分为集合竞价、连续竞价、电子撮合、匿名交易、做市商机制等交易方式。

集合竞价是指买卖双方按照自己所能接受的心理价格自行进行买卖申报,由现货市场电子交易系统对全部有效申报进行一次集中撮合的处理过程。

连续竞价是指现货市场按照"价格优先、市场优先"等原则形成成交价,如当最高买价与最低卖价相同时,该价格为成交价;当买价高于卖价时,报价在先一方的卖方价格为成交价。

电子撮合是指众多的买方和卖方同时通过电子交易系统进行撮合配对、点选成交或其他方式促成合约成立的交易方式。

匿名交易是指对于一项交易标的物,交易者完全不需要知道对手方的身份、年龄、信用状况等除价格以外的交易信息而进行的交易。由于该交易标的物可以剥离其所有者的影响而独立存在,因此极大地提高了其标准化、流动性水平，从而成为资本市场特有的交易方式，因具有不同于现货交易的一般规律，不宜为商品现货市场采用。

做市商机制是指具备一定实力和信誉的法人、其他经济组织等，不断地向买卖双方提供报价，并按照自身提供的报价付出资金或商品与之成交，从而为市场提供即时性和流动性，并通过买卖价差获取利润而形成的交易制度。由于做市商买卖商品的目的并不是获取商品的所有权，而主要是低买高卖，提供流动性，与现货交易的初衷完全不符，做市商机制不宜作为现货市场的交易制度。

商品现货市场组织的交易活动构成非法组织期货交易的，其会员、加盟商和代理商等代理投资者进行交易的活动，同时构成《期货交易管理条例》第七十五条第二款所称的"擅自从事期货业务"。

保险业务

★《中华人民共和国保险法》（自 2015 年 4 月 24 日起施行）

第六十七条　设立保险公司应当经国务院保险监督管理机构批准。

国务院保险监督管理机构审查保险公司的设立申请时，应当考虑保险业的发展和公平竞争的需要。

第九十五条　保险公司的业务范围：

（一）人身保险业务，包括人寿保险、健康保险、意外伤害保险等保险业务；

（二）财产保险业务，包括财产损失保险、责任保险、信用保险、保证保险等保险业务；

（三）国务院保险监督管理机构批准的与保险有关的其他

业务。

保险人不得兼营人身保险业务和财产保险业务。但是，经营财产保险业务的保险公司经国务院保险监督管理机构批准，可以经营短期健康保险业务和意外伤害保险业务。

保险公司应当在国务院保险监督管理机构依法批准的业务范围内从事保险经营活动。

第一百一十九条 保险代理机构、保险经纪人应当具备国务院保险监督管理机构规定的条件，取得保险监督管理机构颁发的经营保险代理业务许可证、保险经纪业务许可证。

第一百二十条 以公司形式设立保险专业代理机构、保险经纪人，其注册资本最低限额适用《中华人民共和国公司法》的规定。

国务院保险监督管理机构根据保险专业代理机构、保险经纪人的业务范围和经营规模，可以调整其注册资本的最低限额，但不得低于《中华人民共和国公司法》规定的限额。

保险专业代理机构、保险经纪人的注册资本或者出资额必须为实缴货币资本。

资金支付结算业务

★《中华人民共和国商业银行法》（自 2015 年 10 月 1 日起施行）

第三条 商业银行可以经营下列部分或者全部业务：

（一）吸收公众存款；

（二）发放短期、中期和长期贷款；

（三）办理国内外结算；

（四）办理票据承兑与贴现；

（五）发行金融债券；

（六）代理发行、代理兑付、承销政府债券；

（七）买卖政府债券、金融债券；

（八）从事同业拆借；

（九）买卖、代理买卖外汇；

（十）从事银行卡业务；

（十一）提供信用证服务及担保；

（十二）代理收付款项及代理保险业务；

（十三）提供保管箱服务；

（十四）经国务院银行业监督管理机构批准的其他业务。

经营范围由商业银行章程规定，报国务院银行业监督管理机构批准。

商业银行经中国人民银行批准，可以经营结汇、售汇业务。

第十一条 设立商业银行，应当经国务院银行业监督管理机构审查批准。

未经国务院银行业监督管理机构批准，任何单位和个人不得从事吸收公众存款等商业银行业务，任何单位不得在名称中使用"银行"字样。

★《支付结算办法》（自1997年12月1日起施行）

第三条 本办法所称支付结算是指单位、个人在社会经济活动中使用票据、信用卡和汇兑、托收承付、委托收款等结算方式进行货币给付及其资金清算的行为。

第六条 银行是支付结算和资金清算的中介机构。未经中国人民银行批准的非银行金融机构和其他单位不得作为中介机构经营支付结算业务。但法律行政法规另有规定的除外。

第一百六十二条 本办法所称结算方式，是指汇兑、托收承付和委托收款。

第一百六十八条 汇兑是汇款人委托银行将其款项支付给收款人的结算方式。

第一百六十九条 单位和个人的各种款项的结算，均可使用汇兑结算方式。

第一百七十条 汇兑分为信汇、电汇两种，由汇款人选择使用。

第一百八十二条 使用托收承付结算方式的收款单位和付款单位，必须是国有企业、供销合作社以及经营管理较好，并经开户银行审查同意的城乡集体所有制工业企业。

第一百八十三条 办理托收承付结算的款项，必须是商品交易，以及因商品交易而产生的劳务供应的款项。代销、寄销、赊销商品的款项，不得办理托收承付结算。

第一百九十八条 委托收款是收款人委托银行向付款人收取款项的结算方式。

★《非银行支付机构网络支付业务管理办法》（自2016年7月1日起施行）

第二条 支付机构从事网络支付业务，适用本办法。

本办法所称支付机构是指依法取得《支付业务许可证》，获准办理互联网支付、移动电话支付、固定电话支付、数字电视支付等网络支付业务的非银行机构。

本办法所称网络支付业务，是指收款人或付款人通过计算机、移动终端等电子设备，依托公共网络信息系统远程发起支付指令，且付款人电子设备不与收款人特定专属设备交互，由支付机构为收付款人提供货币资金转移服务的活动。

本办法所称收款人特定专属设备，是指专门用于交易收款，在交易过程中与支付机构业务系统交互并参与生成、传输、处理支付指令的电子设备。

★《非金融机构支付服务管理办法》（自2020年4月29日起施行）

第二条 本办法所称非金融机构支付服务，是指非金融机构在收付款人之间作为中介机构提供下列部分或全部货币资金转移服务：

（一）网络支付；

（二）预付卡的发行与受理；

（三）银行卡收单；

（四）中国人民银行确定的其他支付服务。

本办法所称网络支付，是指依托公共网络或专用网络在收付款人之间转移货币资金的行为，包括货币汇兑、互联网支付、移动电话支付、固定电话支付、数字电视支付等。

本办法所称预付卡，是指以营利为目的发行的、在发行机构之外购买商品或服务的预付价值，包括采取磁条、芯片等技术以卡片、密码等形式发行的预付卡。

本办法所称银行卡收单，是指通过销售点（POS）终端等为银行卡特约商户代收货币资金的行为。

第三条 非金融机构提供支付服务，应当依据本办法规定取得《支付业务许可证》，成为支付机构。

支付机构依法接受中国人民银行的监督管理。

未经中国人民银行批准，任何非金融机构和个人不得从事或变相从事支付业务。

第四条 支付机构之间的货币资金转移应当委托银行业金融机构办理，不得通过支付机构互相存放货币资金或委托其他支付机构等形式办理。

支付机构不得办理银行业金融机构之间的货币资金转移，经特别许可的除外。

第七条 中国人民银行负责《支付业务许可证》的颁发和管理。

申请《支付业务许可证》的，需经所在地中国人民银行分支机构审查后，报中国人民银行批准。

本办法所称中国人民银行分支机构，是指中国人民银行副省级城市中心支行以上的分支机构。

第十三条 中国人民银行分支机构依法受理符合要求的各项申请,并将初审意见和申请资料报送中国人民银行。中国人民银行审查批准的,依法颁发《支付业务许可证》,并予以公告。

《支付业务许可证》自颁发之日起,有效期5年。支付机构拟于《支付业务许可证》期满后继续从事支付业务的,应当在期满前6个月内向所在地中国人民银行分支机构提出续展申请。中国人民银行准予续展的,每次续展的有效期为5年。

第十七条 支付机构应当按照《支付业务许可证》核准的业务范围从事经营活动,不得从事核准范围之外的业务,不得将业务外包。

支付机构不得转让、出租、出借《支付业务许可证》。

第四十三条 支付机构有下列情形之一的,中国人民银行分支机构责令其限期改正,并处3万元罚款;情节严重的,中国人民银行注销其《支付业务许可证》;涉嫌犯罪的,依法移送公安机关立案侦查;构成犯罪的,依法追究刑事责任:

(一)转让、出租、出借《支付业务许可证》的;

(二)超出核准业务范围或将业务外包的;

(三)未按规定存放或使用客户备付金的;

(四)未遵守实缴货币资本与客户备付金比例管理规定的;

(五)无正当理由中断或终止支付业务的;

(六)拒绝或阻碍相关检查监督的;

(七)其他危及支付机构稳健运行、损害客户合法权益或危害支付服务市场的违法违规行为。

第四十五条 支付机构超出《支付业务许可证》有效期限继续从事支付业务的中国人民银行及其分支机构责令其终止支付业务;涉嫌犯罪的依法移送公安机关立案侦查;构成犯罪的,依法追究刑事责任。

★《防范和处置非法集资条例》（自2021年5月1日起施行）

第三十九条　未经依法许可或者违反国家金融管理规定，擅自从事发放贷款、支付结算、票据贴现等金融业务活动的，由国务院金融管理部门或者地方金融管理部门按照监督管理职责分工进行处置。

法律、行政法规对其他非法金融业务活动的防范和处置没有明确规定的，参照本条例的有关规定执行。其他非法金融业务活动的具体类型由国务院金融管理部门确定。

★《非银行支付机构监督管理条例》（自2024年5月1日起施行）

第六条　设立非银行支付机构，应当经中国人民银行批准，取得支付业务许可。非银行支付机构的名称中应当标明"支付"字样。

未经依法批准，任何单位和个人不得从事或者变相从事支付业务，不得在单位名称和经营范围中使用"支付"字样，法律、行政法规和国家另有规定的除外。支付业务许可被依法注销后，该机构名称和经营范围中不得继续使用"支付"字样。

第十五条　非银行支付业务根据能否接收付款人预付资金，分为储值账户运营和支付交易处理两种类型，但是单用途预付卡业务不属于本条例规定的支付业务。

储值账户运营业务和支付交易处理业务的具体分类方式和监督管理规则由中国人民银行制定。

第十六条　非银行支付机构应当按照支付业务许可证载明的业务类型和经营地域范围从事支付业务，未经批准不得从事依法需经批准的其他业务。

非银行支付机构不得涂改、倒卖、出租、出借支付业务许可证，或者以其他形式非法转让行政许可。

第三十六条　非银行支付机构的控股股东、实际控制人应当遵守非银行支付机构股权管理规定，不得存在以下情形：

（一）通过特定目的载体或者委托他人持股等方式规避监管；

（二）通过违规开展关联交易等方式损害非银行支付机构或者其用户的合法权益；

（三）其他可能对非银行支付机构经营管理产生重大不利影响的情形。

同一股东不得直接或者间接持有两个及以上同一业务类型的非银行支付机构10%以上股权或者表决权。同一实际控制人不得控制两个及以上同一业务类型的非银行支付机构，国家另有规定的除外。

第四十七条 未经依法批准，擅自设立非银行支付机构、从事或者变相从事支付业务的，由中国人民银行依法予以取缔，没收违法所得，违法所得50万元以上的，并处违法所得1倍以上5倍以下罚款；没有违法所得或者违法所得不足50万元的，单处或者并处50万元以上200万元以下罚款。对其法定代表人或者主要负责人、直接负责的主管人员和其他直接责任人员给予警告，并处10万元以上50万元以下罚款。地方人民政府应当予以配合。

第四十八条 以欺骗、虚假出资、循环注资或者利用非自有资金出资等不正当手段申请设立、合并或者分立非银行支付机构、变更非银行支付机构主要股东或者实际控制人，未获批准的，申请人1年内不得再次申请或者参与申请相关许可。申请已获批准的，责令其终止支付业务，撤销相关许可，没收违法所得，违法所得50万元以上的，并处违法所得1倍以上5倍以下罚款；没有违法所得或者违法所得不足50万元的，并处50万元以上200万元以下罚款；申请人3年内不得再次申请或者参与申请相关许可。

第四十九条 非银行支付机构违反本条例规定，有下列情形之一的，责令其限期改正，给予警告、通报批评，没收违法所得，违法所得10万元以上的，可以并处违法所得1倍以上5倍以下罚款；没有违法所得或者违法所得不足10万元的，可以并处50万元以下罚款；情节严重或者逾期不改正的，限制部分支付业务或者责令停业整顿：

（一）未在名称中使用"支付"字样；

（二）未建立健全或者落实有关合规管理制度、内部控制制度、业务管理制度、风险管理制度、突发事件应急预案或者用户权益保障机制；

（三）相关业务系统、设施或者技术不符合管理规定；

（四）未按照规定报送、保存相关信息、资料或者公示相关事项、履行报告要求；

（五）未经批准变更本条例第十三条第一款第一项、第二项或者第四项规定的事项，或者未按照规定设立分支机构。

第五十条 非银行支付机构违反本条例规定，有下列情形之一的，责令其限期改正，给予警告、通报批评，没收违法所得，违法所得50万元以上的，并处违法所得1倍以上5倍以下罚款；没有违法所得或者违法所得不足50万元的，并处100万元以下罚款；情节严重或者逾期不改正的，限制部分支付业务或者责令停业整顿，直至吊销其支付业务许可证：

（一）未按照规定与用户签订支付服务协议，办理资金结算，采取风险管理措施；

（二）未按照规定完成特约商户尽职调查、支付服务协议签订、持续风险监测等业务活动；

（三）将核心业务或者相关技术服务委托第三方处理；

（四）违规开立支付账户，或者除非法买卖、出租、出借支付账户外，支付账户被违规使用；

（五）违规向用户支付利息等收益，或者违规留存银行账户、支付账户敏感信息；

（六）未按照规定存放、划转备付金；

（七）未遵守跨境支付相关规定；

（八）未按照规定终止支付业务。

第五十一条 非银行支付机构违反本条例规定，有下列情形之一的，责令其限期改正，给予警告、通报批评，没收违法所得，违法所得50万元以上的，并处违法所得1倍以上5倍以下罚款；没有违法所得或者违法所得不足50万元的，并处50万元以上200万元以下罚款；情节严重或者逾期不改正的，限制部分支付业务或者责令停业整顿，直至吊销其支付业务许可证：

（一）涂改、倒卖、出租、出借支付业务许可证，或者以其他形式非法转让行政许可；

（二）超出经批准的业务类型或者经营地域范围开展支付业务；

（三）为非法从事非银行支付业务的单位或者个人提供支付业务渠道；

（四）未经批准变更主要股东或者实际控制人，合并或者分立；

（五）挪用、占用、借用备付金，或者以备付金为自己或者他人提供担保；

（六）无正当理由中断支付业务，或者未按照规定处理电子支付指令；

（七）开展或者变相开展清算业务；

（八）拒绝、阻挠、逃避检查或者调查，或者谎报、隐匿、销毁相关文件、资料或者业务系统。

第五十二条 非银行支付机构违反本条例规定处理用户信息、业务数据的，依照《中华人民共和国个人信息保护法》《中华人民共和国网络安全法》《中华人民共和国数据安全法》等有关规定进行处罚。

第五十三条 非银行支付机构未按照规定建立用户尽职调查制度，履行相关义务，或者存在外汇、价格违法行为的，以及任何单位和个人非法买卖、出租、出借支付账户的，由有关主管部门依照有关法律、行政法规进行处罚。

非银行支付机构未经批准从事依法需经批准的其他业务的，依照有关法律、行政法规进行处罚。

第五十四条 非银行支付机构的控股股东、实际控制人违反本条例规定，有下列情形之一的，责令其限期改正，给予警告、通报批评，没收违法所得，违法所得10万元以上的，并处违法所得1倍以上5倍以下罚款；没有违法所得或者违法所得不足10万元的，并处10万元以上50万元以下罚款：

（一）通过特定目的载体或者委托他人持股等方式规避监管；

（二）通过违规开展关联交易等方式损害非银行支付机构或者其用户的合法权益；

（三）违反非银行支付机构股权管理规定。

非银行支付机构的主要股东违反本条例关于股权质押等股权管理规定的，依照前款规定处罚。

第五十五条 依照本条例规定对非银行支付机构进行处罚的，根据具体情形，可以同时对负有直接责任的董事、监事、高级管理人员和其他人员给予警告、通报批评，单处或者并处5万元以上50万元以下罚款。

非银行支付机构违反本条例规定，情节严重的，对负有直接责任的董事、监事、高级管理人员，可以禁止其在一定期限内担任或者终身禁止其担任非银行支付机构的董事、监事、高级管理人员。

第五十六条 中国人民银行工作人员有下列情形之一的，依法给予处分：

（一）违反规定审查批准非银行支付机构的设立、变更、终止申请等事项；

（二）泄露履行职责过程中知悉的国家秘密、商业秘密或者个人信息；

（三）滥用职权、玩忽职守的其他行为。

第五十七条 违反本条例规定，构成犯罪的，依法追究刑事责任。

其他扰乱金融市场秩序行为

★《中华人民共和国外汇管理条例》（自 2008 年 8 月 5 日起施行）

第四十五条 私自买卖外汇、变相买卖外汇、倒买倒卖外汇或者非法介绍买卖外汇数额较大的，由外汇管理机关给予警告，没收违法所得，处违法金额 30% 以下的罚款；情节严重的，处违法金额 30% 以上等值以下的罚款；构成犯罪的，依法追究刑事责任。

★《国务院关于清理整顿各类交易场所切实防范金融风险的决定》（自 2011 年 11 月 11 日起施行）

三、健全管理制度、严格管理程序

自本决定下发之日起，除依法设立的证券交易所或国务院批准的从事金融产品交易的交易场所外，任何交易场所均不得将任何权益拆分为均等份额公开发行，不得采取集中竞价、做市商等集中交易方式进行交易；不得将权益按照标准化交易单位持续挂牌交易，任何投资者买入后卖出或卖出后买入同一交易品种的时间间隔不得少于 5 个交易日；除法律、行政法规另有规定外，权益持有人累计不得超过 200 人。

除依法经国务院或国务院期货监管机构批准设立从事期货交易的交易场所外，任何单位一律不得以集中竞价、电子撮合、匿名交易、做市商等集中交易方式进行标准化合约交易。

从事保险、信贷、黄金等金融产品交易的交易场所，必须经国务院相关金融管理部门批准设立。

为规范交易场所名称,凡使用"交易所"字样的交易场所,除经国务院或国务院金融管理部门批准的外,必须报省级人民政府批准;省级人民政府批准前,应征求联席会议意见。未按上述规定批准设立或违反上述规定在名称中使用"交易所"字样的交易场所,工商部门不得为其办理工商登记。